Ergonomie
web

Pour des sites web efficaces

 2e édition

Amélie **Boucher**

Ergonomie web

Pour des sites web efficaces

 2e édition

Préface de d'Élie **Sloïm**

EYROLLES

ÉDITIONS EYROLLES
61, bd Saint-Germain
75240 Paris Cedex 05
www.editions-eyrolles.com

Remerciements à Cyril Delapeyre pour les illustrations de ce livre.

Préface

Science de l'homme au travail, l'ergonomie a longtemps été réservée à des spécialistes du poste de travail exerçant notamment dans l'industrie, sur les chaînes de production, dans les processus de design et de conception, ou encore dans la conception d'interfaces logicielles. L'arrivée du Web au début des années 1990 a cependant fondamentalement changé la donne.

En effet, chacun a pu alors se lancer dans le développement web, avec un minimum de compétences et en respectant seulement quelques pré-requis techniques. Du simple « site perso » au grand site institutionnel, des cohortes de créateurs ont donc mis en place des menus, des liens, des designs, des systèmes de navigation... autant d'éléments d'une interface homme-machine. Bref, ils se sont improvisés ergonomes.

Or, comme tous les métiers sur le Web, l'ergonomie suppose de maîtriser un certain nombre de pré-requis théoriques, de méthodes et de techniques bien définies. S'il est difficile de devenir ergonome en apprenant ce métier « sur le tas », tout créateur de site se devrait de connaître les principales règles et bonnes pratiques de l'ergonomie et de l'utilisabilité web. Après quinze ans de développement de sites Internet, ce chemin a été partiellement suivi par les professionnels du Web. Mais nous ne sommes en fait qu'au début de cet apprentissage.

En effet, une nouvelle phase d'industrialisation et de rationalisation de la création de sites web se profile devant nous. Jusqu'à présent, les différentes composantes et compétences mobilisées dans la conception web, dont bien sûr l'ergonomie, intervenaient de manière plus ou moins maîtrisée ou ordonnée dans les processus de conception. Mais le développement web n'est pas différent de tous les autres secteurs industriels : inéluctablement, ce que les industriels pratiquent depuis de nombreuses années sera tôt ou tard mis en œuvre sur les services web. Parmi les règles fondamentales qui ne manqueront donc pas de s'imposer, j'en citerai trois :

- Les phases de réflexion et de travail sur la qualité, l'ergonomie, mais aussi et surtout sur la cible, son confort et ses attentes, doivent être intégrées le plus en amont possible au sein des projets web.
- Le développement de produits mobilise un ensemble de processus, chacun possédant des entrées, parmi lesquelles les attentes des utilisateurs, et des sorties, parmi lesquelles la satisfaction des internautes.
- Pour finir, l'efficacité des processus et l'obtention de résultats corrects, notamment sur le plan ergonomique, ne doivent pas et ne peuvent pas s'effectuer au prix d'une consommation démesurée de ressources. Cette « efficacité au meilleur coût » s'appelle l'efficience et c'est maintenant l'un des enjeux majeurs du développement web.

En résumé, l'ergonomie web doit donc maintenant passer du statut d'objectif salutaire d'un projet web au statut de moyen permettant de développer de meilleures interfaces, de la façon la plus rationnelle possible. C'est là qu'entre en jeu l'ouvrage que vous avez entre les mains.

Amélie Boucher fait partie d'une jeune génération d'ergonomes français. Issus d'institutions de haut niveau, ils ont reçu une formation initiale en ergonomie et en psychologie cognitive à la fin des années 1990 et c'est tout naturellement qu'ils ont choisi d'appliquer leurs compétences au monde du Web. Quoi de plus passionnant que d'exercer dans un domaine en pleine expansion où tout ou presque reste à inventer ?

En tant que qualiticien web, j'ai rencontré de très nombreux ergonomes spécialisés dans le domaine des Interfaces Homme Machines (IHM). Nombre d'entre eux ont créé leurs propres sites, publié leurs articles, démarré leur activité de consultant. Mais, dès la création du site Ergolab en 2003 et la publication de ses premiers articles, Amélie Boucher a pris une place à part.

En l'espace de quelques mois, elle a ainsi montré sa capacité à présenter de manière très synthétique et très complète des thématiques jusqu'alors traitées de manière désordonnée ou parcellaire. Après quelques dossiers, les professionnels du Web francophone sont rapidement devenus des habitués d'Ergolab. Pour ma part, je le cite depuis plusieurs années comme l'une des références essentielles pour l'ergonomie et l'utilisabilité web. Amélie possède à la fois la rigueur et la persistance dans l'effort qui font toute la différence entre un ergonome de passage sur le Web et un professionnel qui a rapidement trouvé sa place dans le paysage de l'ergonomie francophone.

Ce livre répond à plusieurs problématiques : tout d'abord, il met à la portée de tous les méthodes, les techniques et les connaissances ergonomiques. Bien entendu, tout le monde ne peut pas mettre en application l'intégralité des possibilités décrites dans l'ouvrage ; mais, à bien des égards, chacun peut, grâce à ce livre, intégrer à son propre niveau des notions et des méthodes ergonomiques professionnelles pour gagner en efficacité et en efficience dans la production de sites web.

Bien au-delà, à travers la prise en compte systématique du confort et des attentes de l'utilisateur final, ce sont toutes les démarches de conception qui sont remises en question. Marketing, qualité, urbanisation des systèmes d'information, design : toutes ces activités ou disciplines gagnent à être enrichies d'une approche ergonomique.

Les réflexes et les méthodes de l'ergonome méritent d'être connus et appliqués par tout un chacun à son propre niveau. De par sa rigueur et son approche méthodologique, le livre d'Amélie permettra à bien des lecteurs de « faire de l'ergonomie » en ayant toujours sous la main une boîte à outils complète, solide et bien sûr utile et utilisable.

Élie Sloïm

Table des matières

AVANT-PROPOS ....**XIII**
Internet change, nous aussi ! • XIII
Pourquoi ce livre ? • XIII
À qui s'adresse ce livre ? • XIV
Est-ce que mon site est concerné ? • XVI
Que vais-je trouver dans ce livre ? • XVI
Remerciements • XVIII

Première partie
Introduction à l'ergonomie web **1**

1. L'ERGONOMIE WEB, QU'EST-CE QUE C'EST ? **3**
L'ergonomie, pour considérer l'homme dans le rapport homme-machine • 4
Généalogie et objectifs de l'ergonomie web • 6
Un site web ergonomique est un site utile et utilisable • 7
Intérêt et retours sur investissement • 10
Les méthodes de l'ergonomie web • 13
Méthodes expertes • 13
Méthodes participatives • 13
La place de l'ergonomie dans un projet web • 14

2. TOP 10 DES IDÉES REÇUES SUR L'ERGONOMIE **17**
La sacro-sainte règle des 3 clics • 18
Les internautes sont des idiots • 20
L'ergonomie et le design, ennemis jurés • 21
Pas besoin d'ergonomie, on a fait un focus group • 26
Faites-moi un site ergonomique • 27
Les internautes lisent en F • 27
L'ergonomie c'est juste du bon sens • 28
On le fera en Web 2.0, en Ajax, etc. • 29
Les internautes ne scrollent pas • 30
Pour l'ergonomie, on verra à la fin • 33

Deuxième partie
Dans la peau de votre internaute :
les fondements de l'ergonomie.................**37**

3. COMPRENDRE L'INTERNAUTE : D'ABORD UN ÊTRE HUMAIN 39
Découvrez et appliquez les théories de la Gestalt • 40

La loi de proximité • 41
La loi de similarité • 46
Découvrez et appliquez la loi de Fitts • 48
Les éléments cliquables doivent être gros • 49
Les éléments cliquables doivent être proches • 55
Découvrez et appliquez le concept d'affordance • 58
Optimiser l'affordance « vous pouvez me cliquer » • 58
Optimiser l'affordance « vous pouvez interagir avec moi » • 59
Attention aux affordances erronées • 63
Le nombre magique de Miller et la loi de Hick • 65
Accessibilité visuelle et lisibilité • 66
Faciliter l'utilisation de moyens de contournement du mode visuel • 67
Optimiser la lisibilité à l'écran • 68

4. DÉFINIR VOTRE INTERNAUTE :
CRITÈRES ET MÉTHODE DES PERSONAS **73**
Une personne donnée dans un contexte précis • 74
La notion de tâche pour mieux cerner l'internaute • 75
Les statistiques de visite, un atout majeur • 76
Interroger les internautes • 78
Un persona pas comme les autres • 78
Pourquoi avez-vous intérêt à inventer des personas ? • 79
Comment créer et utiliser des personas ? • 80

Troisième partie
Les règles de l'ergonomie web.................**87**

5. 12 RÈGLES POUR OPTIMISER L'ERGONOMIE DE VOTRE SITE . 89
Règle n° 1. Architecture : le site est bien rangé • 91
Les regroupements sont logiques • 92
La structuration met en avant les contenus clés • 93
Les menus aident l'internaute à naviguer dans les contenus • 94
Contourner un site mal rangé • 95
Règle n° 2. Organisation visuelle : la page est bien rangée • 96
Éviter le trop-plein d'informations • 96
Optimiser l'organisation et la hiérarchie visuelle • 110
Règle n° 3. Cohérence : le site capitalise sur l'apprentissage interne • 113

Les localisations sont cohérentes • 113
Les appellations sont cohérentes • 115
Les formats de présentation sont cohérents • 116
Les interactions sont cohérentes • 116

Règle n° 4. Conventions : le site capitalise sur l'apprentissage externe • 117
Qu'est-ce qu'une convention ? • 117
Respecter les conventions de localisation • 118
Respecter les conventions de vocabulaire • 121
Respecter les conventions d'interaction et de présentation • 123

Règle n° 5. Information : le site informe l'internaute et lui répond • 129
L'ordinateur informe et prévient l'internaute • 129
L'ordinateur répond aux actions de l'internaute • 144

Règle n° 6. Compréhension : les mots et symboles sont choisis minutieusement • 148
La bonne utilisation des mots sur le Web • 148
Les symboles et codes doivent être compréhensibles • 159

Règle n° 7. Assistance : le site aide et dirige l'internaute • 160
Dirigez grâce à l'organisation et à la visibilité • 160
Dirigez grâce à des clics logiques • 164
Dirigez grâce aux affordances • 166
Attention à ne pas diriger de façon erronée • 169
Évitez d'avoir à diriger grâce à un modèle d'interaction adapté • 171
Assistez votre internaute en tenant compte de ses besoins en termes de tâches • 173
Assistez votre internaute en le suivant de très près • 174
Fournissez de l'aide explicite en cas de besoin • 174

Règle n° 8. Gestion des erreurs : le site prévoit que l'internaute se trompe • 175
L'internaute ne doit pas faire d'erreur • 176
L'internaute doit facilement repérer et comprendre ses erreurs • 189
L'internaute doit facilement pouvoir corriger ses erreurs • 190

Règle n° 9. Rapidité : l'internaute ne perd pas son temps • 190
Optimiser la navigation • 190
Multiplier les clés d'entrée vers une même page • 192
Faciliter les interactions • 195
Éviter les actions inutiles • 196
Ne pas demander à l'internaute deux fois la même chose • 197
Des modes d'interaction orientés efficience • 201

Règle n° 10. Liberté : c'est l'internaute qui commande • 204
Respectez les contrôles utilisateur conventionnels • 204
Fuyez les actions au rollover • 205
Flexibilité des actions utilisateur • 206
Donnez la possibilité à l'internaute de contourner le système et d'agir dessus • 207
N'induisez pas de comportement passif • 208

N'enfermez pas votre internaute • 209
Le système n'est pas intrusif • 210

Règle n° 11. Accessibilité : un site facile d'accès pour tous • 218
Accessibilité physique • 218
Accessibilité technologique • 218

Règle n° 12. Satisfaction de votre internaute • 220
Satisfaire grâce au critère d'utilité • 220
Satisfaire grâce à l'esthétique et à l'expérience utilisateur globale • 222
Satisfaire grâce à la qualité du service • 222
Satisfaire grâce à la puissance et la fiabilité technique • 223

En bref : 12 règles à utiliser à bon escient • 223

6. L'AUDIT ERGONOMIQUE : CONSEILS ET MÉTHODOLOGIE .. 225
Pratique, support et moyens de l'audit ergonomique • 226
L'évaluation ergonomique, une pratique multiforme • 226
Support et périmètre de l'évaluation ergonomique • 228
Normes, conventions, critères, checklists & co • 230

Structurer l'étude selon vos besoins • 232
Les personas pondèrent les règles génériques • 232
Les technologies vous mettent la puce à l'oreille • 235

Conduire une analyse ergonomique • 246
Seul ou à plusieurs ? • 246
Le fil rouge : dans la peau de votre persona • 247
Par où commencer ? • 248
Les outils de l'audit ergonomique • 250
Que faire de vos observations ? • 258

Quatrième partie
Les étapes de la conception web :
pensez votre site de A à Z 263

7. DÉFINITION DES CONTENUS ET ANALYSE CONCURRENTIELLE 265
Votre contenu répond à un besoin de l'internaute • 266
Quelle est votre utilité globale ? • 267
Créez vos micro-utilités • 270
Pour énumérer vos contenus, exploitez toutes vos sources ! • 283

Que font les autres ? L'analyse concurrentielle en ergonomie • 287
La démarche de l'analyse concurrentielle • 288
Analyses concurrentielles générales • 290
Analyses concurrentielles détaillées • 294

8. ARCHITECTURER L'INFORMATION ET LES INTERACTIONS .. 299
Ranger pour aider à trouver • 300
Comment visite-t-on un site Internet ? • 302
La recherche par mot-clé : droit au but ! • 302
La navigation ciblée : étape par étape • 302

La navigation libre, ou comment se promener sur le Web • 304
Rechercher ou naviguer, telle est la question • 306
Une organisation calquée sur les attentes de l'internaute • 308
Source d'inspiration n° 1 : les objectifs et comportements utilisateur • 308
Source d'inspiration n° 2 : les représentations mentales • 310
Source d'inspiration n° 3 : allez voir ailleurs ! • 311
Source d'inspiration interdite : votre propre vision des choses • 311
Concevez votre architecture de l'information • 313
Mode d'emploi en deux étapes : catégoriser puis structurer • 313
Réaliser un plan de site • 322
Bien choisir ses mots • 324
Traduire l'architecture par la navigation • 327
Au-delà de la navigation : architecturer les parcours client et les interactions • 329
En bref : obtenir des bases solides pour la suite • 333

9. PASSEZ À L'ÉCRAN : ZONINGS ET MAQUETTES 335
Le zoning : un premier découpage • 337
Espace disponible et principes de répartition • 337
Les types de zones • 342
Le zoning par l'exemple • 343
La maquette conceptuelle : chaque zone en détail • 344
Les différents types de maquettes • 346
Qu'est-ce que je mets dans ma maquette? • 346
La maquette conceptuelle par l'exemple • 352
Quels logiciels pour réaliser zonings et maquettes ? • 353
Et la suite ? • 355

Cinquième partie
Mettez votre site à l'épreuve 359

10. LA MÉTHODE DU TRI DE CARTES
POUR ORGANISER UN SITE 361
La préparation du tri de cartes • 362
Le matériel du tri de cartes • 362
Les participants au tri de cartes • 364

Déroulement d'un tri de cartes : les règles du jeu • 364
1re étape : Immersion • 365
2e étape : Validation et précision des contenus • 366
3e étape : Groupement • 367
4e étape : Nommage • 368
Accompagner vos participants • 369
Les grands types de tris de cartes • 369
Selon la liberté d'action des participants • 369
Selon le support du tri de cartes • 371
Selon votre panel de participants • 374
Selon le niveau de profondeur du tri de cartes • 375
Extensions possibles au tri de cartes • 375
Ce que l'on peut tirer d'un tri de cartes : analysez les données • 377
Le tri de cartes en bref : utilité et limites • 378

11. LES TESTS UTILISATEURS 381
Préparer votre test • 383
Les participants d'un test utilisateur • 383
Le support de test : tester quoi, à quel moment ? • 396
Plan de test et objectifs d'utilisabilité • 401
Pendant le test utilisateur • 416
Un participant, et qui d'autre ? • 416
Combien de temps dure un test utilisateur ? • 421
Le déroulement d'un test : étapes et recommandations • 422
Le matériel d'enregistrement • 431
Analyse des résultats et suite des événements • 433
Tri et hiérarchisation des observations • 433
Interprétation et pistes de résolution • 437
Le rapport de test • 440
Un test utilisateur à votre mesure • 441
Aller plus loins que le test utilisateur : l'usage réel • 442

CONCLUSION 445

SUGGESTIONS DE LECTURE 447

INDEX 453

Avant-propos

Internet change, nous aussi !

Mars 2009. Voici la deuxième édition du livre *Ergonomie Web*, enrichie notamment de plus de cinquante nouveaux exemples, venant illustrer les différents chapitres et thèmes abordés. Depuis un peu plus d'un an maintenant, date de la première édition, le monde de l'Internet a beaucoup changé : certains sites ont disparu, d'autres ont été modifiés et de nouveaux ont vu le jour. Dans certains cas pratiques, la comparaison entre l'ancienne et la nouvelle version vous permettra de mieux comprendre comment interpréter les recommandations qui parsèment cet ouvrage.

Pourquoi ce livre ?

Si l'on regarde rapidement ce qui se passe sur le Web francophone aujourd'hui, on peut faire le constat suivant : il y a de plus en plus de sites, mais aussi de plus en plus d'internautes, qui utilisent le Web de plus en plus souvent, pour faire de plus en plus de choses. Encore plus intéressant, il existe un certain nombre d'activités pour lesquelles on ne peut plus se passer d'une interface web, ces dernières tendant à remplacer d'autres modes de communication (papier, téléphone, fax, logiciels et machines en tous genres).

Face à cette montée en puissance du Web dans nos vies, il importe de s'interroger sur les manières de fabriquer des sites Internet. Aujourd'hui, le développement de sites web est encore largement centré sur des problématiques de technologie, d'image et de marketing. La soumission de nos méthodes de conception à ces dimensions laisse souvent de côté ce qui devrait représenter le point de départ de tout projet web, à savoir la satisfaction et le confort de l'utilisateur final. Ainsi, la plupart des sites actuels manquent encore de l'essentiel : un vrai souci des internautes, de qui ils sont et de leurs besoins.

Avec ce livre, nous souhaitons proposer un début de réponse, à travers la présentation approfondie d'un mode de pensée et d'une trame méthodologique bien spécifiques. Nous essaierons de vous amener à connaître et prendre en compte vos visiteurs tout au long du processus de conception d'un site web et plus encore, tout au long de la vie de ce site. C'est ce que l'on appelle la conception centrée utilisateur.

Nous verrons que cette problématique n'est pas seulement une question d'humanisme ou d'éthique et qu'elle est capitale pour influencer le bon fonctionnement d'un site à tous les points de vue. En tenant compte de ses visiteurs, on peut ainsi s'attendre à optimiser le taux de transformation et de visite d'un site, mais aussi à réduire les coûts de développement et d'assistance. Concevoir un site orienté utilisateur permet de satisfaire les attentes que l'on a envers ce site, que ce soit d'un point de vue directement financier ou plus détourné (par exemple : augmentation des visites, de leur fréquence, du nombre de pages visitées, du nombre d'inscriptions à une newsletter, du nombre de créations de compte, etc.). Enfin, plus largement, la conception centrée utilisateur améliore la relation que peut entretenir un site, et souvent une marque, avec ses clients. Lorsque l'on analyse tous ces points, il paraît évident que la conception de sites web doit intégrer les questions d'ergonomie, voire en faire le cœur du processus de développement.

Notre objectif est donc de vous aider à transformer vos pratiques de conception actuelles en de véritables pratiques orientées utilisateur. Ce but, que l'on peut atteindre de manière assez simple, appelle de votre part quatre présupposés :

- Que vous soyez convaincu de l'importance de l'ergonomie et en connaissiez les objectifs.
- Que vous disposiez de connaissances de base sur l'humain en général et les règles ergonomiques afférentes.
- Que vous possédiez des connaissances sur les visiteurs de votre site.
- Que vous exploitiez ces connaissances et en obteniez de nouvelles par la mise en œuvre de méthodes de conception et d'évaluation.

Le contenu de cet ouvrage est destiné à vous donner les moyens de remplir ces quatre conditions, afin que l'ergonomie ne reste pas l'apanage des sites labellisés comme tels. En effet, on croit trop souvent ne pouvoir faire de sites ergonomiques que sous la houlette d'un ergonome, alors que c'est tout à fait faux. Il s'agit donc ici de sortir l'ergonomie de son statut de connaissance privilégiée, pour que ses principes de base puis-

LA SUITE SUR LE WEB Le site compagnon

Vous trouverez des compléments à cet ouvrage sur son site compagnon. Lorsqu'une ressource est disponible en ligne pour faciliter votre compréhension, nous vous l'indiquons à l'endroit approprié. Profitez aussi de ce site pour nous envoyer un message et nous dire ce que vous avez pensé de ce livre !

▶ www.ergonomie-sites-web.com

sent infiltrer l'ensemble des projets web. Ce que vous trouverez dans ce livre, c'est un condensé de nos connaissances et de notre expérience dans le domaine de l'optimisation du Web pour ses utilisateurs finaux.

À qui s'adresse ce livre ?

Ce livre s'adresse à tous ceux qui pensent que l'on doit concevoir des sites web pour des internautes et qui veulent comprendre les principes et méthodes que propose l'ergonomie web dans ce sens. Si vous lisez cet avant-propos, c'est probablement que vous êtes déjà intéressé par notre problématique, que vous débutiez ou que vous souhaitiez approfondir vos connaissances. Si c'est le cas, qui que vous soyez, vous êtes au bon endroit. Ce livre s'adresse en effet à tous les professionnels du Web (ou à ceux qui sont en passe de le devenir) et à tous les niveaux :

- décisionnaire, chef d'entreprise, responsable d'activité web, directeur de clientèle, responsable marketing ;
- chef de projet, concepteur fonctionnel, architecte de l'information, ergonome ;
- directeur de création, directeur artistique ;
- développeur, intégrateur, webmaster.

Selon votre métier, certains chapitres vous toucheront plus que d'autres, mais c'est tout au long du livre que vous trouverez de quoi nourrir votre pratique quotidienne. Le contenu de cet ouvrage vous intéressera particulièrement si vous souhaitez :

- vous persuader du bien-fondé de la démarche ergonomique et de l'importance de l'intégrer au cycle de conception ;
- vous former aux fondements, règles et méthodes de l'ergonomie afin d'en faire le socle de votre activité ;
- acquérir des connaissances de base en ergonomie pour vous ouvrir l'esprit, affûter votre sensibilité ergonomique et orienter votre pratique métier dans ce sens.

Vous n'avez besoin d'aucune connaissance préalable pour lire ce livre. Il vous sera toutefois plus facile de comprendre les exemples que nous citons si vous êtes habitué à naviguer sur le Web. Nous en appelons donc davantage à votre expérience d'internaute que de professionnel du Web.

Si vous débutez dans la conception web, essayez de lire ce livre dans l'ordre, chapitre après chapitre. En effet, nous vous fournirons au fur et à mesure les clés nécessaires à la compréhension des chapitres suivants.

Si vous êtes plus avancé dans votre connaissance de l'ergonomie web, vous pourrez sans doute vous dispenser de cette lecture linéaire et piocher à votre guise parmi les thématiques de cet ouvrage. Nous nous sommes attachés à fournir de larges approfondissements théoriques, afin que vous puissiez mieux vous approprier les concepts de base de l'ergonomie et comprendre ce qui les sous-tend. De même, le développement des approches méthodologiques (audit, analyse concurrentielle, tri de cartes, test utilisateur) vous donnera de multiples conseils avancés. Vous découvrirez ainsi toutes les subtilités de ces démarches et les meilleures manières de les appliquer en fonction de vos besoins et de vos possibilités.

Est-ce que mon site est concerné ?

Les principes et méthodes que vous trouverez dans ce livre peuvent s'appliquer à n'importe quel contexte Web (site grand public, site spécialisé, outil en ligne, intranet, extranet, etc.). La plupart sont d'ailleurs largement valables dans les contextes logiciels et applicatifs web. Vous verrez au fil des exemples que nos illustrations proviennent aussi bien de sites éditoriaux que de sites de commerce en ligne, de sites vitrines d'une activité ou encore de sites « outils ».

De même pour les thématiques abordées, dont le spectre est volontairement large : produits culturels, immobilier, banque, musique, alimentaire, institutionnel, édition, vêtements, etc. Cette diversité donne une dynamique intéressante pour illustrer chacun des principes évoqués, mais elle sert surtout à vous montrer que ces principes sont applicables quel que soit le contexte. Autrement dit, c'est vous qui êtes porteur des spécificités de votre projet web et l'ergonomie est là pour vous donner un cadre de réflexion, des objectifs génériques et des méthodes de travail.

Que vais-je trouver dans ce livre ?

Chapitre après chapitre, nous détaillerons ce qu'est l'ergonomie web, les principes et règles auxquels elle souscrit, ainsi que les méthodes par lesquelles elle se propose d'optimiser la qualité d'utilisation d'un site web.

Première partie – introduction à l'ergonomie web

La première partie de ce livre a pour vocation de vous présenter ce qu'est l'ergonomie web, en évoquant ses objectifs et ses moyens (au chapitre 1). Elle nous permet aussi d'aborder certaines idées reçues sur l'ergonomie web (chapitre 2). Nous vous expliquerons donc en quoi certaines réflexions très fréquentes dans les milieux web ne sont que des mythes, et comment vous pouvez vous en défaire pour arriver à une conception plus juste de ce qu'est l'ergonomie web.

Deuxième partie – dans la peau de votre internaute : les fondements de l'ergonomie

Nous entrerons ensuite dans le vif du sujet avec la première étape de votre travail, c'est-à-dire savoir qui sont vos internautes, ce qui les caractérise et comment prendre en compte ces informations pour y adapter votre site. Nous aborderons donc au troisième chapitre ce qui définit tous les internautes en tant qu'êtres humains et, plus précisément, quelques grandes lois que vous devez connaître pour concevoir un site web à destination d'un humain. Le quatrième chapitre sera quant à lui consacré à ce qui définit *votre* internaute de manière individuelle. Nous terminerons par la méthode des personas, qui vous aidera à intégrer cette vision au jour le jour dans votre pratique.

Troisième partie – les règles de l'ergonomie web

La troisième partie de ce livre a pour ambition de vous transmettre les clés de l'ergonomie web : vous y apprendrez dans le détail ce qui fait qu'un site est plus ou moins ergonomique, à travers la prise en compte de 12 règles de base. Cohérence, compréhension, assistance, gestion des erreurs, satisfaction... : tout pour que votre internaute se sente à l'aise sur votre site et puisse avoir envie de revenir. Après la lecture du chapitre 5, vous verrez les choses autrement et plus rien ne vous échappera ! C'est définitivement la meilleure manière pour comprendre les objectifs de l'ergonomie à travers sa mise en application.

Facile à comprendre, abondamment illustrée d'exemples en tous genres, cette partie vous permettra de passer très rapidement à la pratique. Elle se termine en effet sur le chapitre 6, dédié à l'audit ergonomique, que l'on peut mener de manière plus ou moins formelle. Vous verrez qu'en considérant chacune des règles dans toutes vos décisions, vous parviendrez à une qualité d'utilisation toute nouvelle !

Quatrième partie – les étapes de la conception web : pensez votre site de A à Z

Si vous faites de la conception web dans le cadre de votre métier, cette partie constituera le moyen de donner un nouvel élan à votre pratique quotidienne. Nous y aborderons les thématiques de la définition de contenus, de l'analyse concurrentielle (chapitre 7), de l'architecture de l'information et des interactions (chapitre 8) et enfin du maquettage conceptuel (chapitre 9).

Cinquième partie – mettez votre site à l'épreuve

La dernière partie de ce livre est entièrement consacrée à deux méthodes privilégiées de l'ergonomie web, faisant intervenir des internautes pour qu'ils vous aident à comprendre leur manière de naviguer sur le Web. C'est en effet en les observant et en discutant avec eux que vous arriverez à leur fabriquer un site sur mesure.

À travers la méthode du tri de cartes (chapitre 10), vous apprendrez à optimiser à peu de frais votre architecture de l'information, en fonction de la façon dont les utilisateurs rangent et nomment les choses dans leur tête.

Enfin, avec la méthode du test utilisateur (chapitre 11), vous pourrez toucher ce qui fait vraiment la spécificité de la démarche ergonomique, dans sa volonté d'être la plus proche possible des usages réels du Web et de ce qui les conditionne.

Remerciements

Ce livre n'existerait pas sans l'aide précieuse des personnes qui m'entourent. Un grand merci donc à :

- Muriel Shan Sei Fan, des éditions Eyrolles, dont le professionnalisme et l'expérience ont été fort appréciables tout au long du processus de préparation et d'écriture ; et pour être venue me pousser à concrétiser ce qui aurait pu germer longtemps encore. Avec elle, toute l'équipe Eyrolles : Sophie, Aurélie, Anne-Lise, Sandrine, Matthieu, Hind, Gaël, au travail irréprochable. Et bien sûr Karine Joly, pour cette seconde édition et autres projets, que je remercie pour son talent et sa compréhension.
- Cyril Delapeyre, qui a réalisé au pied levé les illustrations de ce livre, habillant parfaitement le propos et en compensant l'austérité.
- Élie Sloïm, pour avoir préfacé cet ouvrage en sa position de qualiticien web. Élie est gérant de Temesis, fondateur et directeur du projet Opquast (référentiel de bonnes pratiques pour la qualité des services en ligne), entre autres.
- Emeric Thoa, responsable du site Ergologique et responsable international de la conception des contenus chez Ubisoft, pour la genèse de ce livre et le grand plaisir tiré de nos collaborations et discussions. Et parce que tu ne t'en tireras pas comme ça.
- Manu et tous les Rugama.
- Tous les gens qui m'ont appris à faire de l'ergonomie et du Web, puis ceux avec qui j'ai pu en faire tout au long de ces dernières années.

La diversité des projets web et des interactions qu'ils supposent est ce qui me nourrit et me fait le plus avancer.

- Et juré, j'ai essayé de me retenir de remercier mes parents pour m'avoir permis de parler aux ordinateurs quand j'étais petite. Mais sans ça, je n'en serais sans doute pas là.

Introduction à l'ergonomie web

Pour que les internautes apprécient de venir sur votre site et soient tentés d'y revenir, vous devez concevoir votre site pour eux. Il existe une démarche, des règles et des méthodes pour atteindre cet objectif. Dans cette première partie, nous allons définir ce qu'est la discipline que l'on appelle l'ergonomie web, mais aussi ce qu'elle n'est pas.

ergonomie générale
(tous les objets)

**ergonomie des
interfaces homme-machine**

(distributeur de billets, tableaux de bord automobiles,
logiciels, écrans de téléphones mobiles, de GPS, etc)

ergonomie informatique

(interfaces logicielles et web)

ergonomie web
(interfaces web)

L'ergonomie web, qu'est-ce que c'est ?

Vous êtes un être humain et pas une journée ne se passe sans que vous n'utilisiez des objets qui vous sont extérieurs : radio-réveil, métro, livre, photocopieuse, ordinateur, distributeur de billets, supermarché, machine de musculation, etc. L'ergonomie a pour objectif d'adapter tous ces objets afin de vous faciliter la vie. Voyons comment elle se propose de le faire et les moyens qu'elle se donne.

SOMMAIRE

▶ Définition et vocation de l'ergonomie

▶ Utilité et utilisabilité : deux facteurs constitutifs de l'ergonomie web

▶ Retour sur investissement

▶ Méthodes de l'ergonomie web

▶ L'ergonomie dans un projet web

MOTS-CLÉS

▶ Ergonomie
▶ Utilité
▶ Utilisabilité
▶ Efficacité
▶ Efficience
▶ Satisfaction
▶ Méthodes
▶ ROI

BIBLIOGRAPHIE **L'ergonomie se propose de redonner du pouvoir à l'Homme**

Si vous souhaitez étudier plus en détail l'emprise des machines sur l'Homme et le rôle de l'ergonomie dans ce cadre, vous devez absolument lire cet ouvrage :

📖 Alan Cooper, *The Inmates Are Running the Asylum: Why High Tech Products Drive Us Crazy and How To Restore The Sanity*, Sams, 1999

Figure 1–1

DANS CE LIVRE **L'impact des caractéristiques générales et individuelles des internautes sur l'ergonomie web**

Nous aborderons l'importance de ces caractéristiques générales de l'être humain dans le cadre du Web au chapitre 3 ; puis le chapitre 4 s'intéressera à nos caractéristiques individuelles.

Améliorer l'ergonomie est une nécessité qui s'impose lorsque l'on constate à quel point les outils de notre quotidien nous mènent la vie dure. Il est tout à fait paradoxal qu'une machine à café ou qu'un ordinateur puisse prendre le dessus sur les personnes qui les utilisent. En effet, c'est nous qui fabriquons les machines. Nous devrions donc être capables de les concevoir pour qu'elles nous servent et non l'inverse. Il s'agit alors de redonner du pouvoir à l'être humain et c'est tout l'objectif de la démarche ergonomique.

L'ergonomie, pour considérer l'homme dans le rapport homme-machine

L'ergonomie est une discipline, une démarche, un point de vue que l'on peut appliquer à tout ce qui nous entoure. Au sens le plus général, elle concerne les outils utilisés par l'être humain. Dans les années 50, Alain Wisner, un des pionniers de l'ergonomie en France, en donnait la définition suivante :

> *« L'ensemble des connaissances scientifiques relatives à l'Homme nécessaires pour concevoir des outils, des machines et des dispositifs qui puissent être utilisés avec le maximum de confort, de sécurité et d'efficacité. »*

Il est étonnant de constater que cette description est encore parfaitement adaptée aux pratiques actuelles de l'ergonomie et fonctionne bien dans le cadre du Web. Suivant les domaines d'intervention de l'ergonomie, chacun des objectifs de confort, de sécurité et d'efficacité aura plus ou moins d'importance. Par exemple, la notion de sécurité est beaucoup plus importante dans le domaine du nucléaire que sur un site de vente en ligne de vêtements.

Cette définition n'est cependant exacte que si l'on considère la connaissance précise de l'activité d'un utilisateur comme une connaissance scientifique relative à l'Homme. En effet, il ne faut pas se restreindre à adapter nos outils aux caractéristiques générales de l'être humain. N'oublions pas que nous sommes très dépendants de nos caractéristiques individuelles, des contextes dans lesquels nous évoluons et des objectifs que nous poursuivons. Cette notion de tâche est primordiale dans la pratique ergonomique et permet de guider l'ensemble des processus d'analyse et de conception. Nous verrons par la suite de quelle manière elle est prise en compte dans le domaine du Web.

À ses débuts, la démarche ergonomique a surtout été utilisée dans le cadre d'interventions sur des outils de travail, notamment sous l'impulsion de la médecine du travail qui se penchait sur la problématique des maladies professionnelles. On se proposait alors d'analyser l'activité afin d'y adapter les postes de travail. Très vite, ces nécessités dans le domaine de la santé (soit dit en passant, très liées à la notion de productivité) se sont élargies au domaine de la sécurité, avec notamment beaucoup de travaux dans les domaines du contrôle aérien et des centrales nucléaires. On restait toutefois dans la sphère du travail. Aujourd'hui, la démarche ergonomique s'est étendue aux objets auxquels nous sommes confrontés dans la vie de tous les jours, que ce soit sur le plan personnel ou professionnel : voitures, lecteurs de DVD, brosses à dents, machines à café, ordinateurs, etc.

> **À savoir L'évolution naturelle fait qu'on n'en a jamais fini avec l'ergonomie**
>
> Attention, les premiers domaines d'application de la démarche ergonomique n'ont pas disparu. Certains n'ont même jamais été autant d'actualité. Ainsi, on s'attache toujours à améliorer les conditions de travail, à réduire le risque de maladies professionnelles et à optimiser les outils de travail dans les centrales nucléaires ou les centres de contrôle aérien.

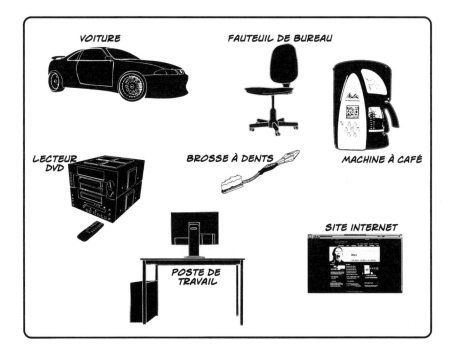

Figure 1–2
Différents objets que l'on peut optimiser d'un point de vue ergonomique.

Ces quelques illustrations vous montrent l'omniprésence des problématiques d'ergonomie. Finalement, partout où est l'homme, il y a de l'ergonomie. Cela ne signifie pas que l'on ait particulièrement travaillé sur ce point, mais plutôt que chaque objet a un niveau de qualité ergonomique, que ce dernier soit bon ou mauvais.

Pour que ces objets conviennent le mieux possible à leurs utilisateurs, il faut prendre en compte les caractéristiques de ces derniers dès la conception. On adoptera cette démarche quel que soit l'objet que l'on souhaite optimiser d'un point de vue ergonomique. Ainsi, selon Jean-Claude

Remarque
L'adaptation de l'outil à l'être humain

C'est la machine qui s'adapte : les caractéristiques de l'être humain (anthropométrie, mémoire, raisonnement, langage, capacités perceptives, objectifs, envies, etc.) doivent être au cœur du processus de conception.

Sperandio, l'ergonomie se caractérise essentiellement par sa vocation à adapter les outils à l'homme. Il y a réellement cette volonté d'action dans une démarche ergonomique de terrain. On est donc loin des études de psychologie fondamentale, en laboratoire, qui cherchent à obtenir des connaissances de manière rigoureuse et fiable.

L'ergonomie se contente d'utiliser ces connaissances pour améliorer le monde qui nous entoure et parvenir à une interaction plus sereine entre l'homme et la machine. L'outil ne doit pas nous pénaliser, mais nous aider. Combien de personnes de votre entourage se plaignent de l'informatique, parce qu'elle les contraint à se conduire de manière très rigide et ne tient absolument pas compte de leurs besoins ? Pour renverser ce type de rapports, l'ergonomie informatique (et par extension l'ergonomie web) se propose d'analyser ce dont les utilisateurs ont réellement besoin et de mettre en œuvre des méthodes appropriées pour que l'interface finale réponde au mieux à ces besoins.

Généalogie et objectifs de l'ergonomie web

L'ergonomie web est la petite fille d'une longue lignée de disciplines qui tentent d'appliquer les principes de base de l'ergonomie sur différents types d'outils. Ainsi, elle est un sous-domaine de l'ergonomie informatique, qui descend elle-même de l'ergonomie des interfaces homme-machine, sous-domaine de l'ergonomie « générale » :

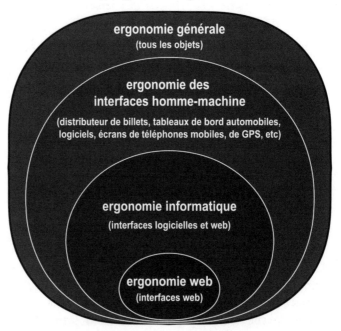

Figure 1–3
Vue hiérarchique des différents domaines d'application de l'ergonomie.

Cependant, alors que les différentes branches de l'ergonomie poursuivent un objectif commun, les moyens qu'elles mettent en œuvre sont très différents. Au point qu'être ergonome n'est pas véritablement un métier : on est ergonome d'un type d'objets ou d'outils. En effet, la connaissance du domaine et la contextualisation des normes sont telles que l'on ne peut pas être spécialiste en tout.

Lorsque l'on arrive au niveau de l'ergonomie des interfaces homme-machine, les sous-disciplines commencent toutefois à présenter beaucoup de points communs. Vous verrez par la suite que les normes utilisées en ergonomie web valent aussi bien pour un site web que pour un logiciel de traitement de texte. Ce n'est qu'au moment de leur application que les recommandations seront contextualisées au support sur lequel on travaille. En fait, les manières d'atteindre une bonne qualité ergonomique diffèrent, mais les critères de base sont identiques. Par exemple, l'interface d'un distributeur de billets de banque doit respecter, au même titre qu'un site web, les règles d'organisation visuelle, de cohérence, de conventions, de feedback, de compréhension, de liberté, etc.

En fait, tout le domaine de l'optimisation des interfaces homme-machine pour l'être humain est lié à une problématique de communication entre celui-ci et la machine. Ainsi, lorsque cela ne fonctionne pas d'un point de vue utilisateur, c'est souvent parce qu'il existe un écart important entre la vision du concepteur et celle de l'utilisateur final : ceci se traduit par une interface qui ne peut pas satisfaire ses usagers. C'est pourquoi il est primordial d'orienter la conception en fonction de *vos* utilisateurs. Pour vous y aider, nous aborderons au chapitre 4 la méthode des personas.

Un site web ergonomique est un site utile et utilisable

On peut commencer à qualifier un site web d'ergonomique lorsqu'il satisfait les critères d'utilité et d'utilisabilité (figure 1–4).

> DANS CE LIVRE **Idée reçue : « Faites-moi un site ergonomique »**
>
> Vous verrez au chapitre suivant que, malheureusement, réaliser un site web ergonomique reste du domaine de l'utopie. Mais pas de panique : si vous appliquez les conseils que nous vous donnerons tout au long de cet ouvrage, vous vous approcherez d'une qualité ergonomique maximum.

Voyons donc maintenant un peu plus précisément ce que recouvrent chacune de ces deux notions.

DANS CE LIVRE
Les règles de l'ergonomie web

Nous aborderons en détail les règles de l'ergonomie web au chapitre 5. De cette manière, vous pourrez savoir ce qui fait qu'un site est plus ou moins ergonomique.

UTILITÉ
(Répondre à un besoin)

= CAPTER
Que les internautes viennent

Les internautes viennent POUR faire quelque chose

UTILISABILITÉ
(Faciliter la satisfaction du besoin)

= PROLONGER
Qu'ils restent et réussissent

On doit les aider à y arriver le plus FACILEMENT possible

Figure 1–4 Les critères d'utilité et d'utilisabilité doivent être réunis pour obtenir une interface ergonomique.

DANS CE LIVRE **Utilité et micro-utilités**

Nous aborderons en détail les notions d'utilité générale et de micro-utilités au chapitre 7 qui traite de la définition des contenus de votre site.

La notion d'utilité

La notion d'utilité concerne ce que l'interface permet de faire (autrement dit, ce à quoi elle sert pour l'utilisateur). Pour en juger, vous devez donc nécessairement avoir une idée des besoins et envies de vos visiteurs. Les connaître en détail vous permettra de deviner ce qui va leur être utile ou non.

Attention, la notion d'utilité est multi-dimensionnelle :

- Elle a d'abord un sens général, renvoyant à la question suivante : à quoi sert mon site web ? Par exemple, il sert à acheter des livres. De ce point de vue, l'utilité consiste à offrir un service aux internautes ayant un besoin auquel on peut répondre.
- Elle recouvre en outre des micro-applications en termes de services et fonctionnalités supportant l'utilité générale : on parle alors de micro-utilités. Cela consiste à offrir le meilleur service possible en fonction des besoins et objectifs des internautes. Les micro-utilités sont très importantes pour enclencher le processus de prise de décision. Cela explique notamment que leur conception soit très liée aux choix stratégiques et marketing.

Si l'utilité, en répondant à un besoin, permet de capter un internaute, cela ne suffit pas. En effet, pour que cet internaute reste sur votre site et profite de son utilité, celui-ci doit être utilisable. C'est la deuxième grande dimension de l'ergonomie web.

La notion d'utilisabilité

L'utilisabilité a pour objet la mise en œuvre de la décision. C'est ici que les choses commencent véritablement, mais ici aussi qu'elles se gâtent. Fournir un service aux internautes via une utilité générale est aujourd'hui une chose acquise. C'est pourquoi hors des micro-utilités et de l'utilisabilité, point de salut. Et, au vu des pratiques de plus en plus poussées pour optimiser l'utilisabilité, vous n'avez plus aucune excuse pour l'oublier.

En 2007, il n'est plus seulement question d'avoir un site Internet, il faut aussi avoir un site Internet qui marche. Cela passe essentiellement par la satisfaction de ses visiteurs. Un internaute satisfait est potentiellement un internaute qui revient. La boucle est bouclée, si l'on veut bien s'en donner la peine.

La norme ISO 9241 définit l'utilisabilité de la manière suivante :

VOCABULAIRE **Utilisabilité = Usability**

En anglais, le terme consacré est *Usability*. C'est à la fois plus facile à comprendre et à prononcer.

Figure 1–5

« Un produit est dit utilisable lorsqu'il peut être utilisé avec efficacité, efficience et satisfaction par des utilisateurs donnés, cherchant à atteindre des objectifs donnés, dans un contexte d'utilisation donné. »

Il y a dans cette définition quatre notions extrêmement importantes que nous allons détailler. D'une part, le mot *donné* (*specified* en version originale) et, d'autre part, les notions d'efficacité, d'efficience et de satisfaction.

Au départ : un utilisateur, des objectifs, un contexte

La première chose à retenir de cette définition, c'est donc que l'on travaille à destination d'un utilisateur spécifique, qui a des buts eux aussi spécifiques et qui évolue dans un contexte bien précis. Ce contexte est principalement composé de l'environnement technologique, social, d'ambiance, dans lequel se trouve l'internaute.

Votre but doit donc être de concevoir une interface au service de l'internaute et de la réalisation de ses tâches, tout en tenant compte du contexte d'utilisation. Si l'on ne réussit pas à définir chacune de ces trois dimensions, on ne parviendra jamais à adapter le site web aux contraintes de son utilisation.

Autrement dit, vous n'avez aucun intérêt à essayer d'atteindre les objectifs d'efficacité, d'efficience et de satisfaction de manière générique (c'est de toute façon quasi-impossible). Un utilisateur doit se trouver efficace, efficient et satisfait d'un résultat par rapport à des données de départ qui sont les suivantes : ce qu'il est, ce qu'il veut et l'environnement dans lequel il se trouve. Les chapitres 3 et 4 vous aideront à définir toutes ces dimensions le plus précisément possible.

Objectif 1 : Efficacité

Le premier objectif d'une interface utilisable, c'est l'*efficacité*. Cela signifie qu'un utilisateur doit réussir à faire ce qu'il veut faire. Elle implique notamment des notions d'aisance d'utilisation et de facilité d'apprentissage. L'efficacité est le critère primordial à satisfaire pour les interfaces grand public et, plus largement, pour celles où les nécessités de séduire de nouveaux utilisateurs sont fortes.

Objectif 2 : Efficience

L'efficacité ne suffit pas. Certes, il est important que l'utilisateur réussisse à accomplir ses objectifs, mais il doit pouvoir le faire rapidement et avec le moins d'erreurs possibles. C'est ce que l'on appelle l'*efficience*. Cette dimension est critique sur les interfaces spécialisées, les applications métiers, les outils et, plus largement, sur celles où les nécessités de conserver des clients existants sont fortes.

Notez que les problématiques d'efficience sont plus fréquentes dans le cadre d'applications spécialisées, et souvent dans le cadre professionnel, mais qu'elles ont aussi leur importance dans d'autres contextes, ce que l'on oublie trop souvent. En effet, l'efficience a aussi son rôle à jouer

VOCABULAIRE **Conception orientée utilisateur**

On parle de *conception orientée utilisateur* au sens large lorsqu'une démarche de conception s'attache à prendre en compte les 3 dimensions de l'utilisateur, de ses tâches et du contexte d'utilisation. On considère alors que les tâches et le contexte font partie de la définition de l'utilisateur. Quant au *cycle de conception centré utilisateur* (ou CCU), il part de ces données et y attache des méthodes spécifiques. Ce cycle de conception est défini précisément dans la norme ISO 13407. Pour en savoir plus d'un point de vue théorique, vous pouvez lire cet article d'Ergolab : *La conception centrée utilisateur*, à consulter sur :
▶ http://www.ergolab.net/articles/conception-centree-utilisateur.html

dans les sites web grand public que les internautes peuvent être amenés à fréquenter souvent et/ou longtemps (pensez à Amazon, Fortuneo, eBay, aux sites de petites annonces immobilières, etc.).

Enfin, ces deux premiers besoins doivent de toutes façons cohabiter. Dans l'absolu, une interface web doit toujours tendre vers la double optimisation de l'efficacité et de l'efficience.

Objectif 3 : Satisfaction

Le dernier composant de l'utilisabilité, c'est la *satisfaction* des utilisateurs. Dans ce cadre, votre objectif doit être de mettre votre site web au service de ses visiteurs. Le Web est très spécifique par rapport à l'ergonomie des interfaces homme-machine principalement sur ce critère de satisfaction utilisateur. C'est en effet un support multi-fonctions, qui permet certes la réalisation de certaines tâches, mais qui intègre également de manière très marquée des composantes esthétiques, marketing et plus largement de plaisir.

On peut tout à fait imaginer venir sur un site web pour se détendre et se promener en naviguant au gré des rencontres. Il est plus difficile d'envisager la même chose sur un traitement de texte ou un distributeur de billets de train. Il est à noter que le Web n'est certainement pas le média le plus marqué par cette notion. Les exigences du jeu vidéo le dépassent par exemple de très loin : les critères ergonomiques généraux doivent même y être remaniés afin de correspondre aux besoins du média (par exemple, il peut être souhaitable que les joueurs peinent à réaliser une action).

Intérêt et retours sur investissement

Oui, l'ergonomie a une fâcheuse tendance à l'humanisme. Non, ce n'est pas de l'argent jeté par la fenêtre (remplacez à loisir le terme argent par : temps, budget, investissement, effort...). L'explication en est très simple : en faisant attention à vos internautes, vous augmentez considérablement vos chances qu'ils vous apprécient, reviennent sur votre site et parlent de vous à leurs proches. Les sites Internet s'adressent à des utilisateurs et ces derniers sont de plus en plus exigeants. Si leur niveau d'expertise web augmente à mesure qu'ils naviguent sur l'Internet, leur niveau d'exigence croît également, tout comme leur connaissance d'autres sites, dont ceux de vos concurrents.

La satisfaction utilisateur n'est cependant pas le seul retour sur investissement que vous pouvez tirer de la mise en œuvre d'une démarche ergonomique, loin de là !

POINT DE VUE UTILISATEUR C'est mieux, ailleurs

On entend souvent lors des tests utilisateurs des remarques du type « Raaah, mais pourquoi ils ne font pas comme ça ? C'est quand même pas compliqué, [nomdunsitequelconque] ils le font bien, eux, et du coup c'est super simple, on fait clic, clic et puis voilà ». Fini le temps où les internautes vous vénéraient sous prétexte que vous leur offriez un service en ligne. Ils attendent maintenant que vous le fassiez bien et n'hésiteront pas à aller ailleurs si ce n'est pas le cas. Notez bien qu'ailleurs, ce n'est pas forcément sur le Web.

Dans le domaine de l'ergonomie, il est extrêmement difficile de quantifier en termes d'argent le retour sur investissement. Alors que l'on peut facilement chiffrer le coût d'un projet, la qualité ergonomique se mesure par l'accroissement du nombre et de la profondeur des visites, mais aussi par l'efficacité et la satisfaction utilisateur. On peut donc obtenir à la fois des mesures quantitatives et des mesures qualitatives. Les données qui semblent les plus intéressantes à mesurer et qui sont touchées lors d'une amélioration ergonomique sont les suivantes :

- Les ventes et taux de conversion : il est largement démontré et admis que lorsque les internautes ont plus de facilité à acheter, les ventes grimpent.
- Les actions utilisateur de type création de compte, inscription à des newsletters, etc.
- Le trafic et sa qualité, le nombre de visites, de visiteurs, le nombre de pages vues, les fonctionnalités utilisées par les internautes, etc.
- La performance des utilisateurs en termes d'efficacité et d'efficience. Ce type de mesure est un indicateur très intéressant en termes de productivité des applications métiers.
- La satisfaction client, l'image de marque, etc. qui sont beaucoup plus difficiles à cerner et à quantifier.

Enfin, et c'est non négligeable, de nombreuses études ont démontré que la mise en place d'un cycle de conception centré utilisateur permettait de réduire largement les temps de développement, pendant le développement à proprement parler, mais aussi en corrections post-lancement. Nielsen pose ainsi qu'une modification coûte 100 fois plus cher après le lancement d'un site que lors de la phase de conception fonctionnelle.

Toutes ces données doivent être traitées avec la plus grande des précautions et ne pas être interprétées trop rapidement. Ainsi, comment expliquez-vous une augmentation du nombre de pages vues sur un site ? Est-ce dû à un plus grand intérêt des internautes grâce à un meilleur guidage et à une meilleure traduction de l'utilité du site ? Ou, à l'inverse, les internautes ont-ils du mal à trouver ce qui les intéresse et consultent donc des pages qui ne les concernent pas ?

Ce qui complique encore l'utilisation de ces données, c'est que personne n'est en mesure de calculer de manière isolée combien rapporte une intervention ergonomique. Cela impliquerait en effet de conduire des analyses comparatives en ne faisant varier que la qualité ergonomique. Or, lorsque l'on refond un site, on modifie en général son ergonomie, mais aussi son design, ses choix marketing et stratégiques, ses choix techniques, etc. Tous ces facteurs vont avoir une influence sur la mesure de l'efficacité du site. Il est donc très rare de pouvoir attribuer une augmentation des revenus ou de l'efficacité du site uniquement à un changement d'ergonomie. Cela se comprend très bien au vu des exigences économiques qui régissent l'Internet.

Il est toutefois très intéressant d'effectuer des mesures comparatives lors de refontes de sites mettant en œuvre une véritable démarche d'optimisation de l'ergonomie. Le cas de la refonte de site est d'ailleurs le seul terrain d'étude envisageable pour évaluer le retour sur investissement d'une démarche ergonomique. C'est une activité beaucoup plus difficile, voire impossible, dans les projets de pure création, puisqu'on ne dispose pas de métriques références. Ce que l'on observe sur les projets de refonte nous informe toutefois largement sur l'intérêt de mettre en place une démarche centrée utilisateur et les bénéfices que l'on peut espérer en tirer.

Jakob Nielsen et Shuli Gilutz ont ainsi produit en 2003 un rapport nommé *Usability Return on Investment* (Nielsen Norman Group), recensant 42 études comparatives entre l'utilisabilité d'un site existant et sa version refondue. Sur ces 42 projets, les mesures ont montré une augmentation de l'utilisabilité de l'ordre de 202 % (ce qui représente un facteur 3).

Pour espérer obtenir un retour sur investissement conséquent, encore faut-il mettre en œuvre cette fameuse démarche ergonomique. Vous y arriverez en piochant dans le panel des méthodes d'ergonomie celles qui conviennent le mieux à votre projet.

ANECDOTE **Le retour sur investissement de l'ergonomie web : la preuve par l'exemple**

Voici quelques exemples cités dans le rapport de Nielsen et Gilutz. Ils démontrent bien que l'optimisation de l'utilisabilité a diverses conséquences, mais que c'est toujours dans le sens d'une augmentation de ce que l'on souhaite voir croître.

Ils prennent ainsi l'exemple de la refonte des sites d'IBM en 1999 : une semaine après le lancement de la nouvelle version, les ventes augmentaient de 400 %. Toujours dans le domaine de l'augmentation des ventes, la refonte d'un site vendant des cheesecakes a permis de passer de ventes négligeables à approximativement 250 000 $ lors des fêtes de fin d'année, avec une augmentation du taux de conversion de l'ordre de 900 %.

Prenons maintenant deux exemples avec des influences en termes de visites. Un mois après le lancement de sa nouvelle version, le site du ministère des Finances d'Israël a vu son temps de visite moyen augmenter de 30 % et son nombre de pages visitées croître de 25 %. Les modifications ne portaient pourtant que sur l'architecture de l'information et l'interface, et non le contenu. Même tendance sur le site de Bell Canada : suite à une refonte orientée utilisateur, le nombre de visites par semaine est passé de 300 000 à 450 000.

Il est très important de noter que l'on peut mesurer le retour sur investissement d'une modification de l'ergonomie même lorsque celle-ci ne touche qu'une page ou qu'un détail d'un site. Nielsen et Gilutz donnent ainsi l'exemple de la refonte de la page d'accueil du site de l'artiste Richard Scott. D'une interface ne proposant qu'une peinture à la fois, ce dernier est passé à une interface présentant d'abord ses travaux sous forme de vignettes. Ce simple changement, relevant purement de l'optimisation ergonomique, a eu pour effet d'augmenter les ventes en ligne de 30 % et le trafic de 20 %. Au vu des budgets attribués à l'ergonomie et de ce qu'elle peut rapporter, Nielsen et Gilutz proposent de dépenser la moitié du budget d'un site à travailler sur l'utilisabilité.

Les méthodes de l'ergonomie web

Deux grandes familles de méthodes sont utilisées en ergonomie web. Elles se différencient selon qu'elles font intervenir ou non des utilisateurs. Les démarches ergonomiques sérieuses couplent souvent les deux types de méthodes afin de profiter des bénéfices de chacune.

Méthodes expertes

La première famille de méthodes utilisées en ergonomie web est constituée des méthodes dites *expertes*. Cette appellation laisse à penser qu'elles sont exercées uniquement par des experts en ergonomie, autrement dit des spécialistes de cette discipline, dont c'est le métier. Or, paradoxalement, les méthodes expertes ne sont pas réservées aux experts ! Ce terme est utilisé pour les distinguer des méthodes participatives, faisant intervenir des utilisateurs.

En effet, les méthodes expertes ne font intervenir que le cerveau du concepteur, lequel conçoit ou évalue un site web au vu de ses connaissances, expériences et convictions. Il s'agit donc de confronter une interface web au jugement d'un intervenant chargé d'évaluer la qualité ergonomique de cette interface. On fait confiance à cet intervenant qui, selon son niveau d'expertise, aura une manière particulière d'aborder les interfaces. Après avoir acquis de l'expérience dans ce domaine, l'ergonome repère de manière presque réflexe les défauts ergonomiques du site web.

Tableau 1–1 Les méthodes expertes de l'ergonomie web

Méthode		Dans ce livre
Audit ergonomique		Chapitre 6
Spécifications ergonomiques	Réalisation de plans de site	Chapitre 8
	Réalisation de flux d'interaction	Chapitre 8
	Réalisation de zonings et maquettes	Chapitre 9

Méthodes participatives

L'autre grande famille de méthodes d'ergonomie web est constituée des méthodes *participatives*. Ce sont là les méthodes par excellence de l'ergonomie, puisqu'elles font intervenir les utilisateurs finaux des interfaces. Il s'agit d'aller observer, questionner, analyser le comportement et le discours des internautes sur votre site. Difficile de se situer plus près de la préoccupation centrale de l'ergonomie, à savoir les utilisateurs.

Il est important de noter que l'ergonomie a une démarche particulière en ce qui concerne les méthodes participatives. La plupart des personnes ont l'habitude des méthodes marketing, des tests consommateurs ou des focus groups, qui n'ont rien à voir avec les méthodes d'ergonomie web (nous en parlerons plus précisément au chapitre suivant). Les deux principaux facteurs différenciants sont les suivants :

- **Le nombre de participants** : l'ergonomie web met très rarement en œuvre des méthodes de groupe. Le plus souvent, le participant est rencontré seul et il est la cible de toutes les attentions.
- **L'objectivité de l'analyse** : alors que le marketing cherche à obtenir l'avis subjectif des gens sur un sujet donné, l'ergonomie les interroge et les observe afin d'obtenir des données *objectives* sur ce qui conditionne leur activité sur le Web.

Tableau 1–2 Les méthodes participatives de l'ergonomie web

Méthode	Dans ce livre
Analyse de l'activité et études ethnographiques	Non traité
Entretiens et questionnaires	Non traité
Tri de cartes	Chapitre 10
Test utilisateur	Chapitre 11

VOCABULAIRE Méthodes participatives ou méthodes utilisateur

On parle aussi de méthodes utilisateur : ce qui les définit est en effet de faire intervenir des utilisateurs finaux ou leurs représentants (c'est-à-dire des personnes qui présentent les mêmes caractéristiques).

La place de l'ergonomie dans un projet web

L'ergonomie, plus qu'un métier porté par des personnes, doit être une préoccupation permanente de tous les acteurs d'un projet web. Bien sûr, il est tout à fait conseillé qu'une personne, interne ou externe à l'équipe projet, soit chargée de l'ergonomie du site. Cependant, ce n'est pas suffisant si vous avez réellement envie de donner à votre projet une « couleur » orientée utilisateur. Tout le monde doit, d'une part, être convaincu de l'importance de prendre en compte vos internautes et, d'autre part, disposer d'au moins quelques bases en ergonomie web.

À SAVOIR L'ergonomie web agit en amont et en aval

La démarche ergonomique peut être mise en œuvre aussi bien en conception de site qu'en évaluation d'un site existant.

On dit que l'ergonomie est la science du compromis. Elle ne l'est cependant que si elle cherche à obtenir les contraintes de tous les métiers avant de commencer la conception. On apprend vite que c'est nécessaire et que cela évite d'avoir travaillé pour rien sur quelque chose d'irréalisable, de contraire aux objectifs stratégiques, etc.

Pour que les équipes projet parviennent à un niveau de connaissances en ergonomie suffisant pour ce qu'ils doivent en faire en plus de leur métier, quelques initiatives explicites sont nécessaires. Lancez des actions de formation express, communiquez autour des livrables, faites des allers-retours, etc. Si les gens lisent d'eux-même des livres d'ergonomie ou se renseignent sur le Web, tant mieux, mais vous ne devez pas vous reposer sur ce type d'acteurs plutôt rare. Chacun cherche plutôt à être spécialiste dans son domaine, c'est d'ailleurs tout à fait louable et indispensable pour la qualité générale du produit fini.

D'ailleurs, l'interaction entre l'ergonomie et le reste des activités ne se fait pas à sens unique : les contraintes de l'un peuvent influencer l'autre, et inversement. Prenons l'exemple de la richesse de l'interaction ergonome/designer lors de la phase de création graphique. La conception fonctionnelle n'est pas réalisée dans une tour d'ivoire et n'est pas intouchable, au contraire ! Il arrive fréquemment qu'une contrainte graphique fasse chercher et trouver une nouvelle solution de conception, qui peut fonctionner tout aussi bien, voire mieux. Ce type de situation est toutefois beaucoup plus courant lorsque le concepteur et le designer font partie de la même entreprise, voire travaillent dans le même bureau ou, en tout cas, se côtoient régulièrement lors de rencontres, de réunions, d'ateliers de travail, ou autour d'un café.

Lorsque concepteur et designer travaillent plutôt au coup par coup, essayez de favoriser la régularité des échanges, surtout à des moments critiques, par exemple avant la livraison de la première page à valider d'un point de vue graphique par le client (c'est souvent la page d'accueil). Lorsque le client ou la direction a validé, il est souvent trop tard pour revenir sur les grands principes d'interface.

Enfin, le suivi ergonomique est une activité primordiale. Si vous le négligez, vous risquez de perdre une bonne partie du bénéfice retiré du travail mené sur le plan ergonomique.

Bien sûr, tous les acteurs d'un projet n'auront pas le même niveau ni les mêmes connaissances en ergonomie, mais il est primordial que tous aillent dans la même direction : celle du bien-être de leurs utilisateurs. La participation de tous à une qualité ergonomique globale est la condition sine qua non pour que votre site soit véritablement utile et facile à utiliser.

Assurément, l'ergonomie peut susciter des discussions stratégiques ayant un grand impact sur le déroulement d'un projet web. Le lieu de l'ergonomie permet d'aborder des sujets qui ne sont, sinon, jamais évoqués tant les projets web en France sont cloisonnés en termes de métiers : on fait de la conception (quand on en fait), puis du design, puis de la technique, le tout chapeauté par une gestion de projet souvent débordée. Il y a de quoi laisser l'internaute sur le bord de la route. Or quel intérêt y a-t-il à lancer un site web si ce dernier ne vient pas satisfaire vos internautes ? C'est l'échec assuré.

L'ergonomie n'est pas quelque chose de difficile, d'obscur ou de magique. Vous verrez tout au long de cet ouvrage que la qualité ergonomique d'un site web s'obtient principalement au travers d'une multitude de détails qui, mis bout à bout, participent d'un site réussi. Pour y parvenir, vous devez conjuguer deux principes que nous allons aborder dans ce livre : d'une part, l'application de méthodes et, d'autre part, la prise en compte des connaissances, règles et bonnes pratiques de l'ergonomie web.

VOCABULAIRE
Appeler un chat un chat, ou pas…

Dans la pratique, le mot ergonome ou ergonomie peut faire peur si vous évoluez dans un contexte où la pratique est en gestation. Préférez donc vous présenter d'une manière plus compréhensible par tous (les termes de concepteur, concepteur fonctionnel, designer d'information ou d'interaction paraissent ainsi moins dangereux).
En anglais, on dit *usability specialist* ou *usability expert*. Attention, le mot *ergonomics* est devenu un faux-ami, puisqu'il est essentiellement utilisé dans le secteur de l'ergonomie physique et de l'analyse du travail.

POINT DE VUE
Revenir à l'essentiel

Ce livre a pour objectif de rassembler tous les métiers du Web autour d'un objectif commun : la satisfaction de l'internaute. Pour qui d'autre voulez-vous créer votre site ?
Que vous soyez chef de projet, développeur, directeur artistique ou webmaster, si vous exercez ce métier c'est afin de créer des sites Internet pour des gens. Vous apprendrez dans ce livre comment prendre en compte ces utilisateurs de manière optimale.

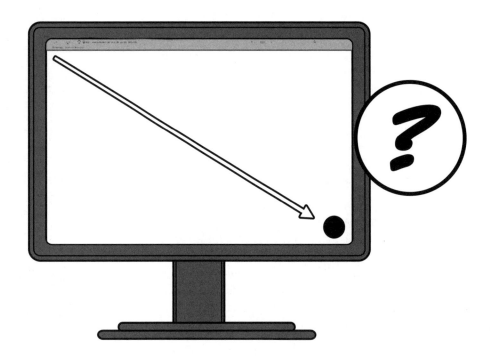

chapitre 2

Top 10 des idées reçues sur l'ergonomie

Au-delà d'une définition de ce qu'est l'ergonomie,
il est indispensable que vous sachiez ce qu'elle n'est pas.
Dans ce chapitre, nous remettons donc en question les 10
mythes les plus récurrents dans notre pratique quotidienne
et essayons de vous donner des clés pour vous défaire
de ces idées reçues.

SOMMAIRE

▶ La sacro-sainte règle des 3 clics

▶ Les internautes sont des idiots

▶ L'ergonomie et le design, ennemis jurés

▶ Pas besoin d'ergonomie, on a fait un focus group

▶ Faites-moi un site ergonomique

▶ Les internautes lisent en F

▶ L'ergonomie c'est juste du bon sens

▶ On le fera en Web 2.0

▶ Les internautes ne scrollent pas

▶ Pour l'ergonomie, on verra à la fin

MOTS-CLÉS

▶ Architecture de l'information

▶ Ergonomie

▶ Design

▶ Sens de lecture

▶ Scroll

▶ Focus group

▶ Test utilisateur

La sacro-sainte règle des 3 clics

L'idée reçue en quelques mots

« Dans notre site Internet, toute information doit être accessible en moins de 3 clics ». Si vous êtes familier des projets web, cahiers des charges, chartes et documents de conception, vous avez déjà dû entendre ce genre de précepte.

Ce que l'on va appeler la règle des 3 clics a pour ambition de rapprocher l'internaute de l'information qu'il souhaite atteindre. Elle est basée sur un constat : dans le monde du Web, le nombre de clics est un indicateur de la distance de l'information ; plus celle-ci se trouve loin, plus j'ai besoin de cliquer. Le nombre de 3 clics est considéré par certains comme le nombre d'actions maximal au-delà duquel la navigation ne serait pas optimisée. Derrière cette règle, on retrouve la crainte de perdre l'internaute à chaque fois qu'il effectue un nouveau clic.

Étant donné que la plupart des responsables de site veulent à tout prix limiter ce risque et adorent les règles dont l'application est mesurable, la règle des 3 clics a une belle popularité. Elle fournit une solution que l'on peut mettre à l'épreuve à n'importe quel moment et devient un repère de la qualité de la navigation sur un site.

Chaque projet web entraîne donc son lot de personnes « tournées vers l'internaute », qui pensent le satisfaire et le protéger en lui permettant d'accéder à n'importe quelle information en moins de 3 clics.

Et voilà qui explique pourquoi la règle des 3 clics est particulièrement dangereuse. Ce sont précisément les personnes préoccupées par la facilité d'utilisation d'un site qui vont l'adopter, car elle semble une réponse parfaite au bien-être de l'internaute. Or elle ne l'est en aucun cas.

Pourquoi faut-il se méfier de cette règle ?

La règle des 3 clics énonce une idée qui paraît de prime abord assez logique, posant qu'une information est plus difficile à atteindre à mesure que le nombre de clics augmente. Or c'est faux !

En effet, en assimilant la difficulté au nombre de clics, on prend surtout en compte la difficulté physique liée au clic, en laissant de côté la difficulté mentale.

Bien sûr, le versant physique a une importance. Voyez plutôt : je clique, la page se recharge, j'analyse la nouvelle page. Le clic est donc certainement un indicateur de charge de travail pour l'internaute.

Cependant, le cheminement précédent correspond à ce qui se passe lorsque l'internaute a cliqué sur le lien lui permettant effectivement d'atteindre la

---

ANECDOTE **Le mystère des 3 clics**

Il semble que personne ne connaisse l'origine de cette règle, dont la paternité n'est attribuée à aucun auteur.

RECOMMANDATION **Se méfier des règles**

La conception web est un domaine si contextuel que vous devez toujours vous méfier des pseudo-règles censées vous aider à créer des sites ergonomiques. Il n'y a pas de règles sans exception et les projets web sont presque tous des exceptions tant ils recoupent des problématiques variées. La règle a cependant l'avantage de vous inciter à regarder au bon endroit, de diriger votre attention sur une problématique particulière. Se préoccuper du nombre de clics est ainsi un premier pas pour comprendre l'importance de l'architecture de l'information.

RECOMMANDATION
La formule magique des 3 clics

Calculez votre impôt en moins de 3 clics, commandez votre canapé en 3 clics, 3 clics pour créer votre blog, etc. Ce type d'accroches est censé donner envie aux internautes de se lancer dans l'utilisation de votre site, avec l'idée que ce sera simple et rapide. Pourquoi pas ! Utiliser cette phrase à destination de vos utilisateurs est sans doute la seule chose que vous ayez le droit de faire à bon escient. A l'inverse, vous ne devez pas l'utiliser comme référence pour architecturer votre site. Autrement dit, pour attirer vos internautes, oui ; pour en faire un idéal de conception, non !

page souhaitée. Imaginez que ce ne soit pas le cas : je clique, la page se recharge, j'analyse la nouvelle page, je me suis trompé, je clique pour revenir en arrière, la page se recharge, j'analyse de nouveau la page d'origine, je clique sur un autre lien pour essayer une autre stratégie.

PARCOURS IDÉAL   PARCOURS EN CAS D'ERREUR

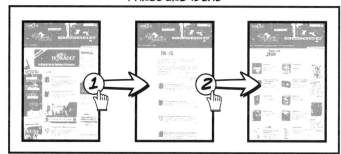 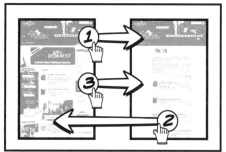

Figure 2–1 Ces deux exemples montrent que l'internaute peut atteindre l'information souhaitée en 2 clics, mais à condition qu'il ne se trompe pas.

En outre, la règle des 3 clics élimine complètement la complexité qui peut se cacher derrière chaque clic. Avant d'opter pour un lien, l'internaute engage tout un processus mental de comparaison et de sélection. Votre objectif est de conserver à ce processus un caractère inconscient : le choix doit rester assez simple pour sembler une évidence. Si votre internaute a l'impression de réfléchir et doute de l'issue de son clic, vous avez perdu la première partie de la bataille.

Les internautes ne quittent pas un site parce qu'ils estiment avoir cliqué trop de fois. Ils partent parce qu'ils ne trouvent pas ce qu'ils recherchent ou qu'ils ont l'impression de ne pas être sur la bonne voie. C'est donc avant tout cela qu'il faut éviter.

En vous astreignant à respecter la règle des 3 clics coûte que coûte, vous risquez paradoxalement de compliquer la navigation sur votre site. En effet, si vous essayez d'« économiser un clic », vous risquez d'augmenter le nombre d'erreurs (ce qui, d'ailleurs, équivaut souvent sur le Web à augmenter le nombre de clics), mais aussi le temps de réalisation de la tâche (plus l'internaute mettra de temps à faire la balance entre deux liens, plus il lui sera long d'atteindre son but).

Le nombre de clics n'est donc pas assimilable à la facilité de navigation sur un site et 2 clics simples valent mieux qu'un seul compliqué !

Le bon côté de la règle, et comment aller plus loin

La règle des 3 clics a le mérite de pouvoir être appliquée par n'importe qui de manière immédiate. Elle a donc aidé les professionnels du Web à prendre conscience de l'importance du nombre de clics pour juger de la qualité ergonomique d'un site web. Mais il ne faut surtout pas s'arrêter là !

Bien sûr, plus on fait de clics, plus on descend dans les profondeurs du site. Et il existe évidemment un rapport entre le nombre de clics et la sensation que peut avoir un utilisateur d'être perdu. Chaque clic que vous demandez doit donc avoir un intérêt, une utilité, et être réfléchi.

Cependant, veiller au nombre de clics ne doit pas vous contraindre à des choix qui compromettent la facilité de navigation sur votre site : le plus important est que l'internaute sache où cliquer et qu'il ne se trompe pas ! Or ces deux objectifs peuvent vous obliger à découper votre architecture de telle sorte qu'un clic de plus soit nécessaire à l'utilisateur pour atteindre son but. La règle des 3 clics pose problème lorsque l'on travaille sur l'ergonomie d'un site puisqu'elle impose une limite stricte qui est souvent difficile à respecter.

L'essentiel est donc de comprendre l'effet positif que la règle des 3 clics cherche à produire sur la navigation, c'est-à-dire permettre à l'internaute d'atteindre facilement et rapidement son but. Vous devez essayer de reproduire cet effet plutôt qu'appliquer la règle les yeux fermés.

Les internautes sont des idiots

On croit prendre en compte les internautes en se mettant à leur place ou en leur substituant un stéréotype. Or rien n'est plus faux. Toute la démarche ergonomique consiste justement à connaître *vos* internautes, ceux qui vont venir sur votre site. C'est pour eux que vous devez concevoir et adapter votre site, et pour personne d'autre. Deux grandes tendances existent parmi les acteurs des projets web :

DANS CE LIVRE **Votre grand mère n'est pas votre internaute**

Rendez-vous au début du chapitre 4 pour détruire l'idée reçue selon laquelle « Si ça marche pour ma grand-mère, ça marchera pour tout le monde ».

- La sous-estimation des internautes. Cette démarche consiste à se dire : « si un enfant de 10 ans y arrive, tout le monde devrait y arriver ». C'est probablement vrai, mais aussi tout à fait contre-productif. En appliquant ce genre de règles, vous risquez notamment de concevoir une interface ultra-guidée, simplifiée à l'extrême, qui ne conviendra pas aux internautes ayant besoin d'accomplir rapidement leur tâche.

- La sur-estimation des internautes. Au palmarès, des remarques de ce type : « Les internautes savent qu'il faut cliquer sur le logo pour retourner à la page d'accueil, moi je le fais bien » et « Ils vont apprendre ». Enlevez-vous de la tête que vous êtes l'internaute type ou que votre femme, votre mère, votre collègue représentent l'internaute type. Il n'en est rien.

Le conseil le plus important que l'on puisse vous donner pour optimiser l'ergonomie de votre site est le suivant : vous ne devez pas réfléchir au bien-être des utilisateurs en général, mais savoir qui sont les internautes visitant votre site et prendre en compte leurs caractéristiques. Ainsi, la méthode des personas vous sera très utile pour intégrer des profils utilisateurs tout au long du cycle de conception. Nous l'évoquerons dans la seconde partie du chapitre 4.

L'ergonomie et le design, ennemis jurés

Idée reçue et réalités du métier

D'un côté « l'ergonomie tue le design », de l'autre « le design ruine la qualité ergonomique à laquelle on aurait pu prétendre », sont autant d'idées reçues sur les rapports entre ergonomie et design graphique. Certes, les deux disciplines n'ont pas les mêmes objectifs. De là à poser qu'elles sont entièrement antinomiques, il y a un pas de géant... Chacune prouve quotidiennement qu'elle peut apporter à l'autre un regard intéressant sur sa propre pratique, mais aussi sur la qualité générale de l'interface produite.

Il est presque du ressort d'une décision stratégique de choisir entre une interface extrêmement facile à utiliser et fonctionnelle ou une interface devant refléter une image de marque, servir de vitrine, être belle et appétissante. Dans le premier cas, on adoptera une démarche ergonomique très conventionnelle, alors que dans le second on sera beaucoup plus souple dans l'application des règles d'ergonomie. Nous posons volontairement les deux extrêmes en opposition mais la plupart des projets web sont au croisement de ces objectifs.

C'est d'ailleurs souvent un choix qui s'impose de lui-même, au vu des caractéristiques et objectifs du projet. Vous comprenez par exemple aisément pourquoi le site d'Yves Saint Laurent et celui de la Fnac ne peuvent avoir la même ligne de conduite quant au respect des principes d'ergonomie (figure 2–2).

Dans le cas de projets très exigeants du point de vue de l'image, des spécifications de conception uniquement écrites et/ou schématiques peuvent d'ailleurs s'avérer intéressantes afin de laisser s'exprimer la créativité du designer. Dans ce type de situation, il est alors primordial de pouvoir réagir très tôt d'un point de vue ergonomique en s'imposant quelques points de contrôle destinés à éviter une catastrophe utilisateur.

Figure 2–2
Le site d'Yves Saint Laurent et celui de la Fnac n'appliquent pas de manière aussi stricte les règles de l'ergonomie web, du fait d'exigences d'image différenciées.
Sources : www.ysl.com / www.fnac.com

Lorsque des designers se sentent bridés, paralysés ou blessés dans leur ego parce qu'ils doivent prendre en compte des recommandations ergonomiques, il n'est pas rare d'entendre de leur part des remarques du type « c'est tout à fait inintéressant de colorier une maquette fonctionnelle, bonjour la créativité… ». Or, rien à faire, l'ergonomie et le design, bien que très proches par certains aspects, ne sont pas les mêmes métiers.

D'ailleurs, malgré ce type de discours, un designer trouve souvent tout à fait désagréable de devoir réfléchir à tous les cas possibles avant de décider la position, l'apparence, le comportement et le vocabulaire attribués aux éléments à l'écran. Que tous ces détails soient pesés minutieusement avant de passer à l'étape graphique permet ainsi de libérer son cerveau vers ce qu'il fait de mieux : la réalisation d'un site beau, esthétique, qui plaise subjectivement aux internautes.

Soit dit en passant, un designer peut tout à fait être en charge de la conception fonctionnelle d'un site web, s'il s'abstient lors de cette étape de toute considération graphique.

Ce qui nous préoccupe en premier lieu est de fabriquer un site web qui plaise à nos internautes sous toutes ses coutures. Et, pour y parvenir, point de salut hors d'une étroite collaboration entre ergonomie et design.

Pourquoi l'ergonomie aime le design graphique

Cette nécessité de collaborer est d'autant plus importante que l'ergonomie ne peut se passer de design, tout d'abord parce qu'une maquette ergonomique est foncièrement laide. À bien y regarder, ce ne sont que des carrés et des mots, en noir et blanc, dont la vocation est tout sauf esthétique (si l'image ne se forme pas dans votre esprit, jetez un coup d'œil au chapitre 9 pour constater l'étendue des dégâts). Cela ne suffit pas pour faire un site. Autrement dit, l'ergonomie sans design n'est rien. Chacun doit donc jouer son rôle : on commence par penser l'interface de la manière la plus intelligente possible pour optimiser son utilisabilité, puis on se sert de cette base pour le travail graphique.

Ce n'est pas tout. Au-delà des nécessités en termes de projet, l'ergonomie et le design doivent être conduits en étroite collaboration car les deux disciplines se nourrissent mutuellement. En particulier, le design graphique aide l'ergonomie quand il en respecte les recommandations. Ainsi, une maquette graphique basée sur une maquette fonctionnelle est souvent plus ergonomique que le support à partir duquel elle a été créée (figure 2–3).

Ceci provient des apports du design graphique en termes d'agencement, de hiérarchie visuelle, de couleurs, de formes, de zones de respiration, etc., apports qui permettent de renforcer ce qui n'avait été qu'esquissé dans la maquette conceptuelle. En outre, la concrétisation graphique des principes conceptuels amène parfois à revoir certains choix, toujours dans l'objectif d'optimiser l'utilisabilité de l'interface.

Enfin, le design graphique influence la qualité ergonomique de l'interface d'un point de vue utilisateur. En effet, rappelez-vous que l'utilisabilité n'est pas seulement la facilité d'utilisation, mais nécessite de remplir des critères d'efficacité, d'efficience et de satisfaction. C'est ce dernier point qui nous intéresse plus particulièrement dans le cadre de notre réflexion.

DANS CE LIVRE **Utilisabilité ?**

Vous trouverez dans le chapitre précédent la définition précise de l'utilisabilité telle qu'elle est présentée dans la norme ISO 9241, ainsi que l'explication détaillée de chacun de ses déterminants.

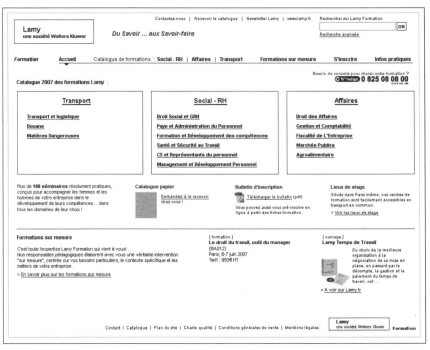

Figure 2–3
La maquette graphique a un niveau
de qualité ergonomique plus élevé
que son pendant conceptuel.
Source : site de Lamy Formation,
accessible à partir de www.lamy.fr

Pour qu'une interface soit utilisable, elle doit donc être en mesure de satisfaire ses utilisateurs. Or l'esthétique est un des paramètres ayant une grande influence sur le degré de satisfaction des internautes. C'est d'ailleurs souvent cela qui saute aux yeux et incite les visiteurs d'un site Internet à l'apprécier ou non...

Le troisième élément expliquant la relation intrinsèque entre ergonomie et design vient du fait que le design graphique conditionne la perception de la facilité d'utilisation d'un site web. Même si, objectivement, deux maquettes graphiques issues de la même maquette fonctionnelle peuvent avoir le même potentiel ergonomique, les utilisateurs en décident autrement.

Ainsi, une étude réalisée en 1983 par Tractinsky, Katz et Ikar montre que l'esthétique de l'interface influence la perception de l'utilisabilité du système. Les utilisateurs confrontés à une belle interface auraient tendance à lui attribuer un meilleur niveau d'utilisabilité. Ce raccourci mental serait assimilable à celui suivant lequel, en général et sans en avoir conscience, nous avons tendance à associer plus de caractéristiques positives aux gens que l'on trouve attractifs physiquement. Ce stéréotype du *What is beautiful is good* agirait donc non seulement sur nos relations sociales, mais aussi sur nos relations aux interfaces informatiques et, plus largement, à tout ce qui nous entoure. Si votre site est joli, il y a donc plus de chances pour que vos internautes le considèrent facile à utiliser.

Pour finir, l'ergonomie n'aura d'importance que si votre site est visité par des internautes et il a d'autant plus de chances de l'être s'il est attrayant visuellement. Vous avez donc besoin du design graphique pour que votre travail sur le plan ergonomique prenne encore plus de valeur.

Il faut voir l'interaction homme-machine pour ce qu'elle est : un mélange de plusieurs critères qui doivent concourir à une qualité globale d'utilisation. Parmi ces critères se trouve l'utilisabilité. La beauté en est un autre. On y arrive donc : non, l'ergonomie et le design ne sont pas des ennemis jurés. Mieux encore, un site Internet ne pourra être de bonne qualité que si ces deux disciplines travaillent main dans la main et réussissent à créer une expérience utilisateur agréable.

Malheureusement, les dissensions que nous évoquons ici entre l'ergonomie et le design ont aussi lieu sur d'autres territoires. La lutte peut faire rage entre les concepteurs, les développeurs, les intégrateurs, les spécialistes du marketing, etc. Souvent, chacun défend son propre intérêt et lâche difficilement du lest sur ses croyances et exigences liées à l'exercice de sa profession. Or ce n'est qu'en travaillant ensemble que nous pourrons produire un Web de meilleure qualité. Ce livre a justement été écrit pour fournir à tous les acteurs d'un projet Web des connaissances de base en ergonomie, destinées à servir de base commune de réflexion.

Pas besoin d'ergonomie, on a fait un focus group

Aujourd'hui encore, les gens confondent les tests utilisateurs et les focus groups. Cette méprise est essentiellement due au fait que ces deux méthodes font intervenir des personnes réelles, dont les profils correspondent à ceux de votre public cible. Cependant, excepté ce point commun, rien ne permet de comparer un focus group à un test utilisateur. Deux différences fondamentales les opposent :

- Le focus group, comme son nom l'indique, est une méthode collective : on fait participer plusieurs personnes à la fois et c'est, d'ailleurs, ce qui fait l'efficacité de la méthode. À l'inverse, le test utilisateur se déroule lors de sessions individuelles, où un seul participant navigue sur un site web en compagnie du responsable de l'étude.

- Le focus group s'intéresse aux avis subjectifs des internautes, c'est-à-dire à leurs opinions, alors que le test utilisateur observe des comportements réels de navigation afin de recueillir des données objectives.

Figure 2–4
Différence entre les situations de focus group et de test utilisateur. Ce dernier point souligne bien la différence entre une approche marketing et une approche ergonomique. Cependant, même lorsque vous conduisez un test utilisateur en ergonomie, vous devez veiller à bien distinguer ce que disent les participants de ce qu'ils font, autrement dit de ce qui se passe en réalité. En effet, il est très facile de se laisser entraîner par les avis subjectifs de vos participants (voir à ce propos le chapitre 11).

Pour finir, cette idée reçue ne concerne pas que le rapport du focus group à une démarche ergonomique. Les mêmes remarques peuvent s'appliquer aux questionnaires, entretiens d'appréciation, sondages, ou toute autre méthode faisant appel à l'évaluation subjective des gens et demandant leur avis. Entendez bien que nous ne mettons pas en cause l'utilité de ces méthodes, mais qu'il ne faut absolument pas les confondre avec la démarche ergonomique.

Faites-moi un site ergonomique

Au risque de vous décevoir, les sites web ergonomiques n'existent que dans nos rêves. En effet, un site ne sera jamais ergonomique dans l'absolu. Il ne pourra éventuellement l'être que pour un internaute donné, à un instant donné, dans un contexte donné. Un site ergonomique, c'est d'abord un site qui se préoccupe de ses internautes, non dans le discours, mais dans les actes.

Nous avons vu au chapitre précédent que tous les objets ont une qualité ergonomique en soi, qui peut être bonne ou mauvaise. Tout ce que vous pouvez faire, c'est donc mettre en œuvre des méthodes d'ergonomie pour améliorer ce niveau de qualité. Faites-le autant que possible au vu des caractéristiques de votre projet et tâchez d'assimiler les grands principes de cette discipline afin de les garder en tête lors de votre travail quotidien.

Les internautes lisent en F

On entend souvent dire que les internautes lisent en F (fonctionne aussi avec Z, E, ou toute autre lettre de l'alphabet). Ce type d'affirmation est tout à fait dangereux et ne doit surtout pas influencer votre manière de concevoir un site web. Autrement dit, ne vous contraignez pas à organiser vos pages de telle manière qu'elles respectent ces pseudo-sens de lecture.

En effet, il n'existe pas de sens de lecture des pages web qui soit inscrit dans nos automatismes cérébraux. Tout ce qui conditionne les réflexes de lecture et de parcours d'une page web est dû aux habitudes des internautes et au contenu de la page web consultée. Ce sont donc les pages qui produisent un comportement de lecture en F et non les internautes ! Voici deux exemples pour vous convaincre que c'est bien le design de votre page qui induit un trajet de l'œil. Commençons par un exemple abstrait et extrême, mais qui permet de comprendre très rapidement l'essence du problème : dans l'écran ci-contre (figure 2–5), où votre regard va-t-il se poser en premier ?

Prenons à présent un exemple réel : sur le site de l'album 5:55 de Charlotte Gainsbourg, les internautes lisent en V ou en anti-C. Peut-on pour autant étendre ces résultats à l'ensemble des sites web ? Il est évident que non.

Figure 2–5 Dans cet exemple, votre regard est attiré de manière réflexe vers le coin inférieur droit, car c'est le seul endroit de l'écran qui contient quelque chose.

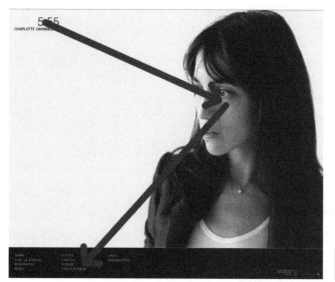

Figure 2–6 Deux sens de lecture possibles sur le site de l'album 5:55 de Charlotte Gainsbourg, dûs au design de la page. Source : www.charlottegainsbourg.fr

Pour résumer, c'est l'apparence du site, mais aussi son comportement (notamment dans le cas d'animations) qui influencent le parcours visuel d'une page web par les internautes. Ce sens de lecture n'a donc rien à voir avec un comportement inné. Il existe tout de même un principe de base à prendre en compte. En effet, nos réflexes de lecture à l'occidentale conditionnent plutôt une lecture de gauche à droite et de haut en bas. Il paraît donc logique d'accorder plus d'importance au haut de page, puisque l'on suppose que c'est par cette zone que les internautes vont commencer leur exploration du contenu. Toutefois, pensez toujours que l'organisation et la présentation de votre page peuvent venir casser ces réflexes de lecture.

En tout état de cause, vous ne devez pas concevoir votre page en fonction du sens de lecture d'une page web, mais adopter la solution la plus intelligente selon votre contexte. Il est notamment beaucoup plus adapté de tenir compte des conventions web relatives à la localisation que de se baser sur un quelconque sens de lecture. Nous aborderons ce thème dans la règle n°4 du chapitre 5.

L'ergonomie c'est juste du bon sens

Quelle plus belle preuve que tous ces sites incompréhensibles pour démontrer que l'ergonomie n'est pas juste une question de bon sens ? Quelle plus belle observation que ces internautes soupirant, pestant, jurant parce qu'un site Internet est mal conçu et ne leur fournit pas ce qu'ils devraient y trouver ?

Tous les gens qui conçoivent des sites web sont dotés d'un quota d'intelligence raisonnable. Les sites web qui naissent sont pourtant loin d'être tous égaux d'un point de vue ergonomique. Ce doit être que l'optimisation de l'ergonomie d'un site ne relève pas seulement du simple sens commun. En effet, quelques éléments sont importants pour atteindre une qualité ergonomique acceptable :

- Avant tout, il faut du temps pour véritablement réfléchir de manière centrée sur l'utilisateur.
- Il faut connaître les principes de base de l'ergonomie, mais aussi avoir été confronté à de nombreuses interfaces plus ou moins bien pensées.
- À force de réflexion et de répétition, on prend des habitudes en termes de conception. Plus on travaille sur l'optimisation de l'ergonomie, plus on en arrive à avoir des réflexes de conception orientée utilisateur.
- Enfin, cela demande parfois une expertise spécifique lors de la mise en œuvre de méthodes ergonomiques (analyse de l'activité, tri de cartes, test utilisateur, etc.).

Oubliez donc les remarques du type : « Nous n'avons pas besoin de faire de l'ergonomie car nous sommes intelligents », « On a des gens chez nous qui ont des idées », etc. Votre objectif doit être que chacun des acteurs concerné par votre site web ait au moins des notions de base en ergonomie. De cette manière, tous contribueront à leur niveau à une bonne qualité ergonomique générale.

En effet, l'ergonomie relève non seulement de celui qui en est garant au sein d'une entreprise, mais aussi de chacun des contributeurs au site final, que ce soit le graphiste, le développeur, le rédacteur, le webmaster, etc. Vous pouvez atteindre ce but en proposant des actions de formation ponctuelle, en distillant des conseils au quotidien et en rédigeant une charte ergonomique, qui permet de décliner des principes de manière cohérente sur l'ensemble d'un site web.

On le fera en Web 2.0, en Ajax, etc.

On croit souvent que le recours à des concepts ou des technologies données a une influence sur la qualité ergonomique des sites web. Or c'est faux !

Les normes et objectifs de l'ergonomie restent les mêmes, quels que soient la technologie choisie ou le type de site réalisé. Si la technologie ou les fonctionnalités offertes dans un site doivent être le point de départ, alors l'ergonomie en tiendra compte et essaiera de « faire avec » pour atteindre ses objectifs.

Nous verrons au chapitre 6 que les technologies sur lesquelles repose un site web peuvent vous orienter vers des défauts fréquemment associés à celles-ci. Toutefois, ce n'est pas la technologie en soi qui peut déterminer la facilité d'utilisation finale de votre site.

Les internautes ne scrollent pas

Trop souvent, on croit que les internautes ne scrollent pas. Or vous n'en savez rien. En fait, tout dépend du contexte. Les internautes scrollent lorsqu'ils ont l'impression que le site correspond à leurs besoins et que la suite de la page peut leur permettre d'atteindre leur objectif.

DANS CE LIVRE **Seuil de scroll ?**

Un internaute devra scroller ou non en fonction de la configuration de son ordinateur. Pour savoir comment adapter la conception de vos pages à la notion de scroll, rendez-vous au chapitre 9.

Certaines questions ne se posent plus : l'internaute sait-il que l'on peut descendre dans la page (le problème était réel aux débuts du Web) ? Est-ce trop difficile (la démocratisation de la roulette rend la consultation des pages web beaucoup plus facile qu'en actionnant un ascenseur vertical) ? Aiment-ils cela (ce n'est finalement pas très important) ? Vous devez plutôt vous pencher sur les problèmes suivants : avez-vous besoin de placer beaucoup d'éléments dans votre page, sont-ils tous primordiaux, l'internaute peut-il penser qu'il va les trouver à cet endroit, etc. Ainsi, on doit distinguer deux types de page :

- Dans une page de contenu : vous pouvez tout à fait vous permettre de scroller. C'est même recommandé si vous voulez présenter du contenu de qualité, qui apporte réellement des informations à votre visiteur (qu'il s'agisse d'un article scientifique, d'une fiche produit ou d'un contenu du même acabit). Surtout, ne sacrifiez jamais un point auquel vous tenez sous prétexte que les internautes ne scrollent pas. D'autre part, cette croyance ne doit pas non plus vous contraindre à présenter un article long sur plusieurs pages, alors que cela complique l'activité de lecture à l'écran.

- Dans une page navigante ou transactionnelle, vous pouvez vous permettre de scroller dans deux cas : si c'est adapté aux besoins de vos personas en termes fonctionnels et si les contenus qui se trouvent sous le seuil de scroll ne sont que secondaires. Ainsi, le scroll peut être très avantageux au niveau fonctionnel. Il peut notamment favoriser les actions de consultation et de comparaison mentale des items d'une liste. C'est ce qui explique pourquoi les paginations de listes gagnent souvent à être accompagnées d'une fonctionnalité *Tout sur la même page*.

La lecture d'une page très verticale est parfaitement appropriée aux activités d'exploration de contenu et de découverte. Voyez ainsi comme les pages d'accueil du Monde et de Réservoir Jeux sont très longues :

Figure 2–7
La page d'accueil du Monde fait environ 3350 pixels de haut,
et celle de Réservoir Jeux 2250 pixels.
Sources : www.lemonde.fr / www.reservoir-jeux.com

On soutient ainsi deux types de stratégies. D'une part, les visiteurs qui utilisent la page d'accueil uniquement pour naviguer vers un contenu précis à l'intérieur du site y parviennent grâce aux éléments situés en premier dans la page. Cela permet par exemple de consulter les toutes dernières actualités ou la section *Culture* sur le site du Monde, et d'accéder à la rubrique *Jeux de société* ou aux toutes dernières nouveautés produits sur le site de Réservoir Jeux.

D'autre part, pour ceux qui attendent que le site leur propose des choses, on fournit le maximum d'entrées possibles vers les pages internes (mise en avant des contenus les plus récents par thématiques, des contenus les plus consultés, de clés d'entrée complémentaires en termes de navigation, etc.). Ce qui est intéressant, c'est que tout ceci est possible sans gêner l'activité de nos premiers internautes. En effet, ces derniers trouvent ce qui les intéresse plutôt en haut de page et n'iront donc pas plus loin dans l'exploration de la page d'accueil (autrement dit, dès qu'ils trouvent un lien adapté à ce qu'ils recherchent, ils cliquent et s'en vont consulter la page suivante).

Figure 2–8
Le bouton d'action principal de cette page n'est pas visible avant la barre des 570 pixels (trait gris sur notre image), correspondant à l'espace visible sans scroller pour une résolution d'écran de 1024 x 768 pixels.
Source : www.3suisses.fr

Les internautes scrollent tout à fait naturellement pour lire la suite d'un article, d'une recette, d'un descriptif produit, etc. Toutefois, ils ne devraient pas avoir besoin de scroller pour voir et actionner les éléments primordiaux de votre page. Cette recommandation, outre qu'elle évitera à vos internautes de faire défiler les pages, est un très bon moyen de les guider. En effet, la visibilité des éléments d'action permet aux internautes de comprendre à la fois l'objectif du site et ce que l'on attend d'eux.

Ainsi, cet exemple sur une page produit du site des 3 Suisses où l'on ne voit pas de bouton *Ajouter au panier* avant le seuil de scroll (figure 2–8). Cette problématique est accentuée par le fait que les contenus situés juste avant ce seuil n'indiquent pas une suite fonctionnelle, mais plutôt une suite promotionnelle (mise en avant de solutions de crédit).

Enfin, si votre page est plus longue qu'un écran, faites attention à bien montrer qu'elle continue. Vous devez notamment veiller à ne pas « couper » la page avec du blanc. Sinon, les internautes auront l'impression qu'elle est terminée, et qu'ils n'ont pas besoin de scroller.

VOCABULAIRE **Cut-off design**

Le principe du *cut-off design* consiste à concevoir vos maquettes de telle manière que certains éléments « coupent » l'écran au niveau des seuils de scroll les plus courants. Autrement dit, volontairement, vous placez des éléments qui semblent tronqués si l'internaute ne scrolle pas. Ainsi, ces objets jouent le rôle d'indice pour signifier que la page a une suite.

Pour l'ergonomie, on verra à la fin

L'idée reçue en quelques mots

Trop souvent, on conçoit l'ergonomie dans un projet web comme une composante tout à fait indépendante des autres métiers (design, développement, marketing, référencement, etc.). Or il n'y a rien de plus faux !

Voir l'ergonomie comme une couche que l'on pourrait appliquer sur un site web à la fin est dangereux. Évidemment, c'est déjà bien d'y penser et cela permet de limiter les dégâts. Cependant, le mieux est de considérer les problématiques d'ergonomie comme étant aussi importantes que le reste, au début, au milieu, à la fin d'un projet web, bref, en permanence. L'ergonomie n'est pas une discipline ponctuelle, mais une préoccupation générale qui doit être présente tout au long du projet, de manière plus ou moins marquée certes, mais présente !

Or les habitudes de développement web français prennent trop peu souvent en compte cette dimension. En effet, l'ergonomie est quelque chose dont on a l'impression de pouvoir se passer. Selon les points de vue, elle est considérée comme un gadget, un luxe, un label, ou pire, une évidence (voir à ce propos *L'ergonomie, c'est juste du bon sens*, précédemment dans ce chapitre). La question ne se pose pas pour le développement technique ou le design, car sans ces disciplines, le Web n'existe pas. En y ajoutant l'ergonomie, vous vous donnez la chance de créer un bon site, bien pensé pour ses internautes et sur lequel ils auront envie de revenir.

Il est difficile d'imposer de commencer par l'ergonomie, parce que cela contraint dès le départ à mener une réflexion sur des problématiques de conception, là où on a fréquemment l'habitude de commencer par d'autres étapes. Le plus souvent, l'équipe part d'une possibilité technique (« On a réussi à développer telle fonctionnalité, elle sera le cœur de notre nouveau produit ! ») ou d'un objectif visuel (« Nous voulons voir l'allure qu'aura notre site ! »).

Ce raisonnement à l'envers est parfois même imposé par une réalité commerciale : lors d'appels d'offres, il n'est pas rare de se voir demander de maquetter sous forme graphique la page d'accueil. Or comment mettre en forme quelque chose dont on ne connaît même pas l'organisation en termes de contenu ? Vous devez alors nécessairement conduire un travail conceptuel, qu'il soit en amont ou mêlé au travail graphique.

Pourquoi faut-il commencer par l'ergonomie ?

Si les questionnements sur l'ergonomie sont menés assez tôt dans un projet, on pourra prendre des décisions très impactantes. Ainsi, plus tôt vous penserez aux problématiques d'ergonomie, plus vous réussirez à mettre en place des choix décisifs pour la qualité d'utilisation de votre site. C'est réellement à cet instant que vous déciderez du tournant que prendra votre site : soit il sera orienté vers vos internautes, soit il ne le sera pas.

Si vous vous y prenez trop tard, vous ne pourrez probablement opérer que des changements de surface, et encore. Vous devez bien faire la différence entre, d'une part, l'arrangement et l'apparence des choses à l'écran (ce sera l'objet du chapitre 9) et, d'autre part, la manière dont elles sont organisées et fonctionnent dans le site (chapitre 8). Lorsque l'on pense à l'ergonomie sur la fin, il est souvent trop tard pour modifier l'architecture de l'information ou les grands principes d'interaction. On se limite donc à modifier des libellés, des couleurs, des organisations visuelles... quand il est encore temps !

Travailler dès le début *pour* votre internaute vous permettra d'avoir en tête des contraintes de base tout au long du projet, et vous évitera donc de faire des propositions qui entreraient en contradiction avec la facilité d'utilisation de votre site. Voyons donc comment vous pouvez concevoir votre site en tenant compte des caractéristiques de vos internautes.

MÉTHODOLOGIE **Pin-pon, pin-pon!**

L'ergonome, s'il est appelé tel un pompier pour secourir un site web qui ne marche pas, ne pourra qu'éteindre le feu qui aura noirci les murs. Se préoccuper de vos internautes dès le début vous permettra d'éviter que votre site ne prenne feu et vous assurera une qualité d'utilisation nécessaire pour conquérir votre public. Dommage d'attendre que cela brûle pour se rendre compte de l'importance de l'ergonomie !

DEUXIÈME PARTIE

Dans la peau de votre internaute : les fondements de l'ergonomie

Le secret d'une expérience utilisateur réussie est simple : comprendre ses internautes, voilà la clé. Puisque l'objectif de l'ergonomie web est d'adapter un site à ses utilisateurs, la première étape de votre travail consiste à les connaître et à les définir au mieux. C'est seulement à partir de cette connaissance que votre réflexion pourra réellement aller vers une amélioration de l'ergonomie de votre site.

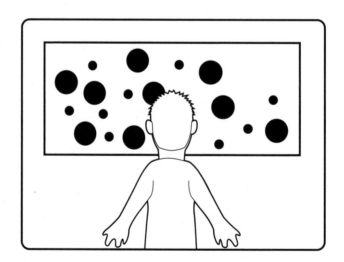

chapitre 3

Comprendre l'internaute : d'abord un être humain

Un site ergonomique est avant tout un site qui se préoccupe de ses utilisateurs. Votre site ne pourra être ergonomique que s'il répond aux besoins de ses visiteurs et les satisfait. Vous devez donc vous mettre au travail pour comprendre qui sont réellement ces utilisateurs et ainsi vous adapter à leurs besoins. Nous allons d'abord essayer de comprendre ce qui les caractérise en tant qu'hommes en général, puis en tant qu'utilisateurs de votre site web en particulier.

SOMMAIRE

▶ Les théories de la Gestalt
▶ La loi de Fitts
▶ Les affordances sur le Web
▶ Le nombre magique de Miller et la loi de Hick
▶ Accessibilité visuelle et lisibilité

MOTS-CLÉS

▶ Gestalt
▶ Proximité
▶ Similarité
▶ Loi de Fitts
▶ Affordances
▶ Nombre magique de Miller
▶ Loi de Hick
▶ Accessibilité visuelle
▶ Lisibilité

Pour vous adapter à votre internaute, vous devez d'abord connaître et prendre en compte ce qui le définit en tant qu'être humain. Chaque internaute qui visite un site web est en effet d'abord un homme et présente de ce fait des caractéristiques bien précises.

Les recherches en psychologie nous fournissent des informations fondamentales sur nos capacités dans les domaines perceptif, sensori-moteur, du raisonnement, de la mémoire ou du langage. Ces capacités influencent le rapport qu'un internaute entretient avec un site web et permettent de formuler des règles universelles valables pour tous les sites. Ces recommandations doivent donc être appliquées quelle que soit l'interface qui vous concerne.

Les critères de l'ergonomie web prennent en compte l'ensemble des caractéristiques qui définissent les internautes en tant qu'êtres humains. Ici, nous avons sélectionné quelques-unes des règles universelles afin de vous expliquer leurs fondements théoriques. Nous avons privilégié celles qui sont le plus fréquemment mal appliquées sur le Web, car c'est en les connaissant que vous pourrez réellement améliorer l'ergonomie des sites web pour l'ensemble des internautes.

Nous présenterons donc dans ce chapitre de grandes lois qui conditionnent la présentation et le comportement des pages web. Ce sont, pour l'essentiel, des connaissances qui ne sont pas restreintes au Web mais qui y trouvent une application tout à fait éloquente.

Découvrez et appliquez les théories de la Gestalt

Commençons par les théories de la Gestalt. Elles traitent de la manière dont notre cerveau analyse le monde environnant comme un ensemble de formes. Cela explique d'ailleurs pourquoi on en parle aussi comme étant la « psychologie de la forme ».

Développées au début du XXe siècle sous l'impulsion de chercheurs en psychologie cognitive de l'école de Berlin (Wertheimer, Koffka, Köhler), les théories de la Gestalt permettent de comprendre la manière dont un internaute voit et intègre mentalement une page web. Mais surtout, et par extension, elles nous fournissent un très bon support théorique pour évaluer et concevoir des interfaces faciles à appréhender.

Pour la théorie de la Gestalt, le tout est plus que la simple somme de ses parties : la conjonction de plusieurs formes peut faire émerger une nouvelle caractéristique, qui n'est contenue dans aucune des formes prises indépendamment.

DANS CE LIVRE
Vous êtes ici pour comprendre ce qui justifie les règles d'ergonomie web

Ce que l'on va évoquer dans ce chapitre constitue souvent le support théorique des règles ergonomiques que nous aborderons au chapitre 5.

VOCABULAIRE
Gestalt ?

Le mot *Gestalt* est un mot allemand qui signifie forme.

Attention : ne pas confondre les théories de la Gestalt, qui concernent nos mécanismes perceptifs, avec le courant de psychologie clinique du même nom.

Au-delà de ce modèle théorique, la Gestalt nous offre des dérivés pratiques pour évaluer et concevoir des interfaces web aptes à faciliter le travail d'intégration mentale. En effet, du point de vue perceptif, une page web n'est finalement qu'un ensemble de formes mises les unes à côté des autres, qui dessinent un tout.

Plusieurs lois composent les théories de la Gestalt, dont deux sont particulièrement pertinentes dans le domaine du Web : la loi de proximité et la loi de similarité. Nous avons choisi de vous présenter ces deux lois parce qu'elles semblent être les plus importantes dans le domaine du Web, mais aussi celles qui posent le plus de problèmes. D'après notre expérience dans le domaine de l'audit ergonomique, les principaux défauts de forme dont souffrent les pages web proviennent d'une mauvaise application des lois de proximité et de similarité. À l'inverse, les sites web qui paraissent les plus simples, clairs et intuitifs au niveau de la présentation visuelle sont ceux qui respectent et exploitent ces règles. Voyons donc ce qu'elles nous apprennent.

La loi de proximité

La loi de proximité énonce que notre cerveau tend à regrouper les choses qui sont proches physiquement. La proximité visuelle serait donc traitée en tant qu'indice par notre cerveau pour préjuger d'une proximité conceptuelle.

Autrement dit, par réflexe, on considère que deux éléments qui sont proches physiquement entretiennent des points communs, un rapport significatif. Cela implique donc aussi que l'éloignement de deux objets témoigne d'une différence entre eux.

Ainsi, la forme agit comme indice pour dire à notre cerveau : « Attention, si j'ai éloigné ces deux éléments, c'est probablement qu'ils sont différents ». Regardez ainsi comme, dans l'exemple suivant, vous ne voyez pas un groupe d'objets, mais deux. Cette perception de deux groupes est essentiellement due à l'éloignement physique de certains éléments par rapport aux autres :

Figure 3–1
La loi de proximité fait
que l'on perçoit deux groupes d'objets.

ALLER PLUS LOIN
La notion de bonne forme

Les théories de la Gestalt ont pour postulat que nous percevons tout notre environnement en termes de « bonne forme ». Nous sommes constamment à la recherche de configurations perceptives qui correspondraient à une sorte de modèle que nous aurions en tête. Autrement dit, on recherche dans le monde ce qui viendrait s'intégrer à notre moule mental.
Ce fonctionnement cognitif est un parfait modèle d'économie mentale, nous permettant de juger notre environnement très rapidement sur la base d'une forme générale.

ALLER PLUS LOIN
Proximité, similarité, mais encore ?

Dans cet ouvrage, nous présentons exclusivement la loi de proximité et la loi de similarité, mais ce ne sont pas les seules qui peuvent vous aider. Si vous souhaitez approfondir le sujet, considérez donc la loi de distinction figure-fond, la loi de continuité visuelle et celle du point focal.
En bonus, essayez d'analyser le fondement théorique du point focal en relation avec le concept - très à la mode - de Call to action des frères Eisenberg.

POINT DE VUE
La proximité est perçue comme étant une traduction d'un rapport conceptuel

Il faut bien comprendre que la règle de proximité est liée à un réflexe mental de bas niveau permettant à notre cerveau de comprendre les formes perçues : au vu de la distance qui sépare deux éléments, il va traduire ce que cela représente sur le plan de la signification.

Lorsqu'on lit cette règle, elle nous paraît logique et évidente. Or de nombreux défauts d'organisation de pages sur le Web peuvent s'expliquer par une mauvaise application de la loi de proximité. Ainsi, on voit très souvent des pages organisées de telle manière qu'elles ne traduisent pas (ou mal) les rapports conceptuels entre leurs différents éléments constitutifs. Appliquer la loi de proximité ne doit donc pas être si naturel que cela !

Or son intérêt pour optimiser la présentation d'une page web est évident. En effet, la forme d'une page ou des objets à l'écran est traitée comme autant d'indices par le cerveau des internautes. Autrement dit, sur le Web, plus on rapproche l'emplacement à l'écran des éléments d'interface, plus on semble dire qu'ils entretiennent un point commun. On utilise donc un moyen physique pour signifier aux internautes : « Voici deux éléments qui ont quelque chose à voir l'un avec l'autre ». Vous devez alors envisager l'application de la loi de proximité selon un double mouvement. D'une part, vous devez rapprocher les objets qui entretiennent effectivement un rapport fonctionnel. D'autre part, vous devez éloigner ceux qui n'ont rien en commun.

> RECOMMANDATION **La Gestalt aux niveaux macroscopique et microscopique**
>
> Vous devez penser à appliquer les lois de la Gestalt aussi bien au niveau de la page web dans sa globalité qu'au niveau des zones plus précises de cette page. Ainsi, on peut dire que la Gestalt est importante tant sur le plan de la forme générale (quelle impression globale l'internaute a-t-il lorsqu'il arrive sur la page ?) que sur celui des micro-formes (est-ce que les lois de la Gestalt sont appliquées dans les sous-niveaux d'organisation de la page ?).

Voyons donc d'abord comment la loi de proximité doit être appliquée au niveau d'une page. Lorsqu'une page souffre de problèmes de proximité, c'est souvent parce qu'un manque d'espace, de respiration entre les groupes d'informations à l'écran ne permet pas de voir ces informations comme des groupes distincts. Ainsi, on voit un amas de choses sans pouvoir discerner de véritables zones d'informations. Or ce discernement est essentiel pour que les internautes comprennent rapidement ce que vous leur proposez. Il permet de leur mâcher le travail d'analyse visuelle de la page. Ainsi, un site qui utilise l'éloignement physique des blocs d'informations grâce à des espaces vierges paraît plus facile à prendre en main que celui qui ne semble être qu'un tas indifférencié d'objets.

En outre, vous devez appliquer la loi de proximité au niveau du détail des zones de cette page. C'est ce que l'on appelle les micro-applications de la loi de proximité. Étudiez ainsi l'exemple suivant, tiré du site de Voyages-Sncf : le principe d'organisation visuelle adopté pour présenter les moyens de paiement et les boutons radio associés force à réfléchir :

Sélectionnez la carte de paiement de votre choix:

Figure 3–2
Un manque de prise en compte de la loi de proximité complique la mise en relation mentale des visuels de cartes bancaires avec les boutons radio correspondants.
Source : www.voyages-sncf.com

Sur quel bouton radio devez-vous cliquer pour choisir la carte Eurocard-Mastercard ? Pour répondre à cette question, il faut partir du fait que le premier objet de la ligne est un bouton radio, pour en déduire la suite et faire la correspondance mentale entre les boutons radio et les visuels de cartes. Même si cette réflexion ne passe pas le seuil de la conscience et n'est pas vécue comme contraignante par les internautes, elle l'est évidemment plus que si le choix était naturel.

Revenons à notre loi de proximité. Que se passerait-il si l'on éloignait les visuels et les boutons radio qui ne sont pas en rapport, en ajoutant des espaces blancs ? Immédiatement, l'interface gagnerait en intuitivité. Bien entendu, cette correction ne viendrait que résoudre un problème d'organisation visuelle non optimale. Notamment, les boutons radio pourraient être présentés au-dessus ou en dessous des visuels des cartes. Cependant, si les concepteurs ont choisi cette organisation en ligne, c'est sans doute qu'elle a l'avantage de gagner de la place en hauteur. L'application de la loi de proximité (et de son corollaire d'éloignement) permettrait de conserver ce principe de présentation sous forme de ligne, tout en optimisant son utilisabilité.

Notez en outre sur cet exemple que l'application de principes techniques rigides vient mettre en défaut la loi de proximité. Ainsi, vous voyez que le bouton radio lié à la carte Cofinoga est plus proche du visuel Eurocard-Mastercard que du visuel Cofinoga. Ceci provient de la forme carrée du visuel Cofinoga qui vient perturber un ensemble censé être équilibré et donne une interface contre-intuitive.

Le même type de défaut se retrouve sur le site d'Interflora. Sur ce dernier, lors de l'étape de commande, l'internaute peut choisir le moment de la journée auquel il souhaite se faire livrer. Or, si l'on n'analyse pas en détail cette page, la première impression est que le bouton radio coché par défaut est *Après-midi*. En fait, il s'agit de celui correspondant à la journée entière. Ici, comme dans l'exemple de Voyages-Sncf, un défaut d'organisation visuelle a pour conséquence une compréhension erronée de l'interface (voir figure 3–4, page suivante).

Prenons un dernier exemple de micro-application de la loi de proximité sur le site de Mk2 VoD (*Video on Demand*). Nous allons étudier l'interface initiale et la manière dont les responsables du site l'ont corrigée. Commençons par l'ancienne version du site. Dans la page de liste de films par genre, on ne sait pas très bien si le lien *Ajouter à mes favoris* s'applique au film du haut ou à celui du bas (figure 3–3).

Figure 3–3 Du fait d'une mauvaise application de la loi de proximité, il est difficile de savoir si le lien *Ajouter à mes favoris* concerne le film *Serpico* ou *Révélations*.
Source : ancien site www.mk2vod.com

CHOISISSEZ
VOTRE MONTANT->
(Les frais de livraison sont
inclus)

Pour une livraison en
FRANCE métropolitaine

Ce produit n'est pas livrable
dans les DOM-TOM

○ 48 €

◉ 56 € (cf visuel)

○ 66 €

○ Au choix : █████
(entre 48 € et 94 €)

LOCALITE DE LIVRAISON->

Ville* :

Livraison sur le lieu de travail* : ☐ oui ☐ non

DATE DE LIVRAISON
sélectionnez une date->

vendredi 30/01
samedi 31/01
dimanche 01/02

(Les dates proposées ci-contre tiennent compte du délai
dau moins 48 heures pour la livraison de cette création
issue de la collection "les Interflorales".)

MOMENT DE LIVRAISON ->

○ MATIN (jusqu'à 13H)   ○ APRES MIDI   ◉ JOURNEE

INFORMATIONS
COMPLEMENTAIRES->

☐ Je souhaite choisir le fleuriste qui effectuera ma livraison parmi la liste ci-après en cochant
la case. Dans le cas inverse interflora choisira le fleuriste qui exécutera mon bouquet.

*champs obligatoires

<< Précédent

√ VALIDER

Figure 3–4 Un manque de prise en compte
de la loi de proximité complique la mise en relation mentale
des labels avec les boutons radio correspondants.
Source : www.interflora.fr

Figure 3–5 Grâce à une meilleure application de
la loi de proximité, il est très facile de savoir que
le premier lien *Ajouter à mes favoris* concerne le
film *Généalogies d'un crime*.
Source : ancien site www.mk2vod.com

Faites le test autour de vous et vous observerez l'hétérogénéité des avis parmi vos proches. D'ailleurs, raccrochez-vous toujours à ce constat : une page bien conçue en termes de Gestalt fait toujours l'unanimité.

En réalité, le lien *Ajouter à mes favoris* s'applique à l'objet du haut, c'est-à-dire, de manière tout à fait contre-intuitive, à l'objet dont il est le plus éloigné. Ainsi, si vous cliquez sur le lien situé au-dessus de l'affiche de *Serpico*, ce n'est pas *Serpico* que vous allez ajouter à vos favoris, mais *Révélations*. Ce défaut est encore accentué par le feedback d'ajout aux favoris, qui ne mentionne aucunement le nom du film. Faisant confiance au site, vous pouvez ainsi ajouter une dizaine de films à vos favoris avant de réaliser votre erreur (ou plutôt l'erreur du site...). Un exemple assez criant des effets très dommageables que peut créer une légère déviation des lois de la Gestalt.

Dans la nouvelle version du site Mk2 VoD, de nouveaux principes d'organisation visuelle permettent de rapprocher le lien *Ajouter à mes favoris* du film auquel il correspond. Ainsi, l'interface redevient plus utilisable (figure 3–5).

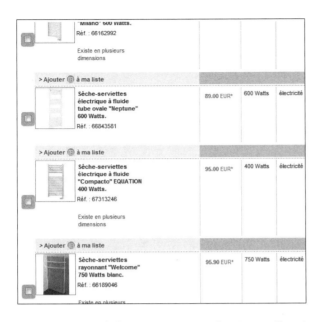

Figure 3–6 Du fait d'une mauvaise application de la loi de proximité, il est difficile de savoir si le lien *Ajouter à ma liste* concerne le produit situé au-dessus ou celui situé juste en-dessous.
Source : www.leroymerlin.fr

On peut remarquer un défaut strictement identique à l'ancienne version du site Mk2 VoD sur le site de Leroy Merlin. Dans cet exemple, il s'agit d'une ambiguïté portant sur le modèle de sèche serviettes qui est ajouté à la liste lorsque l'internaute clique sur un lien *Ajouter à ma liste* (figure 3–6).

Dans certains cas, les défauts liés à la loi de proximité peuvent être compensés en prévoyant des états spécifiques au survol de la souris. Par exemple, sur le site de Calipage, le survol d'un bloc-produit dessine, autour de l'ensemble de ce bloc, bouton d'action compris, une zone très claire. Ceci est un bon moyen de compenser une interface défaillante et d'éviter toute erreur de la part des utilisateurs (figure 3–7).

Figure 3–7 L'espace trop important entre le descriptif du produit et le bouton *Plus d'infos* est en partie résolu lors du survol du bloc produit, mettant en relation ces deux parties de la page.
Source : www.calipage.fr

Les défauts que nous venons d'évoquer sont extrêmement fréquents sur les sites web alors que, souvent, la bonne forme n'est pas si loin. Décaler les objets de quelques pixels à l'écran peut ainsi avoir des résultats inespérés sur la perception visuelle de la page. Souvent, il ne manque pas grand chose pour que votre site, en exploitant la loi de proximité, devienne plus utilisable.

Passons donc à la loi de similarité et voyons comment elle peut, elle aussi, nous aider à concevoir des interfaces qui semblent plus évidentes à nos visiteurs.

La loi de similarité

La loi de similarité (ou de similitude) énonce que notre cerveau à tendance à regrouper les choses qui se ressemblent. Une ressemblance ou une différence de forme sera donc le signe que les objets sont comparables ou opposables d'un point de vue conceptuel. Différents attributs visuels peuvent nourrir la similarité de deux éléments, notamment la taille, la forme, la couleur, le contenu et le comportement.

Observez chacun des exemples ci-après : voyez comme vous discernez, non pas un ensemble unique de formes, mais deux groupes d'éléments.

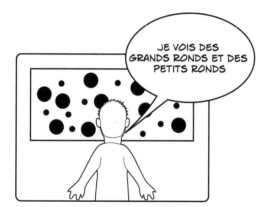

Figure 3–8 La loi de similarité par la taille fait que l'on perçoit deux types d'objets.

Figure 3–9 La loi de similarité par la forme fait que l'on perçoit deux types d'objets.

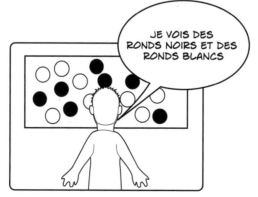

Figure 3–10
La loi de similarité par la couleur fait que l'on perçoit deux types d'objets.

L'application des lois de la Gestalt peut s'avérer indispensable pour faciliter la compréhension générale d'une page. Elle peut aussi améliorer de manière très fine son utilisabilité. Vous pouvez notamment utiliser les lois de la Gestalt pour rendre les formats survolés plus significatifs.

Voyez par exemple comme le site d'Apple utilise la loi de similarité par la couleur pour mettre en relation le survol d'un des boutons *Choisir* avec le produit associé : non seulement le bouton change de format au survol de la souris, mais ce format adopte la couleur de l'iPod correspondant. C'est grâce à ce genre de détails qu'une interface semble rapide, intuitive et simple à utiliser.

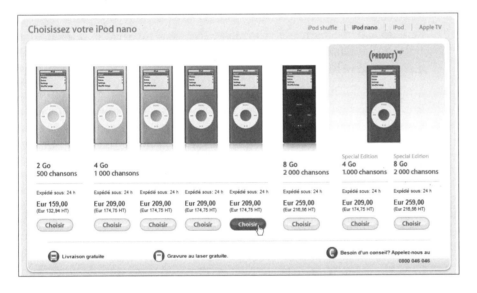

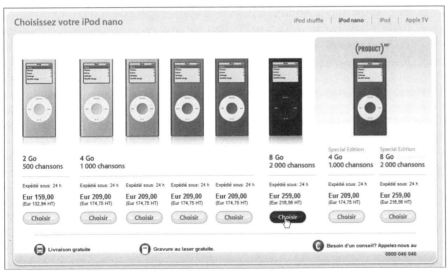

Figure 3–11
Lorsqu'on survole le bouton *Choisir* correspondant à l'iPod rose, le bouton devient rose (gris sur notre image). Suivant le même principe, lorsqu'on survole le bouton *Choisir* correspondant à l'iPod noir, le bouton devient noir.
Source : www.apple.fr

Découvrez et appliquez la loi de Fitts

À SAVOIR
L'histoire de la loi de Fitts

La loi de Fitts a été proposée par Paul Fitts en 1954 sur la base d'expérimentations dans le domaine psychomoteur, avec l'objectif d'améliorer l'ergonomie des cockpits d'avion.

Le temps que l'on met pour atteindre une cible est proportionnel à la distance à laquelle elle se trouve, ainsi qu'à sa taille. Plus précisément, une cible est d'autant plus rapide à atteindre qu'elle est proche et grande. Cette règle constitue ce que l'on appelle la *loi de Fitts*.

Si on applique ce principe sur le Web, il signifie que vous devez essayer d'augmenter la taille des éléments cliquables et de réduire leur éloignement vis-à-vis du point de départ du mouvement.

Il est primordial de tenir compte du fait que ces deux recommandations peuvent se compenser l'une l'autre. Par exemple, plus un élément d'interface est situé loin du pointeur de souris (on peut prendre l'exemple d'une barre de navigation lorsque l'internaute se trouve en train de lire l'intérieur d'une page), plus il sera important de lui donner une taille respectable.

De plus, la loi de Fitts doit être appliquée de manière hiérarchisée, en fonction de l'importance respective des différents éléments cliquables. Le Web fait appel à différents types d'objets cliquables, qui sont donc soumis à cette loi de Fitts : logos, barres de navigation, icônes, images, bullet points, boutons, liens hypertextes... L'importance que vous devez accorder à faciliter la cliquabilité de ces éléments découle principalement de leur fréquence d'utilisation supposée. Ainsi, il est beaucoup plus important d'optimiser la cliquabilité des éléments de navigation principaux que celle d'un lien hypertexte isolé au sein du contenu.

VOCABULAIRE
Do you fittsize?

Le Fittsizing, c'est l'application de la loi de Fitts dans une interface.
Dans un sens restrictif, elle concerne uniquement la compensation de la distance vers un élément par l'augmentation de sa taille.
Plus largement, lorsqu'on « fittsize » une interface, c'est que l'on conçoit les objets qui la composent en prenant en compte la loi de Fitts.

Vous choisirez d'appliquer ce que l'on appelle le Fittsizing en fonction de ces niveaux d'importance relative et de la possibilité de compenser l'éloignement par la taille. Notez d'ailleurs que nous distinguons ces deux dimensions pour des besoins pédagogiques mais que, dans la formule mathématique de base, elles entrent en interaction de manière assez complexe. Pour vous en donner un aperçu, la formule de la loi de Fitts ressemble à ceci :

$$T = a + b \log_2 \left(\frac{D}{L} + 1 \right)$$

Figure 3–12
Formule complète de la loi de Fitts.

Rassurez-vous, vous n'avez pas besoin de la comprendre pour appliquer les principes de cette loi sur le Web !

Les éléments cliquables doivent être gros

La première partie de la loi de Fitts nous amène à recommander l'agrandissement de certains éléments afin que l'on puisse cliquer dessus le plus rapidement possible :

« Une cible est d'autant plus rapide à atteindre qu'elle est proche et grande. »

Figure 3–13
Mise en valeur de la partie « taille de la cible » de la loi de Fitts.

Figure 3–14
Dans l'absolu (c'est-à-dire sans aucune notion de distance), le bouton de droite est plus facilement et plus rapidement cliquable que celui de gauche, car il est plus grand.

Faciliter le clic des éléments, c'est augmenter la vitesse avec laquelle on peut cliquer dessus. Moins l'internaute a besoin d'effectuer un mouvement précis en termes de pixels, plus il pourra aller vite dans sa visée.

En augmentant la taille des éléments cliquables, on réduit le nombre d'erreurs de type « Je clique à côté de ce qui m'intéresse, donc je suis obligé de cliquer une nouvelle fois pour atteindre ma cible ». Il faut savoir que ce type de comportement passe souvent inaperçu aux yeux de l'internaute : nous sommes tellement habitués à corriger nos erreurs que, lorsque nous engageons une action de correction mineure, cette dernière franchit à peine le seuil de l'action consciente. De fait, bien que l'internaute n'ait pas l'impression d'avoir fait une erreur, c'est bien le terme que l'on utilisera en ergonomie : il doit en effet réitérer un mouvement pour atteindre un objectif qu'il a raté une première fois.

Lorsqu'on augmente la taille des éléments cliquables, on limite aussi les sous-mouvements correctifs d'un premier mouvement approximatif : l'internaute n'a pas encore cliqué mais, en termes ergonomiques, il a déjà fait une erreur, puisque le pointeur de sa souris n'est pas arrivé exactement là où ses yeux avaient repéré la cible.

Plusieurs approches vous permettront de concevoir des éléments cliquables plus gros. Passons-les en revue.

Augmenter la taille réelle des éléments cliquables

La première manière d'augmenter la taille des éléments cliquables, c'est naturellement d'augmenter leur taille réelle. Autrement dit, pour les éléments les plus importants, voyez toujours un peu plus grand que ce que vous dicte votre intuition : si, par exemple, vous avez conçu une barre de

VOCABULAIRE **Chapitre 3 : facile ou rapide, même combat**

Dans ce chapitre évoquant l'application de la loi de Fitts pour le Web, nous utiliserons de manière indifférenciée les termes de facile et de rapide, même si l'expression initiale de la loi de Fitts parle bien de rapidité. Notez que cela ne signifie pas que ces concepts sont interchangeables de manière générale.

navigation de 15 pixels de haut, forcez-vous à pousser jusqu'à 20, voire davantage suivant les contraintes de votre page.

Cet objectif peut en outre vous amener à revoir la nature même de vos objets cliquables. Prenons un exemple de présentation d'une liste de résultats paginée. Si je me trouve sur la première page et que je souhaite passer à la suivante, je peux en général procéder en cliquant sur un lien *2*, mais aussi sur un objet signifiant « page suivante ». Cet objet peut être, soit un élément typographique ou graphique sous forme de flèche orientée vers la droite, soit un lien hypertexte. C'est ce dernier format qu'il faut privilégier, en partie parce que, étant de taille plus importante qu'une flèche, il est plus facile à cliquer. Regardez donc comme cela paraît évident lorsque l'on compare deux interfaces qui utilisent des formats de présentation différents :

Figure 3–15
D'après la loi de Fitts, il est plus facile de passer à la page 2 sur le site de Google en cliquant sur le lien *Suivant*, que sur le site de Pimkie en cliquant sur la flèche.
Sources : www.google.fr / www.pimkie-shop.com

C'est aussi l'une des réflexions justifiant que les liens hypertextes soient constitués par des libellés significatifs de quelques mots plutôt que par des libellés génériques. Et ce d'autant plus que ces derniers sont de taille réduite. Comparez ainsi la facilité à cliquer dans les trois exemples suivants (plus le lien est grand, plus il est facile à cliquer) :

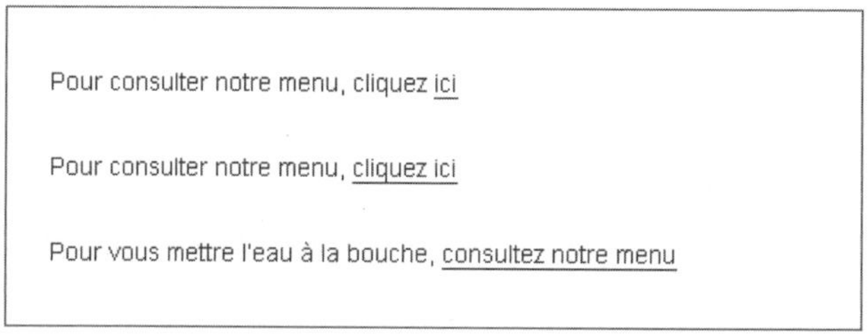

Figure 3–16
D'après la loi de Fitts, c'est le lien *consultez notre menu* qui est le plus facilement cliquable, parce que c'est le plus grand de tous.

> Pour consulter notre menu, cliquez <u>ici</u>
>
> Pour consulter notre menu, <u>cliquez ici</u>
>
> Pour vous mettre l'eau à la bouche, <u>consultez notre menu</u>

Cependant, augmenter la taille réelle de vos éléments cliquables n'est pas la seule manière de les rendre plus gros. Voyons donc une autre méthode possible.

Augmenter la taille virtuelle des éléments cliquables

La seconde manière d'augmenter la taille de vos éléments cliquables, c'est d'augmenter leur taille *virtuelle*. Mais de quoi parle-t-on ? Vous allez voir que c'est, somme toute, très simple.

Augmenter la surface cliquable des éléments cliquables

Ce type de procédé consiste à augmenter virtuellement la taille des éléments : ce ne sont pas eux qui intrinsèquement sont plus grands ; on se sert, en revanche, des éléments qui leur sont directement adjacents pour augmenter la surface cliquable. Ainsi, on optimise la cliquabilité.

Deux techniques permettent d'augmenter la surface active d'un élément explicitement cliquable. Vous pouvez d'abord profiter des éléments signifiants qui accompagnent celui-ci et leur étendre cette propriété de cliquabilité. Par exemple, il est recommandé qu'un internaute puisse cliquer aussi bien sur le libellé d'une case à cocher que sur la case elle-même, afin d'optimiser la cliquabilité de cette interface de sélection. C'est par exemple le cas sur cette page du site de la SNCF :

> ☐ En cochant cette case, je reconnais avoir pris connaissance des Conditions Générales de Vente SNCF ainsi que des Conditions Générales de Vente et d'Utilisation du site voyages-sncf.com , et je les accepte.

Figure 3–17 Pour cocher la case et ainsi reconnaître qu'il accepte les CGV du site, l'internaute peut cliquer aussi bien sur la case à cocher que sur toute la phrase *En cochant cette case, je [...] et je les accepte.*
Source : www.voyages-sncf.fr

La seconde technique consiste à augmenter la surface cliquable autour de l'élément, c'est-à-dire à exploiter l'espace vide autour de cet élément en le rendant actif. Voyez ci-dessous comme le bouton de droite est beaucoup plus facile à cliquer que celui de gauche : il utilise une large bordure autour du libellé :

Figure 3–18
Le bouton de droite prend mieux en compte la loi de Fitts que le bouton de gauche, puisque sa surface cliquable va au-delà des simples caractères textuels.

Cette première recommandation est critique lorsque l'amplitude de cliquabilité est suggérée par le design sans exister techniquement. C'est souvent le cas lorsque les libellés des boutons sont écrits en html sur une image représentant un bouton et servant de fond. Je sens bien que vous vous dites : « Oui d'accord mais on est un peu intelligent quand même... ». Erreur ! (Enfin, cela n'a rien à voir avec votre intelligence). Surveillez attentivement tous les boutons de votre site, parce que ce type de défaut arrive beaucoup, beaucoup plus souvent qu'on ne le croit. Regardez ainsi ces deux exemples sur le site de la Fnac et celui du Crédit

RECOMMANDATION **Un élément vide ne peut pas être cliquable : oubliez.**

Après avoir exposé la règle d'augmentation de la taille virtuelle des éléments par agrandissement de la surface cliquable, attendez-vous à des objections du type : « Oui mais non, tu comprends, je ne peux pas faire ça parce que, sémantiquement parlant, une zone vide ne peut pas être cliquable, puisque justement elle est vide ». Débrouillez-vous avec votre karma, mais faites en sorte que l'on puisse cliquer sur une zone vide de sens sans que cela ne soit problématique. Revenez toujours à l'essentiel : pourquoi fait-on des sites Internet, si ce n'est pour ses internautes ? Il est quand même assez facile de faire la balance entre le confort des utilisateurs et l'application stricte de règles techniques permettant d'obtenir un code pur et élégant.

Agricole. Dans ces deux boutons, seul le libellé textuel est cliquable, et non l'ensemble de ce qui ressemble à bouton :

Le même type d'erreur peut être observé sur les fiches produit du catalogue en ligne de Lyreco. Sur ces pages, on propose à l'internaute une fonction pour accéder à des produits équivalents à celui qu'il est en train de regarder. Il peut ainsi cliquer sur une flèche arrière ou une flèche avant pour consulter l'un de ces articles comparables. Or, ces deux flèches sont elles-mêmes intégrées à ce qui a tout l'air d'un bouton libellé *Produits similaires* :

Figure 3–20 Cliquer sur le libellé *Produits similaires* n'aura aucun effet alors qu'il semble être le titre du bouton. En fait, seules les deux flèches sont cliquables et mènent à deux endroits distincts du site.
Source : www.lyreco.com

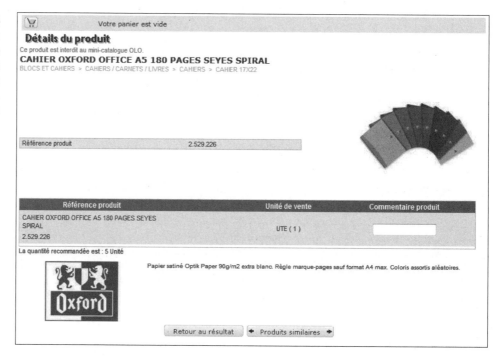

Résultat : on essaie de cliquer sur ce libellé, pensant être dirigé vers une liste d'articles comparables, mais rien ne se passe. Notons que ce défaut est doublé d'un choix de terminologie discutable. En effet, tout ce que propose cette fonction, c'est de passer directement aux articles précédent et suivant de la liste de résultats.

En plus de satisfaire la loi de Fitts, augmenter la surface cliquable des éléments permet de prendre en compte d'autres comportements des internautes. Elle permet notamment d'inclure une marge d'erreur : grâce à l'application de cette règle, votre interface sera moins sensible aux clics « à côté ».

ANECDOTE **C'est pas des blagues, on clique vraiment à côté de la plaque**

Il va falloir vous y faire, les internautes ne visent pas très précisément les éléments sur lesquels ils veulent cliquer. Regardez ainsi ces quelques exemples sur le site de Réservoir Jeux, analysés grâce à l'outil ClickDensity (que nous réutiliserons au chapitre suivant). Les taches que vous observez, ce sont les endroits les plus cliqués par les internautes. On ne peut pas dire que la précision soit leur préoccupation première !

Figure 3–21
Zones les plus cliquées sur deux espaces du site de Réservoir Jeux. Il est fréquent de constater que lorsque les internautes cliquent sur un bouton, non seulement ils ne cliquent pas toujours directement sur le libellé textuel, mais aussi à côté.
Sources : www.reservoir-jeux.com / www.clickdensity.com

Pour voir cette illustration en couleurs, rendez-vous sur le site compagnon du livre !
▶http://www.ergonomie-sites-web.com

Regardez ainsi comme il est important d'aller au-delà de la stricte bordure des éléments signifiants : Knight Frank est une agence immobilière dont les pourtours du logo sont très bien définis, puisque c'est un rectangle parfait. Or, il est important de prévoir que les internautes puissent cliquer un peu à côté du logo ; sinon, s'ils n'ont pas été très précis, ils devront cliquer une seconde fois. Cependant, sur le site de l'agence, la surface cliquable du logo est limitée au pourtour de l'image, c'est-à-dire strictement à la forme rectangulaire :

Figure 3–22
La zone cliquable du logo Knight Frank doit être étendue au-delà du strict rectangle.
Source : www.knightfrank.fr

En outre, augmenter la taille virtuelle permet de profiter de la déviation d'une stratégie initiale lorsque celle-ci est confrontée à une interface qui la devance : si l'internaute voit son pointeur en forme de flèche se transformer en une main à proximité de l'élément sur lequel il voulait cliquer, il sait qu'il peut stopper son mouvement et cliquer. Son clic activera alors l'élément en question, même si le pointeur ne se trouve pas strictement dessus mais plutôt autour.

Augmenter la distance entre les éléments cliquables

Un deuxième type d'approche peut vous permettre d'augmenter la taille virtuelle de vos éléments cliquables, particulièrement dans les espaces de navigation où plusieurs éléments actifs sont placés les uns à côté des autres.

Pour augmenter leur taille virtuelle, prévoyez une zone de buffer entre deux éléments cliquables, c'est-à-dire un vide, un espace neutre où une erreur de clic n'aura aucun impact en termes de navigation.

Cette recommandation est justifiée par le fait qu'une erreur de clic sur un élément neutre est moins grave qu'une erreur de clic sur un élément actif (qui enverrait alors l'internaute sur une autre page que celle souhaitée). Ce dernier devra donc revenir sur la première page et recommencer son action en veillant à ne pas se tromper. En revanche, si votre internaute n'a pas peur de se tromper parce qu'il voit les espaces vides prévus dans l'interface (bien sûr, de manière inconsciente), il pourra aller plus vite.

Observez donc, avec cette recommandation en tête, comme on pourrait optimiser cette page du site de Zadig & Voltaire où deux boutons d'action sont littéralement collés l'un à l'autre :

Figure 3–23 Aucune zone neutre n'est prévue entre les boutons *Continuer mon shopping* et *Finaliser ma commande*. Source : www.zadig-et-voltaire.com

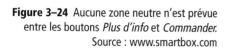

Même type d'exemple sur le site de SmartBox, où il faut viser avec précision pour être certain de cliquer sur le bouton désiré :

Figure 3–24 Aucune zone neutre n'est prévue entre les boutons *Plus d'info* et *Commander*. Source : www.smartbox.com

Intégrer une zone neutre entre deux éléments cliquables permet aussi de pouvoir se passer d'un état survolé pour chacun de ces objets. Si le pointeur change de forme entre deux éléments cliquables, il est plus facile de comprendre quel élément on survole.

À l'inverse, si vous ne prévoyez pas de zone de buffer, le format graphique survolé a beaucoup plus d'importance. En effet, on considérera plus facilement la zone proche de l'élément explicitement cliquable comme appartenant à ce dernier, dès lors que le format adopté pour l'état « survolé » les mettra en correspondance. Regardez l'illustration suivante : à gauche, certes, mon pointeur a la forme d'une main, mais pouvez-vous me préciser l'élément que je survole ? Il est difficile de le savoir même lorsqu'on manie la souris, parce qu'il n'y a pas de zone vide entre ces éléments ; il n'existe pas non plus de format survolé prévu pour chacun des éléments. À l'inverse, à droite, l'adoption d'un format spécifique « reliant » le mot et la surface cliquable autour de ce mot permet de s'assurer d'une bonne discrimination mentale entre les deux éléments :

Figure 3–25
L'adoption d'un format spécifique au survol de la souris permet de compenser le manque de distance entre les deux boutons.
Source : www.zadig-et-voltaire.com

Les éléments cliquables doivent être proches

La seconde partie de la loi de Fitts concerne la proximité géographique des objets : plus l'objet cible est proche de l'objet source, plus on l'atteindra rapidement.

> *« Une cible est d'autant plus rapide à atteindre qu'elle est proche et grande. »*

Figure 3–26
Mise en valeur de la partie « distance à la cible » de la loi de Fitts.

Il est plus difficile d'appliquer ce principe sur le Web, dans la mesure où de nombreux emplacements sont conventionnels. La plupart du temps, il est plus important de respecter une convention que d'obéir à tout prix à la loi de Fitts.

Ce principe est également difficile à appliquer car on ne peut préjuger de l'endroit où se trouve la souris de votre internaute, sauf lorsque le modèle d'interaction est assez précis. Cela concerne donc plus spécifiquement les interfaces transactionnelles que la navigation simple. Par exemple, il est logique de placer un bouton à la fin d'un formulaire puisque celui-ci sera actionné lorsque l'internaute aura rempli le dernier champ.

Pour profiter encore de cette proximité du pointeur de la souris, on recommande de grouper les éléments susceptibles d'être utilisés simultanément ou successivement.

En fait, la règle générale pour bénéficier de la partie « distance » de la loi de Fitts consiste à adapter votre interface en fonction de sa logique d'utilisation par les internautes. Ainsi, si vous avez prévu de placer de manière permanente une barre de boutons d'actions en haut de l'écran,

DANS CE LIVRE
Loi de Fitts versus Conventions : c'est ma droite qui gagne !

Au chapitre 5, nous évoquerons en détail pourquoi vous devez absolument tenir compte des conventions de localisation pour les éléments de navigation. Cette recommandation est plus importante que l'application de la partie « distance » de la loi de Fitts.

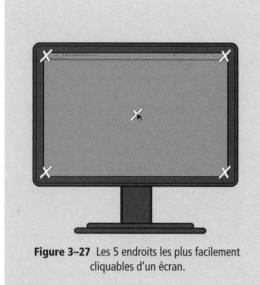

Figure 3–27 Les 5 endroits les plus facilement cliquables d'un écran.

Aɴᴇᴄᴅᴏᴛᴇ **Les 5 lieux sacrés d'un écran**

Sur le Web, le fait qu'il soit facile ou difficile de cliquer sur un objet ne dépend pas strictement de la mesure arithmétique de la taille et de la distance.

Ainsi, sur un écran, les 5 points les plus faciles à atteindre sont d'une part, le point de départ (c'est-à-dire l'endroit exact où se situe le pointeur de la souris) et, d'autre part, les 4 coins de l'écran. Seul le point de départ tient compte de la notion de distance. Les 4 autres exploitent plutôt la notion étendue de taille, puisqu'on peut considérer qu'ils sont immensément grands et donc très facilement cliquables. On les considère ainsi parce qu'ils s'étendent à l'infini. Faites-en l'expérience : lorsque votre pointeur s'approche du bord de l'écran, il ne rebondit pas vers le centre.

Les 4 coins de l'écran bénéficient donc de la butée qui se produit sur chacun des bords de l'écran pour le pointeur de souris. Les coins d'un écran sont de ce point de vue un lieu de prédilection pour le clic puisqu'ils permettent de lancer la souris sans requérir une grande précision de visée.

Notez qu'il existe encore une hiérarchie de facilité de clic entre les 4 coins d'un écran suivant que vous êtes droitier ou gaucher.

prévoyez aussi de les fournir de manière contextuelle aux endroits où les internautes peuvent en avoir besoin, ainsi qu'en bas de page.

Dans ce contexte, attention aux interfaces élastiques, qui s'étirent en largeur selon l'espace disponible à l'écran. En effet, ce procédé peut donner des interfaces tout à fait inadaptées si l'on considère la loi de Fitts. Voyez à ce propos comment, lorsque le site de Telemarket est affiché sur un écran large, il peut être difficile de passer du bouton *Ajouter* à la colonne de navigation à gauche permettant de changer de rayon :

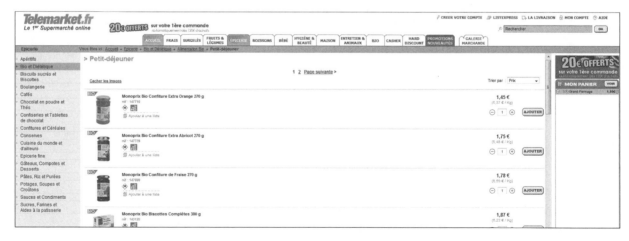

Figure 3–28 Une fois que j'ai cliqué sur le bouton *Ajouter*, la distance à parcourir avec la souris pour changer de sous-rayon est très élevée, du fait d'une interface étirée en largeur. Source : www.telemarket.fr

Notez que l'éloignement à l'écran lié à ce type de défaut entraîne en général des difficultés de mise en relation mentale entre l'élément concerné (ici : la confiture de fraise) et le bouton d'action correspondant.

Un dernier point permet d'appliquer la partie « distance » de la loi de Fitts. Elle consiste à exploiter la notion de *proximité immédiate*. Ce que l'on désigne par ce terme, c'est l'endroit où se trouve la souris à un instant t. Elle constitue le principe sous-jacent à deux modes d'interaction avancés, c'est-à-dire plutôt utilisés par des utilisateurs expérimentés :

- D'une part le raccourci clavier : en croisant les modes d'interaction, on peut optimiser l'efficience des utilisateurs (on leur permet ici d'utiliser indifféremment la souris ou le clavier). Si on revient à la loi de Fitts, on peut ainsi dire en exagérant qu'un élément est plus facilement cliquable si l'internaute n'a même pas besoin de le cliquer pour l'activer.

- D'autre part le clic droit, qui permet d'afficher un menu contextuel en fonction de l'endroit où l'on se trouve (figure 3–29). Dans ce cas, on ne peut pas faire plus proche !

Figure 3–29
Les fonctions accessibles par clic droit sont à proximité immédiate du pointeur de la souris. Sources : ancien site www.fluctuat.net

Notez que ces deux principes liés à la proximité immédiate sont beaucoup plus largement utilisés dans les interfaces applicatives, type outils ou métiers, que dans les sites Internet classiques. L'on vient ainsi d'en finir avec les applications web dérivées de la loi de Fitts. Passons donc maintenant à la notion d'affordance.

Historique et acceptions du mot Affordance

La notion d'affordance a été inventée par James J. Gibson à la fin des années 70, dans le cadre de recherches en psychologie cognitive (plus particulièrement dans le domaine de la perception visuelle).

Le terme est repris en 1988 par Donald Norman dans son fameux livre *The Psychology Of Everyday Things* et entre ainsi dans le champ de l'interaction homme-machine. Cependant, ce même mot ne recouvre pas tout à fait la même réalité chez ces deux auteurs. Ainsi, pour Gibson, une affordance concerne toutes les possibilités d'action sur un objet, même celles qui sont latentes ou invisibles. Norman, quant à lui, utilise ce terme de manière restrictive pour désigner uniquement les affordances perçues (c'est-à-dire les possibilités d'actions que renvoie immédiatement un objet lorsqu'on le perçoit). C'est dans cette dernière acception que nous utiliserons le mot affordance tout au long de cet ouvrage.

Découvrez et appliquez le concept d'affordance

Les *affordances* sont les possibilités d'action suggérées par les caractéristiques d'un objet. Par exemple, lorsque vous arrivez devant une porte, un faisceau d'indices vous permet de comprendre, avant toute action, si vous devez la pousser, la tirer, la faire glisser, etc. Parmi ces indices se trouvent des signes implicites (roulements, forme de la poignée, barre horizontale sur toute la longueur de la porte, emplacement des gonds, etc.) et des signes explicites (un écriteau *Poussez*, une personne bien intentionnée qui vous dit de pousser, quelqu'un devant vous qui pousse la porte) :

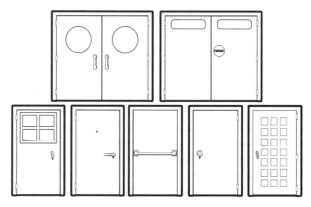

Figure 3–30
Les différentes formes de ces 7 portes vous donnent des indices sur la manière de les actionner.

Lorsque vous arrivez sur un site web, ce dernier vous fournit aussi un ensemble d'indices pour que vous compreniez quels éléments vous permettront d'arriver à vos fins et de quelle manière vous devez les utiliser. Ainsi, deux dimensions sont capitales à prendre en compte.

Optimiser l'affordance « vous pouvez me cliquer »

L'application la plus importante de la notion d'affordance sur le Web réside dans la différenciation que les internautes peuvent faire entre ce qui est cliquable et ce qui ne l'est pas. Deux règles en découlent.

Vous devez d'une part optimiser l'affordance à la cliquabilité des éléments correspondants pour faciliter leur repérage. Autrement dit, l'internaute doit savoir très vite, d'après l'apparence d'un objet, si ce dernier est cliquable, s'il peut le mener quelque part ou lui permettre d'accomplir une action.

Attention, cette règle doit être appliquée seulement aux éléments primaires de navigation, c'est-à-dire ceux que vous privilégiez pour faire circuler les internautes dans le site web. Ces éléments sont souvent les plus explicites. Vous ne devez surtout pas rendre affordants au clic les éléments de navigation de second niveau, sous peine de surcharger considérablement l'interface. Par exemple, il n'y a aucun intérêt à indiquer qu'un logo est cliquable. Considérez ces moyens de navigation comme des bonus, qui ne prennent une affordance à la cliquabilité que si les internautes les survolent. Vous pouvez alors, soit laisser uniquement l'indice de la forme du pointeur, soit y ajouter votre propre format survolé.

Plusieurs dimensions d'un objet se croisent pour participer à son affordance générale. Ainsi, on ne peut atteindre l'affordance à la cliquabilité que si la somme des affordances de chaque dimension de l'objet est suffisante. Ces dimensions sont les suivantes :

- forme ;
- couleur ;
- libellé ;
- localisation dans l'interface ;
- adjonction d'éléments indiçant la présence du lien (par exemple : une puce).

Au-delà de l'apparence, le comportement des objets peut venir renforcer une affordance perçue et permettre à l'internaute d'agir de manière plus confiante. C'est par exemple le cas lorsqu'un élément que l'on pense cliquable change d'apparence au survol de la souris. On procède d'ailleurs de la même manière dans la vraie vie. Reprenons l'exemple des portes : si vous voyez une porte qui vous semble devoir être tirée, vous allez essayer de la tirer. Si la porte réagit « positivement » (c'est-à-dire qu'elle s'entrouvre du fait de votre effort), vous allez être plus confiant et la tirer beaucoup plus fort afin de l'ouvrir en entier.

Les éléments de navigation (souvent des liens) et d'action (souvent des boutons) ne sont pas les seuls dont vous devez travailler l'affordance. C'est aussi le cas des éléments d'interaction pure (souvent des éléments de formulaire).

Optimiser l'affordance « vous pouvez interagir avec moi »

Prendre en compte la notion d'affordance dans le cas des interfaces transactionnelles consiste à donner aux éléments de formulaire une apparence qui incite à les utiliser. L'affordance à l'interaction est obtenue par recoupement des dimensions suivantes :

- forme ;
- couleur ;
- libellé ;

À SAVOIR
Les affordances optimisent l'utilisabilité

Les affordances permettent aux internautes d'anticiper le comportement des objets qu'ils voient à l'écran. Si vous les optimisez, vous allez donc augmenter l'utilisabilité de votre page puisque son traitement mental sera facilité.

Les affordances web sont étroitement liées aux conventions

Notez à quel point ce sont principalement les conventions de présentation et d'interaction, donc les habitudes des internautes, qui créent les affordances des éléments web.

Cela explique aussi pourquoi les interfaces en Flash posent souvent de gros problèmes d'affordances. Ne disposant pas des bibliothèques strictes d'éléments que fournit le html, elles sont plus susceptibles de présenter les choses de manière moins conventionnelle. Or, moins vous êtes conventionnel, plus vous avez un risque d'obtenir un problème d'affordance.

Notez que les concepteurs Flash utilisent bien des bibliothèques d'éléments, mais chacun possède la sienne propre ; par ailleurs, ce sont des éléments si flexibles qu'ils peuvent être modifiés jusqu'à perdre toute ressemblance avec l'élément de départ. D'où la production d'interfaces moins conventionnelles qu'en html (c'est d'ailleurs en général exactement dans cet objectif que l'on utilise du Flash).

- contenu ;
- localisation dans l'interface ;
- adjonction d'éléments indiquant la présence de l'objet ou son caractère interactif (par exemple, une puce, un bouton d'action).

Ainsi, lorsque votre page contient un champ de saisie (recherche, connexion à un compte client, inscription à une newsletter, etc.), vous devez en faciliter le repérage en travaillant son affordance. Pour repérer un champ de saisie, les internautes s'attendent à trouver une forme rectangulaire blanche et vide, qui leur permette de saisir quelque chose au clavier : c'est le format qui présente la plus grande affordance à l'interaction.

Cela explique pourquoi le remplissage des champs par défaut avec le titre du champ ou avec un exemple de données peut être problématique : il n'attire pas l'attention de l'internaute sur le champ en tant qu'élément d'interaction. N'utilisez donc pas ce procédé si vous souhaitez que vos internautes repèrent le plus rapidement possible votre champ de saisie.

On en trouve une bonne illustration sur le site de Vert Baudet, où l'ensemble du champ de saisie est pré-rempli avec le titre et un exemple de recherche. Ce faisant, le champ en tant que tel devient très peu visible. On peut d'ailleurs remarquer que les champs de connexion au compte, vides, suggèrent beaucoup plus la possibilité de saisir du texte :

Figure 3–31 L'ajout de texte dans le champ de recherche rend moins évident le fait que l'on puisse y saisir du texte.
Source : www.vertbaudet.fr

Le même type de procédé était employé sur l'ancien site d'Air France. Dans cette version de l'interface, la zone de connexion au compte client n'était pas immédiatement repérable, en partie à cause des champs pré-remplis avec leurs intitulés :

Figure 3–32
L'ajout des termes *ou identifiant* et *code d'accès* dans les champs rend ces derniers moins affordants à la saisie.
Source : ancien site www.airfrance.fr

La nouvelle version du site d'Air France améliore l'accès au compte Flying Blue en proposant des champs vides, dans une zone réservée à cet effet et sur un fond légèrement coloré :

Figure 3–33 Les champs de saisie sont plus immédiatement repérables en tant que tels sur le nouveau site d'Air France. Source : www.airfrance.fr

Nous verrons d'ailleurs au chapitre 5 que placer un champ de saisie sur un fond de couleur plus foncé permet de renforcer son affordance perçue à l'interactivité : l'internaute comprend immédiatement qu'il peut agir sur cette zone.

Cependant, il ne suffit pas que la zone sous le champ de saisie soit foncée : il faut nécessairement que ce champ soit blanc, afin d'obtenir un fort contraste de couleurs. C'est en effet cela qui, chez les internautes, est connu comme caractérisant un champ de saisie.

Pour illustration, le site du Centre National de la Cinématographie, qui cache la fonctionnalité de recherche à ses visiteurs. En effet, le champ de saisie est certes positionné sur une zone foncée, mais il est présenté dans une couleur sombre, quasi identique. Par conséquent, les internautes cherchant une zone blanche pour saisir des mots-clés risquent de ne pas la trouver.

Figure 3–34 La recherche est peu visible sur le site du CNC, du fait des formats de présentation employés, qui « noient » le champ de saisie dans le reste de l'interface. Source : www.cnc.fr

Dans le même ordre d'idées, lorsque la forme conventionnelle du champ est supprimée pour servir l'esthétique de l'interface, le repérage de la fonctionnalité de recherche est là encore rendu difficile. Dans certains sites, cette fonction peut passer inaperçue au point que les internautes pensent qu'il n'y a pas de moteur de recherche. Ainsi, sur l'ancienne version du site Fluctuat.net, il fallait être persuadé que le site possédait forcément un moteur de recherche et parcourir l'ensemble de la page à plusieurs reprises pour le trouver enfin :

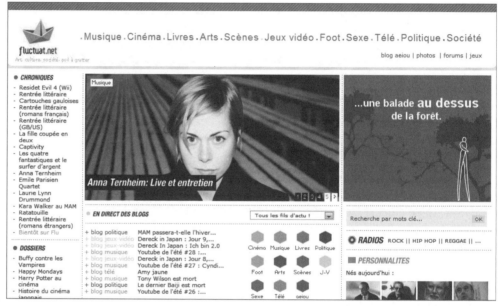

Figure 3–35 Les seuls éléments qui indiquent la présence du moteur de recherche sont les termes *Recherche par mots clé* et le bouton d'action.
Source : ancien site www.fluctuat.net

La nouvelle mouture du site revient à une présentation plus conventionnelle du champ de recherche, facilitant ainsi son repérage par l'internaute :

Figure 3–36 Le champ de recherche du nouveau site Fluctuat.net, plus conventionnel, suggère d'avantage une possibilité d'interactivité.
Source : www.fluctuat.net

Évidemment, lorsque seule la forme rectangulaire est là pour suggérer un champ de saisie, la présence de ce dernier n'est que très peu perceptible. C'est le cas sur le site de Marie-Claire, bien que l'emplacement de la fonctionnalité soit plutôt bien choisi :

Figure 3–37 La recherche (en haut à droite) est très peu visible sur le site de Marie-Claire, du fait des formats de présentation employés. Source : www.marieclaire.fr

Pour terminer, notez que vous devez adapter le niveau d'affordance de vos champs à leur importance pour l'usager et à vos orientations stratégiques. En effet, plus sa présentation suggèrera l'interactivité, plus l'internaute sera incité à faire usage d'une fonctionnalité, ce qui fera ainsi probablement augmenter son taux d'utilisation. Ainsi, si la fonctionnalité de recherche est centrale sur votre site et que vous voulez inciter vos internautes à l'utiliser, il vous faut traduire cette volonté dans l'interface. Utilisez donc les affordances perçues pour mettre en avant le caractère utilisable du champ de recherche.

Attention aux affordances erronées

On a souvent affaire à des affordances erronées lorsque les concepteurs ont cherché à mettre en avant des éléments qui ne sont pas des liens. Ne soulignez pas un texte qui n'est pas un lien et ce, même si vos liens ne sont pas soulignés. En effet, ce format reste fortement connoté d'une affordance à la cliquabilité.

Il existe aussi des circonstances où les mots, bien que non soulignés, suggèrent très fortement l'action de cliquer. C'est notamment le cas lorsque le mot en question semble représenter la seule manière d'agir sur l'interface.

Voyez ainsi comme, sur le site de Senseo, la manière la plus évidente de déclarer que l'on aime prendre son café l'après-midi semble être de cliquer sur le mot *l'après-midi*. Or ce dernier n'est pas cliquable et le cercle représentant le soleil d'après-midi ne l'est pas non plus. En fait, le seul mode d'interaction prévu par les concepteurs du site est de déplacer le curseur sous le mot *l'après-midi* (figure 3–38).

Dans le même ordre d'idées, n'utilisez pas, pour présenter des éléments inactifs, des formats habituellement adoptés pour des éléments actionnables : sinon vous risquez que les internautes essaient de les utiliser et soient déçus, ou pensent que votre site fonctionne mal. Regardez par exemple comme on peut penser que l'élément *Tapis* sur le site de Saint Maclou est cliquable et permet de dérouler une liste, alors qu'il s'agit simplement du titre de la page :

Figure 3–39
Sur le site de Saint Maclou,
le titre *Tapis* est affordant au clic car
il ressemble à un menu déroulant.
Source : www.saint-maclou.com

Enfin, faites attention à ne pas présenter un élément purement graphique comme ce qui peut sembler un élément interactif. L'internaute risque alors de se poser la question de son utilité. Prenons un exemple sur le site des 3 Suisses (figure 3–40).

Cette illustration vous permet de bien comprendre que le travail sur les affordances se concentre essentiellement sur une page en particulier. Ne tablez donc pas sur une légende ou un complément d'informations dans une autre page pour compenser un objet mal affordant dans une page.

DANS CE LIVRE
Retrouvez les affordances au chapitre 5

Pour voir encore plus d'exemples liés à la notion
d'affordance, rendez-vous au chapitre 5, règle n° 7 !

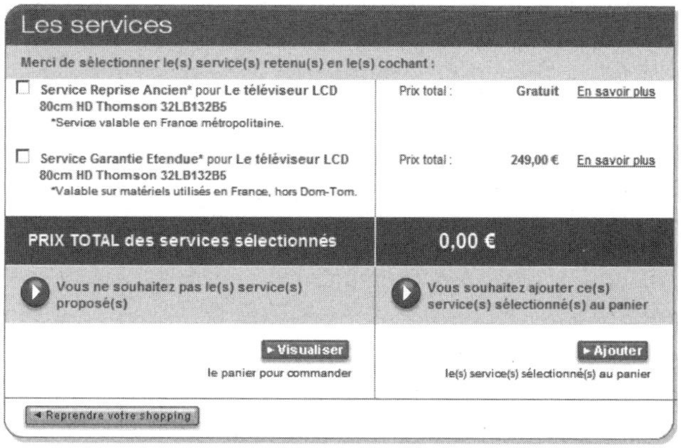

Figure 3–40
Sur cette page, les deux ronds intégrant des flèches ressemblent à des boutons cliquables alors qu'ils ne sont qu'un appui graphique au texte adjacent.
Source : www.3suisses.fr

Le nombre magique de Miller et la loi de Hick

À moins d'être des super-héros, vos internautes sont probablement constitués comme la plupart des êtres humains. Et, malheureusement, nos capacités mentales sont limitées. Si on lui en demande trop, notre cerveau explose et n'est plus capable de traiter de manière efficace l'information qui nous entoure. Sur le Web, comme ailleurs, il est donc conseillé de tenir compte de ces limites afin de concevoir des interfaces parfaitement adaptées à nos capacités mentales.

Miller est un psychologue qui recense dans les années 50 tout un ensemble d'expériences et de preuves scientifiques venant à l'appui d'un constat intuitif : au-delà de 7 objets dans notre tête, tout s'embrouille. Le nombre magique de Miller, c'est donc ce 7, plus ou moins 2 éléments (autrement dit, un empan de 5 à 9 éléments), ce qui représente le seuil maximal de ce que l'on appelle notre *mémoire de travail*.

Cette référence théorique a souvent été mal interprétée, conduisant à des règles très strictes du type « Ce menu ne doit pas contenir plus de 7 items pour que les internautes puissent le mémoriser ». Or c'est appliquer de manière tout à fait détournée un résultat scientifique qui n'a rien à voir avec les problématiques les plus critiques que l'on trouve sur le Web.

En effet, ce n'est pas parce que l'on parle de mémoire de travail que l'on doit se croire obligé de faciliter la mémorisation des pages web. On pourrait même dire que c'est l'inverse ! Dans l'idéal, votre site doit être assez intuitif et fournir l'information nécessaire au moment adéquat, afin de pas faire appel à la mémoire de vos visiteurs.

La mémoire de travail peut être vue comme la structure mentale nous permettant de stocker et de traiter les informations temporaires. Il faut bien un endroit pour mettre provisoirement les choses que l'on analyse ou qui vont passer en mémoire à long terme : c'est cet endroit que l'on appelle la mémoire de travail. Ainsi, lorsque vous retenez un numéro de téléphone juste assez longtemps pour le saisir sur votre clavier téléphonique, vous utilisez votre mémoire de travail.

Finalement, le nombre magique de Miller peut être assimilé à notre capacité d'appréhension immédiate. Plus qu'une limite maximale sur le nombre d'éléments à analyser simultanément, le nombre de Miller doit vous servir à ne pas surcharger votre interface et à limiter le nombre d'éléments dont un seul doit être sélectionné.

Sur le Web, il semble beaucoup plus adapté de tenir compte de la loi de Hick (ou loi de Hick-Hyman). Celle-ci développe l'idée qu'il est plus facile de décider parmi un nombre réduit d'éléments. En effet, le temps nécessaire pour prendre une décision croît proportionnellement au nombre et à la complexité des options proposées. Ainsi, ce modèle semble beaucoup plus approprié que le nombre de Miller aux problématiques que l'on rencontre dans la conception de menus pour le Web.

Accessibilité visuelle et lisibilité

Le Web étant un média très visuel, il est primordial d'optimiser la perception par l'œil des différents éléments situés à l'écran.

Le mot « accessibilité » tire ses racines du mot « accès ». Travailler sur l'accessibilité, c'est s'assurer que l'on facilite l'accès à quelque chose, à un bus, à un musée, à un supermarché, à un parc ou à un site web. Lorsque l'on parle d'accessibilité visuelle dans le domaine du Web, on s'attache aussi bien à améliorer les caractéristiques perceptives pour qu'elles correspondent aux fonctionnement de notre système visuel, qu'à améliorer les pages web pour que tous les internautes puissent les consulter, quel que soit leur niveau de perception visuelle. Deux versants se dégagent donc :

• Lorsque l'accessibilité visuelle est abordée dans le cadre du handicap, on s'attache à concevoir des sites consultables par des internautes pénalisés sur le plan visuel (malvoyants ou non voyants) ; ils utilisent sur le Web des moyens de navigation différents du mode visuel afin de contourner leur difficulté. Il s'agit alors de faciliter l'emploi de ces moyens de contournement des systèmes courants. De la même manière que le bus se penche pour accueillir un fauteuil roulant ou une poussette, le site web est conçu afin d'être lu de manière optimale par une synthèse vocale (pour en savoir plus sur ce type d'outils, rendez-vous à la fin du chapitre 6). Dans le domaine du Web, cette démarche dépend souvent de la réalisation technique, et plus précisément de l'intégration HTML/CSS du site.

- Au-delà de cette problématique très spécifique, tous les internautes ont besoin qu'un site soit optimisé du point de vue de l'accessibilité visuelle. On s'attache alors à faciliter l'utilisation courante du système. De la même manière que la marche du bus ne doit pas être trop haute pour une personne de taille moyenne, le site web doit être facilement lisible par un œil « moyen ». Dans le domaine du Web, ce type de démarche relève plutôt de l'optimisation graphique. C'est principalement ce que nous évoquerons dans cet ouvrage.

Faciliter l'utilisation de moyens de contournement du mode visuel

Il n'est pas forcément du ressort de l'ergonomie de comprendre en profondeur les solutions techniques permettant de contourner une malvoyance. Cependant, c'est un sujet très intéressant et il est indispensable de connaître les facteurs principaux qui rendent un site accessible ou non pour des populations en difficulté sur le plan visuel. Vous trouverez sur Internet de nombreuses ressources sur ce sujet.

ALLER PLUS LOIN **Comment la conception des liens peut-elle optimiser l'accessibilité visuelle ?**

Le principe d'une synthèse vocale consiste à lire une page web afin de restituer son contenu sous forme auditive. Elle permet ainsi à des malvoyants de naviguer sur le Web.

Il s'avère que les liens génériques (de type *Cliquez ici*, *Lire l'article*, *Lire la suite*, *Détails*, *Voir*, *Recommander*, etc.) sont très difficiles à comprendre par les internautes qui utilisent ce type d'outils : ceux-ci ne disposent pas du contexte visuel permettant de mettre en relation le lien avec le reste de la page. En effet, alors que la perception visuelle d'un écran est très flexible (on peut regarder très vite où l'on veut et l'apparence des éléments nous aide à diriger notre regard), la perception auditive est nécessairement linéaire.

Vous devez donc adapter la conception de votre site et de sa version texte à cette contrainte. Ainsi, on recommande d'éviter les intitulés de liens trop généraux. En dernier recours, vous pouvez définir une balise Title (dont le contenu sera alors lu par la synthèse vocale si elle est bien configurée) pour décrire de manière plus détaillée ces liens non explicites. Regardez ainsi comment cette recommandation est appliquée sur le site d'Ergolab et allez écouter le résultat sur le site web qui accompagne cet ouvrage :

Figure 3–41 Le contenu de la balise Title permet d'être plus précis que le simple lien *Lire la suite* mais il ne s'affiche que dans une infobulle et n'est malheureusement pas toujours lu par les synthèses vocales.

Source : www.ergolab.net / Résultat auditif à écouter sur www.ergonomie-sites-web.com/telechargements

Deux grands types de méthodes sont à mettre en œuvre pour optimiser les versions texte d'un site web. Tout d'abord, il faut appliquer des règles de conception bien précises. Ces dernières sont amplement recensées dans tous les guides et normes d'accessibilité web. Elles vont de la nécessité de définir pour chaque image un substitut textuel, à l'expression des tailles de polices en taille variable (et non en taille fixe), en passant par l'optimisation de la conception des intitulés de liens, etc.

En outre, il faut utiliser des moyens techniques pour faciliter la consultation d'une version texte (que ce texte soit restitué sous forme auditive ou tactile) : il est par exemple nécessaire de séparer contenu et forme (les CSS sont à cet effet des atouts indispensables).

L'ajout de fonctionnalités spécifiques peut aussi faciliter la consultation d'un site sous forme textuelle. Par exemple, on recommande de fournir un lien permettant aux internautes de ne pas tenir compte des éléments répétés sur toutes les pages (principalement les barres de navigation). Ainsi, comme les balises `Title`, les liens que l'on appelle `SkipLink` permettent de contourner le côté linéaire de la modalité auditive.

Optimiser la lisibilité à l'écran

Le second versant de l'accessibilité visuelle consiste à optimiser la lisibilité des sites pour tous les internautes, afin d'éviter les phénomènes de fatigue visuelle. Cela passe principalement par deux points : d'une part, l'optimisation des couleurs et, d'autre part, l'optimisation des caractéristiques des textes.

Optimisation des couleurs

Pour que votre site soit lisible, il faut nécessairement que les couleurs employées, respectivement, pour le fond de page et pour les caractères qui viennent s'inscrire sur ce fond, soient assez différentes. Cette différence doit être évaluée selon deux paramètres.

La différence de couleurs

Les couleurs du fond et des caractères doivent être suffisamment contrastées. On recommande généralement d'utiliser un contraste positif, c'est-à-dire des caractères foncés sur un fond clair.

De manière plus approfondie, vous devez mesurer objectivement la différence de couleurs fond/caractères. Vous disposez pour cela d'outils qui permettent de comparer cette différence avec le seuil de 500 recommandé par la WAI (*Web Accessibility Initiative*) du W3C (*World Wide*

Web Consortium). Nous aborderons ces outils à la fin du chapitre 6 sur l'audit ergonomique. Sachez toutefois qu'ils ne sont pas infaillibles.

Deux données supplémentaires doivent notamment être prises en considération. Tout d'abord, vous devez éviter les combinaisons de couleurs connues pour « vibrer » (par exemple, le blanc pur sur du noir pur). Les outils de calcul des contrastes ne sont en effet pas capables de repérer ce type de défauts. Il faut également savoir que la taille et la graisse d'un caractère permettent de compenser quelque peu le manque de contraste entre le fond et le caractère. Plus les caractères sont grands et gras, plus vous pouvez vous permettre une différence de couleurs réduite. Regardez cet exemple sur le site d'IBM, où la même couleur utilisée avec et sans graisse devient plus ou moins lisible (figure 3–42).

La différence de brillance

En outre, les couleurs du fond et des caractères doivent être suffisamment différentes en termes de brillance. On recommande en général une différence supérieure à 125.

Optimisation des caractéristiques des textes

La seconde dimension permettant d'optimiser la lisibilité d'un texte à l'écran consiste à travailler sur les caractéristiques intrinsèques des textes. Nous n'aborderons pas ce sujet en détail dans cet ouvrage, mais sachez que les cinq paramètres les plus importants dans ce cadre sont :

• la taille des polices ;

• leur graisse ;

• la typographie employée (le sans serif est ainsi connu pour être plus lisible à l'écran) ;

• l'interlignage ;

• et enfin la casse employée (minuscules ou majuscules).

Prenons l'exemple de ce dernier critère. Vous devez tenir compte du fait que les majuscules sont la casse la plus appropriée pour faciliter l'activité de recherche dans une page, tandis que les minuscules sont recommandées pour faciliter la lecture. Autrement dit, vous ne devez utiliser les majuscules que pour mettre en avant certains mots et ce de manière assez cadrée. Elles ne doivent servir à attirer l'attention que dans la limite de quelques mots au sein du même bloc d'informations. Ainsi, il est acceptable que l'accroche du site des Nations unies à Genève (*Les Nations Unies au cœur de l'Europe*) soit écrite en majuscules, alors que cela devient discutable pour les libellés de la barre de navigation, et impossible pour les titres des informations quotidiennes, trop longs (figure 3–43).

Intégration de processus d'entreprise
Les serveurs d'intégration offrent une infrastructure centralisée qui permet d'intégrer les applications et d'automatiser les processus métier.

→ Tous les produits

Figure 3–42 Alors qu'ils sont de la même couleur, le lien *Intégration de processus d'entreprise* (présenté en gras) est plus lisible que le lien *Tous les produits* (sans gras). Source : www.ibm.fr

Figure 3–43
Plus la quantité de texte est importante, plus l'emploi des majuscules complique l'activité de lecture.
Source : www.unog.ch

Cette recommandation poussant à préférer les minuscules aux majuscules pour optimiser la lisibilité est basée sur des considérations à la fois objectives et subjectives. Il est largement démontré que les minuscules sont plus faciles à lire et augmentent la vitesse de lecture. On peut d'ailleurs le réaliser de manière assez intuitive en comparant deux textes écrits en majuscules et en minuscules :

Figure 3–44
On perçoit rapidement qu'un texte écrit entièrement en majuscules est plus difficile à lire qu'un texte écrit en minuscules.

> Le texte en minuscules est plus facile à lire.
>
> LE TEXTE EN MAJUSCULES EST PLUS DIFFICILE À LIRE.

De nombreux résultats de recherche viennent en outre appuyer ce constat intuitif (Breland & Breland, 1944 ; Starch, 1914 ; Tinker, 1963). Karen Schriver nous indique quant à elle qu'un texte entièrement en majuscules est lu 13 à 20 % moins vite que le même texte en minuscules. Elle nous précise aussi que la vitesse de lecture est optimale lorsque majuscules et minuscules sont utilisées de manière complémentaire (notamment lorsque les majuscules sont utilisées en début de phrase). Enfin, elle souligne le fait que, lorsque l'on a besoin de mettre en valeur un élément, il semble plus approprié d'utiliser la graisse plutôt que les majuscules.

Cet ensemble de résultats est dû aux caractéristiques typographiques des minuscules et majuscules, ainsi qu'à nos habitudes de lecture (dans notre vie, nous rencontrons davantage un mot écrit en minuscules que le même mot écrit en majuscules).

Dans la forme générale d'un mot écrit en minuscules, les hampes, points, accents et cédilles aident à discriminer les lettres les unes des autres. À l'inverse, la forme générale d'un mot écrit en majuscules est toujours identique : il s'agit d'un strict rectangle, où aucune lettre ne peut être différenciée d'une autre.

Figure 3–45
Les caractéristiques typographiques des minuscules facilitent la différenciation entre chacune des lettres.

Terminons notre propos par la constatation suivante : ces résultats objectifs sont largement corroborés par les préférences des utilisateurs. Ainsi, lorsqu'on leur demande d'apprécier la lisibilité du titre d'un article de manière subjective, 90 % des personnes trouvent les minuscules faciles à lire, alors que seulement 65 % trouvent les majuscules faciles à lire (Colin Wheildon, 1995).

Avec cette partie consacrée à l'accessibilité visuelle et à la lisibilité sur le Web, nous achevons notre développement sur les grandes caractéristiques de l'être humain et de ses réflexes. Une fois que vous avez bien en tête ce qui définit votre internaute en tant qu'être humain, vous devez vous occuper de chercher ce qui le définit en tant qu'utilisateur de votre site web : qui est-il ? Que cherche-t-il à faire ? Et dans quelles conditions ?

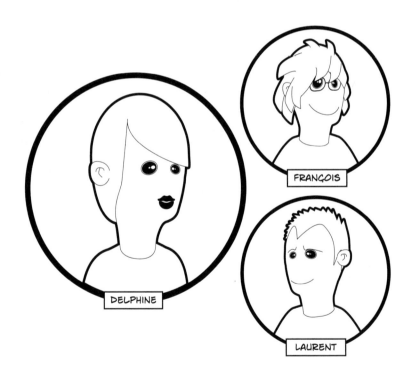

chapitre 4

Définir votre internaute : critères et méthode des personas

Une fois que vous avez traité le versant « universel » définissant un internaute, vous devez vous préoccuper de ce qui caractérise *votre* internaute. Autrement dit, vous allez ajouter à ses caractéristiques d'être humain tout ce qui lui est spécifique en tant que personne.

Ainsi, vous entrez de plain-pied dans ce qui fait véritablement l'ergonomie, à savoir définir l'utilisateur et ses particularités afin de concevoir un système adapté à ses besoins.

SOMMAIRE

▶ Définir qui sont vos internautes et ce qu'ils font
▶ La méthode des personas

MOTS-CLÉS

▶ Profils utilisateurs
▶ Personas
▶ Scénarios d'utilisation

Si par manque de temps ou d'intérêt vous omettez de définir le plus précisément possible qui sont vos internautes, vous commettez l'erreur la plus courante dans les projets web actuels. Ainsi, concevoir un site sans tenir compte des spécificités et besoins de ses visiteurs produit un outil polyvalent mais incapable de les satisfaire.

Dans le second volet de ce chapitre, vous apprendrez donc à remplacer votre vision générique de l'internaute par une vision spécifique de vos personas. Et pas d'inquiétude : vous vous rendrez vite compte du rapport qualité/prix incroyable de cette méthode !

Un site ergonomique est avant tout un site qui se préoccupe de ses utilisateurs. Vous devez par conséquent vous mettre au travail pour comprendre qui ils sont réellement et ainsi vous adapter à leurs besoins. Nous allons donc évoquer dans ce chapitre ce qui caractérise un internaute au-delà de son appartenance au genre humain et insister sur la méthode des personas, irremplaçable pour définir votre cible utilisateur et la prendre en compte tout au long d'un projet web.

Une personne donnée dans un contexte précis

Il ne suffit pas de dire que l'utilisateur est au cœur de votre démarche pour réussir votre projet d'un point de vue ergonomique. Le mot utilisateur en soi est problématique, puisqu'il peut signifier tout et n'importe quoi. Il faut donc aller plus loin et véritablement s'interroger sur les caractéristiques de vos internautes et les besoins qui en découlent. Ces informations seront les points d'entrée qui vous permettront de prendre des décisions en termes de fourniture de contenus et de services, puis d'utilisabilité.

Des personnes différentes ont des caractéristiques et des besoins différents. Vous devez donc découvrir les spécificités de vos internautes afin de fabriquer une interface à leurs mesures.

La première étape de toute démarche ergonomique consiste donc à fouiller dans toutes les sources disponibles afin de comprendre qui sont (ou qui doivent être) vos visiteurs. Tous les internautes sont différents, mais il est probable que certains des vôtres partagent des caractéristiques communes. C'est le moment de faire la chasse aux indices pour cerner ces traits distinctifs !

Questionnez vos clients, le service marketing, la direction, les chefs de projet, le service après-vente, bref, toutes les personnes qui pourraient vous aider à obtenir des informations. Votre rôle consiste à rassembler toutes ces données et à en dégager des profils utilisateurs. Surtout, ne cédez jamais au syndrome « Madame Michu ». Lors de votre enquête, gardez à l'esprit qu'une population cible est composée de 3 critères définitoires :

• des personnes ;

• des objectifs ;

• des contextes d'utilisation.

En tant que personne, un internaute est caractérisé par des dimensions qui lui sont propres et que vous devez prendre en compte afin de répondre pleinement à ses besoins. Un internaute possède ainsi un profil socio-démographique, un objectif l'amenant à visiter un site Internet, un historique avec ce site, la marque, ou ses concurrents, un niveau d'expertise Internet, des habitudes de navigation sur le Web, etc.

La notion de tâche pour mieux cerner l'internaute

Au-delà de sa définition en tant que personne, l'internaute qui vient sur un site a des objectifs. S'il n'en a pas, il ne nous intéresse pas d'un point de vue ergonomique (en revanche, on tiendra compte d'un objectif même flou ou qui relève de la découverte, par exemple pour les internautes qui arrivent sur un site sans vraiment savoir ce que propose ce dernier).

Afin de bien comprendre les objectifs de vos internautes et la manière dont ils entendent les atteindre, vous devez les questionner et/ou les observer. À cet effet, la démarche d'analyse de l'activité vous sera très utile pour comprendre tous les déterminants d'une tâche.

Par exemple, si vous devez concevoir une interface pour jouer au Loto en ligne, vous devez parfaitement comprendre ce qui sous-tend ce jeu dans la vie réelle. Allez dans des bureaux de tabac, des maisons de la presse, interrogez des gens, frottez-vous à leur activité pour en saisir les prototypes comportementaux. Les données que vous en tirerez vous serviront non seulement du point de vue de l'utilité (de quoi vos internautes ont-ils besoin), mais aussi de l'utilisabilité (comment en ont-ils besoin).

De même, si vous travaillez sur le site d'une agence de voyages en ligne, il vous sera indispensable de recueillir des données vous permettant de répondre à la question suivante : « Comment les gens achètent-ils des voyages aujourd'hui ? ». Lorsque vous vous penchez sur ce type d'interrogation, vous sortez de votre rôle de concepteur pour vous mettre à la place des gens. Ainsi, vous ouvrez votre esprit et lui permettez d'imaginer des fonctionnalités auxquelles vous n'auriez pas pensé sans cela.

La manière dont les gens utilisent l'interface sur laquelle vous travaillez est aussi un facteur primordial dont vous devez avoir conscience, et que vous devez prendre en compte en permanence. Par exemple, si la plupart de vos internautes utilisent le site plusieurs heures par jour, cette information devra nécessairement intervenir dans la conception de votre interface. C'est par exemple le cas d'applications métiers ou d'outils en ligne permettant l'exercice d'une activité professionnelle. Cela peut aussi être valable pour des interfaces web très spécialisées, par exemple des sites de bourse en ligne, de poker en ligne, d'enchères en temps réel, etc. Dans ce type d'interface, vous pourrez accepter un temps d'appropriation de l'outil par les débutants, afin de l'optimiser pour les utilisations les plus fréquentes, ramenées au pourcentage d'heures d'utilisation.

Les statistiques de visite, un atout majeur

Si vous êtes dans un projet de refonte d'un site existant, l'analyse des statistiques d'utilisation peut vous être d'une grande aide si ces dernières sont suffisamment interprétées. Difficile en effet de comprendre quelque chose à des fichiers de logs bruts fournis par un serveur. Si votre site ne dispose pas de statistiques analysées, renseignez-vous pour savoir s'il existe des fichiers non traités et si vous pouvez les faire interpréter.

Vous tirerez des statistiques deux grands types d'informations :

• D'une part, des renseignements sur les configurations des ordinateurs de vos visiteurs. Vous devez normalement avoir accès au moins à des informations sur le système d'exploitation utilisé, le navigateur et sa version, la résolution d'écran et les plug-ins disponibles. Ces données vous seront précieuses pour prendre des décisions technologiques et d'interface. Nous verrons au chapitre 5 à quel point la problématique de l'accessibilité technologique est importante, et au chapitre 9 comment elle influence l'activité de conception fonctionnelle.

- D'autre part, la qualité des visites en termes fonctionnels : quelles sont les pages les plus visitées, le nombre de pages vues par visite, les éléments d'une page qui font l'objet du plus grand nombre de clics, le taux d'abandon à chacune des étapes d'un process de commande, les mots-clés recherchés, etc.

Au-delà des outils de statistiques classiques, commencent à émerger des applications qui traitent aussi les données qui n'ont pas d'effet en termes d'interaction web. Elles proposent en outre des représentations sous des formes graphiques très intéressantes, nous donnant ainsi des informations sur le comportement des internautes au sein d'une page web.

Voyez ainsi comme ClickDensity se propose d'enregistrer tous les clics réalisés sur une page et de représenter ces derniers sous forme de *heatmaps,* ou zones de chaleur :

LA SUITE SUR LE WEB
Voir cette illustration en couleurs sur le site compagnon

Sur une heatmap, le rouge représente les zones faisant l'objet du plus grand nombre de clics. Difficile de se faire une idée claire du résultat en noir et blanc, alors rendez-vous sur le site compagnon du livre pour voir cette illustration haute en couleurs !
▶ http://www.ergonomie-sites-web.com/telechargements

Figure 4–1
Grâce à ClickDensity, vous pouvez voir où vos internautes préfèrent cliquer sur votre site.
Sources : www.clickdensity.com / www.reservoir-jeux.com

Vous êtes ainsi à même d'analyser précisément ce sur quoi cliquent vos internautes et l'endroit où ils cliquent. En effet, ClickDensity recense tous les clics, et pas uniquement ceux sur les liens (comme les outils de statistiques habituels). Ainsi, vous pourrez observer quelles erreurs commettent vos visiteurs, leurs préférences et leurs habitudes.

Dans le même ordre d'idées, ClickTale se propose d'ajouter les mouvements de la souris, même si ce type de données est beaucoup plus difficile à interpréter. Attention à ne pas faire de raccourcis !

Interroger les internautes

Pour affiner la vision de vos internautes, rien de tel que d'aller les interroger, que ce soit lors d'entretiens en face à face ou grâce à des méthodes plus distantes (questionnaires en ligne, entretiens en ligne ou discussion sur des forums, sondages, etc.). Votre objectif est de savoir qui ils sont, ce qu'ils font, de quoi ils ont besoin et de quoi ils ont envie.

Toutes ces informations, que vous aurez récoltées par divers moyens, vont servir à vous construire une vue précise et complète de vos internautes, essentiellement afin de nourrir vos personas. Mais au fait, savez-vous ce qu'est un persona ?

Un persona pas comme les autres

Nous allons à présent aborder une méthode de conception qui vous permettra de réellement prendre en considération votre cible utilisateur lors du développement d'une interface web.

Ainsi, nous allons apprendre à créer ce que l'on appelle des *personas*. Ce sont des personnages virtuels, que vous allez imaginer pour représenter votre cible utilisateur. Ce sont donc de « faux utilisateurs », créés de toutes pièces pour des besoins méthodologiques. Adopter ce réflexe de conception possède de nombreux avantages, entre autres un coût de mise en œuvre très faible. Un incontournable donc !

BONJOUR, JE M'APPELLE FRANÇOIS, JE VIENS ACHETER L'EXTENSION DU JEU JUNGLE SPEED.

Figure 4–2

Les personas représentent les utilisateurs typiques, ce qui permet d'évoquer la cible utilisateur de manière concrète et proche de la réalité. Support de travail au sein d'une équipe projet, ils servent à communiquer autour d'un référent commun. Voyons les bénéfices que vous pouvez retirer de cette méthode, ainsi que quelques règles pour créer et utiliser les personas.

BIBLIOGRAPHIE **Un livre entièrement consacré aux personas !**

700 pages sur le sujet des personas, structurées autour de ce que les auteurs nomment le cycle de vie d'un persona : de la gestation à la mort, en passant par la naissance, l'enfance puis l'âge adulte. Bourré d'exemples, d'études de cas, d'illustrations, de témoignages, c'est un must-have si vous souhaitez vous documenter en profondeur sur le sujet.

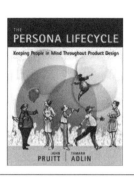

John Pruitt & Tamara Adlin, *The Persona Life-cycle : Keeping People in Mind Throughout Product Design*, Morgan Kaufmann, 2006

Pourquoi avez-vous intérêt à inventer des personas ?

Les avantages des personas sont tellement nombreux qu'à leur lecture, vous comprendrez vite pourquoi cette méthode est si intéressante à mettre en place lors d'un projet web et pourquoi elle devrait être appliquée sur tous les projets. Voyons donc pourquoi vous devriez créer des personas.

Inventer des personas vous force à vous pencher réellement sur votre cible

Un des principaux bénéfices des personas, que l'on oublie toutefois souvent, est qu'en vous astreignant à les créer, vous vous interrogerez forcément davantage sur vos internautes. Et cela ne concerne pas que le créateur des personas, tout le monde sera impacté par cette attention particulière portée à la cible du site : vous, mais aussi vos clients, l'équipe projet et, par extension, toutes les personnes impliquées dans la conception ou la réalisation de votre site web.

En essayant de créer vos personas, vous allez être amené à poser de nombreuses questions à vos clients sur leur cible utilisateur. Ainsi, vous allez augmenter le niveau de précision de la définition de votre cible. Plus vous irez dans le détail, mieux vous comprendrez à qui est destinée votre interface.

Vous devez bien comprendre qu'il est très important de prendre en compte l'utilisateur, mais cela ne suffit pas. Même le terme *utilisateur* est trop vague pour vous aider réellement dans votre travail de conception. Il revient à dire que vous vous préoccupez de votre cible. Très bien. Mais qui est-elle, de quoi a-t-elle besoin, que devez vous lui offrir ?

Inventer des personas humanise votre cible

Vous ne créez pas un site Internet pour des machines. Les gens qui vont consulter votre site sont des êtres humains, ils ont des caractéristiques,

POINT DE VUE
Le syndrome de l'utilisateur élastique

La méthode des personas vient répondre à une tendance marquée dans le domaine du Web, consistant à annoncer que l'on prend en compte l'utilisateur final, sans aller plus loin. On fourre donc dans cette notion d'utilisateur tout ce qui peut nous servir à appuyer notre propos, sans réellement se préoccuper de savoir qui sont les internautes et quels sont leurs objectifs.

À l'inverse, créer des personas vous permet d'avoir toujours en tête leurs profils et leurs besoins et non ceux d'un utilisateur type, dont la définition peut être vague.

Les personas deviennent vos utilisateurs

Les personas peuvent si bien entrer dans le quotidien des équipes projet qu'ils deviennent familiers à tout le monde et que leurs prénoms entrent dans le langage commun. Ainsi, John Pruitt (Microsoft) parle des participants à un test utilisateur en ces termes : « Today we've got two Patricks' and a Sandra and an Abby » (*Aujourd'hui, nous avons deux Patrick, une Sandra et une Abby*).

envies, besoins, histoires, habitudes, qui vont influencer leur manière de naviguer sur votre site.

Ces caractéristiques doivent se retrouver chez vos personas. Ainsi, un persona possède un visage, un prénom, un âge, un métier, des sites web préférés, etc. De par leur ressemblance à des personnes réelles, ils favorisent l'empathie : il est plus facile pour les équipes projet de s'approprier un *François* qui pourrait être leur voisin de palier, plutôt qu'un utilisateur indéfini.

Inventer des personas donne des objectifs à votre cible

Lorsque vous créez des personas, vous n'essayez pas seulement de décrire qui ils sont mais aussi (et presque surtout...) ce qu'ils font ! Autrement dit, ce qui vous intéresse le plus est de dépeindre vos personas afin de comprendre leurs objectifs lorsqu'ils viennent sur votre site.

Une part importante du travail de création des personas consiste donc à leur donner des missions. Ainsi, les personas deviennent la référence pour décrire et hiérarchiser les objectifs utilisateurs que vous aurez récoltés lors de l'étape précédente.

Comment créer et utiliser des personas ?

Passons à la pratique, avec quelques conseils fondamentaux pour vous aider à concevoir, mais aussi à utiliser efficacement vos personas.

Il existe différents types de personas

L'ensemble des personas représente votre cible utilisateur d'un point de vue ergonomique. Cependant, tous les personas ne sont pas égaux. On distingue principalement 4 types de personas :

- Le persona primaire est votre cible de prédilection. Il représente souvent le type de visiteur le plus fréquent sur votre site, sans que cela soit toutefois une règle. Si vos personas s'opposent à propos d'une décision de conception, c'est votre persona primaire qui aura le dernier mot. Par exemple, il pourra déterminer les options par défaut du système. Notez qu'il est possible d'avoir deux ou plusieurs personas primaires qui sont alors sur un pied d'égalité.
- Les personas secondaires constituent le second niveau de profils utilisateurs. Ils se servent du système moins fréquemment ou avec des exigences moindres en termes de besoins fonctionnels. Cela peut être, par exemple, les utilisateurs d'une application métier qui font toujours appel à une seule et même fonction.
- Vous pouvez aussi avoir des personas tertiaires, qui sont des profils annexes, souvent « à côté » des autres personas (par exemple sur un

site destiné aux enfants, leur professeur ou leur mère), mais qui vous permettront d'instiller quelques contenus ou fonctionnalités importants pour satisfaire ce type de visiteur.

- Un dernier type de persona est constitué des ante-personas. Rarement utilisés dans la pratique, ils représentent des profils que vous ne voulez pas satisfaire. Autrement dit, l'interface ne doit pas être modifiée uniquement pour satisfaire leurs besoins.

Tous les personas ont droit à la parole, sous réserve que leur besoin ne vienne pas contredire celui du persona primaire. Votre objectif est que tout ce petit monde s'entende le mieux possible et donc de satisfaire tous les besoins via des choix d'interface de niveaux différents.

Si vous êtes dans un projet de refonte d'un site, vous ne devez pas forcément vous baser uniquement sur la distribution réelle de votre population actuelle pour choisir qui seront vos personas. En effet, ces derniers doivent aussi être porteurs de choix stratégiques, d'orientation marquée vers la satisfaction de telle ou telle cible.

POINT DE VUE
Le rapport entre persona et typologie d'utilisateurs

Dans l'absolu, vous pouvez considérer qu'un persona représente un groupe d'utilisateurs. Cependant, dans la pratique, un persona est unique, spécifique. Un persona n'est finalement qu'une caricature d'un groupe d'utilisateurs, il est donc une seule personne (et c'est indispensable pour des nécessités méthodologiques).

Combien de personas devez-vous créer ?

Le persona est ce que l'on pourrait appeler un représentant de la cible ergonomique d'un site web. Cette définition n'est pas anodine car elle suppose que vos personas ne vont pas forcément recouvrir l'ensemble des visiteurs de votre site. Certains peuvent notamment être exclus du monde des personas, car ils n'ont pas de besoin particulier, ou parce que l'on estime qu'ils pourront s'adapter au profil de l'un ou l'autre des personas.

Vous devez toujours viser l'objectif d'avoir au final le moins de personas possible, afin que ces derniers aient une efficacité maximale. Créer des personas ne vise pas du tout la description exhaustive de votre cible (c'est même l'inverse). Ainsi, avoir 15 personas ne vous aidera en rien à prendre des décisions de conception, puisque qu'il sera très difficile de faire des choix si leurs intérêts entrent en conflit.

Il est d'ailleurs probable que, si vous en arriviez à avoir 15 personas, certains puissent être éliminés en reportant leurs caractéristiques distinctives sur d'autres personas capables de les accueillir.

La création d'un persona est un travail collectif

Si vous essayez de créer vos personas tout seul dans votre coin, il est probable qu'il vous arrive trois types de problèmes :

- Vous vous trompez et, au moment de la validation, bon nombre de collaborateurs du projet émettent leurs doutes et vous font recommencer votre travail.

- Vous vous trompez mais personne ne vous le fait remarquer, soit par ignorance, soit par manque de temps.
- Vous avez vu juste, mais les personas ne sont pas utilisés par d'autres que vous, faute d'avoir impliqué les gens dans leur création.

Créer les personas d'un site web de manière collaborative vous permet donc d'éviter de faire fausse route trop longtemps, d'asseoir leur bon droit et de renforcer leur adoption par les intervenants qui auront participé à leur gestation.

Comment définit-on un persona ?

Les manières de définir les personas sont très variées selon les entreprises, les projets, les cibles utilisateur, etc. Voici les dimensions que vous pouvez définir pour chacun de vos personas :

- informations socio-démographiques ;
- relation à la marque, historique client, relation aux concurrents ;
- habitudes, envies ;
- objectifs, missions sur le site.

Parmi ces informations, certaines ne vont servir qu'à donner de la consistance à votre persona. Dans l'absolu, chaque détail devrait être basé sur une réalité que vous avez observée, ou sur laquelle vous avez des données réelles. Dans la pratique, il arrive souvent de créer ce que Don Norman appelle des personas ad-hoc, que vous imaginez à partir de presque rien, en brodant sur le peu d'informations dont vous disposez. L'objectif est de donner vie à votre persona, de lui affecter des caractéristiques et des buts qui vont influencer la manière dont vous aller concevoir l'interface. Plus ces informations seront crédibles, plus votre persona aura de chances d'être adopté par l'équipe projet, et donc plus il sera utile.

Attention : une erreur classique lorsque l'on débute dans la conception des personas est de commencer par les décrire sur le plan socio-démographique. Or ces informations ne doivent intervenir qu'à la fin de votre travail. Le premier critère qui définit un persona, ce sont ses missions, ses objectifs sur votre site. Partez donc plutôt des tâches pour descendre vers une description de votre persona en tant que personne. Ce dernier n'est finalement qu'un prétexte à la réalisation des missions.

Enfin, veillez à ne pas donner à votre persona les objectifs que vous, en tant que concepteur, aimeriez qu'il ait. De plus, les objectifs que vous lui affectez doivent être tout sauf génériques.

Par exemple, s'informer sur les produits n'est pas un objectif, pas plus que créer un compte utilisateur. Ces activités sont votre vision des choses, mais pas celle de vos personas. Les objectifs d'un persona doivent être extrêmement précis et correspondre à un objectif de vie, à ce que les gens font réellement. Cela va vous permettre d'aborder le site exactement de la même manière qu'eux, avec un véritable scénario d'activité à accomplir. Trouvez les raisons pour lesquelles votre persona voudrait s'informer sur les produits ou créer un compte utilisateur et contextualisez cet objectif général en scénario d'utilisation.

Voyez ainsi comme les personas peuvent être précis en termes d'actions à mener sur le site à travers cet exemple sur le site d'OSEO, structure publique d'aide aux PME :

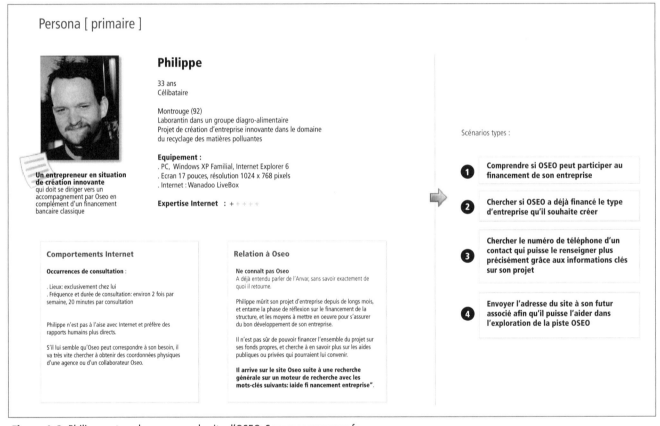

Figure 4–3 Philippe est un des personas du site d'OSEO. Source : www.oseo.fr

Communiquer sur les personas

La meilleure manière de rater vos personas consiste à les créer et vous arrêter là. Ne pas en parler revient à les assassiner. Vous seriez alors le seul à en profiter. Le bénéfice des personas provient essentiellement du fait qu'ils sont un formidable outil de travail pour une équipe projet, à condition que cette équipe soit au courant de leur existence !

Tous les supports sont bons

Dans des projets web de grande envergure, tous les moyens sont exploités pour communiquer sur les personas : posters, porte-clés, boîtes de tic-tac, fausses cartes à jouer et même... des personas grandeur nature, imprimés tels des mannequins et placés dans les bureaux : c'est le cas, par exemple, chez IconMediaLab à Stockholm. Belle compagnie pour les équipes projet !

Les personas aussi font leur buzz...

Toujours dans la veine des projets haut de gamme, des campagnes de communication pro-personas sont menées avant leur présentation, afin de préparer les équipes projet à leur venue et à leur fonction. L'accroche de l'année, « Personas are coming » (*Les personas arrivent*), ou comment mettre l'eau à la bouche sans aucune trace de profil de persona.

Il ne suffit pas d'envoyer un e-mail à vos collègues en leur signifiant la présence d'un document partagé présentant les profils des personas. Si vous fonctionnez de cette manière, vous pouvez être sûr que personne, même parmi ceux qui se seront donné la peine de lire votre document, n'utilisera jamais les personas.

Les intervenants d'un projet web sont tous des gens très occupés. C'est à vous de provoquer leur rencontre avec les personas, de leur expliquer les bénéfices de cette méthode s'ils ne la connaissent pas, d'imposer leur utilisation au sein de votre organisation, de leur mettre les profils des personas sous le nez, etc.

La communication autour des personas n'est pas un leurre. Elle peut certes prendre l'aspect d'un jeu, comme l'est d'ailleurs déjà la création des profils, mais pourquoi pas ? Peu importe, pourvu que les objectifs soient atteints. Et l'objectif de communication des personas est que ces derniers servent, qu'ils soient dans tous les esprits, qu'ils existent autrement que sur le papier. On dispose, pour y parvenir, de deux méthodes.

• Premièrement, la communication autour des personas par le biais d'actions ponctuelles, comme une réunion de présentation des personas à l'ensemble de l'équipe suite à leur création.

• Deuxièmement, on peut créer une ambiance projet baignée par les profils des personas : imprimez leurs profils, distribuez-les, affichez-les dans les salles de réunions, dans les bureaux, dans les couloirs, dans les toilettes... Ne parlez plus de « l'internaute », mais de Marie, Pierre ou Quentin. Tous ont des besoins différents et ce sont eux qui doivent guider la conception.

La durée de vie des personas peut être de plusieurs années. Plus vous les connaîtrez, plus vous les prendrez en compte et plus votre produit leur sera adapté. Pour conclure, ne laissez pas vos personas au fond d'un tiroir et faites-les vivre afin qu'ils aient une réelle utilité.

TROISIÈME PARTIE

Les règles de l'ergonomie web

Vous êtes convaincu de l'importance de l'ergonomie et comprenez ses objectifs ?* Bravo, mais ce n'est qu'un commencement. En effet, pour optimiser l'ergonomie de votre site, vous devez d'abord comprendre les principes de base de cette discipline. C'est l'objet de notre chapitre 5. Nous verrons ensuite, au chapitre 6, comment vous pouvez utiliser ces connaissances à travers la méthode de l'audit ergonomique.

(* Sinon, reprenez du début !)

chapitre 5

Règle 1. Architecture
le site est bien rangé

Règle 2. Organisation visuelle
la page est bien rangée

Règle 3. Cohérence
le site capitalise sur l'apprentissage interne

Règle 4. Conventions
le site capitalise sur l'apprentissage externe

Règle 5. Information
le site informe l'internaute et lui répond

Règle 6. Compréhension
les mots et symboles sont choisis minutieusement

Règle 7. Assistance
le site aide et dirige l'internaute

Règle 8. Gestion des erreurs
le site prévoit que l'internaute se trompe

Règle 9. Rapidité
l'internaute ne perd pas son temps

Règle 10. Liberté
c'est l'internaute qui commande

Règle 11. Accessibilité
un site facile d'accès pour tous

Règle 12. Satisfaction de votre internaute

12 règles pour optimiser l'ergonomie de votre site

Lorsque vous attachez de l'importance à l'ergonomie de votre site, ce souci doit être constant : quelles que soient les circonstances, vous devez garder en tête les règles de base qui permettent d'optimiser un site d'un point de vue ergonomique.

Ce chapitre vous propose 12 règles qui sont un condensé des normes, des critères et de notre expérience de l'ergonomie web et doivent devenir votre leitmotiv.

SOMMAIRE

▶ Règle n° 1. Architecture
▶ Règle n° 2. Organisation visuelle
▶ Règle n° 3. Cohérence
▶ Règle n° 4. Conventions
▶ Règle n° 5. Information
▶ Règle n° 6. Compréhension
▶ Règle n° 7. Assistance
▶ Règle n° 8. Gestion des erreurs
▶ Règle n° 9. Rapidité
▶ Règle n° 10. Liberté
▶ Règle n° 11. Accessibilité
▶ Règle n° 12. Satisfaction de *votre* internaute

MOTS-CLÉS

▶ Règles ergonomiques
▶ Architecture de l'information
▶ Navigation
▶ Charge informationnelle
▶ Gestalt
▶ Homogénéité
▶ Conventions
▶ Information et feedback
▶ Vocabulaire
▶ Guidage
▶ Affordances
▶ Erreurs
▶ Efficience
▶ Contrôle utilisateur
▶ Accessibilité
▶ Satisfaction

Les projets web se divisent en deux catégories : ceux qui prennent en considération les principes d'ergonomie et ceux qui ne les connaissent pas ou ne les intègrent pas dans leur réflexion. Ignorer ces principes, c'est risquer de perdre vos internautes alors même que ce que vous leur proposez les intéresse. En effet, lorsqu'ils arrivent sur un site qui leur donne du fil à retordre, les internautes n'ont qu'une envie : prendre leurs jambes à leur cou.

Ce n'est qu'en tenant compte des règles de base de l'ergonomie que vous pourrez satisfaire vos visiteurs et vous donner une chance de les retenir, voire de les faire revenir.

Ces règles ne s'inventent pas. À leur lecture on peut se surprendre à acquiescer en ayant l'impression de ne lire qu'un ensemble de choses logiques ; il reste toutefois qu'elles permettent réellement d'améliorer la qualité ergonomique d'une interface. Le grand danger, c'est précisément qu'elles paraissent couler de source. C'est à cause de cette simplicité apparente qu'on les ignore ou qu'on les oublie fréquemment. Or elles sont un puissant outil de travail pour quiconque fabrique des sites Internet.

MÉTHODOLOGIE
Et si je saute cette étape ?

Impossible ! Vous avez forcément en tête des convictions sur ce qui est bon ou pas en termes d'ergonomie, ou des habitudes de travail qui ont des conséquences sur l'ergonomie de votre site web (dans le bon ou le mauvais sens). L'objectif de ce chapitre est de vous aider à comprendre et à assimiler les bonnes pratiques de l'ergonomie web. Si vous n'êtes pas responsable de la conception fonctionnelle, le but est de vous les faire appliquer au jour le jour, en complément de votre métier. Si vous en êtes responsable, ces règles deviendront la base de votre métier.

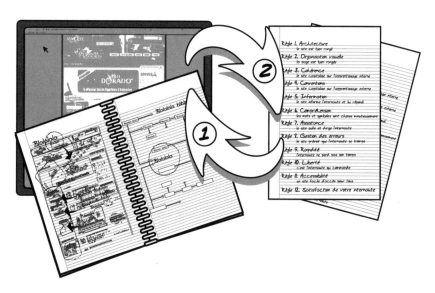

Figure 5–1
Les règles d'ergonomie permettent d'optimiser la qualité d'utilisation d'un site selon un double mouvement : d'une part, elles influencent la conception (1), d'autre part elles sont un outil pour évaluer une interface existante (2).

MÉTHODOLOGIE
Règles à tout faire

Mesurer la qualité d'utilisation ponctuellement et s'en occuper au quotidien sont des activités très différentes. Cependant, elles exploitent les mêmes ressources, à savoir les règles permettant d'évaluer le niveau de qualité ergonomique relatif à un choix d'interface. Ce sont ces règles que nous vous présentons dans ce chapitre.

Vous voulez que votre site Internet respecte les principes consensuels de l'ergonomie web afin que vos internautes s'y sentent bien ? Voici 12 règles vous permettant de concevoir et d'évaluer votre site en tenant compte de l'ergonomie.

Ce chapitre n'a pas pour vocation de passer en revue de manière exhaustive toutes les erreurs possibles, mais plutôt d'illustrer par l'exemple chacune des règles et son application. Nous en donnons des modèles positifs et négatifs sur une multitude de sites web très différents. Vous verrez ainsi qu'un site très bien fait par ailleurs peut, à un moment donné, mettre en défaut une des règles. Cela vous permettra de comprendre encore mieux que c'est seulement en optimisant très précisément chacune des pages de votre site que vous pourrez atteindre une bonne qualité ergonomique générale. Il n'y a pas de secret, mais uniquement une prise en compte minutieuse et rigoureuse de chacun des principes de l'ergonomie web.

Enfin, gardez bien à l'esprit que le découpage proposé ici est uniquement utilitaire, dans le sens où il permet d'aborder l'ensemble des thématiques les unes après les autres. Cependant, dans leur mise en pratique sur un site web, toutes ces règles s'imbriquent les unes dans les autres. Vous verrez d'ailleurs à la fin de ce chapitre que, pour satisfaire pleinement un principe ergonomique, vous serez parfois contraint de mettre en défaut un autre principe. Nous illustrerons ce type de conflits au travers de quelques exemples concrets. Dans ces situations de compromis, les spécificités de votre projet vous aideront à prendre les meilleures décisions possibles.

Mais passons aux choses sérieuses et voyons donc comment vous pouvez aider vos internautes à se sentir bien sur votre site Internet !

POINT DE VUE
Oui, ça arrive à tout le monde !

L'application des règles ergonomiques sur la totalité d'un site nécessite des connaissances et de l'acharnement. C'est en appliquant un ensemble de recommandations que l'on peut croire être des détails que vous atteindrez une qualité ergonomique irréprochable.

Règle n° 1. Architecture : le site est bien rangé

Commençons avec la règle d'architecture : pour que votre site serve à vos internautes, encore faut-il qu'ils puissent y trouver ce qui les intéresse. Vous atteindrez cet objectif en rangeant les informations de votre site de telle manière que vos internautes localisent rapidement ce qu'ils recherchent.

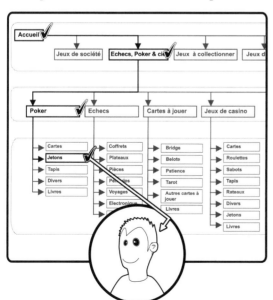

Figure 5–2
Lorsque l'architecture de l'information d'un site est bien pensée, les internautes arrivent facilement à leurs objectifs.

DANS CE LIVRE **Tout savoir
sur l'architecture de l'information**

Pour aller plus loin dans la compréhension et la mise en pratique de l'architecture de l'information, nous y avons consacré un chapitre entier. Au chapitre 8, vous pourrez donc découvrir comment les internautes naviguent sur l'Internet et de quelle manière l'architecture de l'information peut vous aider à vous adapter à ces comportements. Nous verrons aussi comment organiser vos contenus, réaliser des plans de site et choisir le vocabulaire qui traduira cette architecture dans l'interface.

VOCABULAIRE
Grouper = Catégoriser

Vous verrez au chapitre 8 que l'activité de catégorisation consiste à créer des groupes de contenus. Nous utiliserons donc indifféremment les termes de groupes, regroupements ou catégories.

Architecturer l'information d'un site est un travail qui doit être décorrélé de la présentation des informations dans les pages. Vous devez trouver la meilleure manière d'organiser votre contenu en vue de le présenter à vos internautes. Nous verrons au chapitre 8 que cela nécessite un travail de catégorisation (vous créez des groupes de contenus) puis de structuration (vous décidez de l'architecture de votre site en hiérarchisant les contenus). Ces deux étapes doivent absolument tenir compte des attentes de vos internautes et de leurs réflexes de navigation.

Les regroupements sont logiques

Tout d'abord, si vous décidez de grouper des contenus, il faut que ce regroupement ait un sens. Vous ne pouvez pas simplement juxtaposer des éléments pour former une rubrique sous peine de voir vos internautes chercher en vain des informations.

Le sens de vos regroupements est d'autant plus important du point de vue de l'utilisateur que ce dernier s'arrête très tôt dans le processus de lecture des titres de rubriques. En fait, une fois qu'il croit avoir saisi le contenu d'une rubrique, il passe à la lecture de la suivante. Or les utilisateurs pensent avoir compris en un ou deux mots, puisqu'ils sont habitués à ce que les regroupements dans les menus reposent sur des appariements de contenus. Autrement dit, ils s'attendent à ce que vous ayez mis ensemble ce qui va ensemble (ce en quoi ils ont raison).

Figure 5–3
Sur le site de SFR Music, le fait de regrouper les genres World, Jazz et Classique dans la même rubrique a peu de sens d'un point de vue utilisateur.
Source : www.sfr.fr

Les mots ne doivent donc pas être un moyen de contourner un défaut de catégorisation. Ne tablez pas sur une rédaction explicite du titre de rubrique pour en décrire le contenu, parce que vos internautes ne liront pas forcément ce titre de manière très attentive. Par exemple, sur le site de SFR Music (figure 5-3), les styles World, Jazz et Classique sont regroupés dans la même rubrique. Il s'avère que, lorsqu'ils parcourent ce menu avec l'objectif de trouver un morceau de Mozart, 75 % des internautes ne voient pas le mot *Classique* à la première lecture. Certains ont besoin de 3 passages et d'autres ne le voient jamais, allant chercher Mozart dans *Variétés Internationales*, faute de mieux.

Soyez donc très vigilant, puisqu'un défaut de catégorisation peut vous faire perdre votre internaute très rapidement. Mais optimiser l'architecture de votre site n'est pas juste une histoire de groupements. Voyons comment vous devez aussi structurer vos contenus pour aider vos internautes dans leurs recherches.

La structuration met en avant les contenus clés

Une bonne architecture se traduit, en termes de navigation, par un parcours fluide qui passe inaperçu aux yeux des visiteurs. Pour que cela soit vérifié le plus souvent possible, vous devez mettre en avant les pages ou fonctionnalités les plus recherchées par vos internautes.

Prenons pour exemple le site de Nespresso : une grande partie des internautes s'y rend pour commander des capsules de café. Or, mis à part sur la page d'accueil, il est très difficile de trouver comment y parvenir. Il est probable qu'une partie des internautes, une fois arrivés à l'intérieur du site, auront du mal à comprendre comment commander en ligne. Ils auront alors deux types de réaction : soit ils reviennent à l'accueil, soit ils partent du site en pensant qu'il est impossible d'acheter des capsules en ligne.

Ceci est dû à un défaut de structuration, qui fait que l'achat en ligne est « caché » à un niveau 2 de profondeur (c'est une sous-rubrique de la rubrique *Club Nespresso*). L'architecture du site devrait être pensée pour faire remonter cette fonctionnalité au premier niveau. En outre, le regroupement au sein de cette rubrique a certes un sens dans la culture d'entreprise Nespresso et la relation clients offline, mais il pose problème sur le Web puisqu'il rend totalement invisible la fonctionnalité d'achat de capsules : pourquoi l'internaute irait-il acheter du café dans une rubrique qui semble jouer un rôle communautaire ou être réservée à des clients privilégiés ? Cet exemple recoupe donc aussi des problématiques de compréhension du vocabulaire que nous traiterons par la suite.

Figure 5–4 Sur le site de Nespresso, la rubrique *Commandez vos capsules* est « cachée » dans un sous-niveau de l'architecture. Ce défaut est accentué par l'appellation de la rubrique de niveau supérieur, *Le club NESPRESSO*, qui n'indique en rien que l'on puisse y acheter des capsules de café. Source : www.nespresso.fr

Les menus aident l'internaute à naviguer dans les contenus

Les internautes se déplaceront dans l'architecture que vous avez conçue grâce aux éléments de navigation. Les menus en font partie et sont parmi les plus difficiles à concevoir. Lorsque vous les préparez, vous devez veiller à ce que vos internautes puissent choisir facilement, parmi l'ensemble des items du menu, celui qui les intéresse. Pour cela, les intitulés de vos menus doivent respecter les 3 critères suivants :

- **Être signifiants** : lorsque l'internaute lit un intitulé, il doit comprendre ce qu'il recouvre et pouvoir deviner le type de contenus appartenant à la rubrique. Nous évoquerons plus précisément les problématiques de justesse du vocabulaire dans la règle n° 6.
- **Être complémentaires** : la somme de tous les items du menu doit recouvrir tout ce que le site propose à ses internautes. Il ne doit pas exister de contenu n'appartenant à aucune des rubriques.

Figure 5–5
Sur le site de la Camif, on pouvait trouver les produits *Image et Son* à la fois dans l'univers *Loisirs* et dans celui de la *Maison*. Cela permettait aux internautes qui allaient chercher un téléviseur de le trouver du premier coup, qu'ils se dirigent spontanément vers l'un ou l'autre des univers. Source : ancien site www.camif.fr

isir entre deux items
et respecter le critère
le pour l'internaute
s cette recomman-
rtaines rubriques.
if (figure 5–5).

Con

Si vou   te est inadaptée
aux be   en y faire (cela
peut êt   et/ou si l'architecture   rez de la contourner   s.

Ces liens   nant des rapports étro   rborescence.

Repreno   us en soyez
le respons   gne est trop
enfouie da   ois chercher les endroits-clés
où propose   vers cette dernière. Ce lien agira comme un
raccourci afin de pallier une architecture de l'information quelque peu
défaillante. C'est déjà ce qui est mis en place sur la page d'accueil, mais
ce n'est pas suffisant. Par exemple, il paraîtrait tout à fait logique de
fournir un lien vers l'achat dans les fiches de présentation des capsules,
d'autant que l'on spécifie un prix pour chacune des capsules. C'est donc
l'endroit rêvé pour encourager l'achat en ligne !

DÉFINITION
Lien transversal

Un lien tranversal est un lien qui passe outre
l'arborescence du site. Il propose, à des endroits
appropriés, des liaisons directes vers des contenus
en rapport avec les informations consultées.

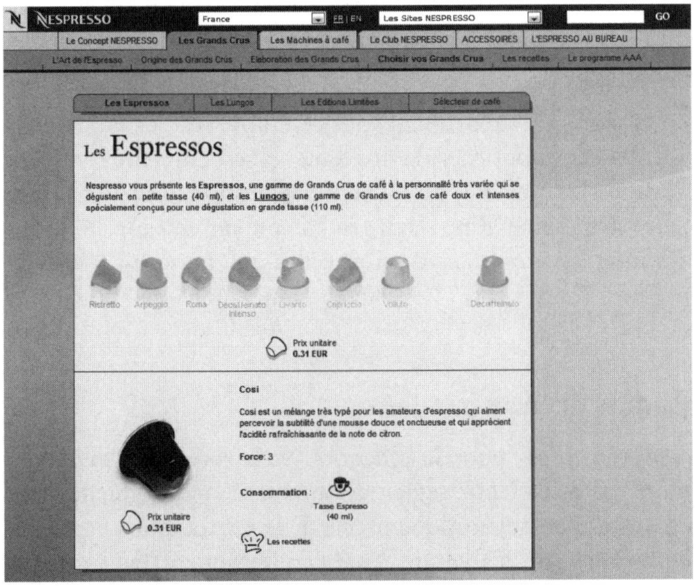

Figure 5–6
Sur les fiches produit du site Nespresso, un lien
transversal vers l'achat en ligne permettrait de
compenser le manque de visibilité de cette fonctionnalité dans le menu de navigation principal.
Source : www.nespresso.fr

Règle n° 2. Organisation visuelle : la page est bien rangée

La seconde règle concerne toujours le rangement mais elle s'applique aux pages du site qui doivent, elles aussi, être bien organisées. Cet objectif général d'un site web est facilement compréhensible puisqu'il s'applique aussi à tout ce qui nous entoure dans la vie réelle. En général, nous nous en sortons mieux dans des environnements simples, organisés et aérés. Considérez la page web comme un environnement à part entière et essayez d'y faire le ménage.

Sur un site web, pour donner l'impression que votre page est bien rangée, vous devez suivre plusieurs recommandations. Elles ont toutes pour objectif de libérer l'esprit de votre internaute, en limitant la charge mentale liée au traitement de ce qu'il voit à l'écran.

Éviter le trop-plein d'informations

UN PEU DE PSYCHOLOGIE
La notion de bruit visuel

Les éléments inutiles sur une page web agissent comme autant de bruit visuel, qui vient perturber la simplicité de la page. L'internaute a donc plus de mal à se concentrer sur ce qui l'intéresse.

Tout d'abord, ne surchargez pas vos pages d'informations inutiles. Vous devez privilégier l'essentiel, afin que l'utilisateur n'ait pas à intégrer trop d'éléments à la fois.

En effet, même si votre internaute n'utilise pas toutes les informations d'une page, ce sont néanmoins des éléments qu'il va devoir traiter mentalement. Il peut donc y avoir un trop-plein d'informations sans pour autant gêner consciemment les internautes. Résoudre ce type de défaut améliorera cependant l'interface : elle paraîtra plus claire, plus aérée, plus simple. À l'inverse, lorsque la difficulté de traitement mental des informations à l'écran apparaît de manière consciente à l'utilisateur, vous avez un grave problème !

Épurez donc vos pages en supprimant tout ce qui ne sert à rien. Attention, il ne s'agit pas de supprimer du contenu, gage de qualité d'un site Internet, mais plutôt tout ce qui, sur la page en question, n'a pas d'utilité pour l'internaute. De même, il ne s'agit pas forcément de supprimer des fonctionnalités intéressantes, mais d'éviter celles qui, ne servant absolument pas ou peu à l'internaute, ne peuvent que surcharger l'interface visuellement.

Diviser la quantité de mots par deux

Un des conseils récurrents pour la rédaction web consiste à diviser la quantité de mots par deux. Cette règle est tout à fait conditionnelle et ne se réfère pas à un résultat scientifique précis. Elle est toutefois basée sur un constat empirique : on arrive en général relativement facilement à réduire la quantité de mots d'un texte d'au moins 50 %. Cette recommandation sert donc plutôt à orienter votre manière d'écrire sur le Web en vous focalisant sur les mots essentiels.

CITATION **Pour Crawford Kilian, l'écriture web est un véritable combat !**

Crawford Kilian résume parfaitement dans cette phrase la nécessité d'étudier la pertinence de chaque mot utilisé : « Every sentence, every phrase, every word has to fight for its life » (*Chaque phrase, chaque expression, chaque mot doit se battre pour exister*).

Pour en savoir plus, n'hésitez pas à lire son ouvrage consacré à l'écriture web, dont la 3ème édition est parue en 2007 :
📖 Crawford Kilian, *Writing for the Web 3.0*, Self-Counsel Press, 2007

Attention, cette règle, qui permet de s'adapter aux modes de lecture sur le Web, n'est valable que sur les pages navigantes et non sur les pages finales de contenu. Elle permet en effet d'obtenir des interfaces bien conçues pour l'activité de scan visuel, à laquelle les internautes font appel pour repérer des mots clés sur une page web : ils la parcourent en diagonale afin d'identifier rapidement ce qui peut correspondre à l'information recherchée. À l'inverse, elle est tout à fait contre-indiquée sur les pages de contenu final (comme un article, un descriptif produit, la biographie d'un artiste, etc.), où le parcours visuel revient à la normale. Sur ce type de pages, n'essayez pas de réduire le volume textuel à tout prix, sous peine de réduire aussi la qualité de votre contenu !

Pour vous adapter au réflexe de scan visuel, vous devez donc supprimer les mots inutiles, surtout dans les pages de haut niveau et dans les éléments de navigation. Surveillez tout particulièrement les libellés de vos menus de navigation : ils doivent être assez concis pour ne pas augmenter inutilement la charge visuelle et la charge mentale relative au traitement de l'information perçue.

Observez ainsi le site d'ExtraFilm : la suppression du mot *Commander* dans tous items de la navigation principale rendrait cette barre de navigation beaucoup plus claire.

À SAVOIR
On lit aussi sur le Web !

L'activité de scan visuel n'est pas le seul mode de parcours des pages web par l'œil.

La dernière étude du Poynter Institute sur la consultation d'actualités en ligne (2007) nous apprend ainsi qu'une fois que le contenu recherché est identifié, le processus de lecture n'est plus de type scan et le parcours oculaire revient à la normale. 77 % du texte est alors lu et non parcouru (ce résultat peut être considéré comme très fiable, puisqu'il était déjà de 75 % lors de leur précédente étude). Vous avez donc le droit d'écrire de longs textes ! Bien sûr, vous devrez optimiser l'utilisabilité de ces derniers pour compenser leurs défauts. Mais, surtout, ne pénalisez pas la qualité de votre contenu par l'application rigide des règles d'écriture web.

Pour aller plus loin, n'hésitez pas à consulter le site de cette dernière étude passionnante du Poynter Institute, comparant la lecture d'actualités sur papier et en ligne :

▸ http://eyetrack.poynter.org

Il est possible d'acheter le rapport complet en ligne. Vous pouvez aussi consulter gratuitement leur étude de 2004 :

▸ http://www.poynterextra.org/eyetrack2004

Absorbez ces données avec toutes les précautions nécessaires. Gardez notamment toujours à l'esprit que les résultats ont été obtenus sur des sites de journaux en ligne.

Figure 5–7
Sur le site d'Extrafilm, la répétition du mot *Commander* dans tous les intitulés du menu surcharge l'interface et complique le processus de sélection mentale d'un des items.
Source : www.extrafilm.fr

Étant donné que ce mot s'applique à tous les items de la navigation, on ne doit avoir aucun scrupule à le supprimer. Toutefois, s'il est indispensable pour que les internautes comprennent que sur ExtraFilm ils peuvent *Commander* divers articles photo, on écrira ce terme une seule fois et on usera d'un artifice graphique pour le lier à l'ensemble des items de cette barre de navigation.

Dans certains cas, cette chasse aux mots inutiles peut même vous amener à supprimer tout un paragraphe. Observez ainsi comme sur le site d'Une Pièce en Plus, il n'y a aucun intérêt à expliquer aux gens comment accéder au détail d'un site et ce qu'ils trouveront sur la page suivante. En exagérant, c'est un peu comme si vous ajoutiez une légende « Cliquez sur le bouton *Valider* pour valider » à un bouton *Valider*.

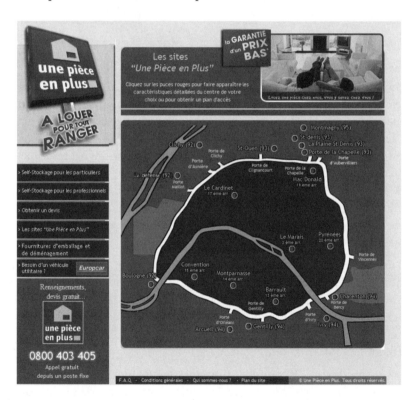

Figure 5–8
Dans cette page du site Une Pièce en Plus, on peut se permettre de supprimer le texte *Cliquez sur les puces rouges pour faire apparaître les caractéristiques détaillées du centre de votre choix ou pour obtenir un plan d'accès* sans que cela pénalise l'internaute.
Source : www.unepieceenplus.com

Dans cet exemple, on est obligé d'ajouter une légende pour venir compenser le défaut d'interface suivant : pour accéder au détail d'un site, l'internaute ne doit pas cliquer sur son nom mais sur la puce rouge qui l'accompagne. C'est donc une mauvaise conception de l'interface de sélection qui dicte la nécessité d'ajouter un texte explicatif. Or c'est fonctionner à l'envers. De plus, il y a fort à parier que très peu d'internautes lisent ce texte : la plupart se dirigera immédiatement vers la carte géographique pour choisir le site qui les intéresse.

Essayez donc de remettre en question l'utilité du texte pour vos internautes sur toutes les pages de votre site. Dans de nombreux cas, si vous avez besoin de légendes, c'est que votre interface n'est pas assez intuitive. Commencez par optimiser sa facilité de prise en main et ne l'accompagnez d'un texte que si c'est vraiment nécessaire.

Enfin, essayez de prêter attention à chaque détail, chaque élément que vous pourriez supprimer parce qu'il n'apporte rien d'intéressant à vos internautes. En faisant de la sorte, vous allez clarifier votre page qui s'en trouvera beaucoup plus facile à appréhender par vos internautes. Demandez-vous donc toujours si chaque élément a sa place au sein de votre page. Ce n'est vraiment qu'en fonction des spécificités de votre site et des besoins de votre lectorat que vous pourrez prendre des décisions de ce type.

Ces spécificités rendent ainsi l'indication de la date du jour justifiée sur le site du quotidien *Le Monde*, mais absolument inutile sur le site de l'éditeur Actes Sud. Dans ce second cas, la présence de la date est même ambiguë car elle peut sembler indiquer une mise à jour du site, ce qui n'est pas forcément le cas.

Figure 5–9
L'indication de la date du jour est pertinente sur le site d'un quotidien en ligne.
Source : www.lemonde.fr

Figure 5–10
L'indication de la date du jour est inutile et peut induire en erreur sur le site d'un éditeur, qui n'est pas forcément mis à jour quotidiennement.
Source : www.actessud.com

N'afficher que les principaux éléments de navigation et d'interaction

Réduire le trop-plein d'informations ne concerne pas uniquement le texte. Vous devez aussi surveiller l'utilité de tous les éléments que vous affichez dans votre page et comparer celle-ci à la charge information-nelle qu'ils imposent à l'internaute. Ce travail doit notamment être mené sur les éléments de navigation et d'interaction.

Afficher les éléments optionnels seulement si nécessaire

Dans une interface transactionnelle, où l'internaute interagit avec le site, vous devez penser à adapter l'interface au comportement et aux besoins de l'utilisateur. Il est fréquent de proposer à l'écran toutes les options possibles alors que l'affichage de certaines d'entre elles pourrait être effectué dans un second temps.

Prenons un exemple concret : sur le site de Mappy, les options ne concernant que les transports motorisés (*Voiture-Express* ou *Sans péage*) n'apparaissent que si l'option *Véhicule* est cochée :

RECOMMANDATION
Les éléments optionnels doivent être affichés sans recharger la page

Attention : ce type de comportement d'interface n'est recommandé que s'il ne nécessite pas de recharger la totalité de la page.
Dans le cas contraire, il perd toute son utilité à cause des problèmes d'interaction consécutifs au rechargement (perte des repères visuels et du contexte de la page, latence technologique qui réduit la fluidité du processus mental...).

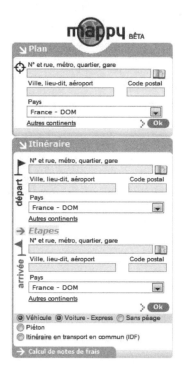

Figure 5–11
Sur le site de Mappy, les options liées aux véhicules n'apparaissent pas lorsque l'internaute a sélectionné *Piéton*.
Source : www.mappy.fr

Dans le même ordre d'idées, lorsque l'internaute achète un jeu sur le site de Réservoir Jeux, il renseigne ses coordonnées : le formulaire relatif à l'adresse de facturation apparaît uniquement s'il coche le bouton radio *différente de l'adresse de livraison*.

Figure 5–12
Sur le site de Réservoir Jeux, le formulaire
de saisie de l'adresse de facturation n'apparaît
que si l'internaute en a besoin.
Source : www.reservoir-jeux.com

Supprimer les éléments d'interaction inutiles

On peut aussi supprimer certains éléments parce qu'ils sont inactifs et
n'ont donc aucune utilité pour l'internaute. En effet, il est très fréquent
de trouver des éléments inutiles sur une page donnée parce que l'on a
appliqué sur toutes les pages des règles techniques identiques.

Par exemple, lorsque votre internaute se trouve sur la dernière page
d'une liste, il est tout à fait superflu de lui proposer un lien *Suivant*,
même si ce dernier n'est pas cliquable. En supprimant ce lien dans la
dernière page, vous réduirez la charge informationnelle et inciterez votre
utilisateur à comprendre qu'il n'y a plus rien après, donc qu'il se trouve
sur la dernière page.

Figure 5–13 Les liens vers les pages suivante et précédente ne doivent être affichés que
s'ils correspondent à une possibilité de navigation. Ainsi, si l'on se trouve sur la première
page d'une liste, il est inutile de fournir un lien *précédente*. De même, si l'on se trouve sur
la dernière page d'une liste, il est inutile de fournir un lien *suivante*.

N'afficher que les éléments d'interaction les plus utiles

Enfin, on peut éliminer certains éléments s'ils sont très peu utiles au vu
du comportement des internautes.

Toujours à propos de la navigation dans des pages de listes, prenons
l'exemple d'une liste découpée en 25 pages. Dans la plupart des cas, vous ne
devez pas afficher les liens directs vers les 25, mais plutôt utiliser un schéma
de navigation sur 5 pages directes, augmenté de liens directs vers la première et la dernière pages, ainsi que vers les pages précédente et suivante.

Cette recommandation est toutefois dépendante du contexte et de l'utilité de votre liste de résultats. Si cette dernière constitue le coeur de votre site (c'est par exemple le cas pour un moteur de recherche généraliste), il devient très utile pour vos internautes de disposer de plus de possibilités de navigation entre les pages de résultats.

Différencier les quantités d'informations réelles et perçues

La quantité d'informations seule ne peut suffire à définir la charge informationnelle de votre site. Cette dernière peut paraître plus importante pour l'internaute en fonction des animations, images de fond et de l'hétérogénéité visuelle.

L'hétérogénéité visuelle augmente la charge informationnelle

Surveillez ce point : globalement, plus vous avez de typographies et de couleurs différentes, plus vous augmentez la charge informationnelle de votre page (alors que la quantité d'informations calculée strictement en pixels ne change pas).

Les images de fond augmentent la charge informationnelle

La charge informationnelle peut aussi venir d'éléments graphiques polluant le contenu. C'est par exemple le cas des images de fond, à proscrire lorsqu'elles sont mal utilisées. Souvent, l'utilisation de telles images pose des problèmes de lisibilité des contenus. Observez ainsi cet exemple sur le site de Warner Music.

Figure 5–14
Sur le site de Warner Music,
l'utilisation d'une image de fond rend
presque invisible des éléments de
navigation primordiaux (tels que
Genres, *Recherche* dans la barre
de navigation principale,
ou *Le catalogue* au centre
de la page).
Source : www.warnermusic.fr

Les animations augmentent la charge informationnelle

Enfin, tenez compte du fait que les animations augmentent le volume d'informations à traiter pour votre internaute. Ainsi, bien qu'une animation prenne la même place à l'écran qu'un contenu statique, elle ne possède pas la même charge informationnelle.

Le traitement de l'animation demande beaucoup de ressources mentales car nous sommes intuitivement dirigés vers son exploration : quelque chose qui bouge attire notre attention. L'internaute doit donc engager des processus mentaux afin d'ignorer les animations qui ne correspondraient pas à son besoin.

Figure 5–15
Cette publicité pour Gaz de France sur le site de Se Loger est une animation : le message s'affiche de manière dynamique en plusieurs écrans successifs.
Source : www.seloger.com

Si vous devez proposer des bannières animées (que ce soit pour présenter de la publicité externe ou faire votre propre promotion), veillez donc à deux choses :

- **L'animation ne doit pas tourner en boucle en permanence.** Si vous ne pouvez faire autrement, fournissez au moins un moyen de la stopper.
- **Ne proposez pas d'animations simultanées** car cela demande à l'internaute de partager son attention et il lui sera d'autant plus difficile de les ignorer.

Faites bien la différence entre l'animation à proprement parler (c'est-à-dire un message présenté de manière dynamique, décomposé en parties successives) et la présentation de différents contenus au même endroit. Par exemple, la publicité pour Gaz de France sur le site de Se Loger (figure 5–15) est une animation. À l'inverse, le système d'auto-promotion sur le site de Virgin Mega (figure 5–16) repose sur un principe d'affichage successif de contenus statiques.

Figure 5–16
Sur le site de Virgin Mega, un espace est réservé pour l'affichage successif de différentes mises en avant statiques. Autrement dit, le côté « animé » provient exclusivement du fait qu'une mise en avant remplace la précédente à l'écran.
Source : www.virginmega.fr

Dans ce dernier cas, la charge de traitement mentale dépendra du temps d'affichage de chacun des messages. Plus ce temps est court, plus l'internaute a d'informations à traiter et plus c'est difficile pour lui.

Démultiplier la valeur du pixel carré

Il existe une manière détournée de limiter le trop-plein d'informations, en abritant successivement plusieurs contenus dans la même zone. C'est d'ailleurs le principe adopté dans notre exemple précédent sur le site de Virgin Mega. L'espace écran est un espace virtuel qui s'avère très flexible pour présenter des informations à l'écran. Plusieurs techniques peuvent être utilisées, avec plus ou moins d'intérêt pour les internautes.

Le remplacement d'informations au clic

Vous pouvez utiliser des procédés techniques basés sur le rechargement partiel de portions d'écran. De cette manière, on peut « cacher » des informations qui restent accessibles très facilement en un clic. C'est souvent le cas des interfaces présentées sous forme d'onglets. Par exemple, sur le site de Côté Maison, la même zone écran accueille les articles les plus lus et les diaporamas les plus vus.

RECOMMANDATION
**Le rapport entre scroll
et le trop plein d'informations**

Attention, la charge informationnelle se mesure plutôt en termes d'écran que de page, c'est-à-dire qu'elle est surtout basée sur la quantité d'informations que l'internaute voit à la fois.
La hauteur de vos pages ne participe qu'en partie à la charge informationnelle.

Figure 5–17
Sur le site de Côté Maison, un seul espace permet d'afficher deux types de contenus. Les internautes peuvent passer de l'un à l'autre en cliquant sur les onglets correspondants.
Source : www.cotemaison.fr

De même sur la page d'accueil du site American Express, où des informations clés sur 4 cartes de paiement sont disponibles par un simple clic dans le même espace.

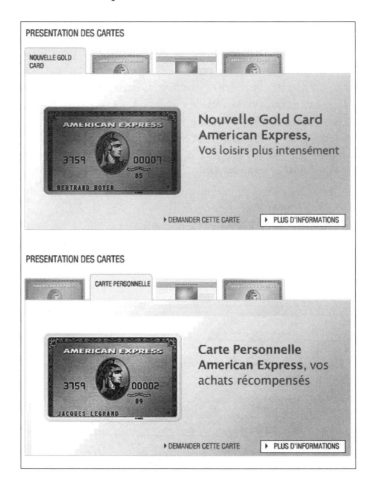

Figure 5–18
Sur le site d'American Express, un seul espace permet d'afficher quatre types de contenus. Les internautes peuvent naviguer parmi ces contenus en cliquant sur les onglets correspondants.
Source : www.americanexpress.fr

Le remplacement d'informations au rollover

Il existe des interfaces comparables à celles que l'on vient d'évoquer, mais dans lesquelles le changement de contenu se fait au rollover. Dans ce cas, l'action de l'internaute pour afficher une information n'est plus de l'ordre du clic, mais du survol de souris. Ainsi, sur le site d'IBM, cinq classes d'informations sont présentées dans la même zone grâce à un affichage au survol de la souris sur les onglets.

Ce type d'interaction fonctionne mieux lorsque le système n'est pas trop sensible et ne réagit pas immédiatement au moindre survol de la souris. C'est le cas sur le site d'IBM où l'affichage au survol est très bien géré.

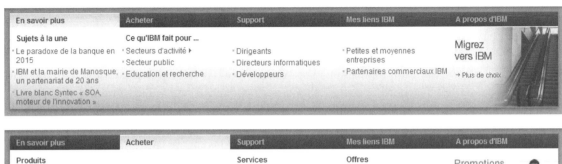

Figure 5–19 Sur le site d'IBM, un seul espace permet d'afficher cinq types de contenus. Les internautes peuvent naviguer parmi ces contenus en survolant les onglets correspondants. Source : www.ibm.fr

L'apparition d'informations au rollover

Vous devez faire la distinction entre le *remplacement* et l'*apparition* d'informations au rollover. La principale différence entre ces deux procédés est que le premier est capable de suggérer que d'autres informations sont affichables dans une zone déjà remplie par un type d'informations donné.

L'apparition d'informations au survol peut être tout à fait indiquée si vous savez que vos internautes vont survoler certains éléments, et que vous souhaitez les aider à ce moment précis. Ainsi, sur la page d'accueil du site de Toyota, des informations supplémentaires s'affichent au survol des noms de modèles.

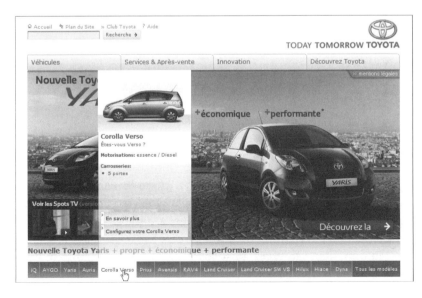

Figure 5–20 Sur la page d'accueil du site de Toyota, le survol des noms des modèles permet d'afficher quelques informations supplémentaires, et notamment la photo du véhicule correspondant. Source : www.toyota.fr

Ces informations, notamment le visuel du véhicule, agissent comme un facteur d'aide à la décision. Autrement dit, il est plus facile de décider que je vais cliquer sur *Corolla Verso* si je reconnais que c'est bien le type de voiture que je cherche. De manière générale, ces affichages au survol sont intéressants pour donner plus d'informations à l'internaute qui doit choisir sur quoi cliquer. Cependant, il faut veiller à ne pas y cacher des informations indispensables à vos visiteurs. Dans certains sites, ce sont des pans entiers de contenus qui apparaissent uniquement si, par chance, l'internaute survole l'élément déclenchant leur affichage. Dans ce cas, soit un espace est réservé à cet affichage (il reste donc vierge si l'internaute ne survole pas l'élément déclencheur), soit les informations sont affichées par-dessus le reste de la page. Ces interfaces présentent régulièrement les défauts suivants :

• Les informations n'apparaissent qu'au rollover. Elles ne sont donc pas disponibles en appréhension directe, immédiate. L'internaute doit accomplir une action pour les lire. Encore faut-il qu'il l'accomplisse effectivement.

• La possibilité de faire apparaître des informations au rollover n'est pas toujours évidente. Les internautes risquent donc de les manquer parce que leur souris n'a pas survolé les éléments en question. Plus les éléments déclencheurs sont grands, plus votre interface sera efficace : les internautes pourront en effet difficilement passer à côté du mécanisme d'affichage au survol.

Par exemple, sur le site de l'éditeur Didier Jeunesse, il n'est pas forcément évident que le titre des rubriques puisse apparaître au survol des œufs.

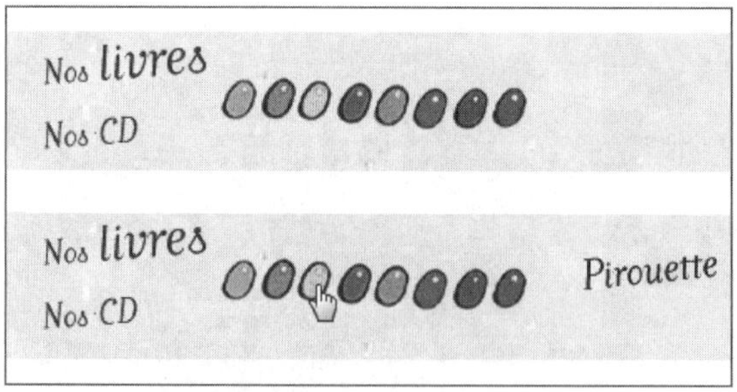

Figure 5–21
Sur le site de Didier Jeunesse, les titres de rubriques n'apparaissent que lorsqu'on survole les œufs correspondants.
Source : www.didierjeunesse.com

• Parfois, les informations apparaissant au rollover sont elles-mêmes invisibles pour l'internaute, parce qu'elles sont trop peu visibles ou trop loin de l'élément déclencheur. Plus la distance est importante, plus le risque est grand que l'internaute ne remarque pas l'affichage de l'information. Observez ainsi l'exemple suivant sur le site du festival d'Ile de France.

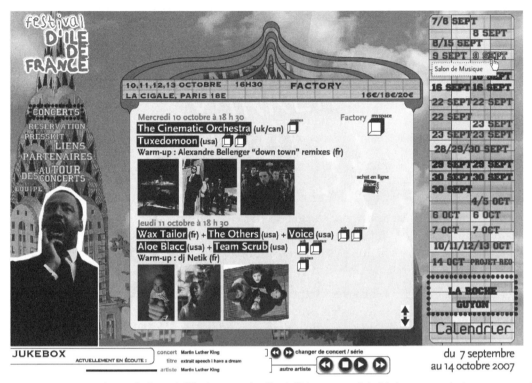

Figure 5–22 Sur le site du festival d'Ile de France, la ville s'affiche au survol de l'événement, mais dans une zone située tout en bas de page. On risque donc que les internautes ne voient pas cette information du fait de son éloignement de l'élément déclencheur.
Source : www.fidf.fr

- L'apparition d'informations au rollover peut être délicate à gérer du point de vue de l'interaction avec la souris. Il faut faire attention à conserver son pointeur de souris sur la source sous peine de perdre l'information affichée. Selon l'implémentation technique, l'interface sera donc plus ou moins difficile à utiliser. Plus l'information présentée au rollover est concise, moins c'est grave, car elle peut alors être lue rapidement.

  Cet argument explique pourquoi les affichages au rollover sont très perturbants pour une certaine catégorie d'internautes, notamment les moins expérimentés. Les seniors sont, par exemple, une frange de la population pour laquelle vous devez éviter ce type de procédé. Lorsqu'ils voient apparaître une information sans qu'ils aient cliqué, ils s'imaginent avoir fait une bêtise et ne comprennent pas toujours les raisons de ces modifications. Préférez donc les interactions à base de clics.

- Enfin, en soi, l'affichage au rollover rend la lecture difficile. C'est d'autant plus le cas que l'information affichée est loin de la source sur laquelle vous avez passé votre souris. En effet, vous devez alors naviguer visuellement de l'une à l'autre pour vous concentrer successivement sur la zone à survoler et sur la zone d'affichage de l'information détaillée. Dans l'idéal, cette dernière devrait donc apparaître aussi près que possible de la source.

Ces remarques soulignent un point : vouloir éviter le trop-plein d'informations ne doit pas vous conduire à utiliser des moyens de contournement qui compliquent la vie de vos internautes. Sachez donc faire la balance entre la quantité d'informations que vous souhaitez présenter, le format de votre page et sa facilité d'utilisation.

La question de la publicité

Il se trouve que, lorsqu'on essaie de supprimer les informations inutiles dans un site, on s'aperçoit que l'on se passerait bien des espaces publicitaires : ils libéreraient immédiatement de la place à l'écran et dans la tête des internautes.

Or il est souvent impossible de supprimer la publicité, puisque ce serait ignorer le modèle économique du Web et les nécessités liées à ce support en tant qu'espace de visibilité pour les marques. Tout ce que vous pouvez faire consiste à limiter les dégâts du point de vue utilisateur.

Pour limiter la charge informationnelle de la publicité, vous pouvez la cantonner au pourtour de votre site, dans des zones réservées (on dit par anglicisme qu'on la *clusterise*). Autrement dit, elle ne doit pas se mélanger à votre contenu : les internautes pourront ainsi plus facilement l'ignorer et le trop-plein d'informations sera moins gênant pour eux (figure 5–23 ci-contre).

Optimiser l'organisation et la hiérarchie visuelle

Une fois que vous avez sélectionné l'ensemble des éléments à présenter sur votre page, vous devez les organiser de manière optimale à l'écran. Pour y parvenir, rappelez-vous des lois de la Gestalt que nous évoquions au chapitre 3.

Utilisez les principes de proximité et de similarité pour agencer votre page de manière à dégager des blocs d'informations, des zones différenciées. Objectif à atteindre : votre page doit avoir l'air bien rangée. Cette recommandation est valable aussi bien au niveau de la perception générale d'une page que pour le détail de chacune des zones.

Au niveau de l'organisation générale de votre page, distinguez les espaces de navigation, les différents blocs de contenu, les informations complémentaires, les éléments d'interaction (boutons d'action, formulaires), etc. En arrivant sur une page, un internaute doit distinguer très

---

ALLER PLUS LOIN
**La publicité vue
sous l'angle ergonomique**

Pour en savoir plus sur le traitement de la publicité du point de vue de l'ergonomie, vous pouvez lire cet article d'Ergolab : il vous donnera des pistes pour l'intégrer de manière raisonnée et en agressant le moins possible vos internautes.
Publicité sur le Web : que fait l'ergonomie ?
À consulter sur :
▶ http://www.ergolab.net/articles/publicite-web-ergonomie.html

---

RECOMMANDATION
Utilisez le blanc

Même si l'espace écran est un espace cher que l'on veut pouvoir exploiter au maximum, vous devez accepter de laisser certains espaces vierges : ils serviront à séparer les différentes zones et à donner une impression de clarté aux internautes qui découvrent votre page.

Figure 5–23
La publicité est moins gênante lorsqu'elle est placée sur la droite, à côté du site. À l'inverse, la publicité est plus difficile à ignorer lorsqu'elle est placée en plein milieu du contenu.
Sources : www.marmiton.org / www.lemonde.fr

rapidement les différents espaces qui la composent et le rapport que les éléments entretiennent entre eux. Attention, ce n'est pas en sur-découpant votre contenu que vous obtiendrez la meilleure composition possible. Essayez d'emboîter les zones les unes dans les autres plutôt que de concevoir votre page comme une somme d'éléments de même niveau.

Vous pouvez aussi optimiser l'organisation visuelle à l'intérieur de chacune des zones de votre page. Par exemple, on peut alléger la charge relative à un formulaire par une simple structuration visuelle, en créant des groupes de champs et en les séparant à l'aide d'un titre et/ou d'un séparateur graphique (voir figure 5–24).

Figure 5–24
Le formulaire de création de compte sur le site de Yahoo!
est découpé en plusieurs parties, définies par un titre
et séparées par un filet. Ce principe permet de simplifier
la prise en main de la page par l'internaute.
Source : www.yahoo.fr

L'organisation visuelle en différentes zones ne suffit pas toujours pour rendre votre page compréhensible d'emblée. Vous devez y ajouter tout ce qui relève de la hiérarchie visuelle. Normalement, tous les éléments présents dans votre page ne se situent pas sur le même plan : certains sont forcément plus importants que d'autres pour vos internautes. Vous devez traduire ces différents degrés d'importance au niveau de l'interface.

Ainsi, prévoyez différents niveaux de blocs, de titres et de textes pour dessiner une hiérarchie dans votre page. Attention, n'en faites pas trop. On peut observer sur une page web deux défauts opposés : soit la page est trop hétérogène et la complexité se situe au niveau de la sélection mentale parmi de nombreux éléments disparates ; soit elle est trop homogène, c'est-à-dire que tout est au même niveau et qu'il est donc difficile de distinguer des groupes d'informations.

Règle n° 3. Cohérence : le site capitalise sur l'apprentissage interne

Pour que vos internautes puissent se forger un modèle mental solide de votre site, vous devez rester cohérent dans tous vos choix. Cela les aidera à naviguer sur votre site de manière efficace. À l'inverse, si vous déviez d'un principe utilisé sur une autre page, vous risquez de les perturber. En effet, lorsqu'un internaute utilise avec succès un élément d'interface pour accomplir une action, il essaiera immanquablement d'appliquer la même stratégie dans des situations comparables. Un site Internet doit donc être cohérent avec lui-même, et ce à différents niveaux.

Les localisations sont cohérentes

Tout d'abord, ne changez pas les choses d'endroit ! Cette recommandation est critique pour les éléments de navigation. En effet, une fois que l'internaute a navigué d'une certaine manière, il cherchera à réitérer cette stratégie à chaque fois qu'il voudra se déplacer dans le site. Soyez donc cohérent dans l'emplacement des barres de navigation.

Il ne faut pas non plus supprimer des éléments de navigation, puisqu'ils servent de repères aux internautes. Si vous décidez de fournir une fonctionnalité de navigation, elle doit être présente dans l'ensemble du site si c'est pertinent. Par exemple, sur le site de Nestlé, le chemin de navigation disparaît dans les pages finales, alors qu'il serait très utile aux internautes pour revenir aux niveaux supérieurs.

UN PEU DE PSYCHOLOGIE
La cohérence exploite les apprentissages inconscients

Bien que le recours à une interface cohérente soit basé sur des processus liés à l'apprentissage, à la mémoire et aux habitudes, il ne s'agit pas de demander aux gens de mémoriser des choses. On cherche plutôt à se servir de ce qu'ils ont engrangé en mémoire sans s'en rendre compte, puisque les internautes commencent à « apprendre » votre site dès qu'ils arrivent sur la première page.

Figure 5–25
Sur le site de Nestlé, le chemin de navigation est présent dans la page de liste *Céréales*, mais disparaît dans les fiches produits.
Source : www.nestle.fr

Autre exemple sur le site d'Acova, où la navigation peut se faire via les quatre bulles situées dans le bandeau lorsqu'on est sur la page d'accueil (exemple : *Radiateurs sèche-serviettes*), mais pas en page intérieure. Les bulles sont toujours présentes mais ne sont plus cliquables :

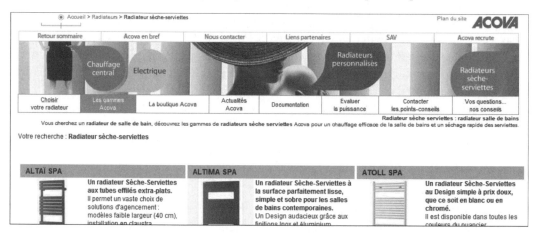

Figure 5–26 Sur le site d'Acova, les catégories de produits représentées sous forme de bulles sont cliquables en page d'accueil, mais pas en page intérieure, alors qu'elles restent présentes. Source : www.acova.fr

Vous devez aussi veiller à la cohérence des items à l'intérieur du menu. Ainsi, nous vous déconseillons de modifier l'ordre des éléments en fonction de la rubrique choisie par l'internaute. Ce type de procédé complique la consultation de l'ensemble des rubriques et empêche l'installation d'un modèle mental efficace.

Par exemple, dans la rubrique *DVD* du site de Cdiscount, les entrées changent de place dans le menu en fonction de la page consultée par l'internaute. Ce dernier peut donc difficilement les lire toutes en utilisant leur ordre (avec une stratégie de type : « j'ai vu la 1, la 2, la 3, etc. »). Le menu n'est jamais fixe et on oblige l'internaute à se souvenir des rubriques qu'il a visitées.

Figure 5–27
Sur le site de Cdiscount, la localisation des entrées du menu secondaire est modifiée en fonction de la rubrique consultée. Il est donc difficile de consulter plusieurs rubriques de manière séquentielle. Source : www.cdiscount.com

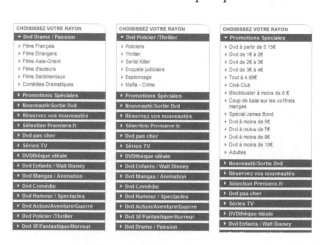

Les appellations sont cohérentes

Le second type de cohérence concerne le vocabulaire utilisé. Vous devez toujours faire appel au même mot pour désigner un élément. Cette règle est valable pour les mots eux-mêmes, mais aussi pour leurs déclinaisons.

Par exemple, sur le catalogue virtuel du site de Monoprix, un produit peut être *Ajout[é] au panier*. Pourtant, pour le retrouver, l'internaute doit aller dans la *Liste d'articles*, qui devient *Liste d'achats* lorsqu'on en consulte le détail. De quoi y perdre son latin !

À SAVOIR
Le vocabulaire, ça se travaille !

Le manque de cohérence en termes de vocabulaire est un défaut récurrent sur le Web. Il est très facile de tomber dans ce type de travers lorsqu'il n'existe pas de référent explicite pour nommer les choses. Les concepteurs ou les développeurs les choisissent alors un peu au hasard, au moment où ils doivent les faire figurer dans l'interface, sans réfléchir plus loin.

Sachez qu'il existe des méthodes, des métiers et des livrables pour travailler de manière très rigoureuse sur le vocable : vocabulaires contrôlés, thesaurus, taxonomies, etc.

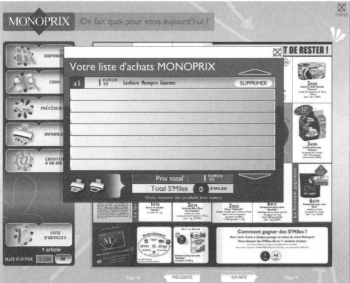

Figure 5–28
Sur le site de Monoprix, trois termes différents (*Panier*, *Liste d'articles*, *Liste d'achats*) sont utilisés pour référer au même objet.
Source : www.monoprix.fr

Les formats de présentation sont cohérents

Vous devez aussi rester cohérent dans les formats de présentation affectés aux éléments présents dans votre site. Il est utile de distinguer les éléments d'interface par leur format afin que l'internaute puisse se construire mentalement des groupes d'objets. Cela lui permet d'inférer la fonction d'un objet à partir de son apparence.

Faites attention : cet objectif de cohérence nécessite aussi de l'hétérogénéité. En effet, si les éléments comparables doivent se ressembler, des éléments différents doivent être présentés dans des formats distincts. Recherchez donc la cohérence à l'intérieur des classes d'objets et l'hétérogénéité entre ces mêmes classes. Vous éviterez ainsi que vos internautes confondent les types d'objets et pensent, par exemple, qu'un texte non cliquable est un lien (ou inversement).

Appliquez cette règle aux formats de présentation des textes et des liens, mais aussi des images, des menus de navigation, des mises en avant (ainsi l'auto-promotion ne doit pas ressembler à de la publicité), etc.

MÉTHODOLOGIE
Charte ergonomique

La cohérence des localisations, des appellations, des formats de présentation et des interactions peut être soutenue par l'utilisation d'une charte ergonomique. Ce type d'outil permet à quiconque travaillant sur le projet d'avoir une référence assurant la cohérence du site dans sa globalité. Ainsi, elle permet d'améliorer l'expérience de l'internaute sur un site ou un ensemble de sites grâce à la mise en place d'un univers homogène.

Les interactions sont cohérentes

La dernière dimension relative à la cohérence dans un site concerne les modes d'interaction proposés aux internautes. Votre site doit toujours se comporter de la même manière afin que vos visiteurs ne soient pas surpris de son fonctionnement et puissent lui faire confiance.

Si, par exemple, à un endroit de votre site, un menu déroulant est associé à un bouton devant être explicitement activé par un clic, vous devez vous en tenir à ce comportement. Évitez donc d'utiliser un menu déroulant dans lequel la seule sélection d'un item déclenche la navigation, ou votre internaute sera perdu.

Maintenant que vous savez comment assurer la cohérence interne de votre propre site, nous allons apprendre à être cohérent avec les autres sites web.

Règle n° 4. Conventions : le site capitalise sur l'apprentissage externe

Pour que vos internautes s'approprient rapidement votre site web, vous devez capitaliser sur ce que l'on appelle l'*apprentissage externe*. Lorsqu'un internaute arrive sur votre site, il n'est pas vierge de toute expérience. Il a déjà visité d'autres sites et en a tiré des connaissances sur le fonctionnement d'un site Internet. Il va essayer, même s'il n'en a pas conscience, d'appliquer ces connaissances à vos pages.

Votre site Internet doit donc être cohérent avec les autres sites afin de bénéficier de ces connaissances antérieures des utilisateurs. Tenir compte des conventions web vous garantira un niveau d'expertise minimal des internautes sur votre site. Si vous respectez les basiques, votre site semblera simple et intuitif parce qu'il colle aux habitudes des utilisateurs. Si ce n'est pas le cas, votre internaute risque d'être décontenancé, voire de penser que le site ne fonctionne pas.

Respecter les conventions, c'est aussi accepter qu'une solution ergonomique ne soit pas une solution ergonomique dans l'absolu mais une solution adaptée à l'internaute. Il arrive donc de faire des choix qui contredisent certains principes d'ergonomie, mais prennent en compte les habitudes des internautes. Si, par exemple, vous êtes certain que vos internautes connaissent un terme, une icône, un principe d'interaction, c'est probablement celui que vous devez choisir, même s'il ne vous apparaît pas idéalement comme le plus compréhensible.

Pour les internautes, l'Internet est un concept général. Les moins expérimentés en particulier ont du mal à faire la distinction entre les sites. De leur point de vue, ils vont sur l'Internet, point. Ils s'attendent donc logiquement à ce que tous les sites fonctionnent de la même manière. Lorsque leur expérience diffère de leurs connaissances antérieures, leur conclusion est rapide : c'est forcément que le site ne marche pas.

Les recherches dans ce domaine attestent d'ailleurs que les utilisateurs préfèrent les sites conventionnels, où ils peuvent appliquer le fruit de leurs expériences passées. Vous devez donc à la fois comprendre le capital accumulé par vos internautes et vous y adapter.

Qu'est-ce qu'une convention ?

Le plus difficile pour respecter cette règle est de déterminer ce qui relève de la convention de ce qui n'en relève pas. Jakob Nielsen différencie plusieurs niveaux de standardisation selon le pourcentage de sites appliquant un principe :

- Vous avez affaire à un standard lorsque plus de 80 % des sites utilisent le même principe.
- Vous avez affaire à une convention lorsque 50 à 79 % des sites utilisent le même principe.

Autrement dit, on peut dire que, lorsque les internautes voient quelque chose sur plus de la moitié des sites web, ils s'attendent à retrouver le même modèle sur d'autres sites. Lorsque vous étudiez les conventions qui concernent votre site web, veillez à prendre en compte les sites que visitent vos internautes plutôt que l'ensemble des sites web de manière indifférenciée. Ainsi, si un site est consulté très fréquemment par votre

ANECDOTE
Qui a drogué l'Internet ?

En 2004, Jakob Nielsen évoquait le manque de respect des conventions, comparant le Web à une fourmilière bâtie par des insectes sous LSD. En effet, à part un concepteur drogué, personne n'a intérêt à s'affranchir volontairement des conventions puisque cela trouble les internautes.
Or les sites qui ne prennent pas en compte les normes de présentation et d'interaction sont encore trop nombreux aujourd'hui et restent plus difficiles à utiliser que les autres.

ALLER PLUS LOIN
Je préfère ce que je connais

Pour approfondir la thématique des habitudes et de leur influence sur les préférences des internautes ou sur leur fidélité envers les sites Internet, vous pouvez lire les travaux de Kyle B. Murray et Gerald Häubl.

VOCABULAIRE
Conventions

Dans cet ouvrage, nous employons le terme de convention pour désigner aussi bien ce que Jakob Nielsen appelle des standards que ce qu'il appelle des conventions.

Bleu ergonomique et autres conditionnements par l'habitude

Connaissez-vous la petite histoire du lien bleu souligné ?

Aux débuts de l'Internet, chaque lien hypertexte était présenté dans un bleu très particulier, le #0000FF. Pendant longtemps, de nombreux experts en ergonomie, dont le célèbre Jakob Nielsen, ont défendu cette couleur comme la plus indiquée pour présenter des liens cliquables. Or, si on l'analyse, au vu des capacités perceptives de l'être humain, cette couleur très saturée n'est pas la meilleure pour l'œil. Elle « vibre » très rapidement ; elle est donc peu indiquée pour la lecture. Ajoutez à cela que nombre de seniors ont des difficultés à la percevoir et vous pensez avoir assez de raisons pour décider de présenter vos liens dans une autre couleur, plus adaptée à l'œil.

Or c'est une erreur et Jakob Nielsen avait raison. Le fait que les internautes associent les liens de ce type à des éléments cliquables prime sur toute autre considération. Comme nous l'avons vu dans la seconde partie de cet ouvrage, l'ergonomie doit s'adapter à son utilisateur dans ce qui fait sa spécificité, au-delà de sa nature d'être humain. Vous devez donc prendre en compte les connaissances antérieures de vos internautes.

Attention : aujourd'hui, les connaissances et attentes des internautes sont tout autres. Petit à petit, les formats de présentation des liens ont glissé vers d'autres couleurs et d'autres styles. À l'heure actuelle, c'est davantage la différence de format entre les liens et le reste du texte qui permet de les indicer en tant que tels (autrement dit, on repère un lien parce qu'il est différent du reste du texte).

Note : si le sujet vous intéresse particulièrement, c'est exactement la même logique qui a conduit à conserver les claviers de type Qwerty ou Azerty (conçus au départ pour éviter une saisie trop rapide sur les machines à écrire, à cause de limitations techniques) alors que l'on disposait d'un clavier plus efficace et moins fatigant dans l'absolu (le Dvorak, proposé en 1936 par Dvorak & Dealey).

Faire différent pour se démarquer

« Notre site doit être original, nous ne voulons pas qu'il ressemble aux autres ». Ce n'est pas par l'ergonomie de votre site que vous devez vous démarquer ! Faites la différence par tout ce que vous voulez, sauf l'ergonomie. En tout cas, vous devez respecter les principes de base de l'ergonomie.

Ce qui distingue un site c'est son contenu, les services qu'il propose, ses prix bas, son design graphique très recherché, etc. Mais surtout pas l'ergonomie. Cette dernière doit être transparente, afin que vos internautes puissent se concentrer sur l'essentiel, c'est-à-dire sur le contenu que vous leur offrez. Cela n'est possible que si vous adoptez les mêmes règles que tout le monde et proposez une interface qui paraisse logique.

À part si la vocation de votre site est de troubler votre visiteur, ce qui ne représente qu'un infime pourcentage de sites, vous devez connaître et respecter les conventions de base de l'ergonomie web.

persona, vous lui accorderez plus de poids qu'à un site web au hasard. Ceci explique aussi pourquoi il est important de prendre en compte dans votre analyse les sites les plus visités en général : il est probable que votre internaute les connaisse.

Respecter les conventions de localisation

Les emplacements des éléments sur une page web sont une des principales dimensions des conventions web. Si vous observez un panel de sites, vous verrez qu'ils tendent à placer les éléments d'interaction primordiaux aux mêmes endroits. Ces conventions s'appliquent à des éléments tels que le logo (que l'on retrouve presque exclusivement en haut de l'écran et extrêmement souvent sur la gauche), le moteur de recherche (en haut du site), l'accès au panier (en haut à droite de l'écran), les barres de navigation (en haut pour les formats horizontaux et principalement pour les rubriques de premier niveau ; sur la gauche pour les formats verticaux et principalement pour les rubriques de second niveau ; parfois en format vertical sur la droite pour les navigations complémentaires ou transversales, etc.), l'accès aux mentions légales (dans le pied de page), etc.

Vouloir se différencier de ces conventions vous expose à réduire l'utilisabilité de votre site. Prenons un exemple sur le site de Rowenta, où la localisation originale du chemin de navigation (associée à un format faible visuellement) fait qu'il n'est pas vu par les internautes. Tout le bénéfice qui lui est associé est ici perdu, en partie parce que l'on n'a pas respecté les conventions de localisation.

Un format visuel fort peut compenser une localisation peu conventionnelle

Dans nos deux premiers exemples, vous voyez que le non-respect de plusieurs règles d'ergonomie concourt à créer une interface peu utilisable. Les localisations non conventionnelles du chemin de navigation du site Rowenta ou du moteur de recherche du site Vichy sont couplées à des formats faibles visuellement (taille réduite, couleurs qui ne ressortent pas).

Pensez donc que dans certains cas, un format visuel très appuyé peut compenser un emplacement peu conventionnel.

Figure 5–29
Sur le site de Rowenta, la localisation non conventionnelle du chemin de navigation en bas de page réduit sa visibilité et sa fréquence d'utilisation.
Source : www.rowenta.fr

De même sur le site de Vichy (figure 5–30), l'emplacement du moteur de recherche dans le coin inférieur gauche (associé à un format faible visuellement) le rend difficilement localisable par les internautes.

Dernier exemple sur le site d'Habitat (figure 5–31), où l'emplacement du moteur de recherche, combiné à une faible affordance à l'interactivité, le rend peu visible.

Cette règle est plus ou moins importante en fonction de votre type de site et de la charge informationnelle à l'écran. Ainsi, sur le site de l'album 5:55 de Charlotte Gainsbourg (figure 5–32), il y a peu de chances que les internautes ratent la barre de navigation, alors qu'elle est placée de manière très peu conventionnelle en bas de l'écran.

Ceci s'explique essentiellement par l'extrême dépouillement de la page, mais aussi par le fait que les internautes s'attendent à avoir un menu de navigation pour accéder aux contenus du site : de fait, c'est à peu près le

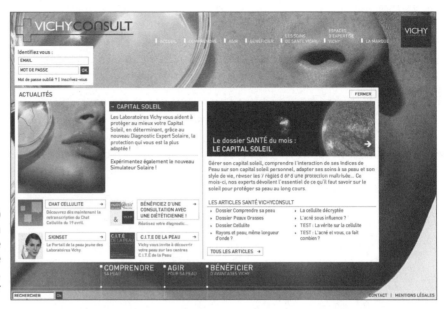

Figure 5–30
Sur le site de Vichy, la localisation non
conventionnelle du moteur de recherche
en bas de page réduit sa visibilité
et sa fréquence d'utilisation.
Source : www.vichy.fr

Figure 5–31 Sur le site d'Habitat,
la localisation non conventionnelle
du moteur de recherche réduit sa visibilité
et sa fréquence d'utilisation.
Source : www.habitat.fr

Figure 5–32
Sur le site de l'album 5:55 de Charlotte Gainsbourg, la localisation non conventionnelle de la barre de navigation en bas de page ne met pas en péril son utilisation, du fait de sa force visuelle au regard du reste de l'écran.
Source : www.charlottegainsbourg.fr

seul endroit où ils peuvent penser trouver un tel menu. Vous pouvez donc vous affranchir des conventions de localisation si le reste de vos choix justifie cet écart et ne met pas en péril une des fonctions fondamentales d'un site web : que les internautes trouvent les éléments d'interaction qui vont leur permettre de parcourir le site et d'agir sur lui.

Respecter les conventions de vocabulaire

Nous verrons, à la règle n° 6, à quel point il est important d'employer sur votre site des mots faciles à comprendre par vos internautes. Or, encore une fois, la compréhension n'est pas une affaire de compréhension *dans l'absolu*. Il est primordial de prendre en compte ce qui se fait sur le Web afin que vos internautes comprennent ce que vous voulez leur dire.

Ainsi, la page d'accueil s'appelle *Accueil*, le panier s'appelle *Panier*, le plan du site *Plan du site*, la page de contact *Contact*, etc. N'essayez pas de déroger aux conventions de vocabulaire en ce qui concerne les principaux éléments du site. Vous pouvez vous permettre des ajustements, mais pas d'introduire un mot totalement nouveau pour vos internautes. Ainsi, *Accueil* est aussi compréhensible sous cette forme qu'avec l'intitulé

DANS CE LIVRE
L'analyse concurrentielle pour mettre à jour les conventions

La démarche de l'analyse concurrentielle est là pour vous aider à repérer les conventions en observant les pratiques d'un panel de sites bien défini. À voir au chapitre 7 !

Figure 5–33
Sur le site d'Isabel Marant, le terme
Prochaine page, moins conventionnel que
l'habituel *Page suivante*, dessert la visibilité
et l'utilisation de la fonctionnalité.
Source : www.isabelmarant.tm.fr

Page d'accueil ou *Accueil [nomdusite]*. Idem pour *Panier*, *Votre panier*, *Mon panier*, *Panier d'achats*, etc.

Sur la page *Contact* du site d'Isabel Marant, l'utilisation du mot *Prochaine page* (au lieu de *Page suivante*) oblige l'internaute à réfléchir plus qu'à l'accoutumée. Même si cet effort de réflexion n'est pas conscient, si vous additionnez plusieurs contraintes de ce type dans votre site, ce dernier paraîtra lourd à utiliser

Dans un autre registre, sur le site de vente en ligne de Colette, le panier est appelé *Sac*. Notez que ce choix est moins gênant lorsqu'il est associé au terme *Ajouter au*, car cc dernier incite les internautes à comprendre de quoi il s'agit. Cependant, lorsqu'ils cherchent le mot *Panier* pour retrouver leurs achats, l'adoption d'un autre terme par souci d'originalité peut se révéler plus problématique.

Figure 5–34 Sur le site de Colette,
le terme *Sac*, moins conventionnel
que l'habituel *Panier*, dessert
la visibilité de l'accès à cette page.
Source : www.colette.fr

Pensez aussi à vous renseigner sur les conventions du domaine si vous travaillez sur un site très spécifique, qui nécessite d'utiliser un vocabulaire familier aux spécialistes. Mieux vaut éviter de recommander le remplacement d'un mot obscur par un mot plus adéquat dans l'absolu, alors que le mot incriminé est tout à fait commun dans le secteur...

Enfin, tenir compte des conventions vous oblige aussi à ne pas utiliser de manière détournée un mot déjà pris pour représenter un objet ou un concept donné. Par exemple, sur le site de la mairie de Paris, on propose aux internautes d'ajouter les articles dans un panier, alors qu'il s'agit de les insérer dans une sélection qu'ils peuvent s'envoyer par e-mail. Rien à voir, donc, avec une quelconque fonctionnalité d'e-commerce.

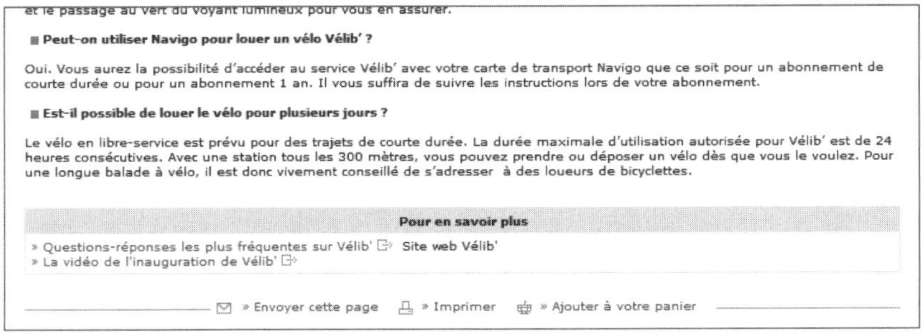

et le passage au vert du voyant lumineux pour vous en assurer.

■ **Peut-on utiliser Navigo pour louer un vélo Vélib' ?**

Oui. Vous aurez la possibilité d'accéder au service Vélib' avec votre carte de transport Navigo que ce soit pour un abonnement de courte durée ou pour un abonnement 1 an. Il vous suffira de suivre les instructions lors de votre abonnement.

■ **Est-il possible de louer le vélo pour plusieurs jours ?**

Le vélo en libre-service est prévu pour des trajets de courte durée. La durée maximale d'utilisation autorisée pour Vélib' est de 24 heures consécutives. Avec une station tous les 300 mètres, vous pouvez prendre ou déposer un vélo dès que vous le voulez. Pour une longue balade à vélo, il est donc vivement conseillé de s'adresser à des loueurs de bicyclettes.

Pour en savoir plus

» Questions-réponses les plus fréquentes sur Vélib' ▣ Site web Vélib'
» La vidéo de l'inauguration de Vélib' ▣

———— ✉ » Envoyer cette page   🖨 » Imprimer   ⊞ » Ajouter à votre panier ————

Figure 5–35
Sur le site Paris.fr, le fait de nommer un objet *Panier* implique que les internautes s'attendent à une fonctionnalité d'achat en ligne.
Source : www.paris.fr

Respecter les conventions d'interaction et de présentation

La dernière dimension des conventions web touche aux modes d'interaction. D'après leur expérience sur d'autres sites, vos internautes s'attendent à ce que le vôtre se comporte d'une certaine manière. Veillez donc à rester conventionnel dans les modes d'interaction très répandus sur le Web (ascenseurs, formulaires, alertes, déclenchement d'actions, étapes classiques d'un process de commande, etc.), ainsi que dans leurs formats de présentation.

Par exemple, les internautes ont appris qu'une liste d'objets défilant de manière animée est souvent un menu dont chacun des items est cliquable. Vous devez donc utiliser ce type d'interface à bon escient et pas seulement dans un esprit ludique. C'est notamment le cas sur le site de Carambar, où les bonbons qui défilent en bas de l'écran donnent l'impression d'être interactifs et de pouvoir nous emmener quelque part.

Figure 5–36
Sur le site de Carambar, la ribambelle de bonbons défilants a des airs de menu de navigation, alors qu'elle n'a qu'un rôle de décoration.
Source : www.carambar.fr

Sur le site d'Acova (dont nous avons déjà observé le manque de cohérence en termes de navigation), on remarque également un défaut d'application des conventions, susceptible de dégrader le taux d'accès aux produits. En effet, comme nous l'avons vu, ce site présente ses quatre gammes de produits sous forme de « bulles » dans un bandeau graphique (figure 5–37). Or c'est le seul moyen, à partir de la page d'accueil, d'accéder aux produits. Du fait de cette présentation peu conventionnelle, une partie des internautes risque d'éprouver des difficultés à repérer la navigation :

Figure 5–37 Sur le site d'Acova, la navigation permettant d'accéder aux produits ne ressemble pas à ce que les internautes connaissent d'un menu de navigation.
Source : www.acova.fr

Prenons un autre exemple concernant les menus de navigation. Sur le site de Canon, l'utilisateur qui survole un des items de navigation principale voit s'afficher ce qui semble être les sous-rubriques correspondantes (figure 5–38). Or, s'il essaie de cliquer sur l'une d'entre elles, il ne va pas y parvenir, car l'affichage des sous-rubriques disparaît. Après plusieurs essais, soit il quitte le site en pensant que la navigation ne fonctionne pas, soit il persévère et tente de cliquer uniquement sur la rubrique de premier niveau (par exemple, *Support*), ce qui pourra effectivement le mener aux contenus attendus.

Figure 5–38 Sur le site de Canon, les exemples de contenus qui s'affichent au survol d'un item de navigation principale semblent cliquables, car ils ressemblent à un menu de navigation.
Source : www.canon.fr

En fait, ce qui s'affiche sous la barre de navigation n'est en aucun cas des éléments cliquables, mais uniquement des informations sur le type de contenu que l'on pourra trouver dans la rubrique. Or, les formats de présentation et d'interaction adoptés induisent l'internaute en erreur. En effet, ils ressemblent étrangement à ce que bon nombre d'autres sites propose comme accès direct aux sous-rubriques.

Prenez garde aussi à ne pas effrayer vos internautes en présentant des informations peu importantes sous forme d'alerte Javascript, avec une icône *Danger*. En effet, ils ont l'habitude de voir ce genre d'alerte en cas d'erreur. Lorsqu'ils sont confrontés à ce type de message, les internautes s'imaginent donc avoir fait une bêtise et sont obligés d'en lire le texte plus attentivement (pour, finalement, se rendre compte qu'il ne s'agit pas d'un message d'erreur mais d'une simple information). Autrement dit, n'utilisez pas une convention d'interaction telle que l'alerte Javascript (principalement destinée à attirer l'attention sur une erreur) pour présenter une information non critique à vos internautes. Regardez à cet égard comme les exemples suivants semblent indiquer à l'utilisateur qu'il s'est trompé :

Sur le site de SFR Music, lorsque l'internaute vient de renseigner son type de téléphone portable, on lui indique la marche à suivre via ce type de fenêtre :

RECOMMANDATION
Utiliser la convention d'interaction la plus appropriée

Un internaute comprend un site en fonction de ce qu'il a déjà vu sur Internet. Utilisez donc les conventions d'interaction à bon escient, et non de manière détournée. Vous risquez sinon que votre internaute comprenne mal ce que vous voulez lui dire.

Figure 5–39
Sur le site de SFR Music, la présentation d'une simple information sous forme de fenêtre Javascript semble indiquer une erreur. Cela risque donc d'effrayer les internautes inutilement.
Source : www.sfr.fr

De même sur l'ancien site de Promod, suite à l'ajout d'un article au panier, on affichait une fenêtre de ce type comportant le message suivant :

Figure 5–40
Sur l'ancien site de Promod, la présentation d'une simple information sous forme de fenêtre JavaScript semblait indiquer une erreur, au risque d'effrayer les internautes inutilement.
Source : ancien site www.promod.fr

C'est d'autant plus dommage que ce message ne donne qu'une indication d'interaction (l'internaute qui veut poursuivre sa commande doit ensuite valider le message puis chercher le lien *Mon panier* à l'endroit indiqué).

En utilisant une mauvaise convention d'interaction, on se prive donc de la possibilité de présenter des messages « interactifs », permettant à l'internaute de naviguer directement vers ce qui l'intéresse. C'est en revanche ce qui se passe sur le site de Castorama, suite à l'ajout d'un article au panier :

Figure 5–41
Sur le site de Castorama, la présentation de la confirmation d'ajout au panier sous forme de fenêtre flottante permet de proposer plusieurs choix de navigation à l'internaute.
Source : www.castorama.fr

La nouvelle version du site de Promod a elle aussi résolu le précédent défaut en adoptant un message du même type :

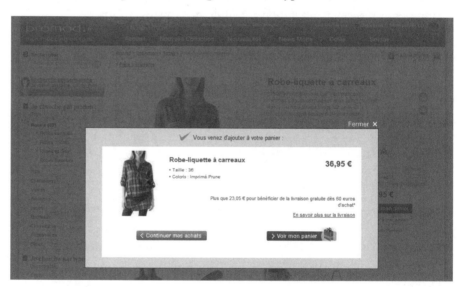

Figure 5–42 Sur le nouveau site de Promod, la présentation de la confirmation d'ajout au panier sous forme de fenêtre flottante ressemble davantage à un message de confirmation, et permet en outre de proposer plusieurs choix de navigation à l'internaute.
Source : www.promod.fr

RECOMMANDATION
Le pointeur doit changer au survol d'un élément cliquable

Cette notion de pointeur est aussi très importante en termes fonctionnels. Même si vous ne prévoyez pas de format survolé pour tous vos éléments cliquables, veillez au moins à ce que leur survol provoque le changement de forme du pointeur de la souris (qui passe de la flèche à une petite main). Cette modification est essentielle pour que vos utilisateurs repèrent ce qui est cliquable et ce qui ne l'est pas.

La plupart du temps, c'est plutôt une mauvaise représentation du mode d'interaction qui pose des problèmes d'utilisabilité.

Ainsi, sur une précédente version du site d'Isabel Marant (figure 5–43), la représentation du parcours de la souris, bien qu'assez jolie et amusante, s'avérait toutefois difficile à utiliser du fait de l'utilisation d'un pointeur d'apparence peu conventionnelle (illustration de gauche). Remarquez en revanche comment, sur la version actuelle du site (illustration de droite), il est possible de conserver une part de l'esthétique existante, tout en ajoutant un pointeur classique permettant à l'internaute de désigner précisément ce sur quoi il veut cliquer.

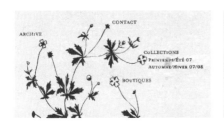 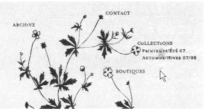

Figure 5–43
Sur le site d'Isabel Marant,
l'ajout d'une forme de pointeur
conventionnelle a permis de faciliter
la sélection d'une rubrique.
Source : www.isabelmarant.tm.fr

Autre exemple sur le site de Surcouf : sur certains navigateurs, lorsque l'internaute clique dans le champ pour renseigner son nom, aucun curseur ne s'affiche. Il est alors probable qu'il recliquera plusieurs fois dedans, pensant s'être trompé. Il finira par se risquer à saisir le début de son nom sans savoir où il va effectivement écrire. Un détail de ce genre peut être nuisible à l'utilisation de votre site.

Figure 5–44
Dans cet exemple sur le site de Surcouf, nous sommes positionnés dans le champ *Nom*. Pourtant, aucun curseur ne s'affiche. Il est donc difficile de savoir si l'on est bien positionné au bon endroit.
Source : www.surcouf.fr

Dans la même veine, observez cette page de connexion sur le site de Boursorama.

Figure 5–45
Dans cet exemple sur le site de Boursorama, lorsque l'internaute clique dans un champ, le curseur s'affiche au milieu de ce champ, alors que conventionnellement il s'affiche à gauche. Ce comportement d'interface paraît étrange.
Source : www.boursorama.fr

Enfin, regardez sur le site du Crédit Agricole la manière dont la représentation du code secret, dans ce qui ressemble à un champ de saisie, peut induire l'internaute en erreur (figure 5–46). On n'attend pas de lui qu'il saisisse son code secret au clavier, mais qu'il utilise le système de sélection à la souris (qui permet d'optimiser le niveau de sécurité de la connexion d'un client à son compte bancaire en ligne). Or, le fait de fournir un champ de saisie peut inciter l'internaute à entrer son code au clavier, sans lire les instructions. La représentation d'un autre mode d'interaction que celui attendu rend donc l'interface moins intuitive qu'elle ne pourrait l'être.

Les conventions d'interaction peuvent aussi être propres à un type de sites en particulier. Les sites de commerce en ligne ont notamment intérêt à être conventionnels et à adopter une trame commune de fonctionnement qui soit familière aux internautes.

RECOMMANDATION **Le rapport entre conventions d'interaction et représentation à l'écran**

Attention, respecter les conventions d'interaction ne fait pas tout. Vous devez aussi présenter les choses d'une manière conventionnelle. Regardons ainsi comment, sur le site de la Redoute, la confirmation d'ajout au panier est conventionnelle en termes d'interaction, mais mal implémentée en termes d'interface.

Lorsque l'internaute ajoute un article à son panier, la confirmation consiste à l'envoyer sur une nouvelle page où l'on atteste que l'article a bien été ajouté. On lui propose alors, soit de finaliser sa commande, soit de continuer ses achats. Ce mode d'interaction en soi est parfait et renvoie à une pratique courante sur les sites de commerce en ligne. Or sa mise en place à l'écran peut désorienter l'internaute. En effet, ce que l'on va appeler le « pré-panier » de la Redoute est présenté de manière strictement identique à un panier.

Or, confirmer l'ajout en renvoyant les internautes sur le panier est une autre des conventions d'interaction envisageables. On se retrouve donc dans une situation croisée, où l'internaute pense avoir affaire à son panier ; mais, en réalité, ce n'est pas le cas et ce pré-panier ne comportera jamais plus d'une ligne, correspondant à l'article qui vient d'être ajouté.

Cette situation est particulièrement dangereuse dans le cas de commandes multiproduits où l'internaute a déjà ajouté un article à son panier. Cette présentation est alors extrêmement dérangeante et peu compréhensible sans une analyse consciente et approfondie de l'interface (« Mais qu'est-ce que c'est que ça ? Je n'ai plus qu'un article ? Mais où sont passés les autres ? »).

Vous voyez ainsi comme la présentation d'une interface sous une forme ressemblant à quelque chose de connu peut fausser toute la compréhension qu'ont les internautes de ce qui se passe.

Dans ce cas, il faut choisir ! Soit vous présentez cette confirmation d'ajout au panier de manière plus classique, en faisant apparaître cette étape comme un intermédiaire entre une fiche produit et un panier, soit la confirmation d'ajout au panier consiste à amener vos internautes dans leur panier. Hors de ce choix, pas d'issue...

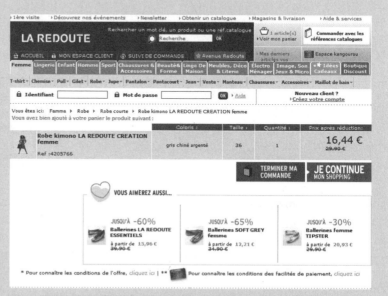

Figure 5–47 La confirmation d'ajout au panier sur le site de la Redoute semble renvoyer vers la page du panier. Source : www.laredoute.fr

Règle n° 5. Information : le site informe l'internaute et lui répond

La cinquième règle pour optimiser l'ergonomie de votre site web est assez simple dans l'idée : votre site doit être poli et informer l'internaute de manière complète et au moment opportun. Plusieurs recommandations vous permettront d'atteindre cet objectif sans encombre.

L'ordinateur informe et prévient l'internaute

Ne soyez pas avare d'informations

Tout d'abord, que ce soit au niveau général ou sur un détail d'interface, vous devez donner suffisamment d'informations à votre internaute pour qu'il vous comprenne. Dans l'idéal, il ne doit pas avoir besoin de chercher ou de réfléchir, grâce à l'information que vous lui fournissez.

Donner de l'information générale

Sur votre site, vous devez dire à votre internaute qui vous êtes et ce que vous faites. Pour cela, vous devez travailler sur deux plans : les éléments génériques de votre site et votre page d'accueil.

Les éléments qui se retrouvent en permanence sur votre site, quelle que soit la page consultée, sont un moyen de faire comprendre à l'utilisateur ce que vous pouvez lui apporter. Dans ce cadre, votre logo et la *tagline* associée vous seront d'une grande aide. En général, il n'est pas question de toucher à votre logo. Si le nom de votre site traduit un peu de son utilité, tant mieux, sinon tant pis. C'est donc essentiellement votre tagline qui vous aidera à faire passer votre message. Elle sert à indiquer clairement à vos internautes à qui ils ont affaire. C'est certes important lorsqu'ils arrivent sur votre page d'accueil, mais cela devient primordial lorsqu'ils arrivent sur une page intérieure (par exemple après avoir cliqué sur un résultat dans un moteur de recherche) (figure 5–48, au verso).

La tagline peut être différente du slogan que vous utilisez pour votre image de marque *offline*. Si votre slogan ne transmet qu'un message publicitaire, il est important de créer une tagline spécifique pour votre site web. Font toutefois exception à cette règle les sites dont le nom est très explicite, ceux qui sont déjà connus des internautes parce qu'ils font partie des plus visités et ceux qui sont le relais web d'une marque déjà connue offline.

Les intitulés de votre barre de navigation principale joueront aussi le rôle d'indices informationnels pour définir votre identité et votre activité.

RECOMMANDATION
Mais...vous m'avez dit tout à l'heure de diviser la quantité de mots par deux !

Ne pas être avare, ce n'est pas parler à tort et à travers, mais distiller la dose d'informations juste nécessaire à la compréhension. Dans la pratique, vous devez donc faire la balance entre trop et pas assez d'informations, et c'est bien le plus compliqué !

VOCABULAIRE
Définition et synonymes de tagline

La tagline est autrement appelée *baseline*, *endline*, *strapline* (les deux derniers étant plutôt utilisés dans le milieu publicitaire) ou encore slogan. Dans le domaine du Web, tous ces mots réfèrent au même objet, à savoir la phrase qui accompagne votre logo, définissant ce que vous faites ou ce que vous apportez à l'utilisateur.
La tagline doit donc être la traduction microscopique (puisqu'il est important qu'elle soit aussi courte que possible) de votre proposition de valeur.

DANS CE LIVRE
Différencier la quantité et la qualité des informations

Dans cette règle, nous abordons uniquement l'information sous l'angle quantitatif. L'aspect qualitatif fera l'objet de la règle n° 6, c'est-à-dire la prochaine !

Figure 5–48
La tagline permet d'accompagner
votre logo d'une phrase descriptive
plus explicite que votre nom.
Sources : www.cocooncenter.com /
www.fluctuat.net / www.glowria.fr /
www.ulteem.fr / www.speakeveryday.com /
www.expectra.fr / www.marmiton.org

Comme la répétition n'est jamais inutile, nous vous recommandons donc de concevoir ces intitulés afin qu'ils soient les plus exacts possible.

Donner de l'information ponctuelle

Le point faible des sites web se situe souvent au niveau de l'information ponctuelle fournie aux internautes à l'intérieur des pages. Notamment, vous devez toujours donner à votre internaute suffisamment d'informations relatives à la navigation : une barre de navigation principale visible en permanence à l'écran, une indication de l'endroit où il se trouve dans le site, les différentes options qui s'offrent à lui et les pages qu'il a déjà consultées. Cela lui permettra de se diriger plus efficacement au sein de votre site web.

Figure 5–49
En regardant le menu de navigation du site
75.tv, je perçois très rapidement quels sont
les réalisateurs dont j'ai déjà consulté la page
et ceux qu'il me reste à voir.
Source : www.75.tv

Lorsqu'on parle d'information, ce n'est pas toujours en termes de contenu, mais aussi en termes de formats de présentation. Grâce à l'apparence visuelle d'un objet, vous pouvez transmettre de l'information. Regardez cet exemple sur le site de la société de production Soixan7e Quin5e : le fait de barrer les réalisateurs déjà visités dans la liste permet à l'internaute d'identifier d'un seul coup d'œil les pages déjà visitées et celles qu'il lui reste encore à consulter.

En outre, dans le cas d'interfaces transactionnelles, vous devez fournir suffisamment d'informations à votre internaute pour qu'il comprenne ce que vous attendez de lui. Ces informations peuvent être globales (par exemple, vous donnez un titre à un formulaire de renseignement de données) ou spécifiques (par exemple, vous travaillez sur la pertinence du libellé d'un champ de formulaire).

Par exemple, sur le site de Quelle, lorsque l'internaute crée un compte client, on lui affecte automatiquement un code spécial tout en lui laissant la liberté de le modifier. Cette fonctionnalité est intéressante puisqu'elle permet aux clients de choisir leur propre code spécial, en utilisant par exemple une suite de chiffres qu'ils mémoriseront facilement parce que c'est leur date de naissance ou le code de leur interphone. Or, le libellé choisi pour décrire ce principe est très obscur pour un internaute et sans doute encore plus pour les personas du site de Quelle, dans la mesure où la seule explication fournie est la suivante : *Si vous souhaitez modifier votre code spécial, indiquez-le.*

Figure 5–50
Sur cette page de création de compte du site de Quelle, il n'est pas évident de comprendre le fonctionnement du système de code spécial et ce que l'on attend de l'internaute.
Source : www.quelle.fr

Dans cet exemple, la quantité d'informations que vous fournissez à l'internaute n'est pas suffisante (en plus de leur manque de qualité). Pour éviter ce genre de problème, pensez à toujours expliquer à l'internaute les raisons et conséquences des actions que vous lui demandez de réaliser. La longueur et la teneur de ces messages devront être adaptées pour qu'il puisse comprendre ce que vous lui demandez et pourquoi vous le faites.

Donner de l'information ponctuelle, c'est aussi augmenter votre interface de base de petites phrases qui vont, soit renseigner votre internaute sur ce que votre site peut lui apporter, soit le rassurer sur ce qui va suivre. Ainsi, sur le site de Réservoir Jeux, le bouton *S'inscrire* sur la page d'accueil est accompagné d'un texte qui décrit en quelques mots l'intérêt que l'internaute aurait à s'enregistrer sur le site (figure 5–51).

Figure 5–51
Sur le site de Réservoir Jeux, on ajoute
au bouton *S'inscrire* une description
des avantages liés au compte utilisateur.
Source : www.reservoir-jeux.com

Dans le même ordre d'idées, lors de l'étape de paiement, Amazon rassure ses internautes : après avoir cliqué sur le bouton *Continuer*, ils pourront toujours modifier leur commande.

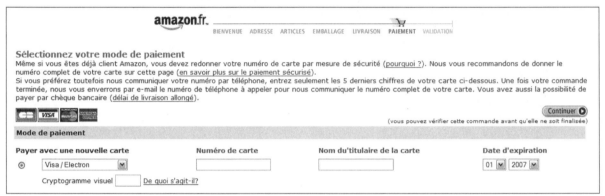

Figure 5–52 Sur le site d'Amazon, on indique aux internautes que cette page de paiement n'est pas la dernière étape de la commande, grâce à une légende adossée au bouton *Continuer.* Source : www.amazon.fr

Il est aussi primordial de donner toutes les informations nécessaires à votre internaute pour qu'il comprenne bien l'interface. Par exemple, lorsque vous présentez une appréciation qualitative sous forme de note, donnez une échelle afin que l'internaute puisse comparer cette note à un minimum et à un maximum (sinon, cette dernière ne sert à rien). Regardez par exemple comment fait le site de VoD de Mk2 et comme il serait difficile de se faire une idée de l'appréciation du film sans cette échelle.

Figure 5–53
Sur le site de Mk2 VoD, afficher une étoile vide suite aux 4 remplies permet d'indiquer
la note maximale qui peut être attribuée à un film. L'illustration montre
qu'en l'absence de cette étoile vide, l'indication de la note devient inutile.
Source : www.mk2vod.com

Sur un site de vente en ligne, veillez à donner suffisamment d'informations à votre utilisateur sur le produit qu'il pourrait acheter. Le prix est évidemment une donnée clé à afficher. Voyez à cet égard comme, sur le site de Jour, on manque d'informations sur le tarif des ingrédients. Jour propose de composer sa salade personnalisée en ligne, puis de se la faire livrer ou d'aller la chercher en magasin. La majeure partie de l'application consiste donc à sélectionner les ingrédients que l'on souhaite ajouter à sa salade. Or, les tarifs de chacune des gammes d'ingrédients sont bien cachés, voire absents (figures 5-54 à 5-56).

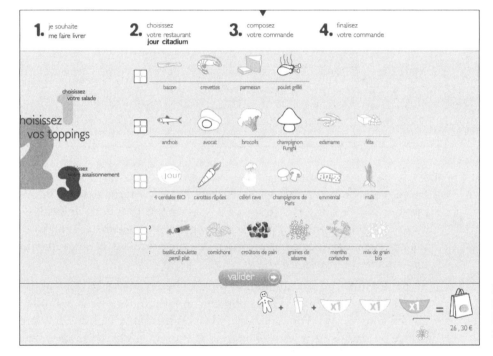

Figure 5–54 Sur le site de Jour, il semble qu'on ne puisse pas voir le prix de chacun des toppings. Source : www.jour.fr

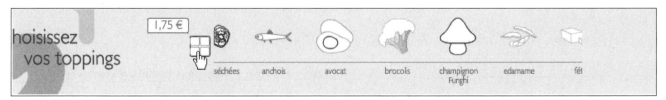

Figure 5–55 En fait, il faut survoler l'élément situé à gauche de chaque ligne pour connaître le prix des toppings de cette ligne. Source : www.jour.fr

Le seul moyen, pour le client, de connaître le tarif d'un extra consiste donc à l'ajouter à son panier et à calculer la différence entre le montant initial de son panier et le montant après ajout de l'extra.

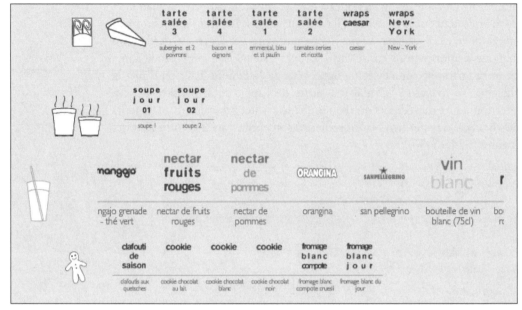

Figure 5–56 Lors de la sélection des extras, aucun moyen n'est donné à l'internaute pour connaître le prix des produits. Source : www.jour.fr

Enfin, vous devez donner en permanence à vos internautes des informations sur ce qui est en train de se passer (un processus de chargement ou d'enregistrement par exemple) grâce à un feedback approprié. De cette manière, il prendra conscience du processus et se préparera mentalement à l'attente.

Si, par exemple, la consultation de votre site ou d'une vidéo qui y apparaît, nécessite un temps de chargement important, dites-le à vos internautes sous forme d'un indicateur de progression. Celui-ci peut être chiffré ou uniquement visuel, l'important étant qu'il y ait du mouvement à l'écran. Ainsi, l'internaute dispose d'un indice pour comprendre que le site est en train de travailler et donc qu'il doit patienter (voir figures 5–57 et 5–58).

RECOMMANDATION **Ça charge, d'accord, mais pour combien de temps encore ?**

Il peut être important de donner une valeur numérique à votre indicateur de progression lorsque le temps de chargement estimé dépasse une certaine durée.
C'est encore plus important si l'état de progression n'est pas affiché sous la forme d'un contenant virtuel que l'on remplit (barre verticale, cercle, récipient, etc.) qui permet à l'internaute d'évaluer subjectivement le temps qu'il lui faut encore patienter.

Figure 5–57
Sur le site de Soixan7e Quin5e, l'indicateur
chiffré permet de faire patienter l'internaute
de manière informée.
Source : www.75.tv

ISABEL MARANT
ISABEL MARANT
ISABEL MARANT
ISABEL MARANT

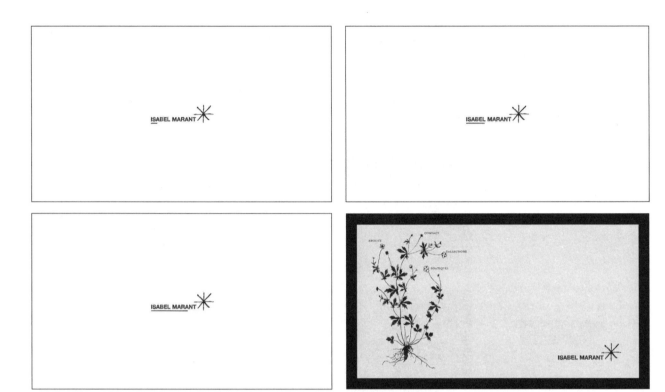

Figure 5–58 Sur le site d'Isabel Marant, le même rôle est rempli par un simple indicateur visuel. Ce procédé est tout à fait acceptable du fait de la rapidité de chargement du site. La perception d'un mouvement animé sous la forme d'une barre de progression suffit donc à faire patienter l'internaute de manière informée. Source : www.isabelmarant.tm.fr

Informez, mais au bon moment

Pensez aussi à donner l'information suffisamment tôt à vos internautes. Il est notamment important de les prévenir s'ils s'apprêtent à effectuer une action qui sort de l'ordinaire. C'est le cas, par exemple, si le clic lance le téléchargement d'un document ou bien ouvre une nouvelle fenêtre. Dans les exemples suivants, on prévient l'internaute assez tôt pour qu'il puisse adapter son comportement en fonction de cette information.

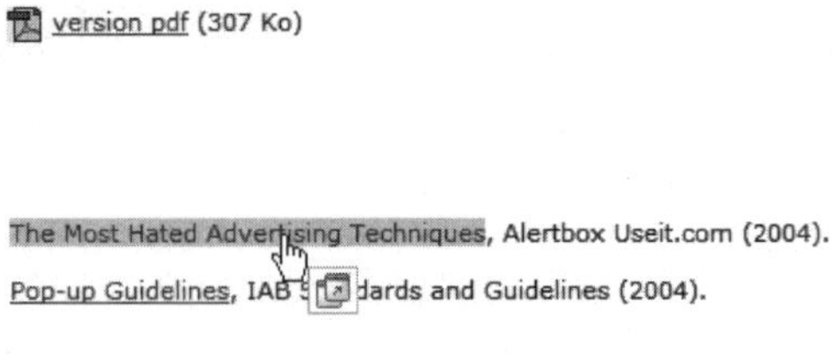

version pdf (307 Ko)
The Most Hated Advertising Techniques, Alertbox Useit.com (2004).
Pop-up Guidelines, IAB
dards and Guidelines (2004).

Figure 5–59
Sur le site d'Ergolab, indications qu'un document est à télécharger au format pdf, et qu'un lien ouvre une nouvelle fenêtre.
Source : www.ergolab.net

À l'inverse, sur le site du Tournaisis, un clic sur une rubrique du menu de navigation ouvre un nouveau site mais l'internaute n'en est informé que trop tard, lorsqu'il a déjà cliqué.

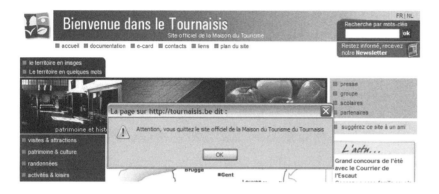

Figure 5–60
Sur le site du Tournaisis, on indique à l'internaute qu'un lien ouvre un site externe, mais uniquement lorsqu'il a déjà cliqué sur ce lien.
Source : www.tournaisis.be

Dans le même ordre d'idées, ne décevez pas votre internaute en attendant qu'il soit sur une page produit pour lui indiquer que ce dernier n'est pas disponible.

Figure 5–61
Sur le site des Petites, on ne découvre que dans la fiche produit que ce dernier n'est disponible dans aucune taille.
Source : www.lespetites.fr

Donner de l'information peut aussi être un moyen de prévenir vos internautes avant qu'ils n'effectuent des actions inutiles. Ainsi, sur le site d'American Express (figure 5–62), on indique aux internautes qu'ils auront besoin de documents pour remplir le formulaire de demande de carte et ce, avant qu'ils ne commencent à le remplir. Sans cette information, ils risquent de se retrouver bloqués après avoir passé du temps à remplir les premiers champs.

Enfin, vous devez informer le plus tôt possible, mais sous réserve que cela ne charge pas la page inutilement. Par exemple, sur le site de la Sultane de Saba (figure 5–63), on indique au niveau des listes de produits les senteurs disponibles pour chacun d'eux. Cette indication est très précise et permet à l'internaute de changer de stratégie en fonction du délai de disponibilité indiqué. En outre, cette information complémentaire est donnée sous la forme d'une liste déroulante, ce qui n'augmente que très peu la charge informationnelle à l'écran.

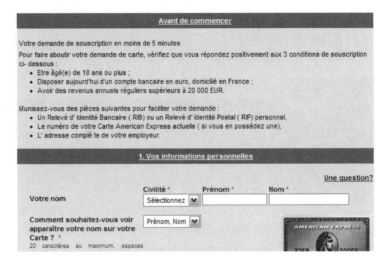

Figure 5–62
Sur le site d'American Express, l'indication *Munissez-vous des pièces suivantes pour faciliter votre demande* permet d'éviter aux internautes de commencer leur saisie sans disposer des informations nécessaires.
Source : www.americanexpress.fr

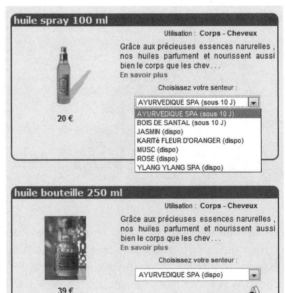

Figure 5–63
Sur le site de la Sultane de Saba, l'indication de la disponibilité des produits est cachée dans une liste déroulante, ce qui permet de fournir l'information sans surcharger l'interface de base.
Source : www.lasultanedesaba.com

On retrouve le même type de fonctionnement sur le site d'Altitude, qui donne une information textuelle sur le nombre de couleurs disponibles pour un article dès l'étape de liste (figure 5–64). Ici, cette donnée ne fait pas que simplifier le travail de l'internaute. Elle permet également de parer à toute réflexion de type : « Je ne vais pas cliquer sur ce produit car je n'aime pas le bleu ».

Figure 5–64 Sur le site d'Altitude, l'indication du nombre de couleurs disponibles pour un même modèle permet d'éviter que l'internaute ne consulte pas la fiche produit sous prétexte de ne pas apprécier la couleur choisie pour représenter le modèle dans la liste.
Source : www.altitude-sports.com

On peut remarquer que Patagonia va encore plus loin, puisque les listes proposent des vignettes de l'ensemble des couleurs disponibles pour un modèle. Un clic sur l'un des coloris permet d'ailleurs d'afficher le vêtement dans cette couleur, dès la page de liste.

Figure 5–65
Sur le site de Patagonia, l'ensemble des coloris disponibles pour un produit est visualisable dès la page de liste.
Source : www.patagonia.com

139

Informez pour augmenter votre force persuasive

Par ailleurs, l'information donnée à l'internaute peut représenter un bon moyen de persuasion. Tout le secret réside dans le fait de choisir la bonne information au bon moment. Sachez tabler sur vos points forts et les présenter de façon contextuelle à votre internaute, aux moments précis où ils peuvent influencer son acte de décision. Nous allons passer en revue différentes manières d'appliquer ce principe selon les points forts des sites.

Pour commencer, prenons l'exemple de Saveur Bière et de Promod, qui indiquent dans la zone liée à l'achat le nombre de points de fidélité que peut apporter la commande de l'article consulté (figures 5-66 et 5-67).

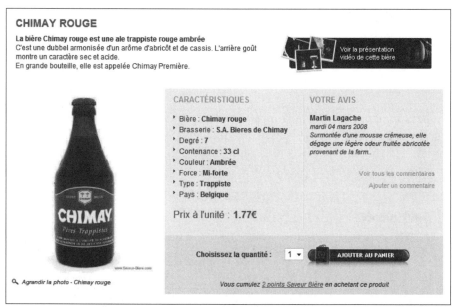

Figure 5–56 et **Figure 5–67**
Sur les sites de Saveur Bière et de Promod, le nombre de points fidélité que l'internaute peut obtenir en achetant l'article est affiché juste en dessous du bouton d'ajout au panier. Sources : www.saveur-biere.com et www.promod.fr

On retrouve le même principe lorsque Promod, dans la fenêtre de confirmation d'ajout au panier, calcule automatiquement le montant restant pour bénéficier des frais de port gratuits (figure 5–68). Ce procédé augmente le potentiel d'utilisation du bouton *Continuer mes achats* pour atteindre ce montant.

Figure 5–68 Dans le message de confirmation d'ajout au panier de Promod, l'information sur le montant restant pour obtenir la gratuité de la livraison permet d'inciter l'internaute à atteindre ce montant en ajoutant un autre article à sa commande.
Source : www.promod.fr

Diapers adopte le même type de pratique en présentant à proximité directe du prix du produit le montant à atteindre pour se voir offrir la livraison. En outre, l'en-tête du site affiche de manière permanente le montant restant pour atteindre ce seuil.

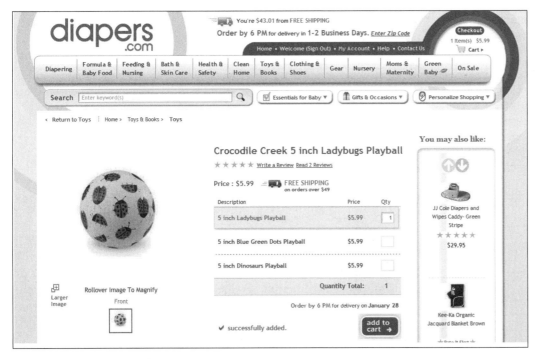

Figure 5–69
La fiche produit du site de Diapers informe l'internaute sur le montant à atteindre pour bénéficier des frais de livraison offerts ; l'en-tête, quand à lui, indique la somme qu'il reste à commander pour en bénéficier.
Source :
www.diapers.com

Le site de Kiehl's, lui, joue sur le fait qu'il est possible d'ajouter gratuitement à chaque commande trois échantillons de produits au choix du client. Les concepteurs du site choisissent donc d'afficher cette information directement dans les fiches produits (figure 5–70).

Figure 5–70 La fiche produit du site de Kiehl's informe l'internaute qu'il pourra recevoir gratuitement trois échantillons de son choix s'il commande un produit. De manière complémentaire, pour les articles dont l'échantillon est disponible, la fiche produit permet d'ajouter directement l'échantillon de cet article au panier. Source : www.kiehls.com

Chez Philomène & Cie, qui livre les articles commandés dans de jolies valisettes ou coffrets, le fait de montrer cet emballage dès la page produit joue un rôle incitatif non négligeable (figure 5–71).

Enfin, TopShop pense à proposer aux visiteurs de son site l'accès à des informations clés dont ils ont très souvent besoin (frais et délais de livraison, politique de retour...) directement dans la fiche produit, sous forme d'onglets (figures 5–72 et 5–73). Ainsi, l'internaute qui aurait un questionnement sur l'un de ces points ne quitte pas son contexte de départ, tout en obtenant une réponse rapide.

Figure 5–71 La fiche produit du site de Philomène & Cie intègre une photo de l'emballage dans lequel le destinataire recevra sa commande.
Source : www.philomene-et-cie.com

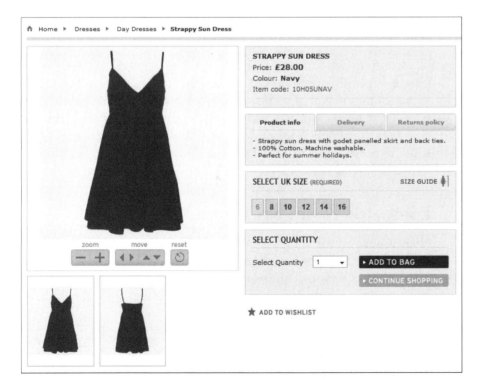

Figure 5–72 La fiche produit nominale du site de TopShop présente classiquement un descriptif de l'article.
Source : www.topshop.com

Figure 5–73 Un clic sur l'onglet *Delivery* permet d'afficher, sans recharger l'ensemble de la page, toutes les informations sur la livraison dont l'utilisateur pourrait avoir besoin pour prendre sa décision d'achat.
Source : www.topshop.com

Ce qui fait la différence sur ces derniers exemples, c'est bien l'emplacement de l'information. En effet, non seulement cette information existe, mais elle a un pouvoir suggestif d'autant plus fort qu'elle est affichée dans la fiche produit, à proximité directe des fonctions d'achat. L'internaute disposera ainsi de tous les éléments dont il a besoin sans interrompre son processus d'achat.

L'ordinateur répond aux actions de l'internaute

Nous venons de voir l'importance d'informer vos internautes afin qu'ils disposent de toutes les données nécessaires pour comprendre le site et ce qui s'y passe. Ce type d'information est, la plupart du temps, unilatéral : c'est le site qui envoie des messages vers l'internaute, sans vraiment tenir compte des actions de l'internaute sur le site.

Il est aussi primordial que votre site réponde à l'internaute lorsque ce dernier effectue des actions. Là encore, il s'agit de feedback. Pour grossir le trait, l'internaute pose une question et l'ordinateur lui répond. D'un point

VOCABULAIRE
Feedback, mais quel feedback ?

La notion de feedback recoupe à la fois les problématiques d'information sur ce qui est en train de se passer et les réponses de l'ordinateur aux actions de l'utilisateur (on parle alors plutôt de feedback instantané, ou immédiat).

de vue ergonomique, vous devez pensez à deux choses : d'une part fournir du feedback (c'est-à-dire penser à répondre ou acquiescer à ce que fait l'internaute), mais aussi fournir ce feedback de manière appropriée.

Donner du feedback aux actions de l'internaute

Lorsqu'un internaute effectue une action sur votre site, vous devez lui répondre. Dans les interactions classiques de navigation de page en page, ce feedback ne pose en général pas de problème. En effet, c'est le changement de page qui remplit ce rôle. Même si les temps de chargement sont de plus en plus rapides avec la démocratisation des connexions haut-débit, les apparences des pages sont en général suffisamment distinctes pour que l'internaute voie qu'il s'est passé quelque chose.

En dehors de ce fonctionnement classique, deux types de situations sont particulièrement sensibles au manque de feedback. Tout d'abord, il existe des circonstances de navigation dans lesquelles le rechargement de la page n'est pas un signe suffisant pour alerter votre internaute. C'est notamment le cas lorsque la page de départ et la page d'arrivée sont très semblables sur le plan visuel. Le rechargement de la page suffit alors d'autant moins qu'il est rapide. Pour optimiser ce type de feedback, vous devez repérer les process dans lesquels deux pages successives sont très proches visuellement et vous débrouiller pour les différencier sur le plan perceptif. Ce n'est toutefois pas la situation la plus critique.

Le feedback est aussi particulièrement important dans le cas d'un rechargement partiel de page. Lorsqu'une action réalisée par l'internaute a un effet sur l'interface, vous devez le montrer visuellement. C'est par exemple ce que met en œuvre l'interface de connexion sur le site du Crédit Agricole : à chaque clic de l'internaute correspond un feedback sous la forme d'une étoile.

Visibilité du feedback

Ce n'est pas tant l'absence de feedback que son manque de visibilité qui est le défaut le plus fréquent. Cela peut être le cas s'il n'est pas assez fort visuellement, s'il est mal localisé ou les deux à la fois.

Regardez par exemple le feedback consécutif à l'ajout d'un article dans le panier sur le site de la Sultane de Saba (figure 5–75). 90 % des utilisateurs ne le verront absolument pas du fait de son emplacement (en bas à gauche de la page, alors que le regard de l'internaute est posé sur l'endroit où il vient de cliquer) et de son manque de force visuelle.

La même remarque vaut pour le site du Tournaisis lorsque l'on ajoute des objets dans la liste de sélection (figure 5–76).

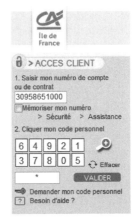

Figure 5–74 Sur le site du Crédit Agricole, l'affichage d'une étoile suite au clic sur un chiffre permet de donner un feedback à l'internaute sur l'efficacité de son action. Source : www.paris-enligne.credit-agricole.fr

DANS CE LIVRE
Le critère de feedback dans les interfaces en Ajax

Nous abordons au chapitre suivant l'importance du feedback dans le cadre d'utilisations spécifiques d'Ajax ou de Javascript.

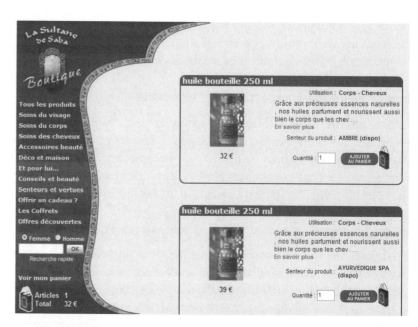

Figure 5–75
Sur le site de la Sultane de Saba, l'affichage de l'article en bas à gauche du site est trop discret pour être vu à coup sûr par les internautes qui viennent de l'ajouter à leur panier.
Source : www.lasultanedesaba.com

Figure 5–76
Sur le site du Tournaisis, l'affichage de l'élément en bas à gauche du site est trop discret pour être vu à coup sûr par les internautes qui viennent de l'ajouter à leur sélection.
Source : www.tournaisis.be

Moins évident à détecter, un feedback peut être parfait sur le plan visuel, mais devenir invisible dans certaines conditions d'utilisation. Ainsi, sur le site de Virgin Mega, la confirmation d'ajout au panier est scotchée en haut de l'écran. Du coup, si je descends un peu dans la page pour ajouter un morceau au panier, je ne vois absolument pas le feedback de confirmation.

Ce type de défaut est très problématique, puisqu'il va inciter les internautes à ajouter plusieurs fois le même article dans le panier. Cela sera

Figure 5–77 Sur le site de Virgin Mega, si l'on se trouve trop bas dans la page, on ne voit pas la confirmation d'ajout au panier qui s'affiche tout en haut du site. Source : www.virginmega.fr

d'autant plus vrai qu'ils auront vu le feedback de confirmation lors d'ajouts précédents (ils s'attendront alors à le voir à chaque fois).

Un dernier exemple peut être trouvé sur le site de vente en ligne de Colette sur lequel, si notre écran a une résolution de 1024 × 768 pixels, le clic sur un article d'une liste semble n'avoir aucune conséquence (figure 5–78). En effet, le seuil de scroll de référence se trouve alors à 570 pixels, c'est-à-dire plus haut que la zone où l'événement a lieu. L'internaute peut donc difficilement se douter que, suite à son clic, il s'est passé quelque chose, mais plus bas dans la page.

Règle n° 6. Compréhension : les mots et symboles sont choisis minutieusement

Nous venons de voir dans la règle précédente que vous devez donner de l'information à votre internaute, mais cela ne suffit pas. En effet, vous devez lui parler correctement en employant des codes sémantiques qu'il connaît.

La bonne utilisation des mots sur le Web

Les mots sont une problématique centrale de l'optimisation des sites web pour leurs utilisateurs. Ce sont souvent des choses qui sautent aux yeux des habitués de la pratique ergonomique. Les mots sont des éléments faciles à repenser lorsqu'ils sont très mal choisis. Ils sont aussi généralement assez aisés à modifier sur le plan technique. Cependant, le travail minutieux qu'exigent les mots est une tâche extrêmement compliquée, qui demande d'intégrer simultanément beaucoup de paramètres.

Utilisez le vocabulaire !

L'un des défauts les plus fréquents touchant le vocabulaire est qu'il n'est pas utilisé. Trop souvent, les concepteurs essaient de faire porter une idée par un symbole, une icône ou un caractère, comme s'ils ne disposaient pas de mots pour véhiculer sa signification. Or, les mots sont presque les outils idéaux pour traduire un concept (presque seulement, parce qu'ils doivent satisfaire l'ensemble des règles qui suivent). Vous devez donc profiter de la richesse de la langue et du fait que vos internautes la connaissent.

Par exemple, sur le site de Rowenta, les items de la navigation outils (incluant tout de même des liens aussi importants que *Accueil*, *Où acheter*, *Contact* et *Rowenta Global*) sont uniquement présentés sous forme d'icônes. Cela rend l'ensemble très peu compréhensible et n'incite pas à l'utiliser :

Figure 5–79
Sur le site de Rowenta, toutes les rubriques de la navigation outils sont représentées par des icônes, ce qui réduit leur utilisabilité.
Source : www.rowenta.fr

Le même principe est employé sur les trois sites suivants, alors que cela touche des espaces de navigation indispensables pour que l'internaute puisse accéder aux contenus du site (figures 5-80 à 5-82).

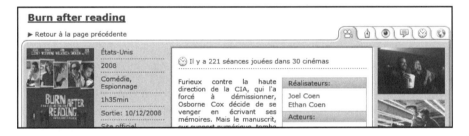

Figure 5–80 Sur le site de Cinebel, toutes les rubriques de navigation dans la fiche du film sont représentées par des icônes, ce qui réduit leur utilisabilité et leur pouvoir suggestif.
Source : www.cinebel.be

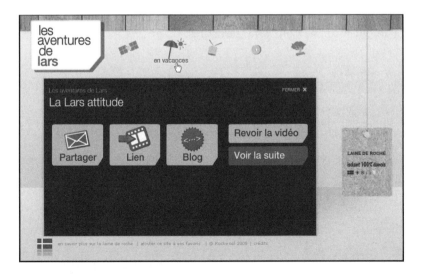

Figure 5–81 Sur le site des aventures de Lars par Rockwool, toutes les rubriques de navigation sont représentées par des icônes, ce qui réduit leur utilisabilité et leur pouvoir suggestif. Ce défaut est tout de même compensé par l'affichage d'un libellé au survol d'un item du menu.
Source : www.lesaventuresdelars.com

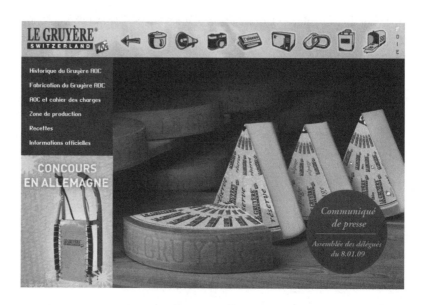

Figure 5–82 Sur le site de Gruyere.com, toutes les rubriques de la navigation horizon-tale sont représentées par des icônes, ce qui réduit leur utilisabilité et leur pouvoir suggestif. Le défaut est accentué par la présence d'un autre menu en colonne de gauche, textuel cette fois, qui peut alors sembler être le seul disponible. Source : www.gruyere.com

Les mots de la langue courante permettent de traduire dans l'interface une réalité conceptuelle, afin de rendre celle-ci accessible aux internautes. N'essayez donc pas d'inventer des codes pour traduire les concepts ou vous prenez le risque que vos visiteurs passent complètement à côté de ce que vous voulez leur raconter.

Regardez par exemple comment le site de SFR Music gère l'accès aux fiches artistes. Pour naviguer dans le catalogue artistes, on propose aux internautes un classement alphabétique. Ils peuvent ainsi voir tous les artistes commençant par A, tous ceux commençant par B, etc. Pour des raisons de flexibilité, on leur propose aussi une fonctionnalité pour voir l'ensemble des artistes, de A à Z. Or, celle-ci est représentée sous la forme d'un #. Utiliser ce caractère incompréhensible rend la fonctionnalité totalement invisible pour les internautes.

Les artistes Pop Rock					
# - A - B - C - D - E - F - G - H - I - J - K - L - M - N - O - P - Q - R - S - T - U - V - W - X - Y - Z				1 2 3 4 5 6 7 8 9 10 Suivante >	
'Little' Jimm...	(11 titres disponibles)	'Til Tuesday	(17 titres disponibles)	(Hed) Planet ...	(49 titres disponibles)
(Hed) Planet ...	(2 titres disponibles)	*NSYNC	(170 titres disponibles)	...	(2 titres disponibles)
...And You Wi...	(42 titres disponibles)	10 cc	(2 titres disponibles)	10 Second Dro...	(11 titres disponibles)
10cc	(43 titres disponibles)	12 Girls Band	(62 titres disponibles)	14 Bis	(17 titres disponibles)
16 Horsepower	(47 titres disponibles)	18 Summers	(31 titres disponibles)	1970 England ...	(12 titres disponibles)
1990's	(6 titres disponibles)	2 Loud	(3 titres disponibles)	22 Pistepirkk...	(13 titres disponibles)
22-20's	(35 titres disponibles)	23 Skidoo	(12 titres disponibles)	2raumwohnung	(138 titres disponibles)
3 Colours Red	(1 titre disponible)	3 Doors Down	(46 titres disponibles)	3 Doors Down	(2 titres disponibles)
30 Seconds To...	(28 titres disponibles)	311	(35 titres disponibles)	38 Special	(61 titres disponibles)
38th Parallel	(10 titres disponibles)	4 Lyn	(1 titre disponible)	4 Non Blondes	(12 titres disponibles)
4 PS	(11 titres disponibles)	4 The Cause	(7 titres disponibles)	4 You	(5 titres disponibles)
4 You & Lorie	(1 titre disponible)	The 411	(11 titres disponibles)	4Him	(56 titres disponibles)
54*40	(1 titre disponible)	7 Year Bitch	(12 titres disponibles)	747s	(19 titres disponibles)
883	(76 titres disponibles)	911	(50 titres disponibles)	98°	(30 titres disponibles)

Figure 5–83
Sur le site de SFR Music, il n'est pas évident qu'en cliquant sur #, on puisse accéder à l'ensemble de la liste des artistes. Source : www.sfr.fr

Le site de Shu Uemura offre une autre illustration de ce type de défauts. L'internaute peut ajouter des produits à son panier dès les pages de listes produits. Dans le cas de fonds de teint, il doit donc choisir son coloris. Or, on ne lui propose pour cela qu'une liste déroulante libellée *Select*, présentant les options de couleur sous la forme du code numérique correspondant (figure 5–84). Ni le libellé, ni les nombres de la liste n'incitent ici à comprendre que l'on demande de choisir un code couleur. Ne peuvent donc éventuellement s'en sortir que les clients habitués qui connaissent par cœur le code de leur produit.

Figure 5–84 Sur les listes produits du site de Shu Uemura, les coloris de fond de teint ne sont représentés que par leur code. Difficile de faire son choix ! Source : www.shuuemura-usa.com

Attention, ce n'est pas parce que l'on recommande d'utiliser les mots qu'il faut le faire n'importe comment. En particulier, en ajouter ne doit pas vous servir à compenser d'autres termes mal choisis. Observez par exemple la complexité du message adressé aux nouvelles clientes sur le site de Promod, formulé comme suit : *Si vous effectuez votre première commande, saisissez ci-dessous votre mail puis cliquez sur accéder au paiement pour voir la page "Coordonnées et Livraison"* (figure 5–85).

Le vocabulaire doit être compréhensible

Malheureusement, il ne suffit pas d'utiliser des mots du langage naturel pour être compris des internautes. Pour ce faire, les termes doivent être bien choisis. Un mot est facilement compréhensible s'il est auto-explicite, mais aussi s'il est devenu une convention sur le Web.

Choisissez donc le langage de vos internautes plutôt qu'un langage de spécialiste. Un langage de spécialiste, ce n'est pas forcément des codes incompréhensibles avec des numéros, des caractères spéciaux, etc. Ce peut être beaucoup plus insidieux. Ainsi, les défauts les plus courants consistent à utiliser un langage technique ou un vocabulaire d'entreprise inconnu des internautes.

Ainsi, on rencontre souvent des termes tels que *Trier par* (au lieu de *Afficher par*), *Visualiser* (plutôt que *Voir*), *Éditer* (plutôt que *Modifier*), etc. Regardez aussi comme les termes de *page d'ouverture de session* sur le site des Petites et d'*item* sur le site du Coq Sportif sont techniques :

Figure 5–86
Ce vocabulaire utilisé sur le site des Petites et celui du Coq Sportif
est orienté technique. Il est donc peu adapté pour les internautes.
Sources : www.lespetites.fr / www.shoplecoq.com

Le vocabulaire doit être orienté utilisateur

Vous devez absolument utiliser les mots qui vont toucher vos internautes, avoir un sens pour eux. Il faut donc vous mettre à leur place et transposer dans leur langage ce que vous leur proposez. Orientez vos messages sur l'utilité qu'ont, *pour vos internautes,* vos contenus ou services.

Par exemple, sur le site d'Universalis, l'offre d'essai gratuite est présentée de manière très technique : on propose aux internautes d'*Activer une période d'essai.*

Figure 5–87
Le vocabulaire utilisé sur le site d'Universalis est orienté technique. Il est donc peu adapté pour inciter les internautes à s'inscrire, et peut même les en dissuader.
Source : www.universalis.fr

De plus, les mots que vous utilisez sur votre site doivent permettre à vos internautes de savoir où cliquer en fonction de ce qu'ils veulent faire. Veillez donc à ce que votre vocabulaire soit exclusif, c'est-à-dire qu'à chaque concept corresponde un mot et un seul. Par exemple, sur le site des 3 Suisses, si vous avez envie de voir cette chaussure en plus grand, sur quel bouton cliquez-vous ? *Zoom*, *Agrandir* ou *Zoom détail* ?

Même si chacun de ces termes correspond à un fonctionnement technique différent pour les 3 Suisses, l'internaute ne doit pas en subir les conséquences. Ce genre de défaut de vocabulaire arrive souvent lorsque l'interface est construite à partir des fonctionnalités et non à partir d'un point de vue utilisateur.

L'utilisation d'un vocabulaire métier peut aussi produire des sites difficilement compréhensibles par les internautes. Par exemple, sur le site Internet d'Une Pièce en Plus, la rubrique *Les Sites « Une Pièce en Plus »* semble indiquer un accès aux différents sites web du groupe et non un accès à la liste géographique des centres. Ainsi, un terme courant dans le langage d'entreprise (Sites) devient contre-productif sur le Web.

Figure 5–88 Sur le site des 3 Suisses, 3 options sont proposées qui semblent pouvoir afficher la chaussure en plus grand.
Source : www.3suisses.fr

Figure 5–89
Dans le menu de navigation principal du site d'Une Pièce en Plus, l'entrée *Les Sites « Une Pièce en Plus »* n'indique pas clairement un accès à la liste des centres de stockage.
Source : www.unepieceenplus.com

Enfin, ne jouez pas sur l'ambiguïté sous peine d'énerver vos internautes. Évitez donc d'utiliser un mot qui peut recouvrir plusieurs acceptions. En effet, ceux de vos visiteurs qui l'auront compris de la mauvaise manière risquent de se sentir stupides ou manipulés.

Voyez ainsi comme le mot *Je continue* dans le pré-panier de la Redoute est ambigu (figure 5–90). Si l'internaute ne va pas plus loin, prend en compte le format et la localisation conventionnelle du bouton et ne s'interroge pas sur l'ensemble du libellé *Je continue mon shopping*, il estimera que ce bouton est le plus logique pour passer à l'étape suivante, à savoir « Continuer la commande ». Or, ce bouton sert plutôt à continuer ses achats, c'est-à-dire à retourner dans le catalogue produits.

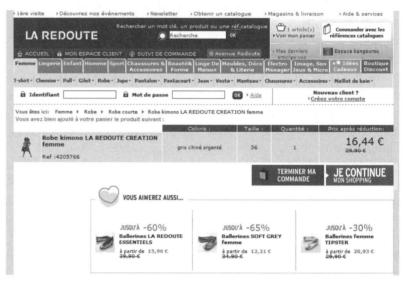

Figure 5–90
Dans le pré-panier du site de La Redoute, le bouton *Je continue* peut sembler être un moyen de passer à l'étape de commande de l'article.
Source : www.laredoute.fr

Le vocabulaire doit être exact et précis

Les mots que vous utilisez doivent représenter le plus justement possible l'idée sous-jacente. Par exemple, sur cette ancienne version du site de Promod (figure 5–91), le terme de *recherche express* vous semble-t-il le plus approprié pour une recherche où l'internaute peut spécifier des styles, des produits, des coloris et des tailles ?

Notez d'ailleurs que la page est appelée *Recherche avancée* dans la barre de titre et *J'affine ma recherche* au sein de la page. Ces termes, qui correspondent mieux à la réalité de la fonctionnalité, sont des opposés de la formule *Recherche express*.

Dans la nouvelle version du site Promod, la fonctionnalité est renommée *Recherche personnalisée*. On ajoute d'ailleurs à ce titre quelques éléments descriptifs pour en préciser encore l'utilité : *Je choisis par taille, coloris, style, produit...* (figure 5–92).

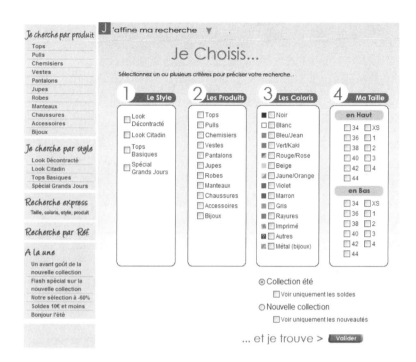

Figure 5–91
Sur le site de Promod, des fonctionnalités de recherche très avancées sont présentées sous le terme de *Recherche express.*
Source : ancien site www.promod.fr

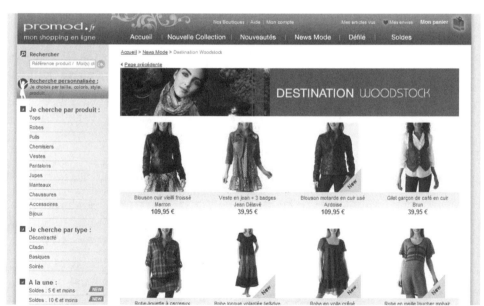

Figure 5–92 Le nouveau terme adopté pour désigner la recherche personnalisée du site de Promod permet de mieux deviner le type de fonctionnalité qui se cache derrière.
Source : www.promod.fr

De plus, pour être utile, une information doit être précise. Elle doit définir strictement ce à quoi elle renvoie. Ainsi, il n'y a aucun intérêt à proposer un lien *Cliquez ici* à vos internautes. Tournez plutôt vos phrases de telle manière que le mot-clé devienne le lien hypertexte permettant à l'utilisateur de naviguer.

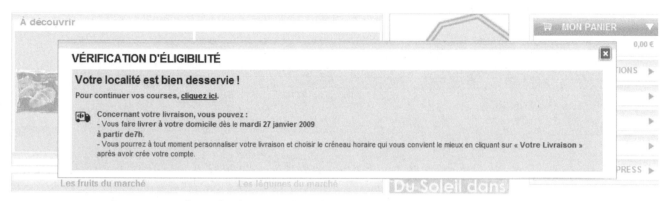

Figure 5–93 Sur le site d'Ooshop, suite à la vérification d'éligibilité de la commune, on devrait utiliser, plutôt que l'actuel *Cliquez ici*, le terme *Continuez vos courses* en tant que lien. En effet, ces termes sont les plus signifiants pour l'internaute et déterminent le fait qu'il clique ou non.
Source : www.ooshop.fr

Figure 5–94 Même chose chez Promovacances, où les termes *Nos séjours au départ de province* seraient beaucoup plus explicites que le lien *Cliquez ici.*
Source : www.promovacances.fr

> Tous les séjours proposés dans la liste ci-dessous sont au départ de Paris. Pour consulter nos séjours au départ de province, cliquez ici

Figure 5–95
Les deux liens *Cliquez ici* sur les sites de Pixmania et de ViaMichelin peuvent être renommés pour désigner précisément ce qu'ils recouvrent.
Sources : www.pixmania.com / www.viamichelin.fr

Le vocabulaire doit être conventionnel

Enfin, utilisez des mots que vos internautes connaissent. Cette recommandation est basée sur la règle n°4. Regardez par exemple comme, sur le site de Lamyline Reflex, on comprendrait mieux la fonction de téléchargement de documents si elle était désignée par *Télécharger* plutôt que *Récupérer le document*.

Figure 5–96
Sur le site de Lamyline Reflex, le libellé choisi pour le lien *Récupérer le document* ne permet pas de comprendre rapidement de quoi il s'agit.
Source : www.lamylinereflex.com

Attention à l'utilisation des métaphores

Il peut être utile de mettre en correspondance le système et le monde réel, sous réserve que l'analogie soit intéressante et compréhensible immédiatement. Attention donc aux métaphores douteuses, qui risquent de perturber votre internaute ou d'opacifier une fonctionnalité intéressante. Observez ainsi comme la fonctionnalité de sélection de contenus est dévalorisée par l'appellation *Mon sac à dos* sur le site Randonnées du Tournaisis.

Figure 5–97
Sur le site du Tournaisis, le libellé *Sac à dos* ne permet pas de comprendre rapidement de quoi il s'agit.
Source : www.tournaisis.be

Si, malgré tout, vous mourez d'envie d'utiliser des métaphores pour personnaliser votre site ou le rendre cohérent avec votre charte rédactionnelle, pensez à fournir des moyens de contournement. De cette manière, vos internautes pourront comprendre ce que vous voulez leur dire. C'est le cas du site web de l'éditeur Didier Jeunesse, qui file la métaphore de la poule et de l'œuf à travers ses pages, à tel point que la fonction d'impression devient *Pondre*. Toutefois, pour limiter les difficultés de compréhension, le concepteur ajoute la traduction web de ce mot (figure 5–98).

Figure 5–98
Sur le site de Didier Jeunesse, la fonction d'impression est joliment nommée *Pondre*, mais on y ajoute le mot *Imprimer* afin d'expliciter le sens pour l'internaute.
Source : www.didierjeunesse.com

Le vocabulaire doit être concis

Lorsque vous choisissez un mot, vous devez prendre en compte sa simplicité. Votre objectif doit être la plus grande concision possible. Cela ne signifie pas raccourcir systématiquement les mots à l'extrême, mais atteindre un compromis respectable entre longueur et compréhension.

Surveillez donc la longueur de chaque mot, mais aussi le nombre de mots composant un élément (par exemple, un titre de rubrique). Le plus compliqué pour un concepteur est de faire le compromis entre les nécessités de concision et de précision. En voici un exemple sur le site d'Aubert.

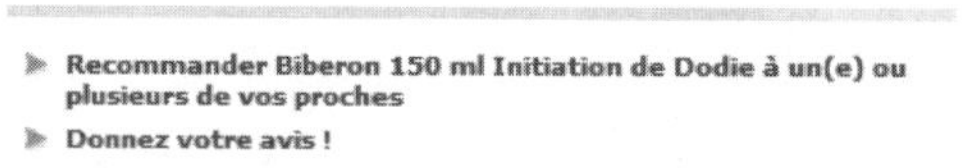

Figure 5–99
Le libellé du lien *Recommander Biberon 150 ml Initiation de Dodie à un(e) ou plusieurs de vos proches* est assez précis, mais trop long.
Source : www.aubert.fr

▶ **Recommander Biberon 150 ml Initiation de Dodie à un(e) ou plusieurs de vos proches**
▶ **Donnez votre avis !**

À cause de la contextualisation de la fonctionnalité pour un produit donné, le libellé devient trop long et on perd l'essence du message (c'est-à-dire l'action sous-tendue par le lien *Recommander*). L'emplacement de ce lien, directement sous l'image, est largement suffisant pour effectuer ce rapport entre la fonctionnalité et son objet. L'intitulé actuel peut toutefois apparaître dans la balise `Title` afin d'optimiser le traitement du lien par une synthèse vocale ainsi que le référencement.

À SAVOIR **Pourquoi la balise Title est-elle importante pour une synthèse vocale ?**

Rendez-vous à la fin du chapitre 3 pour comprendre comment la synthèse vocale va lire la balise `Title`, et pourquoi c'est important en vue d'optimiser l'accessibilité visuelle.

Les symboles et codes doivent être compréhensibles

Les internautes qui viennent sur votre site sont chargés de leur histoire, de leurs habitudes et de leurs apprentissages, à la fois vis-à-vis du monde réel et des interfaces homme-machine. Vous devez donc vous adapter aux a priori qu'ils portent en eux afin de faciliter la compréhension de votre site.

Les codes et symboles que vous utilisez doivent être les plus clairs possibles. Par exemple, vous devez utiliser la couleur à bon escient, en respectant les symboliques associées dans la culture occidentale. Choisissez des couleurs appropriées en fonction de la signification de base du message à faire passer. Ainsi, pour l'affichage de messages, veillez à n'utiliser le rouge que dans le cadre d'alertes et, plus précisément, pour attirer l'attention sur des choses « qui ne vont pas ».

Pensez aussi toujours à la règle n° 2, et plus particulièrement à limiter la charge informationnelle. N'utilisez la couleur que lorsque cela présente un intérêt. En effet, c'est une information que notre cerveau doit aussi traiter. La présence de couleurs peut donc surcharger le traitement mental de la page.

Enfin, lorsque vous utilisez des icônes, le plus difficile est de faire correspondre ce qu'elles représentent avec leur fonction. Elles doivent aussi être compréhensibles par les internautes. Essayez au maximum d'utiliser des icônes que vos visiteurs connaissent déjà.

Attention à l'emploi d'icônes par extension. C'est par exemple le cas de l'icône de corbeille associée au libellé *Ajouter à ma sélection*, visible sur la page de confirmation d'ajout au panier du site de la Fnac.

RECOMMANDATION
Dans l'idéal, icône + libellé

Même lorsque vous utilisez des icônes très conventionnelles, si la place n'est pas un critère crucial dans votre page, n'hésitez pas à les accompagner d'un libellé explicite. Ce peut être le cas, par exemple, d'une fonction d'impression. Ajouter un libellé à une icône présente ces autres avantages de mettre en avant la fonctionnalité et de faciliter son clic (rappelez-vous à cet égard la loi de Fitts que l'on évoquait au chapitre 3).

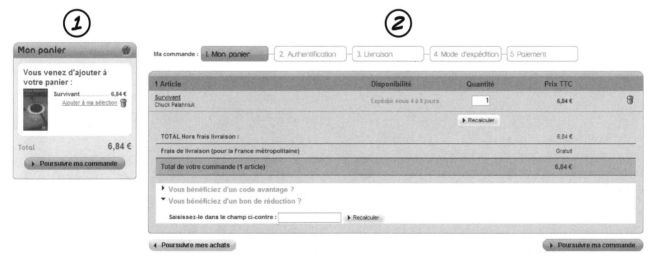

Figure 5–100 Sur la confirmation d'ajout au panier du site de la Fnac, on utilise une icône « corbeille » pour représenter le passage de l'article du panier à la liste de sélection (en 1). Si l'on regarde la même icône dans le panier, elle est alors utilisée pour représenter la suppression définitive d'un article du panier (en 2). Source : www.fnac.com

Cette même icône est d'ailleurs réutilisée dans le panier afin de représenter la fonction de suppression. Elle est donc utilisée dans deux contextes pour représenter deux actions très différentes.

Règle n° 7. Assistance : le site aide et dirige l'internaute

Notre septième règle indique que le site doit être conçu de manière à assister l'internaute tout au long de sa visite. Pour la comprendre, il faut nécessairement distinguer l'aide qui ne se voit pas (qui relève plutôt de l'accompagnement de l'internaute) des contenus d'aide explicites (qui sont plutôt des textes explicatifs).

Dirigez grâce à l'organisation et à la visibilité

Dans l'optique de diriger au mieux vos visiteurs, tout ce dont ils peuvent avoir besoin doit être visible, qu'il s'agisse d'objets, d'actions, d'options ou de moyens d'y accéder. Ainsi, vous ne chargez pas la mémoire de vos internautes : ils n'ont pas à retenir d'informations d'une page à l'autre.

Dans ce cadre, la visibilité des outils de navigation principaux est primordiale. Si l'on revient sur le site de Rowenta, on s'aperçoit que la barre de navigation principale, par son manque de visibilité (en bas de l'écran, mais aussi dans un format trop léger), ne remplit pas son rôle d'incitation à la navigation.

Figure 5–101
Le site de Rowenta n'assiste pas ses internautes dans leurs besoins de navigation du fait d'une trop faible visibilité de la barre de menu principale.
Source : www.rowenta.fr

Sur le site du Tournaisis, ce manque de visibilité s'ajoute à un problème d'organisation fonctionnelle et visuelle. Ainsi, dans la page des *Activités & loisirs*, on met en avant 2 éléments (sur un total de 21). Les autres sont accessibles dans la colonne de droite, via le lien *Toutes les activités & loisirs (21)*. Or, lorsqu'on arrive sur cette page, on a l'impression que le site du Tournaisis ne propose que 2 activités : en effet, l'accès à toutes les activités n'est pas assez visible et pas assez lié visuellement à la liste des 2 activités mises en avant (figure 5–102).

RECOMMANDATION
Il faut rendre visible ce que l'internaute n'attend pas

Les défauts de visibilité sont critiques lorsque l'internaute ne se doute pas du volume d'informations proposées par le site. Ils sont donc surtout problématiques quand celui-ci ne sait pas que quelque chose existe. La visibilité et l'organisation visuelle sont alors de très bons moyens pour diriger le regard de votre visiteur et l'inciter à utiliser votre site.

Figure 5–102
L'interface choisie pour cette page semble suggérer que le site du Tournaisis ne propose que deux *Activités et Loisirs*.
Source : www.tournaisis.be

Un problème similaire de visibilité et d'organisation visuelle fait que, sur la page *Nos Contacts* du site d'Isabel Marant, on a le sentiment que les seuls contacts disponibles sont ceux présentés sur cet écran. Or, tout en haut, il y a un lien *Prochaine page* qui permet d'accéder à la suite des contacts (figure 5–103)

Si vous dirigez bien votre internaute, il doit comprendre très rapidement ce qu'on attend de lui lorsqu'il arrive sur une page ou qu'il en analyse une zone. Prenons un exemple sur le site d'Alain Afflelou : le centre de la page étant très mal organisé, l'internaute doit réfléchir à ce qu'il doit faire, alors que ce que l'on attend de lui est très simple (à savoir : choisir entre optique et solaires). Revenez toujours à ce niveau fondamental : que proposez-vous à l'internaute ? Lorsque vous aurez répondu à cette question, vous verrez qu'il est plus facile de présenter votre interface de façon à traduire parfaitement cette proposition (figure 5–104).

Ici, l'interface ne traduit pas assez bien la dichotomie entre solaires et optique, alors que l'on cherche justement à faire choisir l'internaute entre les deux. Ce choix devrait donc s'imposer à lui dès qu'il arrive sur la page.

RECOMMANDATION
Organisation visuelle, call to action et visibilité sans scroll

Il doit se dégager de votre page des espaces d'informations et une vision claire de ce qui est attendu de l'internaute. Ainsi, ce dernier ne doit pas chercher un bouton d'action. Pensez toujours à présenter les informations capitales au-dessus du seuil de visibilité sans scroll. Pour aller plus loin, rendez-vous au chapitre 9 où nous vous expliquons comment prendre en compte cette limite.

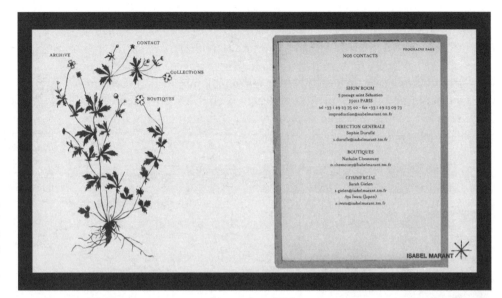

Figure 5–103 L'interface choisie pour cette page semble suggérer qu'elle contient l'ensemble des contacts fournis sur le site d'Isabel Marant.
Source : www.isabelmarant.tm.fr

Figure 5–104 L'interface choisie pour cette page présente séparément deux éléments de navigation identiques : les libellés *Optique* et *Solaire*, et les visuels des lunettes correspondantes. On a donc besoin d'ajouter une légende *Cliquez sur les lunettes* car l'organisation visuelle n'assiste pas assez l'internaute.
Source : www.alainafflelou.com

Souvent, il ne manque pas grand chose pour qu'une interface fonctionne côté utilisateur et guide ce dernier de manière efficace. Les artifices graphiques sont un bon moyen de diriger le regard afin de faciliter la compréhension d'une page. Par exemple, sur la page *Nos auteurs et illustrateurs* du site de Didier Jeunesse, il est dommage que l'internaute puisse se satisfaire de cette première liste d'auteurs en pensant qu'elle est complète (figure 5–105). En fait, cette première page ne fait apparaître que les auteurs dont le nom commence par la lettre A. Or l'interface ne guide pas assez l'internaute pour qu'il comprenne cela rapidement. Ceci est dû au manque de relation visuelle entre le menu alphabétique et la liste, associé à l'absence de feedback positionnel (de type : « la lettre A a un format différent parce que je suis dans la page des A »).

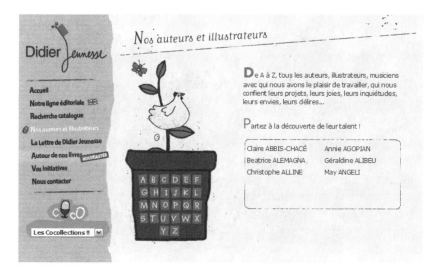

Figure 5–105
Sur le site de Didier Jeunesse, l'interface choisie pour cette page semble suggérer qu'elle contient l'ensemble des auteurs et illustrateurs. Il faut se rendre compte que tous commencent par la lettre A pour chercher un moyen d'atteindre les autres lettres. On demande donc à l'internaute de faire un effort qui devrait être supporté par l'interface. Source : www.didierjeunesse.com

L'organisation visuelle d'une page peut aussi tromper votre internaute. Ainsi, chez Amazon, qui adopte un design élastique dans sa page de paiement. Ce principe a pour conséquence que, sur un écran large, le champ du cryptogramme visuel risque d'être souvent oublié, car il se trouve perdu dans l'interface. En effet, les internautes renseignent leurs informations

Figure 5–106 Sur le site d'Amazon, l'organisation visuelle sur un écran large fait que le champ cryptogramme risque d'être fréquemment oublié par les internautes.
Source : www.amazon.fr

bancaires de gauche à droite, en commençant par remplir le type de carte, son numéro, puis le nom du porteur et la date d'expiration. À ce moment, leur souris se trouve toute proche d'un bouton *Continuer*. Continuer semble donc être la prochaine action la plus logique à effectuer. Or, ce faisant, l'utilisateur oublie le champ *Cryptogramme visuel*, situé complètement à gauche de l'interface (figure 5–106).

Dirigez grâce à des clics logiques

À SAVOIR
Les défauts de logique de clic et d'organisation visuelle peuvent être simultanés

Cet exemple sur le site de SFR Music conjugue un problème de clic illogique avec une mauvaise organisation visuelle (cf. notre point précédent). En effet, l'expression *Écouter un extrait* et le bouton correspondant sont très éloignés l'un de l'autre. Cette présentation vous paraît-elle respecter la loi de proximité que nous évoquions au chapitre 3 ?

Les internautes s'attendent toujours, au vu de ce que vous leur présentez, à pouvoir agir d'une certaine manière sur votre site Internet. Facilitez-leur la tâche en vous adaptant à leur logique de fonctionnement. En particulier, c'est l'élément ayant permis la prise de décision qui doit être cliquable. Ainsi, sur le site de SFR Music, lorsque l'internaute voit le mot *Écouter un extrait* et qu'il a effectivement envie d'écouter un extrait, que va-t-il faire ? Logiquement, il va cliquer sur ce mot. Or cette action n'aura aucun effet. S'il reclique en croyant avoir mal cliqué la première fois, il ne va toujours rien se passer. Alors, dans le pire des cas, l'internaute partira du site, persuadé qu'il fonctionne mal. S'il est un peu plus tenace, il va chercher un autre objet sur lequel cliquer pour lancer l'écoute de l'extrait. Alors seulement, il apercevra l'icône en forme de haut-parleur.

Figure 5–107
Sur le site de SFR Music, il paraîtrait logique que l'élément signifiant (ici, le libellé *Écouter un extrait*) soit cliquable, au même titre que l'icône de haut-parleur.
Source : www.sfr.fr

Dans cet exemple, le clic n'est pas logique puisque ce n'est pas l'élément décisionnel qui est cliquable. Ne rendez pas la tâche de l'internaute plus difficile et attribuez donc un caractère cliquable aux éléments les plus pertinents.

RECOMMANDATION
Faites au moins correspondre votre légende à l'objet concerné

Informer l'internaute, à l'aide d'un texte, qu'il doit « cliquer sur un bouton pour accomplir une action donnée » est déjà ennuyeux d'un point de vue ergonomique. Ça l'est encore davantage lorsque le bouton est loin de cette légende et porte une autre appellation, voire pas d'appellation du tout. (Voir par la suite l'exemple *Acheter maintenant* sur le site de SFR Music).

Dans le même ordre d'idées, il est très courant de voir des sites où l'on indique à l'internaute de cliquer sur un bouton pour accomplir une action (de type « Cliquez sur le bouton Machin pour faire Machin »). Pourquoi dans ce cas ne pas rendre cette légende elle-même cliquable ? Regardez l'exemple sur le site de Carglass (figure 5–108).

Le même type de procédé est utilisé sur le site de Nivea, pour inciter à l'utilisation de la navigation par onglets (figure 5–109).

Figure 5–108 Sur le site de Carglass, on demande aux internautes de *Cliquer sur le bouton "Prendre un Rendez-vous en ligne" pour organiser votre RDV.* Ils doivent donc lire cette phrase, puis chercher le bouton correspondant, alors que la phrase elle-même pourrait être cliquable et, ainsi, leur permettre d'atteindre leur objectif plus facilement.
Source : www.carglass.fr

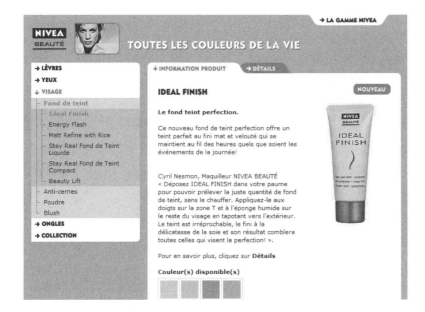

Figure 5–109
Sur le site de Nivea, on dit aux internautes :
Pour en savoir plus, cliquez sur Détails.
Ils doivent donc lire cette phrase, puis chercher le lien correspondant, alors que la phrase elle-même pourrait être cliquable et permettre d'afficher le contenu de l'onglet *Détails*.
Source : www.nivea.fr

Par cette légende, on attire l'attention sur un onglet qui manque de visibilité. C'est donc déjà mieux que rien. De surcroît, cela signifie que les concepteurs ont conscience du fait que les internautes risquent de rater cet onglet. Mais il faut profiter de cette indication textuelle et la rendre interactive pour qu'elle soit cliquable, au même titre que l'onglet ! Pensez toujours à utiliser la puissance du Web pour servir vos internautes.

DANS CE LIVRE
Tout savoir sur la notion d'affordance

Pour approfondir le sujet des affordances, rendez-vous au chapitre 3 !

POINT DE VUE
**Les affordances dirigent
les internautes vers l'action**

Indiquer ce qui est ou non cliquable permet de diriger correctement vos visiteurs et de les inciter à agir ou pas.
Lorsque vous voyez un élément qui semble cliquable et un autre qui semble inactif, c'est comme si vous vous trouviez face à une porte entrouverte et une autre fermée par des scellés.

Figure 5–110
Sur le site du Tournaisis, on a l'impression que le bouton *En savoir +* et le lien *Toutes les activités & Loisirs (21)* ne sont pas cliquables, parce qu'ils sont présentés en gris ou dans une couleur très claire.
Source : www.tournaisis.be

Dirigez grâce aux affordances

Lorsqu'on parle de diriger, c'est diriger dans la bonne direction... Vous devez réussir à ce que les internautes repèrent très vite ce qui est cliquable sur votre site et ce qui est « actionnable » (champ de saisie, éléments de sélection de formulaires, etc.). Ces caractéristiques d'action (suggérées par la forme et le comportement des objets) sont ce que l'on appelle leurs *affordances*.

Les affordances permettent de repérer ce qui est cliquable

Un des défauts fréquemment constatés dans les sites web consiste à fournir des indices suggérant « ceci n'est pas cliquable ». C'est par exemple le cas du bouton *En savoir plus* sur le site du Tournaisis, mais aussi du lien *Toutes les activités*, qui semblent non disponibles parce qu'affichés dans des couleurs à connotation inactive.

Si vous ne prêtez pas attention aux affordances, vous vous exposez au risque de voir vos internautes manquer des éléments essentiels de votre site. C'est particulièrement dommage dans le cas des barres de navigation. Celles-ci doivent être suffisamment affordantes au clic pour être perçues et utilisées par votre internaute. Regardez par exemple comme le format adopté pour la navigation secondaire du site de Décléor n'incite pas à l'action.

Figure 5–111
Sur le site de Decléor, la navigation secondaire n'est pas assez affordante au clic. Elle a donc moins de chances d'être utilisée par les internautes.
Source : www.decleor.fr

D'autre part, choisissez bien les éléments cliquables et profitez des affordances naturelles. Les phrases formulées à l'infinitif ou à l'impératif, qui suggèrent une action de la part de l'internaute, sont sans conteste celles qui sont le plus affordantes pour une cliquabilité sans effort. Lorsque vous présentez des phrases de ce type, elles doivent forcément être cliquables. C'est ce qui explique les inconvénients des légendes non cliquables que nous avons vues précédemment en exemple.

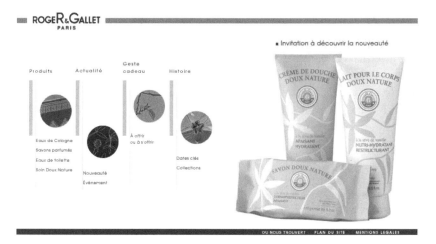

Figure 5–112
Sur la page d'accueil du site de Roger & Gallet, l'élément le plus affordant pour accéder aux produits *Doux Nature à la sève de vanille* est le visuel des produits. Or, ce dernier n'est pas cliquable.
Source : www.roger-gallet.com/fr

Les images de produit (attention, *de produit*, et pas n'importe quelles images) sont également très affordantes pour la cliquabilité. Par exemple, sur le site de Roger & Gallet, si l'on est intéressé par les produits *Doux Nature à la sève de vanille*, on a naturellement envie de cliquer sur les photos de ces produits (beaucoup plus que sur le texte *Invitation à découvrir la nouveauté*, qui est moins affordant au clic). Or, le texte est ici le seul élément cliquable pour accéder à des informations détaillées sur les produits à la sève de vanille.

À SAVOIR

Le rapport entre le guidage de l'internaute et sa rapidité

Diriger l'internaute, c'est aussi lui permettre d'accomplir plus rapidement ses activités, puisque la page est construite de manière logique et ne le force pas à chercher ce qui l'intéresse.

Les affordances permettent de repérer ce qui est utilisable

Il est important que vos internautes repèrent les éléments avec lesquels ils peuvent interagir sur votre site, notamment les champs de saisie. Vous devez donc les aider dans cette tâche, ce que permettent deux recommandations principales : d'une part, ne pas remplir les champs de saisie (avec le titre du champ ou un exemple du type de données attendues) et, d'autre part, les présenter sur un fond de couleur afin de mettre en avant le blanc du champ. Le site de Surcouf et celui de Blogger le font par exemple très bien.

Figure 5–113
Sur le site de Surcouf et celui de Blogger, l'utilisation d'une couleur de fond sous les champs de connexion au compte utilisateur augmente fortement leur facilité de repérage en tant que champs de saisie.
Sources : www.surcouf.fr / www.blogger.com

Ces recommandations sont celles qui vous permettront de mettre l'accent sur les éléments utilisables. Vous pouvez donc vous en affranchir si le repérage des champs de saisie n'est pas capital.

Enfin, pensez que vos éléments peuvent prendre des affordances temporaires. Par exemple, un champ peut, par son format, suggérer « Je suis le champ actif, celui dans lequel se trouve le curseur, que vous allez remplir ou que vous remplissez en ce moment ». Ce type de présentation accompagne l'internaute dans ses actions de manière très rassurante. Par exemple, sur le site de Meetic, dès que l'internaute place son curseur dans un des champs (et jusqu'à ce qu'il en sorte), ce dernier prend un format visuel particulier :

Figure 5–114
Sur le site de Meetic, le champ actif prend une affordance temporaire qui guide l'activité de saisie.
Source : www.meetic.fr

La mise en valeur du champ actif peut être réalisée grâce à un élément graphique ajouté au champ (comme dans l'exemple précédent), ou en modifiant les propriétés de style du champ en question (couleur de fond, couleur et épaisseur du contour).

Figure 5–115
Sur le site du Loto, le champ actif prend une affordance temporaire qui guide l'activité de saisie.
Source : www.loto.fr

Attention à ne pas diriger de façon erronée

Le manque de justesse et de précision induit en erreur

Soyez précis dans les explications que vous donnez à vos internautes, sous peine de les induire en erreur. Par exemple, sur le site de SFR Music, on indique aux internautes *Cliquez sur le bouton « Acheter maintenant » face au contenu choisi*. Voici ce bouton :

Figure 5–116
Auriez-vous pensé qu'il s'agissait du bouton *Acheter maintenant* ?
Source : www.sfr.fr

Les contre-affordances induisent en erreur

Comme nous le disions au chapitre 3, attention aux affordances erronées, ou contre-affordances. Ce phénomène concerne des éléments qui se déguisent en ce qu'ils ne sont pas, trompant donc les internautes. Ces derniers risquent alors de faire des erreurs, soit en cliquant sur des éléments qui ne sont pas cliquables, soit en pensant qu'un élément n'est pas cliquable alors qu'il l'est. Prenons en exemple ce menu déroulant du site de la Française des Jeux.

Figure 5–117
Sur le site de la Française des Jeux, le mot *Jouer* présente une contre-affordance au clic. Il semble permettre d'accéder directement au jeu en ligne, alors que ce n'est pas le cas.
Source : www.fdjeux.com

Si vous avez envie de jouer au Loto en ligne, que faites-vous ? Vous allez d'abord probablement réfléchir à deux fois, puis éventuellement décider de cliquer sur *Jouer* : si ce lien est là, c'est que le premier lien, *Loto*, doit mener sur une présentation générale du loto. Si vous avez envie d'accéder rapidement à l'interface de jeu en ligne, vous cliquez donc sur *Jouer*. Et cliquez une seconde fois, parce qu'on dirait que vous avez cliqué à côté. Puis une troisième, parce qu'il semble que le site n'a pas compris. Sauf qu'il n'a aucune chance de comprendre, parce que le mot *Jouer* n'est pas un lien.

Dans cet exemple, le recours à un élément extrêmement affordant (le mot *Jouer*) induit l'internaute en erreur et perturbe la fluidité de son parcours dans le site.

Dans le même ordre d'idées, les affordances de votre site ne doivent pas inciter à utiliser un outil inutile. Prenons cet exemple sur le site de Clarins : les concepteurs ont prévu que les internautes puissent choisir le conditionnement d'un produit, alors que la plupart des produits n'offrent qu'un seul conditionnement (par exemple, un tube de 50 ml). Or la présence permanente de la liste déroulante correspondante incite à son utilisation et risque donc de décevoir les internautes qui auraient souhaité un conditionnement différent.

Figure 5–118 Même si vous avez prévu la possibilité technique pour les cas où un produit propose plusieurs conditionnements, vous devez éviter de faire figurer l'outil dans les cas où un seul conditionnement est disponible.
Source : www.clarins.fr

Les affordances perçues génèrent des réflexes !

Lorsqu'on dit qu'un élément possède une grande affordance au clic, cela signifie aussi que les internautes auront le réflexe de cliquer dessus s'ils cherchent à accomplir une action. Il vous faut donc veiller à ne pas induire vos utilisateurs en erreur si plusieurs éléments de votre interface sont cliquables.

Observez ainsi cet exemple sur le site de Netvibes. Dans l'ancienne version de l'interface, les utilisateurs disposant d'un compte et souhaitant s'y connecter risquaient de se tromper de bouton d'action. En effet, le

Figure 5–119 Sur l'ancien site de Netvibes, les utilisateurs souhaitant cliquer sur le bouton *Sign in* risquaient de le confondre avec le bouton *Sign up*, du fait de la grande affordance au clic de ce dernier, et de son emplacement à proximité du champ *Password*. L'effet est encore accentué par la forte ressemblance en langue anglaise des termes *Sign in* et *Sign up*.
Source : ancien site www.netvibes.com

bouton le plus affordant au clic était en fait celui correspondant à la création de compte. Sur la nouvelle interface (figure 5–120), le défaut est résolu par une réorganisation de l'espace et une nouvelle présentation visuelle.

Figure 5–120 Sur le nouveau site de Netvibes, les utilisateurs souhaitant cliquer sur le bouton *Sign in* ne risquent plus de le confondre avec *Sign up*, car les deux entrées sont bien différenciées. Source : www.netvibes.com

Ce type d'erreur lié aux affordances perçues possède en général un caractère très persistant, c'est-à-dire que l'erreur risque de se produire à répétition, tant le bouton incite au clic de manière presque réflexe. L'effet est encore accentué par le fait que les utilisateurs réguliers ont tendance à moins analyser l'interface avant de se décider à cliquer.

Évitez d'avoir à diriger grâce à un modèle d'interaction adapté

Si vous pouvez éviter d'avoir à diriger votre internaute, profitez-en ! Le guidage de votre internaute n'est finalement qu'une réponse à une problématique d'interaction complexe. Plus ce que vous demandez à votre internaute est simple, moins vous risquez de le perdre en chemin. Autrement dit, moins votre modèle d'interaction nécessite d'actions de sa part, moins vous aurez besoin de le guider.

Prenons comme exemple la modification d'une quantité dans un panier. Selon le modèle d'interaction que vous choisissez, vous aurez ou non besoin de guider votre internaute. Ainsi, on peut concevoir le système de telle sorte que le panier recalcule le montant en temps réel, en fonction des modifications apportées par l'internaute. À l'inverse (et c'est malheureusement le cas le plus courant), on peut demander une intervention de la part de l'internaute sous la forme d'un clic sur un bouton *Recalculer* (voir figures 5–121 et 5–122).

Satisfaire ce critère peut amener à préférer un élément d'interface à un autre (par exemple, des boutons d'incrémentation et de décrémentation plutôt qu'un champ quantité, s'il est techniquement difficile de repérer que l'internaute est sorti du champ).

DANS CE LIVRE
Le rapport de dépendance entre nombre d'actions et rapidité de l'internaute

Nous verrons par la suite que cette recommandation peut recouper la règle de rapidité (moins l'internaute doit faire d'actions, plus il peut être rapide).

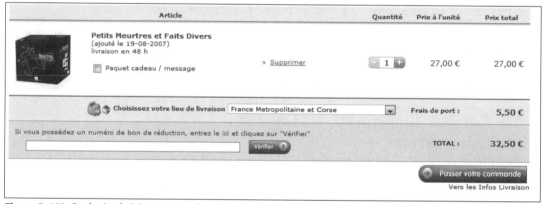

Figure 5–121 Sur le site de la Fnac, l'internaute doit cliquer sur un bouton *Recalculer* après avoir modifié une quantité dans le panier. Source : www.fnac.com

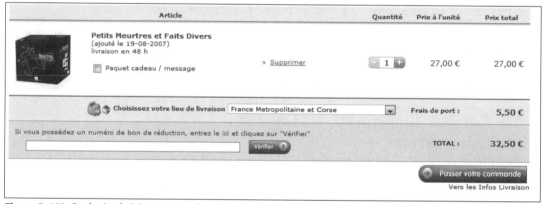

Figure 5–122 Sur le site de Réservoir Jeux, le montant du panier se met à jour automatiquement dès que l'internaute modifie une quantité dans le panier. Il n'y a donc pas besoin de fournir un bouton *Recalculer*. Source : www.reservoir-jeux.com

En outre, avec la même solution de base, l'internaute peut se trouver plus ou moins bien dirigé. Par exemple, la plupart des sites qui intègrent un bouton *Recalculer* ne vérifient pas si l'internaute a modifié des quantités avant de valider son panier : ils le laissent ainsi passer à la suite sans prendre en compte ses modifications. Heureusement, ce type de situation est parfois prévu. Ainsi, sur le site de Nicolas (figure 5–123), le modèle d'interaction défaillant est compensé par un système de protection contre l'erreur, qui guide l'internaute vers le bouton *Recalculer*.

Cependant, si l'on est capable de faire cette vérification technique lors du clic sur le bouton *Valider ma commande*, on doit être capable de mettre à jour le montant du panier en fonction des quantités saisies par l'internaute.

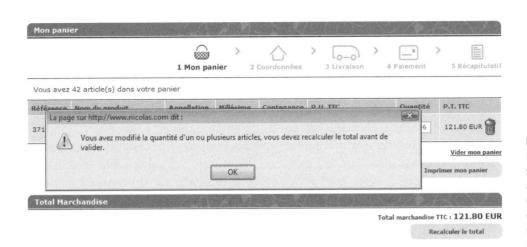

Figure 5–123 Sur le site de Nicolas, l'internaute doit cliquer sur un bouton *Recalculer* après avoir modifié une quantité dans le panier. S'il oublie de le faire, on le prévient que c'est nécessaire.
Source : www.nicolas.com

Assistez votre internaute en tenant compte de ses besoins en termes de tâches

Veillez toujours à vous adapter au comportement des gens sur Internet et faites un peu d'analyse de l'activité ou de tests utilisateurs sur une interface existante afin de comprendre leur raisonnement et leurs besoins.

Prenons l'exemple d'une interface qui ne prend pas en compte les besoins des internautes en termes de tâches. Sur le site d'UGC Prompto, on peut acheter ses billets de cinéma avec une carte bancaire, dont on doit saisir le numéro afin de procéder au paiement. Le site a prévu une fonctionnalité d'interface qui peut paraître intéressante au niveau de la sécurité du paiement sur Internet et de la perception subjective qu'en ont les internautes : dès que l'on a rempli les 4 premiers chiffres de son numéro de carte et que l'on passe au champ suivant, le système transforme ces chiffres en étoiles. Au final, tous les chiffres sont représentés sous forme d'étoiles.

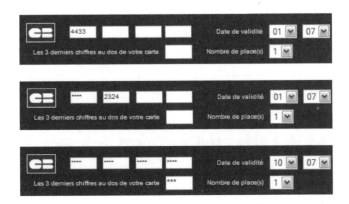

Figure 5–124
Sur le site d'UGC, dès que l'internaute a rempli un des champs de son numéro de carte bancaire, on transforme les chiffres en étoiles.
Source : www.ugc.fr

173

Ces étoiles sont le symbole conventionnel d'un caractère crypté et augmentent donc le sentiment que le site nous protège efficacement d'un quelconque risque lié au paiement en ligne. Cela semble aussi intéressant du point de vue social : si l'internaute commande ses billets au bureau, dans un cybercafé ou dans un parc, il ne risque pas qu'une personne malveillante puisse voir ses coordonnées bancaires par-dessus son épaule. Cependant, en voulant bien faire, on crée une interface qui est complètement décorrélée des usages des internautes et de leurs besoins lorsqu'ils paient en ligne. En effet, elle ne tient absolument pas compte d'une donnée essentielle : le comportement des internautes lorsqu'ils renseignent leurs coordonnées bancaires. Dans ce type d'activité, les internautes ont besoin de vérifier que les chiffres qu'ils ont saisis sont bien les bons. De plus, en cachant les éléments déjà entrés, on supprime tout un contexte qui aide à renseigner la totalité du numéro de carte.

Anecdote
Le paiement en ligne n'est pas anodin

Lorsqu'on effectue un paiement sur Internet, on a peur de faire des erreurs. Si vous regardez des internautes payer en ligne, vous verrez qu'ils sont très attentifs et vérifient plusieurs fois les données saisies avant de passer à leur validation.

Assistez votre internaute en le suivant de très près

Soyez là dès que votre internaute peut avoir besoin de vous et sachez lui présenter explicitement les choix qui s'offrent à lui. C'est notamment ce qui guide les propositions d'orthographes approchantes dans les résultats des moteurs de recherche. On applique également ce principe lorsqu'une recherche au sein d'un site ne donne aucun résultat et que l'on propose à l'internaute des liens vers les différentes rubriques du site, ou encore lorsqu'il est confronté à une page non trouvée (erreur 404).

Aidez votre internaute en lui expliquant très clairement les choix qui s'offrent à lui à un instant t. C'est suivre l'internaute de très près que de lui demander, lorsqu'il vient d'ajouter un article à son panier, quelque chose qui ressemble à : « Que voulez vous faire ? » C'est par exemple très bien fait sur le site de Norauto :

Figure 5–125
Le site de Norauto assiste ses internautes en leur proposant explicitement deux choix lorsqu'ils viennent d'ajouter un article à leur panier.
Source : www.norauto.fr

Fournissez de l'aide explicite en cas de besoin

Vous pouvez offrir une aide explicite à votre internaute sous deux formes : soit vous fournissez l'aide en direct, car vous estimez que l'internaute en a forcément besoin, soit vous placez un lien vers l'aide.

Les contenus d'aide contextuels, placés précisément là où l'utilisateur en a besoin, sont souvent les plus efficaces. Ainsi, la fonction *Organiser par lot* de Flickr, où une phrase d'incitation permet immédiatement aux visiteurs de comprendre comment l'utiliser.

Figure 5–126 Flickr assiste ses internautes en affichant une phrase qui les guide dans la découverte du mode de fonctionnement de l'organisation des photos par lot.
Source : www.flickr.com

Gardez toujours à l'esprit que l'on ne doit recourir à l'aide que lorsqu'on a tout essayé auparavant. Paradoxalement, la rubrique d'aide sur un site, en général, n'est pas d'une grande assistance, car les concepteurs se forcent à prévoir une page de ce type « parce qu'il en faut une ». Erreur fatale.

Si vous n'êtes pas capable de rédiger des contenus d'aide utiles et utilisables (voir chapitre 1), il vaut mieux ne pas en proposer. Sinon, vous laissez votre internaute espérer qu'il va pouvoir trouver une réponse à ses questions et il sera très déçu d'y avoir passé du temps sans rien pouvoir en retirer.

Règle n° 8. Gestion des erreurs : le site prévoit que l'internaute se trompe

Lors du développement d'un site web, il est fréquent de concentrer tous ses efforts sur le processus idéal que l'on souhaiterait voir l'internaute dérouler. Parfois même, personne ne semble avoir conscience des conséquences que peut avoir la flexibilité du web : celle-ci est telle que les internautes s'échappent très souvent de ce qu'on avait prévu pour eux.

Erreur, vous avez dit erreur ?

Les erreurs que nous évoquons ici sont exclusivement des erreurs explicites, pour lesquelles le système doit répondre à l'internaute par la négative. Notez que la définition de l'erreur sur le plan ergonomique peut être beaucoup plus large.

L'erreur peut en effet être invisible pour l'internaute, s'il comprend très rapidement comment la corriger ou s'il y a déjà été confronté. C'est par exemple le cas lorsque l'on clique à côté d'un bouton, ou que l'on choisit la mauvaise rubrique dans une barre de navigation. Dans ce genre de cas, le système n'envoie pas de message d'erreur à l'internaute. C'est ce dernier qui va adopter une autre stratégie, face à l'absence de réponse du site ou s'il ne trouve pas ce qu'il cherchait.

La probabilité de l'erreur dépend du type d'interface

Certaines interfaces sont plus génératrices d'erreurs que d'autres. C'est notamment le cas lorsque la liberté de renseignement est grande et qu'il existe des dépendances entre champs. Dans tous les cas, l'interface doit être assez explicite et intuitive pour que les internautes ne commettent pas d'erreur.

L'erreur dans un formulaire peut prendre plusieurs formes

Dans un formulaire, les erreurs peuvent être de plusieurs types : l'internaute peut oublier de renseigner une information, utiliser un mauvais format de saisie ou encore saisir des informations incohérentes. Les mécanismes de protection contre l'erreur doivent envisager tous ces cas de figure.

La gestion des erreurs est là pour pallier ce type de situation où l'internaute s'écarte du chemin idéal imaginé par le concepteur. Pour optimiser la gestion des erreurs d'un point de vue ergonomique, il faut d'abord être conscient que l'erreur n'est pas forcément un cas isolé et qu'elle arrivera sans aucun doute. Vous devez alors tout mettre en œuvre pour protéger votre internaute contre l'erreur et l'aider à la surmonter au cas où elle survient.

La gestion des erreurs est un sujet critique dans les interfaces transactionnelles, où le système et l'internaute sont véritablement en interaction. Globalement, partout où on trouve des formulaires, on a des problématiques de gestion de l'erreur.

L'internaute ne doit pas faire d'erreur

La première recommandation pour optimiser la gestion des erreurs sur votre site est de tout faire pour empêcher que vos internautes en commettent.

Deux raisons principales expliquent pourquoi vous devez éviter cela à tout prix. Tout d'abord, il est évident que l'erreur compromet la réalisation de la tâche de l'internaute. Considérez les erreurs comme autant de points de rupture qui risquent de vous faire perdre votre visiteur. En outre, faire une erreur n'est pas anodin pour l'internaute, qui cherche alors un coupable. Selon la personnalité et le niveau d'expertise de votre internaute, il en rejettera la faute sur vous ou sur lui-même. Aucune de ces deux issues n'est souhaitable pour vous. Votre site doit donc être conçu de manière à ce que l'internaute soit assez guidé pour ne pas faire d'erreur.

Les interfaces soumises aux problématiques d'erreur sont presque exclusivement basées sur des formulaires, avec des éléments de saisie et de sélection. Il existe différents moyens de protection contre l'erreur, qui doivent être couplés.

La présentation du formulaire peut protéger contre l'erreur

Éviter les erreurs grâce à l'indication des champs obligatoires

Si votre formulaire comporte des champs obligatoires et d'autres optionnels, vous devez l'indiquer à votre internaute grâce à une légende. Il est important que cette légende soit présente, mais aussi qu'elle soit visible. Vous éviterez ainsi que vos visiteurs oublient de renseigner des données obligatoires.

On utilise en général à côté du libellé du champ un élément coloré signifiant le caractère obligatoire (astérisque, point ou autre élément graphique). La légende de cet élément doit être placée avant ou après le formulaire. Il est plus adapté de la placer avant le formulaire, afin de respecter la logique de lecture de haut en bas. La légende peut être unc phrase du type *Les informations marquées d'un * doivent être remplies*, *Les informations marquées d'un * sont obligatoires*, ** indique un champ obligatoire*, etc.

Éviter les erreurs grâce aux libellés et légendes des champs

Plus le libellé de votre champ sera clair et précis sur le type d'informations que vous attendez de la part de votre internaute, moins vous risquez d'observer d'erreur.

Si vous éprouvez des difficultés à transmettre toutes les informations que vous souhaitez dans le format nécessairement réduit d'un libellé de champ, n'hésitez pas à lui ajouter une légende (elle peut alors être affichée sur la droite, en-dessous ou à l'intérieur du champ).

Cependant, la légende ne doit être utilisée qu'en dernier recours, quand le reste de l'interface est déjà optimisé en termes de protection contre les erreurs. Votre légende peut accompagner un libellé en fournissant des règles pour la saisie, par exemple sur le format attendu pour une date, le nombre minimal de caractères d'un mot de passe, etc.

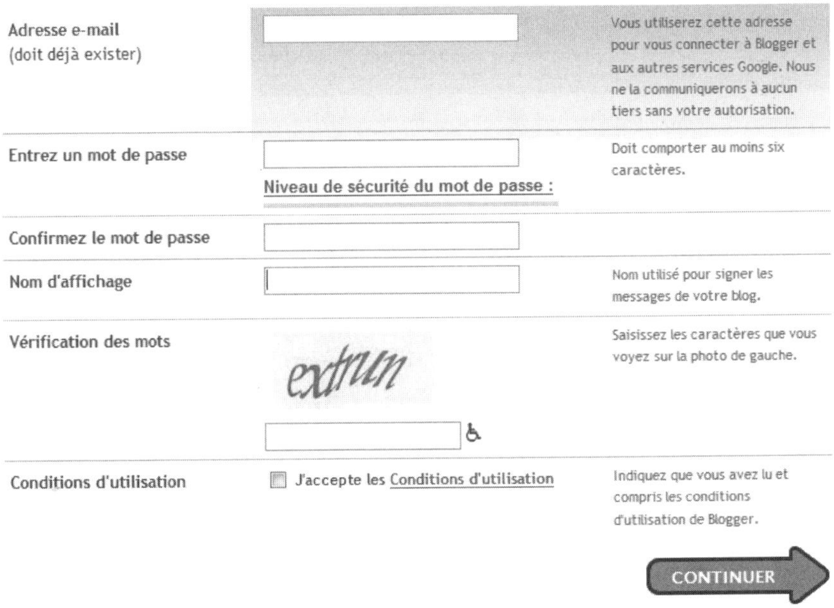

À SAVOIR
Indication des champs obligatoires et rapidité de la prise en main du formulaire

L'indication des champs obligatoires permet aussi d'optimiser la prise en main et la lisibilité d'un formulaire, en facilitant la détection rapide de ce qui est nécessaire et de ce qui ne l'est pas.

À SAVOIR
Un exemple de saisie est une légende

Nous considérons les exemples de formats de données comme des légendes permettant aux utilisateurs de comprendre ce que l'on attend d'eux.

Figure 5–127
Sur le site de Blogger, les légendes adossées aux champs permettent à l'internaute de mieux comprendre le type de données qu'on lui demande de renseigner. Ainsi, elles réduisent le risque d'erreur.
Source : www.blogger.com

Notez que la légende peut être affichée uniquement au moment approprié afin de ne pas augmenter la charge informationnelle lors de la prise en main du formulaire. Grâce à ce procédé, on découpe la charge informationnelle en ne fournissant l'information qu'au moment exact où l'internaute en a besoin, c'est-à-dire lorsqu'il place son curseur dans le champ de saisie.

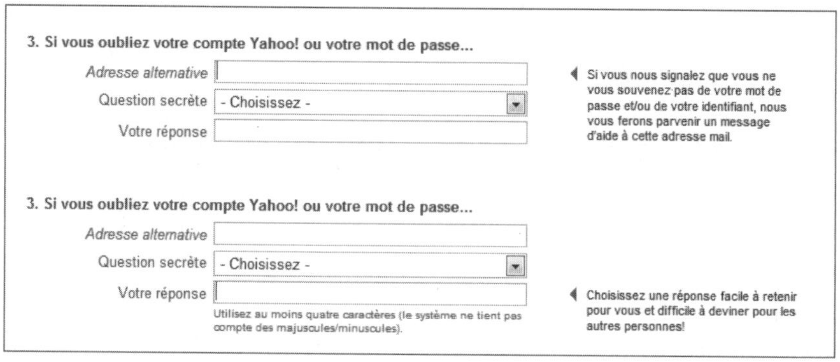

Figure 5–128
Sur le site de Yahoo!, les légendes
sont affichées contextuellement, en fonction
du champ dans lequel l'internaute
place son curseur.
Source : www.yahoo.fr

Éviter les erreurs grâce à la taille des champs

La taille des champs est un autre indice qui peut inciter les internautes à comprendre le type de données attendu et permet donc de réduire le nombre d'erreurs. Par exemple, si vous demandez à l'internaute de saisir un département dans un champ pouvant abriter deux caractères, il comprendra intuitivement que vous lui demandez le numéro du département et pas son nom.

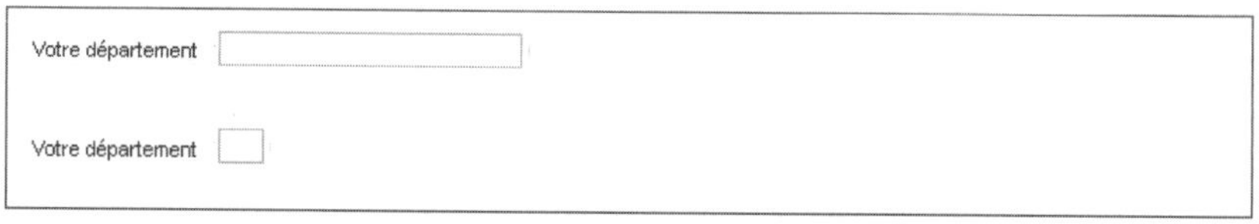

Figure 5–129
La taille des champs permet de suggérer le
type de données que l'on attend.

Éviter les erreurs en utilisant les éléments de formulaire à bon escient

Veillez à utiliser les éléments de formulaire (ligne, champ texte, bouton radio, case à cocher, liste déroulante, liste, double liste...) de manière appropriée, afin de ne pas induire vos internautes en erreur.

Par exemple, sur le site de Clarins, les internautes qui commandent un article peuvent choisir un produit en dose d'essai parmi 4 proposés ; celui-ci sera ajouté gratuitement à leur commande. Or l'interface de sélection de cette dose d'essai se présente sous forme de cases à cocher plutôt que de boutons radios (figure 5–130).

On observe ainsi deux défauts : d'une part, on propose une interface de multi-sélection et, d'autre part, on laisse les internautes faire des choix multiples (les cases à cocher sont bien utilisées en tant que cases à cocher et n'adoptent pas le comportement de boutons radios, comme c'est parfois le cas). Il est donc évident que les internautes vont se tromper.

Attention : dans ce cas, la légende *Exclusivement pour vous, choisissez vos produit(s) en dose d'essai : choisissez en 1* est quasi-inutile. Rappelez-vous que les internautes ne lisent pas forcément ce que vous avez prévu.

Figure 5–130
Sur le site de Clarins, un élément de multi-sélection est proposé alors que l'internaute n'a le droit de choisir qu'une dose d'essai. Il est donc probable qu'il se trompe et voie s'afficher ce message d'erreur.
Source : www.clarins.fr

Dans ce type d'interface, qui leur semble correspondre à quelque chose de connu, ils vont se jeter sur les cases à cocher sans prendre la peine de lire la légende. Et ils commettront donc une erreur, qu'il leur faudra comprendre puis réparer. Que d'étapes inutiles pour simplement choisir un produit en dose d'essai !

Éviter les erreurs par l'affordance générale de l'interface

Enfin, le format général de l'interface peut prêter à confusion et amener votre internaute à se tromper.

L'exemple le plus criant de ce type d'erreur est pourtant très fréquent : il consiste à proposer un bouton *annuler*, *effacer* ou *reset* en fin de formulaire. Ce type de bouton est très dangereux puisque vos internautes risquent de perdre en un clic des données qu'ils ont patiemment renseignées. Ce défaut est d'autant plus grave si le bouton dangereux :

- est situé sur la droite de l'écran (comme s'il constituait la suite logique de l'action) ;
- se trouve près du bouton de validation ;
- possède un format comparable au bouton de validation ;
- a le format d'un bouton non dangereux (vert, bleu, souriant) ;
- est situé en bas de formulaire ;
- permet d'effacer un nombre important de données ;
- ne propose pas de message de confirmation suite au clic.

Si vous êtes obligé d'employer un tel bouton, essayez donc de faire tout l'inverse ! Présentez le de la manière suivante :

- plutôt sur la gauche de l'écran ;
- loin du bouton de validation ;
- dans un format différent et moins fort que le bouton de validation (par exemple : plus petit, un lien hypertexte plutôt qu'un bouton, moins foncé, etc.) ;
- dans un format non anodin (et éventuellement qui alerte sur le caractère dangereux si l'on risque d'effacer beaucoup d'informations) ;
- plutôt en début de formulaire (surtout si le bouton sert essentiellement à revenir à l'étape précédente) ;
- associé à un message de confirmation si l'on risque d'effacer beaucoup de données ou des informations difficiles à saisir.

Bref, faites vraiment attention à ce que votre internaute ne puisse pas cliquer sur ce type de bouton en se trompant et ce d'autant plus qu'il aura pris du temps à remplir le formulaire. Regardez ces exemples sur le site de la Française des Jeux et celui de Laforêt Immobilier :

Figure 5–131
Sur cette page du site du Loto, l'internaute peut renseigner toute sa grille afin de savoir combien il a gagné. Lorsqu'il a terminé, s'il se trompe de bouton, un simple clic sur *Effacer* supprime l'ensemble des données saisies, sans le moindre état d'âme. Il ne lui reste alors plus qu'à recommencer.
Source : www.loto.fr

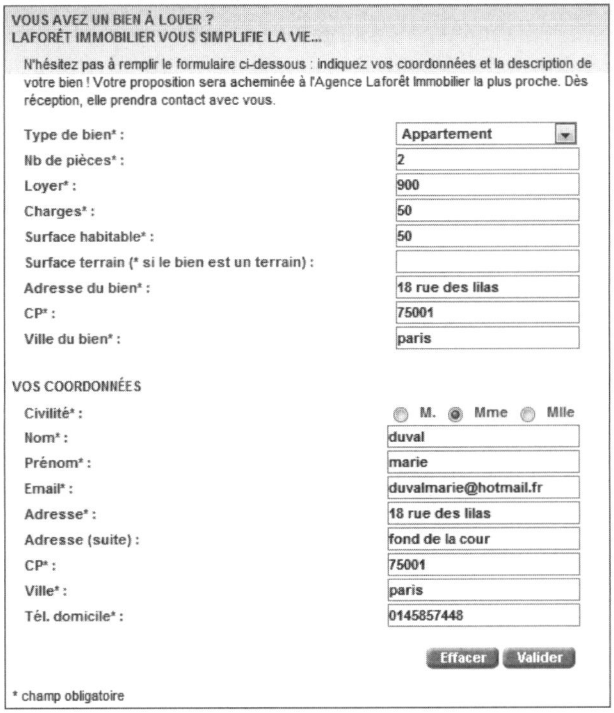

Figure 5–132
Sur le site de Laforêt Immobilier, l'internaute doit renseigner les informations sur le bien à louer et ses coordonnées. Lorsqu'il a terminé, s'il se trompe de bouton, un simple clic sur *Effacer* supprime l'ensemble des données saisies.
Source : www.laforet.com

Le fonctionnement du formulaire peut protéger contre l'erreur

Éviter les erreurs en demandant une confirmation pour les actions risquées

Une des protections possibles contre les erreurs consiste à demander à vos internautes une double action lors d'une action irréversible ou critique (par exemple : suppression, effacement des données d'un formulaire, modification de coordonnées bancaires, etc.).

Éviter les erreurs en empêchant la saisie de données erronées

Vous pouvez protéger vos utilisateurs contre les erreurs en n'acceptant que la saisie de données correctes et cohérentes. Si l'utilisateur ne peut pas faire d'erreur de par le fonctionnement de l'interface, vous pouvez être rassuré. Voyez ainsi comme les sites de DirectVin et de Nicolas gèrent cette problématique de manière différente.

Sur le premier, la sélection du nombre de bouteilles via une liste déroulante a un double avantage : elle est auto-explicite (l'interface de sélection permet de comprendre que l'on peut commander uniquement par un nombre défini de bouteilles) et protège efficacement l'utilisateur contre les erreurs (puisque ce dernier ne peut effectivement sélectionner

RECOMMANDATION
Soumettre le résultat à l'approbation de l'internaute

Il est possible de renseigner certaines informations à la place de l'internaute à partir des données par défaut dont vous disposez dans votre base. Ce type de procédé lui facilite la tâche. Cependant, il est primordial de soumettre ce résultat automatique à l'approbation implicite de votre internaute. Prenons l'exemple des coordonnées de livraison sur un site d'e-commerce : à un moment ou à un autre, avant de payer sa commande, il doit avoir vu l'adresse de livraison que vous lui avez renseignée par défaut à partir de ses précédentes commandes.

que ce qu'on lui propose). À l'inverse, sur le site de Nicolas, l'internaute doit tout faire tout seul : d'abord comprendre (via une icône) que l'on ne peut que commander par lot de 6 bouteilles et ensuite ne pas se tromper (alors qu'on le laisse saisir dans le champ n'importe quelle valeur) :

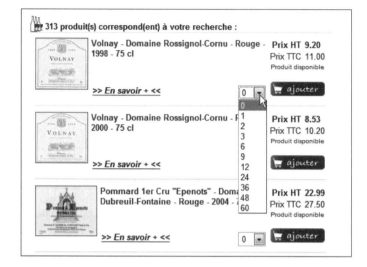

Figure 5–133
Sur le site de DirectVin, le choix
d'une liste déroulante permet d'empêcher
la saisie de données erronées.
Source : www.directvin.com

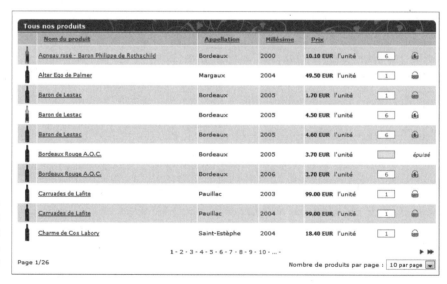

Figure 5–134
Sur le site de Nicolas, le choix d'un champ
de saisie laisse la porte ouverte au
renseignement de données erronées.
Source : www.nicolas.com

Éviter les erreurs en validant ou en corrigeant à la volée

Le système peut indiquer en temps réel si l'internaute est en passe de faire une erreur. C'est par exemple le cas sur cette page d'inscription du site Hotmail.

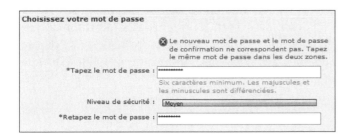

Figure 5–135
Sur le site d'Hotmail, si l'internaute ne saisit pas le même mot de passe dans le second champ, le système l'en avertit dès qu'il sort du champ de saisie. Autrement dit, il n'a pas besoin de cliquer sur un bouton *Valider* puis d'attendre le rechargement de la page pour s'apercevoir de son erreur.
Source : www.hotmail.fr

Attention cependant à ne pas surprotéger vos internautes ou vous risquez de les contrarier. La correction des erreurs pendant la saisie est, par exemple, un procédé très risqué. Ainsi, sur le site de KingJouet, pendant que je saisis mon adresse e-mail, on m'indique qu'elle est invalide :

Figure 5–136
Sur le site de KingJouet, la correction à la volée est poussée au point qu'on ne laisse pas à l'internaute le temps de renseigner son adresse complète.
Source : www.kingjouet.fr

Ce type de fonctionnement perturbe fortement les internautes, qui ne comprennent pas où ils ont fait une erreur. Or l'erreur provient seulement du fait que la saisie n'est pas encore achevée. Si vous appliquez ce procédé, vous risquez de perdre les internautes qui ne voient pas où ils ont pu commettre une erreur, tout comme vous risquez de fortement énerver ceux qui continueraient, malgré tout, à saisir leur adresse e-mail.

Le système peut faire plus que repérer une erreur pendant la saisie. Il peut la repérer *et* corriger en temps réel des données qui lui paraissent fausses ou incohérentes. Vous devez veiller à n'utiliser cette technique que dans des cas extrêmes où l'erreur est évidente et ne peut que faire perdre du temps à l'internaute.

Par exemple, sur le site d'Air France, si vous renseignez une date de retour inférieure à la date de départ, le système modifie automatiquement cette date de retour pour la faire correspondre à la date de départ. Le système n'attend donc même pas que l'internaute ait validé le formulaire, l'erreur étant évidente.

Figure 5–137
Sur le site d'Air France, si je choisis une date de retour au 2 septembre alors que la date aller est le 4 septembre, le système effectue une correction automatique. Ainsi, la date retour devient le 2 octobre afin d'être cohérente avec la date aller.
Source : www.airfrance.fr

RECOMMANDATION **Protections avancées contre les erreurs critiques**

Faites bien la différence entre une erreur classique et une erreur dont l'internaute ne se rend compte que tardivement, voire jamais. Prenons l'exemple de l'inscription à une newsletter ou de la création d'un compte utilisateur. Ce type d'opération est souvent suivi d'une confirmation par e-mail. On ne crée le compte ou on n'abonne réellement l'internaute que si ce dernier clique sur le lien de confirmation dans son e-mail.

Dans ce genre de situations, la saisie d'une adresse e-mail erronée peut impacter la suite des événements de manière critique.

Trois types de protection avancée peuvent alors être mis en place. D'une part, vous devez valider le type de données renseigné en évaluant si leur sémantique et leur syntaxe correspondent à ce que vous attendez (caractère texte, chiffre, caractère spécial, etc.). Cela permet de détecter une erreur non remarquée par l'utilisateur et évite d'envoyer des données erronées.

D'autre part, vous pouvez demander à l'internaute de saisir deux fois son adresse e-mail et/ou son mot de passe. Lorsque vous optez pour cette solution, essayez d'empêcher que l'internaute puisse copier/coller le premier champ dans le second (sinon cette technique de confirmation devient alors beaucoup moins utile et fiable). Vous pouvez vous permettre de limiter le contrôle utilisateur dans ce cas

précis car vous devez absolument disposer de l'adresse e-mail valide de votre internaute.

Enfin, donner une information à votre internaute sur ce que vous avez fait peut lui permettre de repérer son erreur a posteriori. C'est par exemple le cas avec cet écran de confirmation :

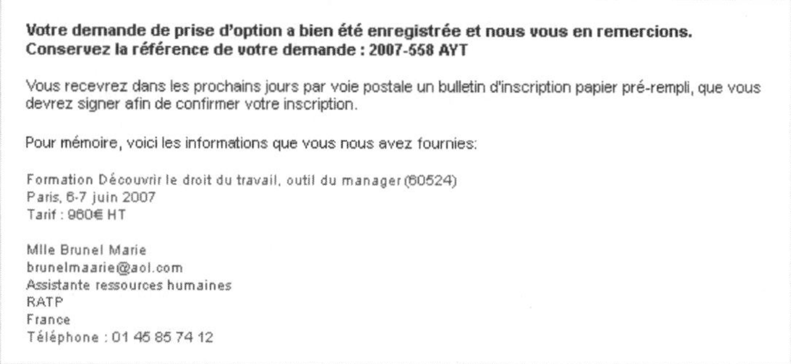

Votre demande de prise d'option a bien été enregistrée et nous vous en remercions. Conservez la référence de votre demande : 2007-558 AYT

Vous recevrez dans les prochains jours par voie postale un bulletin d'inscription papier pré-rempli, que vous devrez signer afin de confirmer votre inscription.

Pour mémoire, voici les informations que vous nous avez fournies:

Formation Découvrir le droit du travail, outil du manager (60524)
Paris, 6-7 juin 2007
Tarif : 960€ HT

Mlle Brunel Marie
brunelmaarie@aol.com
Assistante ressources humaines
RATP
France
Téléphone : 01 45 85 74 12

Figure 5–138 Sur le site de Lamy Formation, l'écran de confirmation de prise d'option récapitule les informations fournies par l'internaute.
Source : Spécifications ergonomiques pour la refonte du site http://lamy.fr/modules/formations

En voyant ce message, Marie peut se rendre compte qu'elle s'est trompée et tenter de corriger cette erreur : elle peut, soit écrire un message au webmaster, soit recommencer le processus d'inscription en veillant à bien renseigner son adresse e-mail.

L'internaute doit facilement repérer et comprendre ses erreurs

Faciliter le repérage de l'erreur

Pensez à montrer à vos internautes qu'ils ont fait une erreur. Ce conseil peut paraître trivial, mais il s'avère indispensable lorsqu'on regarde ce qui se fait sur le Web. Trop souvent, les internautes ne comprennent pas qu'ils ont commis une erreur parce que l'interface n'est pas assez explicite. Autrement dit, vous devez garantir la visibilité du message signalant le problème.

Il faut distinguer l'erreur pour la détection de laquelle vous avez besoin de recharger la page et celle que vous pouvez gérer sans. Servez-vous au maximum de cette seconde possibilité afin d'éviter les problèmes de visibilité des messages d'erreur.

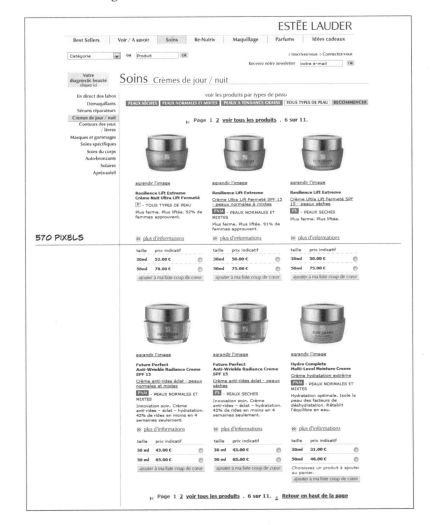

Figure 5–139
Sur le site d'Estée Lauder, le message d'erreur qui s'affiche après rechargement de la page n'est pas visible, car il est situé en dessous du seuil de visibilité en résolution 1024 × 768 pixels.
Source : www.esteelauder.fr

Par exemple, sur le site d'Estée Lauder, l'internaute doit cocher un des boutons radio avant de pouvoir ajouter un produit à sa liste coup de cœur. S'il clique sur le bouton sans l'avoir fait, la page se recharge afin d'afficher le message d'erreur. Or l'internaute se retrouve du coup tout en haut de la page et il n'a pas de visibilité directe sur le message d'erreur. Il peut donc croire que c'est la prise en compte de sa demande qui a provoqué le rechargement et continuer sa visite sans se rendre compte de son erreur.

Recharger la page n'est pas un signe suffisant pour alerter votre internaute et ce d'autant moins que ce rechargement est rapide. Lors de tests utilisateurs, il est très fréquent de voir des internautes persuadés que le site « a planté », que « ça n'a pas marché », qui cliquent à nouveau sur le bouton de validation du formulaire sans même chercher à trouver une autre explication. Ce constat est très important sur le Web : les internautes ont l'habitude de voir des sites flexibles (une erreur est en général rattrapable) et cliquent souvent plus rapidement qu'on ne l'aurait imaginé. Ainsi, il est courant de les voir cliquer sur un bouton sans être capables de se rappeler le libellé quelques secondes plus tard.

Fournir une explication précise de l'erreur

Pour que votre internaute comprenne la teneur de son erreur, vous devez lui expliquer précisément de quoi il retourne. Regardez par exemple comme le site d'American Express explique bien les oublis et erreurs :

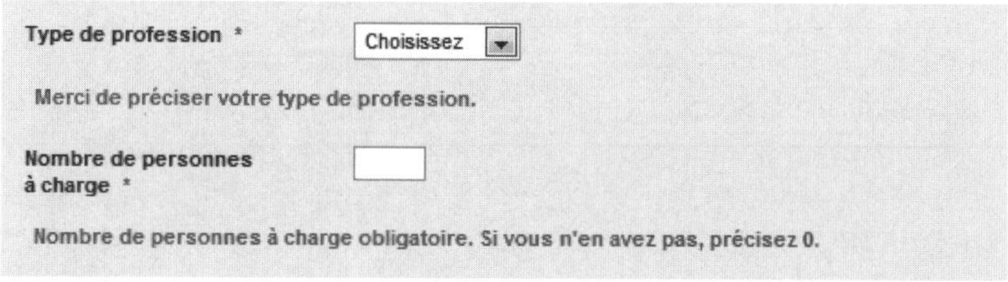

Figure 5–140
Messages d'erreur suite à des oublis sur le formulaire de demande de carte du site d'American Express.
Source : www.americanexpress.fr

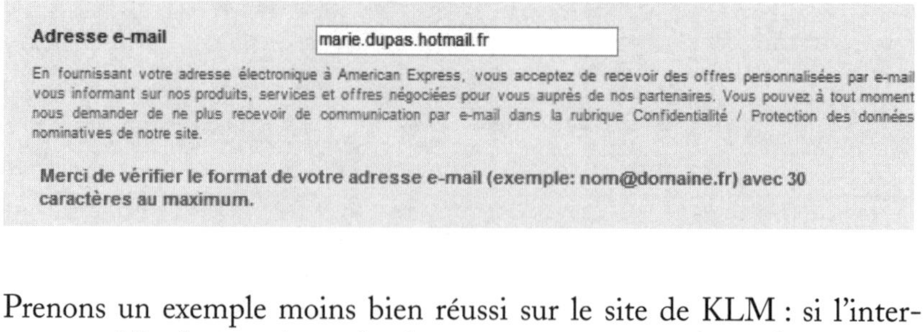

Figure 5–141
Message d'erreur suite à une erreur sur le formulaire de demande de carte du site d'American Express.
Source : www.americanexpress.fr

Prenons un exemple moins bien réussi sur le site de KLM : si l'internaute oublie de renseigner le champ *destination*, on lui indique que *A doit comporter au moins 2 caractères* (figure 5–142).

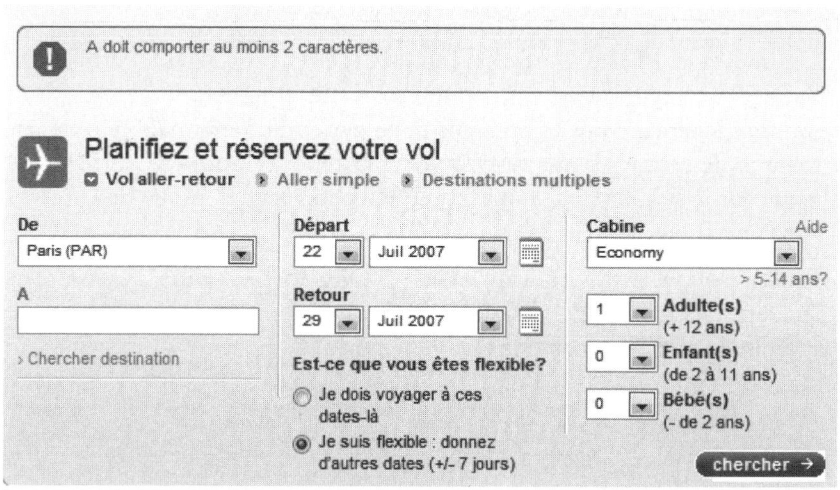

Figure 5–142
Message d'erreur suite à un oubli sur le formulaire de réservation du site de KLM.
Source : www.klm.fr

Ce message est exact, d'un point de vue technique. Mais, si l'on se place du point de vue de l'internaute et de ce qu'il vient faire sur l'interface de réservation, on peut raisonnablement penser que ce champ vide est synonyme d'un oubli. Or, dans ce message d'erreur, on ne mentionne pas le mot « Destination ». Il est donc plus difficile pour l'internaute de comprendre quel type d'information il a oublié de renseigner.

Pour que vos messages d'erreur soient les plus précis possible, débrouillez-vous techniquement pour distinguer les types d'erreurs et leur affecter un message différent. Dans l'exemple suivant, sur un formulaire de demande de carte American Express, l'internaute s'est trompé sur le format de sa date de naissance en tapant 1994 au lieu de 1984. Or le message d'erreur offre deux pistes d'explication : soit la date n'est pas au bon format, soit l'internaute a spécifié qu'il était mineur. Pour comprendre cette dichotomie, on exige de l'internaute qu'il analyse le message plus en profondeur que si l'on avait distingué en amont les deux types d'erreur. Dans les illustrations suivantes, vous voyez comment la restriction du message à sa seconde partie permet de comprendre bien plus vite le problème : le site pense que l'on a moins de 18 ans, ce qui aide l'internaute à réaliser qu'il s'est trompé de chiffre.

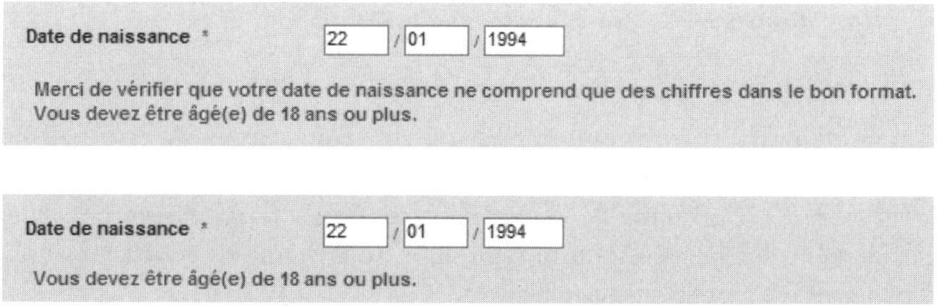

Figure 5–143
On pourrait améliorer le message d'erreur du site d'American Express (première illustration) en détectant le fait que l'erreur vient du fait que l'internaute a spécifié être mineur, et non du format de la date renseignée (deuxième illustration).
Source : www.americanexpress.fr

187

Faire preuve de courtoisie dans les messages d'erreur

Les messages d'erreur ne doivent pas remettre en cause l'utilisateur. Vous devez éviter que ce dernier se sente stupide ou blessé. Nous sommes ici entre nous et pouvons donc parler d'erreur, mais ce n'est pas toujours le terme le plus adapté pour attirer l'attention de votre internaute sur le problème. Ce mot est en effet très fort et risque de le placer dans une situation désagréable.

Pensez donc à rester courtois. Vous pouvez même traiter l'erreur avec légèreté lorsqu'il s'agit d'oublis. Les sites de Cdiscount et d'American Express le font très bien et très simplement.

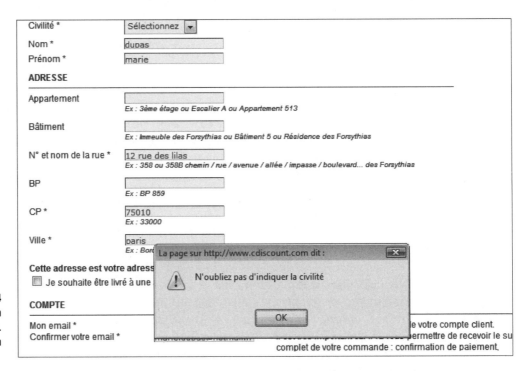

Figure 5–144
Message d'erreur suite à un oubli sur le site de Cdiscount.
Source : www.cdiscount.com

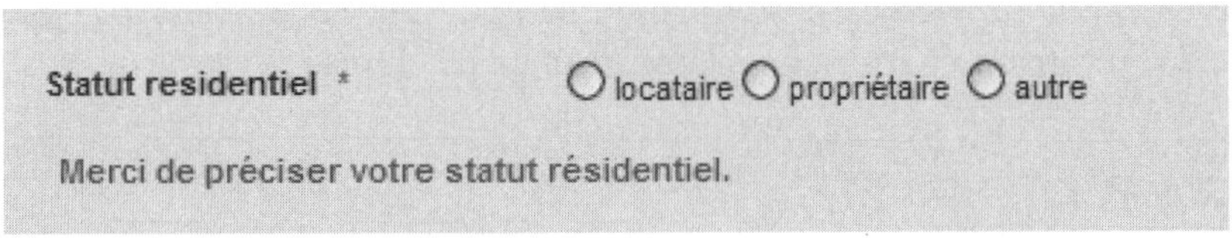

Figure 5–145
Message d'erreur suite à un oubli sur le formulaire de demande de carte du site d'American Express.
Source : www.americanexpress.fr

Le contenu de votre message n'est pas la seule manière d'être poli et courtois. Le format dans lequel vous présentez vos messages peut aussi vous aider à être aimable ou, à l'inverse, vous faire passer pour un malotru. Ainsi, la présentation d'un oubli sous forme de fenêtre d'alerte Javascript est fortement déconseillée.

L'internaute doit facilement pouvoir corriger ses erreurs

Pour faciliter la correction des erreurs, le contenu du message doit donner des pistes de résolution à l'internaute. Autrement dit, il ne suffit pas de lui indiquer qu'il s'est trompé et de lui expliquer le problème. Il faut aussi l'aider à aller au-delà de cette erreur.

Faciliter la correction grâce à l'explication de l'erreur

En général, si vos messages d'erreurs sont suffisamment explicites (cf. notre point précédent), cette explication joue implicitement le rôle d'aide à la correction : c'est en comprenant son erreur que l'on peut la corriger. Regardez cet exemple sur le site d'American Express :

Figure 5–146
Message d'erreur suite à une erreur dans le format du numéro de téléphone sur le site d'American Express. L'explication de l'erreur fournit la piste de résolution.
Source : www.americanexpress.fr

Dans le cas de champs requis que l'on a oublié de renseigner, cette aide est déjà contenue dans l'explication du message : en indiquant qu'un champ est obligatoire, vous avec déjà tout dit.

Attention, l'affichage du formulaire avec le message d'erreur doit fournir davantage d'aide que le formulaire vierge. Par exemple, toujours sur le site d'American Express, si je me trompe de format de date de naissance, on m'en informe en me demandant de corriger : *Merci de vérifier que votre date de naissance ne comprend que des chiffres dans le bon format.* Cependant, il m'est impossible de faire cette vérification. En effet, je ne dispose plus du format référence qui était contenu par défaut dans les champs : je les ai remplis avec mes données (ce qui est nécessaire). Saisir une date *après* avoir fait une erreur est donc plus compliqué que dans l'interface de base.

RECOMMANDATION
**Les 4 dimensions
du message d'erreur**

Les messages d'erreur doivent être écrits en langage naturel, rester respectueux, indiquer précisément le problème et suggérer une solution pour corriger l'erreur.

Figure 5–147
Sur le site d'American Express, lorsque je n'ai pas encore saisi de date, je dispose d'un format de référence qui m'aide pour renseigner ma date de naissance.
Source : www.americanexpress.fr

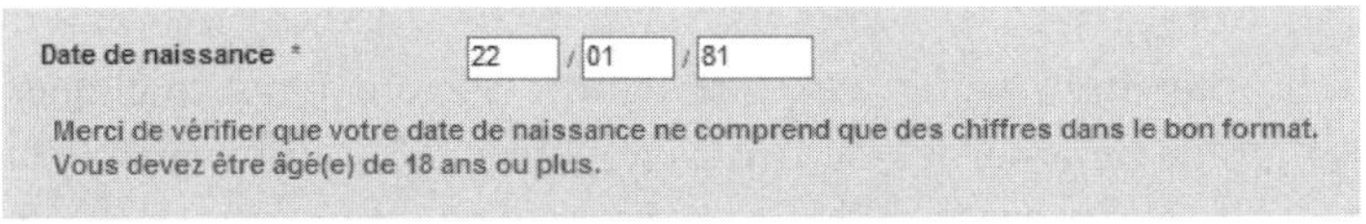

Figure 5–148
Sur le site d'American Express, lorsque j'ai fait une erreur dans le format de ma date de naissance, je ne dispose plus du format de référence pour m'aider à effectuer la correction.
Source : www.americanexpress.fr

VOCABULAIRE **Nominal ?**

En ergonomie web, on dit que l'état nominal d'un objet est son état de base, normal, sans que personne ne l'ait touché.

Pour gommer ce défaut, vous devez penser à ajouter au message d'erreur une répétition du format attendu, sous forme de légende à côté du champ.

Vous n'avez pas forcément besoin de modifier l'interface nominale pour qu'elle intègre cette légende. En effet, présenter ce format directement dans les champs est plus utile (les internautes s'en aperçoivent davantage que s'il était à côté du champ et donc l'utilisent plus) et plus utilisable (il facilite ainsi la saisie progressive des données sur le même format).

Faciliter la correction grâce aux mécanismes de gestion des erreurs

Trois dimensions fonctionnelles sont importantes pour faciliter la correction des erreurs. Tout d'abord, traitez l'ensemble des erreurs en une seule fois. Présenter une seule erreur à la fois peut sembler faciliter la tâche de l'internaute (puisque cela lui permet de se concentrer sur l'erreur en question), mais ce type de procédé est très coûteux en termes d'implication utilisateur. Vous devez éviter à tout prix que l'internaute corrige une erreur et revalide le formulaire, pour se voir annoncer qu'il y a toujours un problème. Cela ne fait qu'augmenter les inconvénients de l'erreur.

De plus, préférez l'affichage des messages d'erreur directement dans la page. L'affichage dans des pop-up empêche l'internaute de disposer immédiatement du contexte qui doit l'aider à comprendre et à corriger plus facilement l'erreur.

Enfin, si l'internaute a fait une erreur, veillez à laisser les champs remplis afin qu'il puisse la comprendre plus facilement (en visualisant sa première saisie, il voit ce qui ne va pas) et la corriger plus facilement (puisqu'il dispose du contenu de sa première saisie).

Règle n° 9. Rapidité : l'internaute ne perd pas son temps

Optimiser la navigation

DANS CE LIVRE
La loi de Fitts ?

Au chapitre 3, nous avons abordé en détail la loi de Fitts et ce qu'elle nous apprend en termes d'utilisabilité des éléments cliquables. Dans son expression de base, elle énonce qu'une cible est d'autant plus rapide à atteindre qu'elle est proche et grande.

Faciliter l'action de visée des éléments cliquables

Tout d'abord, pour être rapides, vos internautes doivent pouvoir cliquer facilement et rapidement sur les éléments cliquables. Souvenez-vous de la loi de Fitts et de toutes ses implications sur la conception des éléments cliquables !

Prendre en compte les besoins de votre internaute sur le plan fonctionnel

Débrouillez-vous aussi pour faciliter la tâche de votre internaute, même au niveau fonctionnel. Ce principe est très important pour limiter les vérifications pré-clic. Avant de cliquer sur un bouton engageant, les internautes contrôlent en général une dernière fois s'ils ne se trompent pas.

Par exemple, si un internaute achète un produit à partir d'une liste, il va cliquer sur un bouton *ajouter au panier* correspondant à un produit. Si ces deux éléments sont éloignés visuellement, vous pouvez faciliter leur mise en relation mentale en attribuant une couleur de fond à toute la ligne au survol de la souris.

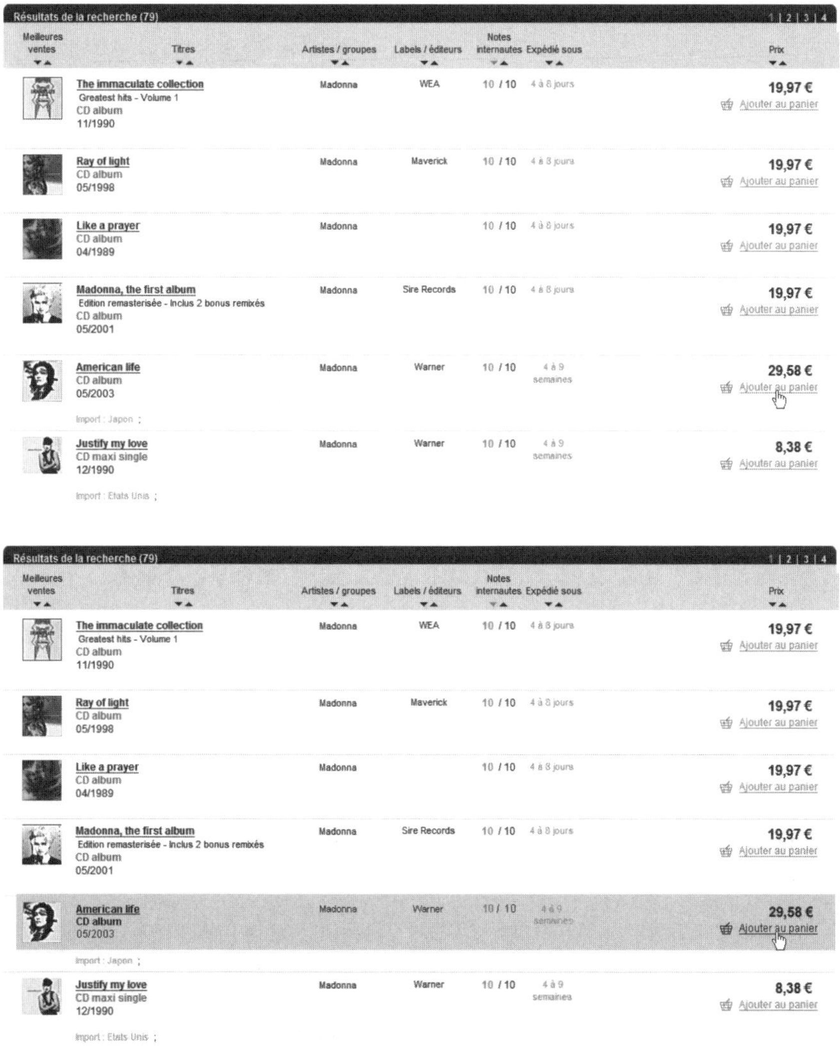

Figure 5–149
La mise en relation mentale du lien *Ajouter au panier* et du disque concerné est plus facile dans la seconde illustration que dans la première, issue du site de la Fnac.
Source : www.fnac.com

De plus, évitez de jouer avec la navigation. Si cette dernière doit prendre un aspect ludique, ce ne peut être qu'en respectant quelques règles de base. Il est particulièrement déconseillé d'afficher les titres des rubriques uniquement au survol, comme par exemple sur le site de l'éditeur Didier Jeunesse. En effet, cela oblige l'internaute à accomplir des allers-retours physiques (par déplacements successifs de sa souris sur chacun des items) et à mémoriser chacun des items en plus des actions de comparaison mentale.

Sachez aussi prévoir de quoi pourrait avoir besoin votre internaute, et essayez de lui fournir un moyen simple pour y répondre. C'est par exemple ce que pratique le site e-commerce de Colette en proposant de manière très claire, sur chaque fiche produit, un convertisseur de devises, permettant de passer en un clin d'œil de l'euro au dollar, au yen ou à la livre sterling.

Figure 5–150 Les fiches produit du site de Colette offrent un moyen très simple de modifier la devise du prix des articles. Source : www.colette.fr

Multiplier les clés d'entrée vers une même page

Une même interface peut être plus ou moins « multi-cliquable » et avoir ainsi une influence sur la rapidité d'action de votre internaute. Pour que ce dernier puisse accomplir rapidement ses objectifs, il ne doit pas fonctionner par essai-erreur, mais uniquement par essai-réussite. Si votre interface suggère qu'un élément est cliquable, ce dernier doit effectivement l'être et supporter la navigation. Autrement dit, votre internaute ne doit pas cliquer sur un élément qui n'est pas cliquable et se voir alors contraint de changer de stratégie pour atteindre son objectif.

Vous devez donc faciliter les entrées multiples vers une même page : que l'internaute clique sur un titre, une image ou un lien texte, il sera dirigé vers la page en question. Voyez par exemple comment, sur le site de KingJouet (figure 5–151), on peut avoir envie de cliquer sur le titre du jeu (alors que seule l'image est cliquable) ; comment, sur le site d'Otto Office (figure 5–152), cliquer sur l'image ou le titre peut sembler très naturel (alors que seul le bouton *Détails* est cliquable) ; comment, sur le site du Tournaisis (figure 5–153), on peut vouloir cliquer sur l'image (alors que seuls le titre et le bouton *en savoir +* sont cliquables) ; comment, enfin, sur le site du Tourisme en Loire-Atlantique (figure 5–154), on peut avoir envie de cliquer sur le titre ou sur l'image de l'actualité (alors que seul le lien *Suite* est cliquable).

Figure 5–151
Sur le site de KingJouet, seule l'image du jeu est cliquable. Autrement dit, on ne peut pas cliquer sur le titre *Le Xylophone de Babar* pour accéder à sa fiche détaillée. Source : www.kingjouet.fr

Figure 5–152 Sur le site d'Otto Office, seul le bouton *Détails* est cliquable. Autrement dit, on ne peut pas cliquer sur le titre ni sur la photo du produit pour accéder à sa fiche. Source : www.otto-office.fr

Figure 5–153
Sur le site du Tournaisis, seuls le titre *Poterie Le Châtelier* et le bouton *en savoir +* sont cliquables. Autrement dit, on ne peut pas cliquer sur l'image pour accéder à la fiche de l'atelier de poterie. Source : www.tournaisis.be

Figure 5–154
Sur le site du Tourisme en Loire Atlantique, seul le lien *Suite* est cliquable. Autrement dit, on ne peut pas cliquer sur l'image ni sur le titre *La Bretagne jette l'ancre à Paris* pour accéder au détail de l'événement. Source : www.loire-atlantique-tourisme.com

Sur le site de Natures & Découvertes, on rencontre le même type d'erreur lorsqu'on souhaite accéder aux rubriques d'un univers. Comme on le voit sur l'illustration 5-155, dans l'univers Vivre au naturel, la seule manière d'accéder à une rubrique intérieure consiste à cliquer sur l'image correspondante. Or, un réflexe très naturel consiste à cliquer sur le titre *Parfums de la maison*, car c'est bien cet élément qui représente la rubrique en question.

Le risque ici est non seulement que l'internaute clique sur plusieurs éléments avant de trouver le bon, mais aussi qu'il quitte le site en pensant que rien ne se trouve derrière cette page.

On peut ainsi remarquer que lorsque les clés d'entrée ne correspondent pas aux premiers réflexes des utilisateurs, ces derniers risquent de ne pas comprendre ce que l'on attend d'eux.

C'est le cas sur le site d'E.Leclerc, où les internautes doivent actionner une liste déroulante pour sélectionner une sous-rubrique, alors qu'il semblerait plus naturel de pouvoir cliquer sur les titres (exemple : *Jouet*) ou sur les images correspondantes (figure 5–156). Si ces possibilités ne sont pas proposées, rapprocher la liste déroulante du titre permettrait au moins de mieux faire comprendre à l'internaute qu'il est obligé de choisir une sous-rubrique parmi l'univers *Jouet*.

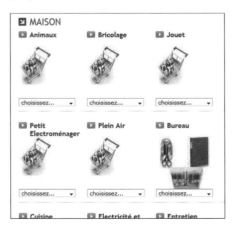

Figure 5–156 L'organisation visuelle
devrait permettre de comprendre que la seule
action possible sur cette page consiste
à actionner la liste déroulante *Choisissez*.
Source : www.e-leclerc.com

Faciliter les interactions

Dans le même ordre d'idées, vous devez faciliter les interactions. C'est par exemple le cas sur le site de Zadig & Voltaire : cliquer sur une couleur de vêtement affiche la pièce correspondante en grand et sélectionne la couleur en question dans la liste déroulante.

ASTUCE
**Rendez cliquables les libellés
de cases à cocher et de boutons radio**

Vous pouvez aussi optimiser les interactions en prévoyant d'autoriser la sélection d'une case à cocher ou d'un bouton radio aussi bien par un clic sur l'élément de formulaire (case ou bouton radio) que sur le libellé associé à cet élément.
Ainsi, dans l'exemple suivant, que l'internaute clique sur le bouton radio ou sur le libellé *Voyages à titre personnel*, cela aura pour conséquence de sélectionner l'option correspondante.

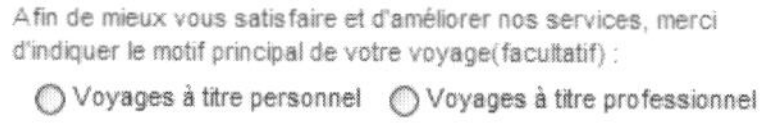

Afin de mieux vous satisfaire et d'améliorer nos services, merci d'indiquer le motif principal de votre voyage(facultatif) :

◯ Voyages à titre personnel ◯ Voyages à titre professionnel

Figure 5–157
Source : www.voyages-sncf.com

Figure 5–158
Sur le site de Zadig & Voltaire, le clic sur une vignette de couleur prépare l'achat du vêtement dans cette couleur.
Source : www.zadig-et-voltaire.com

Prenons un autre exemple d'interaction sur le site de Surcouf (figure 5–159). Imaginons que l'internaute ait commencé par indiquer son souhait de payer en chèques Kadéos ; puis, se rendant compte de la complexité que représente cette méthode, il opte pour la carte bancaire. Il ne peut pas changer de moyen de paiement sur cette page et doit revenir en arrière avec le bouton *Back* de son navigateur (ce qu'il peut d'ailleurs considérer comme risqué de par le type de processus engagé : « Est-ce que ça ne va pas effacer ma commande? »).

Le paiement par Kadéos étant particulièrement inadapté sur le site de Surcouf, il est important de prévoir un moyen rapide et sûr pour que l'internaute puisse changer de moyen de paiement. En prenant en compte cette logique utilisateur qui facilite les interactions, vous réussirez à créer un site plus utilisable.

Faciliter les interactions, c'est aussi optimiser l'utilisation des éléments de formulaires. Par exemple, simplifiez la vérification visuelle des données saisies dans un champ en prévoyant que celui-ci soit assez long pour traiter la plupart des cas.

Figure 5–159
Sur le site de Surcouf, l'internaute ne peut pas changer de moyen de paiement directement à partir de cette page.
Source : www.surcouf.fr

Figure 5–160
Dans le premier cas le champ e-mail est trop court pour que les utilisateurs puissent vérifier d'un seul coup d'œil qu'ils ont bien renseigné leur adresse.

Votre e-mail * `marie.dupas@hotn`

Votre e-mail * `marie.dupas@hotmail.com`

Fournir un champ plus long permet de limiter les actions à accomplir avec le clavier et la souris pour vérifier la validité des données entrées. En effet, lorsqu'un champ ligne est trop petit, les utilisateurs ne peuvent embrasser du regard l'ensemble des données qu'ils ont renseignées. Ils sont donc obligés de se déplacer à l'intérieur du champ à la recherche d'éventuelles fautes de frappe.

Dans le même ordre d'idées, prenons l'exemple de la saisie d'un numéro de carte bancaire. Prévoyez de passer au champ suivant si l'internaute entre un 5ème chiffre. Sinon, votre internaute risque de taper avec attention les 12 chiffres de son numéro, les yeux rivés sur son clavier, pour s'apercevoir en relevant la tête que seuls les 4 premiers ont été pris en compte.

Éviter les actions inutiles

Une des principales règles d'une interface ergonomique consiste à simplifier la vie de ses utilisateurs. Pour y arriver, vous ne devez pas contraindre les internautes à des actions que vous pourriez leur éviter. Les ordinateurs sont très puissants et peuvent s'adapter à de nombreuses situations, sous réserve qu'on se donne la peine de leur en donner l'ordre. Ne demandez pas à vos internautes un effort qui pourrait être pris en charge par la machine !

Traquez donc tout clic inutile qui viendrait compliquer la tâche de l'internaute. Vous devez repérer tous les moments où vous demandez à votre internaute quelque chose de superflu pour la situation dans laquelle *il* se trouve.

Prenons un exemple sur le site UGC Prompto, qui permet de réserver des places de cinéma en ligne. Lorsque l'internaute arrive au moment de régler avec sa carte UGC illimité, on lui demande de saisir deux informations : le numéro de sa carte et le nombre de places qu'il souhaite réserver avec. Or il ne peut en réserver qu'une. On l'oblige donc à actionner une liste déroulante pour sélectionner la seule option disponible : 2 clics inutiles.

POINT DE VUE
Anti 3 clics, mais pas anti-rapidité !

Si nous sommes tout à fait contre la règle des 3 clics comme plafond pour architecturer l'information (voir à ce propos le chapitre 2), elle a un avantage : elle souligne que, plus on clique, plus notre objectif est difficile ou long à atteindre.

Figure 5–161
Lorsque je souhaite réserver deux places avec des cartes UGC illimité sur le site d'UGC, je dois utiliser les listes déroulantes pour choisir *1* en tant que nombre de places.
Source : www.ugc.fr

Ce défaut est encore pire du fait que l'option proposée par défaut est *0* : il paraît en effet évident qu'ayant renseigné un numéro de carte, l'internaute veuille régler au moins 1 place avec ce numéro.

Ne pas demander à l'internaute deux fois la même chose

Si votre internaute a déjà saisi des informations, veillez à ne pas les lui demander à nouveau par la suite. Par exemple, sur le site de Promod, les coordonnées de facturation sont pré-remplies avec l'adresse e-mail que l'internaute a saisie à l'étape précédente (figure 5–162).

La plupart des sites web appliquent aujourd'hui cette règle sur le parcours le plus fréquent des internautes, mais l'oublient souvent lorsque les actions des visiteurs dévient du chemin classique. Voyez ainsi comme le site d'UGC Prompto efface des informations précédemment renseignées par l'internaute lorsque ce dernier ajoute une carte de paiement à sa commande. Dans cet exemple, l'internaute avait renseigné deux numéros de cartes UGC illimité mais l'ajout d'une troisième efface les données précédemment saisies.

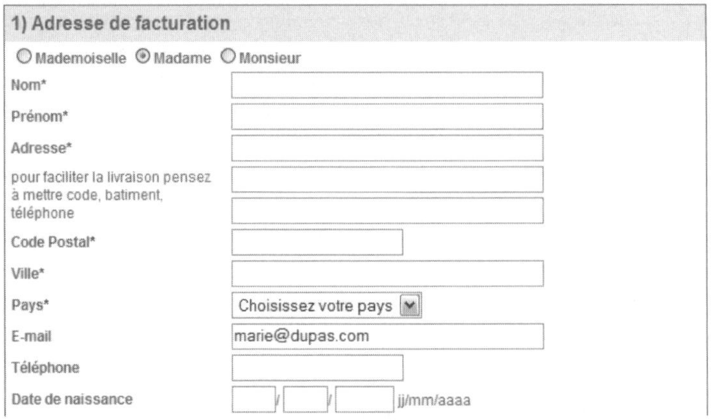

Figure 5–162
Sur cette page du site de Promod, Marie n'a pas besoin de renseigner son adresse e-mail car elle l'a déjà spécifiée lors de l'étape précédente.
Source : www.promod.fr

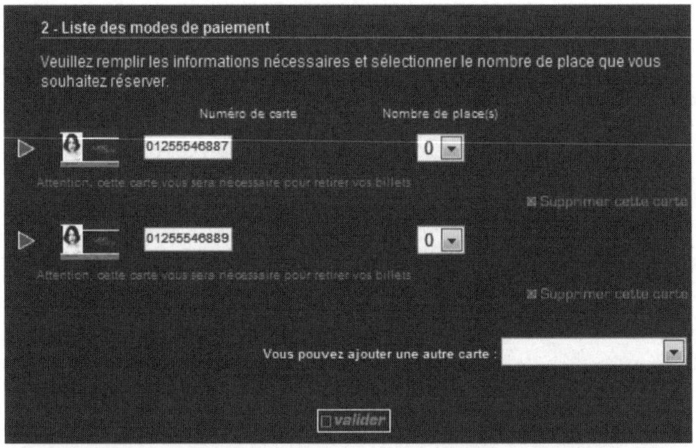

Figure 5–163
État de l'interface avant l'ajout d'une troisième carte illimitée sur le site d'UGC.
Source : www.ugc.fr

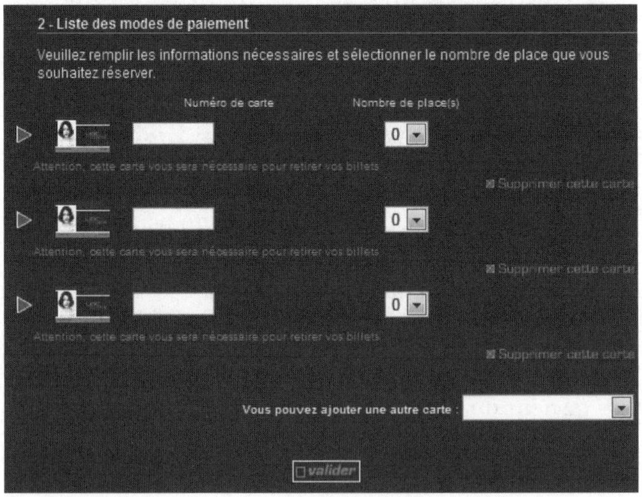

Figure 5–164
État de l'interface après l'ajout d'une troisième carte illimitée sur le site d'UGC.
Source : www.ugc.fr

De même sur le site de Clarins, qui efface la sélection d'échantillon lorsque l'on ajoute un produit au panier à partir des suggestions de cross-selling (figures 5–165 et 5–166).

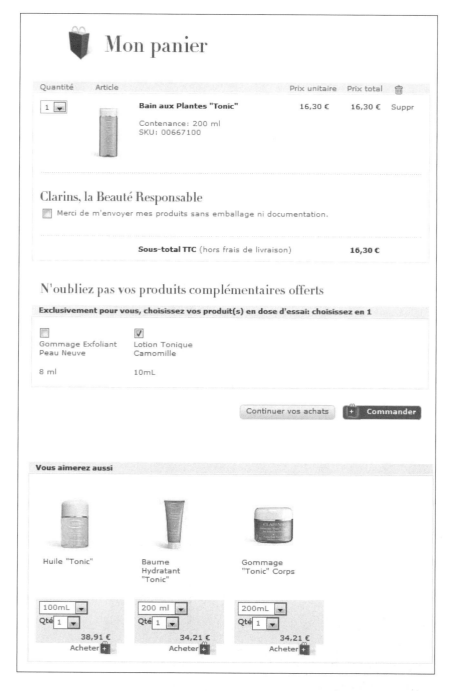

Figure 5–165
État de l'interface avant l'ajout d'un produit complémentaire au panier sur le site de Clarins : le produit complémentaire *Lotion Tonique Camomille* est coché.
Source : www.clarins.fr

199

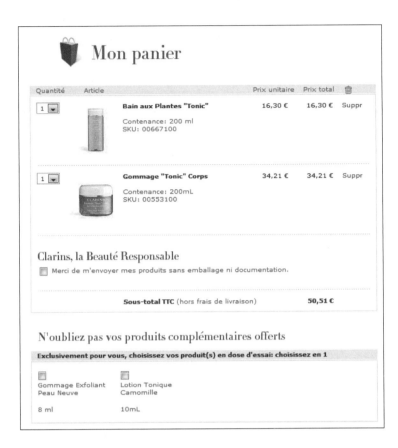

Figure 5–166
État de l'interface après l'ajout d'un
produit proposé en cross-selling :
le produit complémentaire *Lotion
Tonique Camomille* est décoché.
Source : www.clarins.fr

Et enfin, dernier exemple de ce type sur le site de 10/18, qui efface les
critères de recherche quand on passe en recherche avancée.

Figure 5–167
État de l'interface sur la page d'accueil du site
de 10/18 : j'ai renseigné le nom de l'auteur et
le titre du livre que je veux rechercher.
Source : www.10-18.fr

Figure 5–168
État de l'interface après avoir cliqué sur *Plus de critères* : j'arrive effectivement sur la page de recherche avancée, mais mes données précédentes n'ont pas été prises en compte. Je dois donc les saisir à nouveau.
Source : www.10-18.fr

Des modes d'interaction orientés efficience

Nous avons vu au début de ce livre qu'une des composantes de l'utilisabilité était la notion d'efficience. Elle est largement liée à la rapidité avec laquelle les internautes peuvent accomplir des actions sur votre site. Il faut que les utilisateurs les plus à l'aise puissent bénéficier de raccourcis, de moyens d'augmenter leur niveau d'efficience par rapport à une utilisation basique.

On pourrait dire que la problématique de l'efficience vaut surtout pour les utilisateurs experts. Attention, l'expertise est souvent confondue avec la fréquence d'utilisation du système, sans pourtant que les deux soient interchangeables. Il existe cependant une très forte corrélation entre utiliser un système 8h par jour et le fait d'en devenir expert. On peut faire l'hypothèse que plus votre persona passe d'heures sur votre site ou votre application, plus il a besoin de modes d'interaction avancés, lui permettant de satisfaire le critère d'efficience.

Dans l'idéal, votre système doit être assez flexible pour être utilisé tant par des novices que par des experts. Ce principe est parfois si difficile à satisfaire qu'il nécessite de créer deux modes, simple et avancé.

Pour que votre site permette à vos internautes d'être efficients, il faut fournir aux experts des accélérateurs invisibles ou non dérangeants pour les novices. Cela passe souvent par la création de fonctionnalités supplémentaires par rapport à la ligne de base du site ou de l'application. Cette règle est donc très liée à la notion d'utilité que nous évoquions au premier chapitre.

Les internautes que l'on va appeler experts peuvent l'être pour plusieurs raisons. Ce sont en tout cas des utilisateurs qui ont particulièrement besoin d'efficience. Les internautes qui ne veulent pas s'embêter à parcourir

RECOMMANDATION
Ne demandez jamais à vos utilisateurs s'ils sont novices ou experts !

Ce n'est pas à eux d'en décider, mais aux besoins qu'ils rencontrent lorsqu'ils réalisent une tâche.

RECOMMANDATION
Souris pour les novices, clavier pour les experts

L'utilisation du clavier est typiquement un mode d'interaction expert. Pensez donc à faciliter le passage de champ en champ grâce à la touche Tab, mais pensez surtout à l'implémenter de manière logique en fonction de la présentation à l'écran. Le clavier peut aussi servir à optimiser la sélection d'options (dans une liste déroulante par exemple).

201

une arborescence profonde pour trouver ce qui les intéresse, et qui ont besoin d'aller vite, en font partie. Prenons le cas de Telemarket, un supermarché en ligne : sur ce site, les internautes peuvent faire leurs courses grâce à la fonctionnalité *LISTExpress*. Ils renseignent l'ensemble des produits qu'ils veulent acheter dans un champ de saisie (par exemple : farine, lait, eau gazeuse, etc.) et le système se charge d'aller rechercher les produits correspondants. L'internaute n'a plus qu'à choisir ceux qui l'intéressent. Voyez sur l'illustration suivante comme cette interface lui permet de faire ses courses très rapidement.

Figure 5–169
La LISTExpress du site de Telemarket est un très bon exemple de mode d'interaction orienté efficience : en l'utilisant, les internautes peuvent faire leurs courses très rapidement. On ne leur propose que les types de produits qu'ils spécifient dans leur liste. Ici, l'optimisation de l'efficience est directe. Source : www.telemarket.fr

Passons à une autre dimension de l'expertise. Un internaute expert, c'est souvent un utilisateur récurrent. Vous pouvez fournir des fonctionnalités qui prennent en compte ce caractère répétitif des visites. Toujours dans le domaine des supermarchés en ligne, observez la manière dont Houra répond au besoin d'efficience de ses visiteurs. Sur ce site, les clients disposant d'un compte peuvent se créer des listes de produits, dans lesquelles ils piocheront, à chaque commande, en fonction de leurs besoins. Ainsi, chaque produit peut être ajouté dans une liste personnelle.

Figure 5–170
Sur le site d'Houra, grâce à l'icône +, on peut ajouter n'importe quel produit à une liste personnelle. Cette liste est un mode d'interaction orienté efficience : en l'utilisant, les internautes peuvent faire leurs courses plus rapidement. Ici, l'optimisation de l'efficience augmente à mesure des utilisations de la liste personnelle. Plus l'internaute utilisera sa liste, plus cette dernière le rendra efficient sur le site d'Houra pour l'achat de ses produits courants. Source : www.houra.fr

Cette fonctionnalité accélère notoirement leurs courses pour les produits de base, qu'ils achètent fréquemment et pour lesquels ils choisissent toujours la même marque, le même conditionnement, etc.

La même justification guide la fonctionnalité *Acheter en 1-Click* d'Amazon : elle permet aux internautes d'utiliser leurs informations par défaut (adresse de livraison, adresse de facturation, coordonnées bancaires) pour commander leurs articles en un clic. Cette fonctionnalité contribue à une hyper-efficience, mais elle nécessite que l'utilisateur en ait pleinement le contrôle. Elle est donc soumise à une action explicite de la part de l'internaute. Celui-ci déclare vouloir utiliser cette fonctionnalité en cliquant sur le bouton *Acheter en 1-Click* (pour que ce bouton soit actif, il faut en outre que l'internaute se soit connecté avec ses identifiants client).

POINT DE VUE
La configuration personnalisée rend l'internaute efficient

Les possibilités de personnalisation fonctionnelle sont typiquement un mode d'interaction orienté efficience, puisqu'on laisse à l'internaute la liberté de configurer son interface pour répondre spécifiquement à ses besoins.

Attention : la personnalisation fonctionnelle ne relève pas simplement d'un changement d'apparence via une feuille de style, mais bien d'une configuration personnalisée de l'interface (comme ce que proposent Netvibes, iGoogle...).

Figure 5–171
Sur le site d'Amazon, grâce à la fonctionnalité *Acheter en 1-Click*, je peux passer directement de la page produit à la confirmation de ma commande.
Source : www.amazon.fr

Le même site utilise aussi un procédé moins avancé pour optimiser l'efficience de ses clients, procédé qui, à l'inverse, n'est pas soumis à une demande explicite de l'internaute. Lorsque vous avez commandé une première fois, les informations que vous avez fournies sont enregistrées et permettent au site de vous les proposer par défaut. Ainsi, Amazon vous fait passer directement de l'identification à la dernière étape de validation de commande, où il ne vous reste plus qu'à confirmer (en vous laissant bien sûr toute liberté de modifier les informations selon votre convenance).

On a donc un procédé comparable mais implicite, permettant mine de rien aux internautes d'être plus efficients.

La conception de telles fonctionnalités ou modalités d'interaction doit forcément être basée sur une analyse des tâches minutieuse. Elle nécessite de se renseigner sur la manière dont les gens achètent en ligne et sur leurs habitudes. Ainsi, si l'on constate qu'une grande partie des internautes se fait toujours livrer au même endroit et utilise toujours le même moyen de paiement, on a tout intérêt à leur proposer des raccourcis de ce type.

Règle n° 10. Liberté : c'est l'internaute qui commande

Votre internaute doit toujours avoir le pouvoir et le contrôle sur le site Internet, tout au moins en avoir l'impression. Il donne des ordres et l'ordinateur répond en conséquence. Vous devez donc éviter de le brider, mais aussi de renverser les rôles : l'ordinateur ne doit jamais contraindre l'internaute. Vos visiteurs doivent sentir qu'ils ont le système en main et que rien ne se passera sans qu'ils l'aient demandé.

Respectez les contrôles utilisateur conventionnels

Pour que votre internaute sente que c'est lui qui commande, vous devez nécessairement respecter les contrôles habituels en vigueur sur les autres sites. N'empêchez jamais le fonctionnement classique d'un site, l'utilisation du bouton *Back* du navigateur, la copie d'un contenu textuel ; n'imposez jamais une ouverture plein-écran sans qu'elle ait été explicitement demandée, etc. Le fonctionnement le plus basique de votre site doit ainsi être identique à celui de la majorité des sites Internet, sans quoi votre internaute se sentira coincé.

Fuyez les actions au rollover

Si l'affichage d'informations au survol de la souris est envisageable dans certaines conditions (voir à ce propos la règle n° 2), évitez à tout prix de déclencher des actions au rollover. Avec ce type d'interfaces, les internautes ont tout de suite l'impression de perdre le contrôle du système.

Regardez ainsi l'exemple ci-contre sur le site de la Banque Postale : il traduit bien la difficulté liée au manque de contrôle des interfaces au rollover. Sur ce site, les internautes peuvent se connecter à leur compte bancaire en saisissant leur identifiant et leur mot de passe. L'interface de saisie du mot de passe ressemble à celle que l'on a déjà rencontrée sur le site du Crédit Agricole. Mais le fonctionnement de celle-ci n'a rien à voir. Ici, c'est le survol d'un chiffre qui permet sa sélection. Imaginez comme il est difficile de renseigner son mot de passe à 6 chiffres.

Certaines fonctionnalités d'affichage au survol de la souris peuvent aussi mettre l'internaute dans des situations délicates, où il a l'impression d'être coincé. Souvent, c'est d'ailleurs effectivement le cas et il doit trouver un moyen de contourner l'affichage réclamant une grande précision dans ses gestes de visée Regardez par exemple le portfolio de cette agence web, où le survol de chaque vignette l'affiche en version zoomée. Comment pensez-vous que l'on puisse atteindre une vignette du milieu ? Après avoir visualisé plusieurs vignettes, c'est au final une sorte de labyrinthe, où l'on doit jouer de la souris avec dextérité pour arriver à ses fins.

ALLER PLUS LOIN
Navigation au survol de la souris

Alex Frank nous propose avec *Don't Click it* un site entièrement navigable au survol. Une expérience étonnante, où l'on doit se concentrer pour ne pas survoler n'importe quoi sous peine de passer à une autre page ou d'enclencher un bouton d'action !
▸ http://www.dontclick.it

Figure 5–172
Le système de renseignement du mot de passe sur le site de la Banque Postale est très difficile à utiliser. En effet, il est basé sur un système où c'est le survol de l'objet qui provoque sa sélection. La Banque Postale lui donne le nom de « Glisser sans Cliquer ».
Source : www.labanquepostale.fr

Figure 5–173
Interface intitiale de présentation du portfolio de l'agence belge The Reference.
Source : www.thereference.be

Figure 5–174
La première vignette vient d'être survolée sur le portfolio de l'agence belge The Reference.
Source : www.thereference.be

Flexibilité des actions utilisateur

Toutes les fonctionnalités qui permettent aux internautes de revenir en arrière augmentent le sentiment de contrôle (mais aussi le contrôle réel) qu'ils peuvent avoir sur le système.

Optimisez donc la flexibilité de votre système en proposant des fonctions d'annulation (voire de *undo/redo*) et de retour en arrière. Accorder de telles possibilités aux internautes peut relever d'un véritable choix stratégique. Par exemple, sur le site d'Amazon, on peut modifier sa commande jusqu'au moment de son expédition. Vous pouvez même annuler une commande et ce, de manière très simple : tout ce que le site vous demande, c'est de préciser le motif d'annulation d'un article ou de modification d'une quantité.

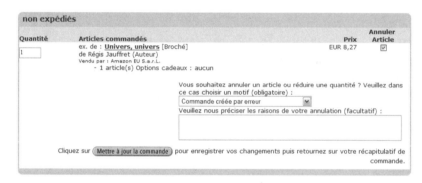

Figure 5–175
Le site d'Amazon me permet, dans le cas d'une commande non expédiée, de l'annuler en spécifiant simplement qu'elle a été créée par erreur. Un bel exemple de flexibilité des actions utilisateur.
Source : www.amazon.fr

L'outil d'agenda proposé par Google (figure 5–176) prend lui aussi le parti d'une grande flexibilité des actions utilisateur, notamment de celles qui sont les plus critiques. Par exemple, lorsque l'internaute supprime un rendez-vous, on ne lui demande pas de confirmer s'il souhaite effectivement le supprimer, afin de fluidifier l'utilisation de l'application. Les concepteurs du site ont tout de même prévu que l'utilisateur puisse annuler la dernière action qu'il vient d'effectuer. Ainsi, s'il a supprimé quelque chose par mégarde, il peut immédiatement restaurer l'état précédent.

Figure 5–176 L'agenda de Google me permet d'annuler la dernière action que je viens d'effectuer, même si celle-ci est aussi importante que la suppression d'un rendez-vous.
Source : www.google.com/calendar

Donnez la possibilité à l'internaute de contourner le système et d'agir dessus

Vous devez aussi offrir à vos utilisateurs la possibilité de contourner votre système si ce dernier est contraignant ou intrusif (vous devez notamment les autoriser à stopper une animation, une vidéo ou du son, et, mieux encore, de contrôler le volume du son).

Cette règle est notamment très importante dans le cas de mises en avant aléatoires ou successives dans le même espace écran. Nous évoquions, à la règle n° 2, ce type de procédé pour démultiplier la valeur du pixel carré. Si vous l'utilisez, pensez toutefois à fournir un moyen pour vos internautes de consulter l'ensemble des mises en avant.

Si cette recommandation semble anodine et paraît apporter simplement un moyen de navigation supplémentaire, il n'en est rien. Elle est capitale compte tenu du type de contenus présenté dans ces zones, qui sont souvent des espaces promotionnels servant à mettre en avant des contenus internes ou de la publicité. Or c'est souvent à la suite d'une navigation plus orientée que l'utilisateur consulte ce type de contenu. Autrement dit, je viens sur le site dans un objectif bien précis, je le réalise, je peux voir d'autres choses qui m'intéressent en cours de route et n'y revenir qu'après avoir accompli mon premier objectif.

Ainsi, si j'ai vu une publicité ou une auto-promotion sur la page d'accueil, il est primordial que je puisse y accéder de nouveau quelques minutes plus tard. C'est ce que propose le site Fluctuat.net dans une interface très intelligente.

À SAVOIR
L'attente et l'actualisation de la page ne sont pas des moyens de contournement !

Vous pouvez choisir différents systèmes d'affichage pour présenter plusieurs contenus successivement au même endroit : apparition aléatoire d'un contenu à chaque nouveau chargement de la page ou apparition successive de plusieurs contenus de manière dynamique (par exemple à la fréquence d'un contenu toutes les 8 secondes). En fonction du système adopté, si vous ne lui fournissez pas de moyen de contournement explicite, l'internaute peut s'en trouver lui-même : actualisation de la page dans le premier cas, attente dans le second. Or, ces moyens de contournement ne sont absolument pas optimaux, en ce sens qu'ils dégradent fortement la facilité d'utilisation de votre site.

Figure 5–177 Grâce à la navigation proposée dans le bas du bandeau, on peut naviguer très facilement parmi les 5 mises en avant de contenu du site de Fluctuat.net
Source : www.fluctuat.net

Autre exemple sur le site de VirginMega, où l'on observe deux types de traitements différents pour la mise en avant d'un contenu. Dans le cas des vidéos, 3 mises en avant s'affichent l'une après l'autre dans la même zone. Aucun moyen de contrôle n'est fourni à l'internaute. Dans le cas de la musique, ce sont 6 mises en avant qui tournent (ou plus en fonction de l'actualité musicale). En revanche, on propose à l'internaute un menu de navigation explicite pour voir spécifiquement une de ces mises en avant.

Adoptez le principe suivant : plus le nombre de mises en avant successives est important, plus il est nécessaire d'offrir à vos internautes un moyen de naviguer parmi celles-ci.

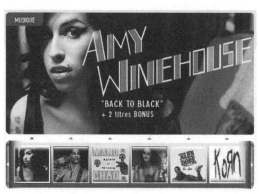

Figure 5–178
Grâce à la navigation proposée sous le bandeau, on peut naviguer très facilement parmi les mises en avant de contenu Musique du site de Virgin Mega.
Source : www.virginmega.fr

N'induisez pas de comportement passif

D'une manière générale, faites très attention à ne pas induire de comportement passif chez l'internaute, excepté lorsqu'il en a fait la demande explicite (par exemple en cliquant pour regarder une vidéo ou une démo).

L'internaute n'est pas devant une télévision. Trop de marques conçoivent encore leurs messages publicitaires comme des spots TV, où les visiteurs regardent un message se mettre en place. Ainsi, sur le site de Roger & Gallet, après avoir cliqué sur le lien *Invitation à découvrir la nouveauté*, l'internaute se trouve confronté à une animation qui dure trop longtemps.

Figure 5–179 La présentation de la gamme *Doux Nature à la sève de vanille* se fait de manière animée pendant une minute. Sur le Web, c'est énorme. Pour des animations de ce type, on observe qu'une grande partie des internautes se plaint explicitement de la longueur dès les 30 premières secondes.
Source : www.roger-gallet.com/fr

Ce fonctionnement est d'autant plus dommageable qu'on ne prévient pas l'internaute. En effet, c'est tout à fait différent de dire *Regarder la publicité de notre produit* et de prétendre faire du Web alors qu'on veut présenter ce qui s'apparente à une pub TV.

Soyez aussi prudent avec la mise en place animée de pages, qui prend beaucoup de temps et met l'internaute dans une position d'attente. C'est une chose de faire attendre l'internaute parce qu'une page est longue à charger techniquement, c'en est une autre de le faire volontairement pour produire un effet visuel. Attention, lorsque c'est gratuit, à ce que ce soit très léger.

Ce défaut est moins critique dans de tout petits sites ou uniquement sur une page (par exemple la page d'accueil). C'est à l'inverse beaucoup plus embêtant lorsque l'internaute a envie de consulter plusieurs pages et se retrouve à devoir attendre, à chaque nouvelle page, que le site fasse son petit manège. Par exemple, sur le site d'Avène, cliquer sur un lien pour se rendre à une autre page impose d'abord de quitter la page en fondu, puis d'afficher la nouvelle page sous la forme d'un autre fondu. Total : le passage de page en page est long, lourd et ne donne pas envie de rester consulter le site.

RECOMMANDATION
La durée de l'animation doit être courte

Sur le Web, on doit être très vigilant avec l'animation, dans le sens où le seuil de dépassement de l'attention est très bas. Il est très intéressant de ce point de vue de prendre en compte les recommandations de l'IAB (Internet Advertising Bureau) sur la durée maximum d'une animation publicitaire. L'IAB recommande de ne pas dépasser 30 secondes, voire 15 dans un certain nombre de cas.

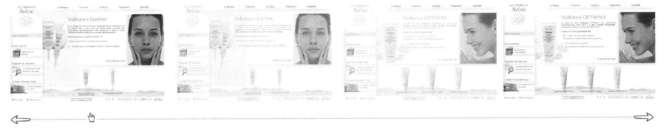

Figure 5–180 Sur le site d'Avène, chaque passage d'une page à l'autre impose à l'internaute 4 étapes : page de départ, fondu vers le blanc, fondu vers la page d'arrivée, page d'arrivée.
Source : www.eau-thermale-avene.com

N'enfermez pas votre internaute

Pour que votre internaute se sente libre, vous devez faire attention à ne pas l'enfermer, notamment en termes de navigation.

Par exemple, l'accès aux produits sur le site de Décléor dépend d'un processus de navigation très lourd, où l'on force l'internaute à faire des choix successifs pour définir son besoin (figure 5–181).

Ce type de navigation peut être intéressant pour affiner la recherche d'un produit afin qu'il corresponde précisément aux besoins de l'internaute. Il ne peut en aucun cas constituer la seule manière de naviguer dans les produits. Cela est en effet très contraignant et long pour le visiteur, incite très peu à la consultation de plusieurs produits, etc. Si vous

Figure 5–181 Sur le site de Decléor, l'accès aux produits est conçu de manière très ciblée et exclusive : il laisse peu de place à la consultation multi-produits et multi-besoins.
Source : www.decleor.fr

choisissez ce type de navigation, fournissez au moins des liens de contournement (de type « Voir tous les produits »).

Le système n'est pas intrusif

La dernière recommandation qui permet à l'internaute de conserver le contrôle sur le système consiste à limiter ce que l'on nomme l'intrusion. Grossièrement, cela correspond au fait que l'utilisateur ne doit pas se sentir contraint ou dépassé par le système.

Le système n'est pas lourd ou insistant dans ses propositions

Si vous voulez faire des propositions à votre internaute, vous devez être très attentif à procéder de manière raisonnée et à fournir, au besoin, un moyen très simple de refuser votre proposition. Un visiteur de votre site ne doit pas se sentir manipulé ou obligé de faire quelque chose contre son gré. Veillez donc à ne pas tromper ni contraindre vos internautes sous prétexte d'inciter.

Regardez ainsi comme le site de Pixmania semble forcer ses internautes à ajouter le Contrat Achat tranquille à leur commande d'un caméscope (figure 5–182)

Cette impression s'explique notamment par la présence simultanée de deux propositions, pour le Contrat Achat tranquille et pour la carte de fidélité. En effet, cette dernière peut être supprimée grâce à l'icône en forme de poubelle, icône qui ne figure pas en face du contrat Achat tranquille. Les internautes pensent donc que ce contrat est obligatoire. Or il n'en est rien, mais pour pouvoir le supprimer, il faut cliquer sur le lien *En savoir plus*, puis cocher le bouton radio *Je ne souscris pas au Contrat Achat Tranquille* dans la fenêtre pop-up suivante.

Figure 5–182
Sur cette page de récapitulatif de commande du site de Pixmania, le contrat Achat tranquille semble obligatoire. À cause du manque de visibilité d'un moyen de contournement, cette proposition très intrusive risque de faire fuir les internautes.
Source : www.pixmania.com

La suppression du contrat Achat tranquille est donc volontairement cachée, avec les risques suivants d'un point de vue utilisateur :

- Incompréhension : « Je suis obligé de souscrire au contrat Achat tranquille ? Je vais acheter ailleurs... »
- Déception : « On ne me l'a pas dit avant... »
- Sentiment de manipulation pour ceux qui découvrent comment supprimer le contrat : « On a voulu me forcer à y souscrire, ça ne me semble pas très honnête »

La solution consiste donc à proposer sans contraindre, comme le fait très bien le site de Darty.

Figure 5–183
Dans le panier du site de Darty, on propose aux internautes d'étendre la période de garantie de leur produit par le biais d'un simple bouton radio, décoché par défaut.
Source : www.darty.fr

Un dernier exemple de proposition insistante sur le site de Vichy. Lorsque l'internaute ferme le site, on lui demande s'il est vraiment sûr de vouloir partir parce qu'on lui propose de répondre à un questionnaire. Cette demande est présentée de telle manière qu'elle en devient plus intrusive.

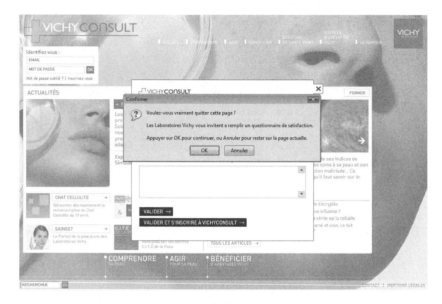

Figure 5–184
Lorsque l'internaute a déjà décidé de quitter
le site de Vichy en fermant la fenêtre,
on le retient avec une alerte lui proposant
de remplir un questionnaire.
Source : www.vichy.fr

Le système ne force pas l'utilisateur à voir quelque chose

Éviter les introductions et fournir des entrées directes

Il est assez courant de voir des contenus affichés en préambule de celui demandé par l'internaute. C'est le cas des introductions de site ou de vidéos, où l'on profite de l'intérêt de l'internaute pour un contenu ou un site particulier pour le forcer à voir des contenus promotionnels (on a alors affaire à des messages de type « Votre vidéo démarrera dans 25 secondes », associés à un compte à rebours inversement proportionnel à la durée restante du contenu promotionnel).

Si vous pouvez éviter ce genre de procédés, n'hésitez pas ! Sinon, pensez à fournir un lien direct d'accès au contenu, de type *Passer l'introduction*, *Accès direct au site*, etc. C'est notamment ce que pratique Allociné pour compenser un affichage publicitaire très intrusif (figure 5–185).

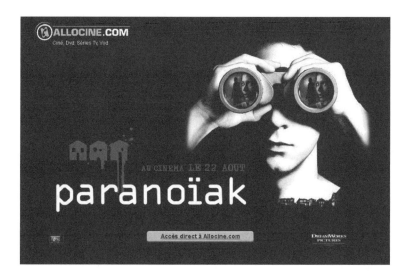

Figure 5–185
Avant de visiter une page du site Allociné,
on propose à l'internaute une publicité.
On compense ce procédé très intrusif
en lui fournissant un moyen d'accéder
directement au site.
Source : www.allocine.fr

Éviter l'affichage de pop-up spontanées

Les mêmes problématiques d'intrusion régissent l'affichage sous forme de pop-up spontanées, c'est-à-dire qui s'ouvrent sans qu'on l'ait demandé. La fenêtre pop-up peut présenter certains avantages fonctionnels dans l'utilisation normale d'un site (par exemple, elle est tout à fait adaptée pour présenter des contenus complémentaires ou d'aide, tout en conservant le contexte et la page source visibles en dessous). Cependant, ce n'est le cas que si l'internaute l'a explicitement demandée, en cliquant sur un lien ou un bouton provoquant l'ouverture de cette pop-up. Notez en outre que le format strict pop-up est à bannir de par certaines restrictions techniques exposées ci-contre. Vous devez lui préférer un affichage de type flottant, qui va venir se poser par-dessus le site.

Les pop-up peuvent aussi être utilisées de manière spontanée par le site, mais uniquement en cas de force majeure. C'est par exemple le cas sur le site de Sytadin, où la consultation du trafic peut s'accompagner d'une pop-up informant les internautes de travaux sur l'autoroute. Il est alors tout à fait justifié d'employer quelque chose de fort visuellement, qui doit cacher le contenu initial sous peine d'être ignoré par l'internaute.

Ce qu'il faut éviter, ce sont les pop-up promotionnelles qui sautent au visage des internautes alors qu'ils n'ont rien demandé.

Le site n'agit pas à la place de l'internaute

Le site doit faire explicitement ce que l'internaute lui demande, ni plus, ni moins. Attention donc à ne pas profiter des actions menées par l'internaute pour faire deux choses à la fois. Prenons un exemple sur le site du Tournaisis : dans la page des *Produits du terroir*, on met en avant 2 éléments

RECOMMANDATION
**Le format pop-up est à éviter
tant du point de vue technique
que de l'utilisateur**

Attention au véritable format pop-up, discutable techniquement (il est bloqué par de nombreux navigateurs et outils installés sur le poste client) mais aussi d'un point de vue utilisateur.
En effet, un nombre non négligeable d'internautes ferment toute pop-up qui s'ouvre spontanément, avant même que son contenu soit chargé, du fait de la sur-utilisation de ce format par les publicitaires.

(sur un total de 42). L'internaute a la possibilité d'ajouter ces éléments à sa liste de sélection. Or, lorsqu'il effectue cette action sur l'un des items, non seulement on ajoute l'élément à sa sélection, mais en plus on remplace les deux éléments de la page par deux autres parmi les 42. S'il était intéressé par l'autre élément, l'internaute ne l'a donc plus directement sous les yeux, et doit mettre en oeuvre une nouvelle stratégie pour le rechercher.

Figure 5–186
État initial de la page *Produits du Terroir* sur le site du Tournaisis.
Source : www.tournaisis.be

Figure 5–187
État de la page après que l'on ait ajouté la *Brasserie de Brunehaut* à la sélection. Les deux éléments de la liste précédente ont été remplacés par deux nouveaux.
Source : www.tournaisis.be

Ce procédé est basé sur la présomption suivante : une fois qu'un internaute a sélectionné un élément, il en a terminé avec cet élément et on peut donc lui en proposer d'autres. Or, d'une part vous n'en savez rien, et d'autre part vous devez en laisser l'entière responsabilité à votre internaute : s'il a envie d'aller voir ailleurs, ne vous inquiétez pas, il en trouvera le moyen !

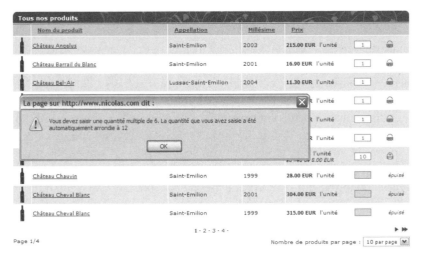

Figure 5–188
Au vu de la quantité renseignée par l'internaute (10), le site de Nicolas juge opportun de décider de modifier lui-même cette quantité à 12. Or, ce système met l'internaute dans une position passive qui risque de le contrarier. Il est donc préférable de le laisser décider seul de ce qu'il souhaite faire au vu des contraintes de conditionnement par 6 bouteilles.
Source : www.nicolas.com

Les sites d'e-commerce doivent également veiller à laisser le contrôle total à leurs internautes pour les actions « engageantes », telles que l'ajout au panier. Notamment, un article ne peut effectivement être ajouté au panier que suite à un clic sur un élément explicite symbolisant clairement cette action (que ce soit un libellé ou une icône).

Observez à cet égard comme le site de Sushi Shop peut sembler intrusif pour ses visiteurs. Ces derniers peuvent en effet passer leur commande en ligne, en ajoutant divers produits à leur panier. Or, un simple clic sur la photo d'un produit ajoute automatiquement ce dernier au panier ! C'est mal connaître les internautes, qui ont l'habitude qu'une image de produit cliquable puisse les mener au détail du produit en question.

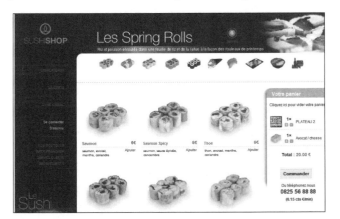

Figure 5–189 Sur le site de Sushi Shop, cliquer sur l'image d'un sushi a pour effet de l'ajouter au panier.
Source : www.sushishop.fr

215

Ce défaut s'avère plus ou moins gênant selon le niveau de visibilité du panier. Lorsque ce dernier est apparent en permanence à l'écran, l'internaute peut se rendre compte facilement du principe de fonctionnement du site. Mais s'il est descendu plus bas dans la page, il n'aura aucune visibilité sur ce feedback, et aura donc tendance à cliquer plusieurs fois, pensant que le site n'a pas réagi à son premier clic. Résultat : autant d'ajouts de produits dans le panier...

Notre troisième exemple est illustré par un cas de gestion intrusive de l'erreur. Lorsque l'internaute se trompe, veillez à ne pas vous intégrer de façon excessive dans la correction de cette erreur et laissez l'utilisateur libre de ses actes. Reprenons l'exemple du site de Nicolas, où certains vins ne sont disponibles qu'en conditionnement de 6 bouteilles (figure 5–190). Le site accepte que l'internaute saisisse le chiffre 10 et n'agit qu'au moment d'ajouter le produit au panier. Au lieu de l'informer de son erreur et de le laisser rectifier en conséquence, le site applique alors une règle automatique et adapte le nombre de bouteilles au plus proche. Or, le site n'a absolument pas le droit de décider si, au vu de cette contrainte, l'internaute va choisir de commander 6 ou 12 bouteilles.

Le site de 1855 gère par exemple la même problématique de manière moins intrusive.

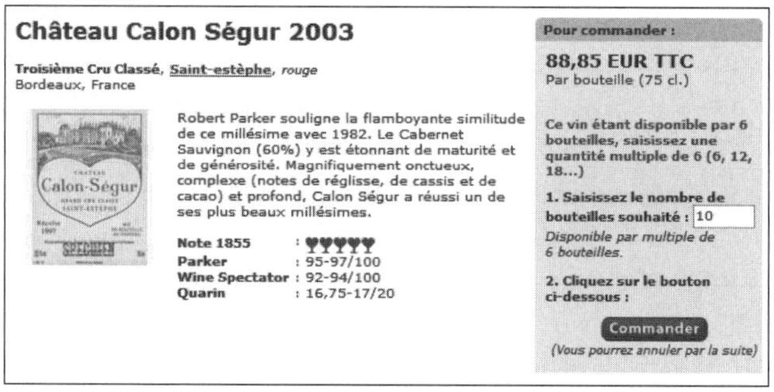

Figure 5–190
Au vu de la quantité renseignée par l'internaute (10), le site de 1855 lui indique simplement que c'est impossible, et lui explique la raison afin qu'il puisse corriger de lui-même.
Source : www.1855.com

POINT DE VUE

Le son, ce n'est pas toujours mal !

Le fait qu'un site joue du son n'est absolument pas anti-ergonomique. Pensez ainsi que la demande de son peut être implicite, par exemple lorsque l'utilisateur visionne une vidéo ou consulte un site de musique ou de cinéma : c'est alors même conseillé puisque cela peut optimiser l'expérience utilisateur. L'utilisateur doit néanmoins s'y attendre et c'est donc plus gênant sur un site bancaire ou vendant des vêtements. Lorsque votre site joue du son, fournissez une possibilité très visible et très explicite de le stopper. Lorsque le son accompagne le contenu et a une réelle utilité, ajoutez-y la possibilité de régler le volume.

Au secours, le site prend le contrôle de l'ordinateur

Il est très important que l'internaute puisse observer une stricte correspondance entre ce qu'il a demandé et ce qu'il obtient. Notamment, vous devez éviter que votre site ouvre une application logicielle sur le poste client (Outlook, Thunderbird, Windows Media Player, Itunes, etc.). Ce type de fonctionnement est très fréquent avec les fonctionnalités de contact qui ouvrent un nouveau message pré-rempli dans un client de messagerie (figure 5–191).

Évitez aussi de jouer une bande son alors que l'utilisateur ne l'a pas demandé. Par exemple, au chargement du site Autour de Bébé en août 2007, on avait soudain l'impression de se retrouver dans une galerie

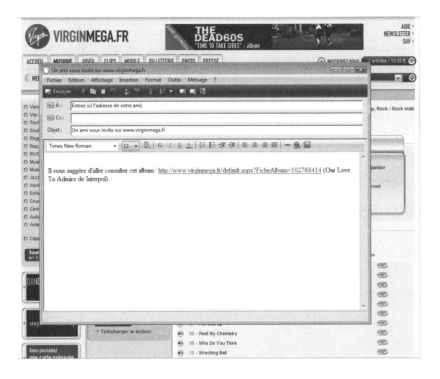

Figure 5–191
Sur le site de Virgin Mega, un simple clic
sur le lien *Envoyer à un ami* démarre
l'application de messagerie et crée
un nouvel e-mail pré-renseigné.
Source : www.virginmega.fr

commerciale avec une animatrice au micro, nous vantant les mérites du site. Rien à voir avec du Web et rien de plus intrusif.

Quant au site d'E-Leclerc, il impose, lui, à ses visiteurs une sorte d'assistant sous la forme d'une souris dotée d'une voix, qui intervient sur la page d'accueil pour proposer son aide. Or, c'est typiquement le type d'intrusion qui risque de faire fuir vos internautes. Paradoxalement, alors que vous souhaitiez les aider, ils vont se sentir agressés et tout de suite chercher comment faire cesser cette voix.

Figure 5–192 La souris qui souhaite aider les internautes sur le site d'E-Leclerc risque de ne réussir qu'à les agacer, tant son apparition est intrusive. Source : www.e-leclerc.com

La publicité web est très douée pour aller à l'encontre de ce principe de soumission de l'ordinateur : souvent, elle se présente sous des formats très intrusifs pour l'internaute, qui le contraignent à « assister » à la publicité. Si vous adoptez des choix risqués de ce point de vue, prévoyez donc toujours une porte de sortie pour l'internaute, un moyen de contournement de ce que vous lui imposez par défaut. Enfin, vous devez non seulement fournir cette solution de contournement, mais aussi la rendre visible, explicite et facile à utiliser.

Règle n° 11. Accessibilité : un site facile d'accès pour tous

Idéalement, tout le monde devrait pouvoir accéder aux contenus de votre site web. Dans les faits, c'est surtout important pour votre population cible. Deux versants de l'accessibilité sont à prendre en compte : son aspect physique et son aspect technologique.

Accessibilité physique

Pour tout ce qui touche à l'accessibilité physique, votre site devrait être prévu de manière à en permettre l'accès à tous les internautes, quel que soit le canal perceptif par lequel ils consultent votre site. En effet, l'important n'est pas que votre site soit perçu par tous les visiteurs de la même manière, mais plutôt que tout le monde puisse bénéficier de ses contenus selon les modalités perceptives qui lui conviennent le mieux.

Nous avons largement traité des problématiques d'accessibilité visuelle dans le chapitre 3. Vous trouverez aussi au prochain chapitre quelques outils très intéressants pour auditer l'accessibilité visuelle de votre site d'un point de vue utilisateur. Il s'agit alors d'évaluer l'accessibilité visuelle non seulement pour les internautes ayant des difficultés sur ce plan, mais pour tous les internautes en général !

Accessibilité technologique

Le second versant de l'accessibilité d'un site porte sur les aspects technologiques. Il se réfère aux possibilités d'accès à votre site quel que soit le matériel à partir duquel l'internaute le consulte. Là encore, il n'est en aucun cas question que le site se présente de la même manière quel que soit le support, mais plutôt qu'il soit consultable depuis n'importe quelle plate-forme.

Plusieurs dimensions caractérisent une plate-forme : système d'exploitation, navigateurs, tailles et résolutions d'écran (nous en parlons au chapitre 9), fonctions activées (Javascript, affichage des images, cookies, etc.), plug-in installés (Flash et versions de Flash, machine virtuelle Java, etc.), logiciels

VOCABULAIRE

Compatibilité ou accessibilité technologique, même combat

On parle aussi bien de compatibilité technologique que d'accessibilité technologique. Notez cependant que le mot de compatibilité intègre l'idée qu'il existe une version de base, une plate-forme idéale pour consulter le site à son maximum.

installés (Acrobat Reader, RealPlayer, Windows Media Player, etc.). Elles doivent donc être prises en compte pour optimiser l'accessibilité technologique d'un site.

Les contextes et supports sur lesquels vos utilisateurs vont consulter votre interface ou s'en servir ont aussi des incidences sur sa conception. Si vos internautes se servent de votre application sur un équipement portable, vous devrez inclure cet aspect dans vos contraintes de spécifications.

Vous devez proscrire les messages de type « Ce site est optimisé pour une consultation sous le navigateur XXX, en résolution XXX. Veuillez donc vous y conformer ». Essayer plutôt de prendre en compte les taux de pénétration des plate-formes dans votre population cible et de mettre les ressources nécessaires pour vous y adapter.

Deux situations sont envisageables : soit la configuration de plate-forme de votre internaute correspond à la plate-forme optimale, soit elle en dévie. Dans ce cas, vous devez agir selon l'adéquation exigée entre la plate-forme utilisateur et la plate-forme idéale.

La plate-forme de consultation est de l'ordre du bonus : adaptez le contenu

Dans l'idéal, commencez par adapter le contenu présenté au visiteur à la configuration de son navigateur. Cet ajustement peut se faire grâce à une détection automatique de la configuration du poste client.

Vous serez dans ce cas si votre contenu peut être visualisé et utilisé sous une configuration dégradée, ne correspondant pas à la configuration idéale. Par exemple, vous proposez une version statique, image, d'un contenu Flash peu important plutôt que rien. C'est le cas sur le site des éditions Asmodée, pour les bandeaux d'auto-promotion : si l'internaute ne dispose pas du plug-in Flash (ou s'il est trop ancien), on lui présente automatiquement une version jpeg du même contenu.

Vous serez dans une situation analogue si vous avez prévu plusieurs versions de site selon que le plug-in Flash est disponible ou non. Par exemple, le site de la société de production Soixan7e Quin5e est développé à la fois en Flash et en HTML. Le Flash n'étant présent que pour optimiser finement l'expérience utilisateur (installation progressive des écrans, insertion de virgules sonores en correspondance avec les actions utilisateur, etc.), on présente automatiquement aux navigateurs dépourvus de Flash la version HTML du site (qui ressemble énormément à sa version Flash).

Notez que ce type de stratégie permet aussi d'optimiser le référencement d'un site Flash : en effet, les crawlers des moteurs de recherche préféreront la version texte du site.

Abordons enfin la gestion des mécanismes basés sur Javascript, dans les cas où ce langage est désactivé sur l'ordinateur client. Si vous pouvez accepter que votre internaute se passe des avantages d'interaction et d'interface prévus grâce à la technologie Javascript, alors présentez-lui d'office ce que l'on appelle la version dégradée de votre site ou de votre application (vous prévoirez néanmoins des liens explicites de passage à l'une ou l'autre des versions).

La plate-forme de consultation est stratégique : informez et guidez

En second lieu, s'il est vraiment dommage que l'internaute ne puisse pas accéder aux contenus, vous devez l'en informer et lui fournir (lorsque c'est possible) un lien pour mettre à jour sa plate-forme ou en activer certaines options.

Reprenons le cas des mécanismes basés sur Javascript, dans l'hypothèse où le Javascript est désactivé sur l'ordinateur de l'internaute. Si vous ne pouvez vous en passer, vous devez informer votre internaute que le site nécessite l'activation de Javascript, puis le guider dans cette opération.

Règle n° 12. Satisfaction de votre internaute

La règle n° 12 passe avant toutes les autres. C'est la seule qui peut vous autoriser à remettre en question toutes les autres. Satisfaire *votre* internaute nécessite de prendre en compte les besoins de vos personas en tant qu'être humains (voir chapitre 3) mais aussi et surtout leurs besoins en tant qu'internautes spécifiques dans un contexte spécifique, avec des objectifs spécifiques. Notez que les 11 règles précédentes participent aussi du niveau de satisfaction de vos internautes. Si vous réussissez à les prendre en compte, vos visiteurs seront très satisfaits de la qualité d'utilisation de votre site.

La satisfaction est le critère le plus difficile à mesurer. En dehors de la facilité d'utilisation et de l'efficience, elle recouvre des problématiques d'utilité (contenu et fonctionnalités), de qualité de service, d'esthétique et d'expérience utilisateur.

Satisfaire grâce au critère d'utilité

Un site utile est un site qui fournit du bon contenu à ses internautes, un service leur permettant de remplir leurs objectifs, ainsi que des utilités de second niveau optimisant la satisfaction. Nous verrons au chapitre 7 l'importance des micro-fonctionnalités permettant de rassurer votre internaute et de stimuler la décision d'achat.

Ces dernières doivent être parfaitement adaptées au site et aux besoins de vos internautes. Par exemple, sur les pages produit du site de Kiabi, on peut cliquer sur deux boutons pour consulter un produit de la même catégorie : - *cher* ou + *cher* (figure 5–193).

Figure 5–193
Sur le site de Kiabi, les boutons - *cher* et
+ *cher* permettent de consulter d'autres articles à manches courtes en partant du prix de
celui que l'on est en train de regarder.
Source : www.kiabi.com

POINT DE VUE **Impliquer votre internaute
pour mieux le satisfaire**

Les micro-fonctionnalités peuvent aussi consister à
impliquer activement vos internautes dans le site.
Par exemple, sur le site de Réservoir Jeux, on propose aux visiteurs d'affiner les suggestions de produits offertes par le site, grâce aux fonctions
suivantes : *Je possède ce produit*, *Ne plus
me suggérer ce produit*, *Mauvaise recommandation*. En outre, une fonction avancée
permet de consulter les articles ayant influencé les
suggestions, avec la possibilité de demander de
*Ne pas utiliser ce produit pour mes sug-
gestions personnalisées*. Ainsi, l'internaute
devient véritablement acteur du site web, avec à la
clé une plus forte satisfaction utilisateur.
Source : www.reservoir-jeux.com

Les micro-fonctionnalités peuvent aller très loin et être conçues exclusivement pour la satisfaction de l'internaute. Par exemple, le site d'Apple
fournit une fonctionnalité très agréable lors de la personnalisation d'un
iPod avec un message à graver. Elle consiste à pouvoir observer en temps
réel l'effet visuel du message que l'on aura renseigné.

Figure 5–194
Sur le site d'Apple, je peux voir en direct l'allure
du message que je souhaite graver sur mon iPod.
Source : www.apple.fr

Avouons que c'est autre chose que de voir ce message uniquement dans un
champ de saisie texte. Bien sûr, c'est tout à fait inutile si l'on parle en termes
purement commerciaux : à cette étape, les internautes ont déjà choisi
d'acheter un iPod et pouvoir simuler « en contexte » la gravure de leur message n'aura sans doute pas d'influence sur leur choix d'acheter ou non
l'article. Cela n'aura d'influence que sur le message en question ou son

absence (la visualisation de l'effet réel peut en effet amener l'internaute à choisir de laisser son iPod vierge). Ici, il s'agit donc seulement de plaisir et d'implication utilisateur. Gardez toujours à l'esprit que ce genre de cadeaux à vos internautes vous permettra de faire décoller votre cote de satisfaction.

En complément de ce service, une nouvelle fonctionnalité est apparue sur le site d'Apple, qui propose désormais une galerie de gravure, pour les internautes en manque d'inspiration (figure 5–195). Au-delà du réel service rendu, cette galerie a aussi l'avantage de jouer sur le côté humoristique, et de participer ainsi à l'expérience que le client Apple entretient avec la marque.

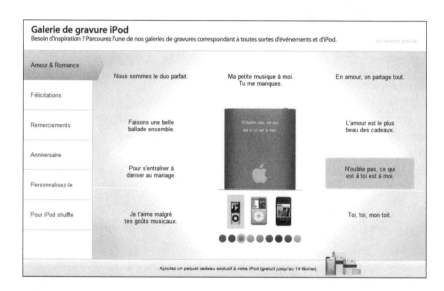

Figure 5–195 Sur le site d'Apple, une galerie de messages à graver pour iPod permet de rendre service avec humour et ainsi d'optimiser le taux d'utilisation du service de gravure. Source : www.apple.fr

Satisfaire grâce à l'esthétique et à l'expérience utilisateur globale

Nous avons largement expliqué, au chapitre 2, que la qualité graphique peut augmenter la perception subjective de l'utilisabilité d'un site. De toutes façons, elle participe de l'expérience utilisateur globale. Un site beau, plaisant, motivant, voire ludique, permettra de satisfaire vos internautes.

Satisfaire grâce à la qualité du service

Pour satisfaire vos visiteurs, vous devez aussi vous attacher à leur fournir un service respectueux, à la fois avant toute transaction, mais aussi en termes de service après vente. Notez que cette recommandation ne s'applique pas seulement aux sites d'e-commerce. Ainsi, fournir une possibilité de se désinscrire d'une newsletter est une manière de satisfaire grâce à la qualité de service.

Satisfaire grâce à la puissance et la fiabilité technique

Pour finir, votre site doit fonctionner ! Il doit être puissant tant au niveau fonctionnel (c'est souvent problématique avec les moteurs de recherche) qu'en termes de fiabilité : traquez les erreurs techniques, liens cassés, pages en construction, lenteurs de chargement, mauvaise gestion des URL, etc.

Dans ce domaine, vous devez oublier le réflexe suivant lequel « cela n'arrive qu'aux autres ». À l'heure où nous parlons, si vous tapez http://volkswagen.fr dans la barre d'adresses de votre navigateur, vous tombez sur le message suivant, noir sur blanc : *Forbidden - You don't have permission to access / on this server.* Dans la même veine, si vous essayez http://sncf.fr, vous tombez sur le message *Maintenance sur le site.* Rappelez-vous donc que ce type d'oubli peut arriver même sur des sites très contrôlés ou très visités : il est très facile de négliger *le* détail qui suscitera ou non la confiance de vos internautes dans la qualité technique de votre site.

En bref : 12 règles à utiliser à bon escient

Si vous appliquez l'ensemble de ces 12 règles sur votre site web, vous devriez éviter les principaux écueils d'un point de vue ergonomique. Ces règles doivent devenir un réflexe à la fois en conception et en évaluation d'interfaces. Faites-en un véritable post-it mental, afin d'en disposer en permanence.

Il est indispensable de comprendre comment ces règles peuvent se compenser les unes par rapport aux autres. Nous en avons abordé quelques exemples au fil de ce chapitre, mais évoquerons cette problématique de manière plus détaillée au prochain chapitre, consacré à la méthode de l'audit ergonomique.

Règle 1. Architecture
le site est bien rangé

Règle 2. Organisation visuelle
la page est bien rangée

Règle 3. Cohérence
le site capitalise sur l'apprentissage interne

Règle 4. Conventions
le site capitalise sur l'apprentissage externe

Règle 5. Information
le site informe l'internaute et lui répond

Règle 6. Compréhension
les mots et symboles sont choisis minutieusement

Règle 7. Assistance
le site aide et dirige l'internaute

Règle 8. Gestion des erreurs
le site prévoit que l'internaute se trompe

Règle 9. Rapidité
l'internaute ne perd pas son temps

Règle 10. Liberté
c'est l'internaute qui commande

Règle 11. Accessibilité
un site facile d'accès pour tous

Règle 12. Satisfaction de votre internaute

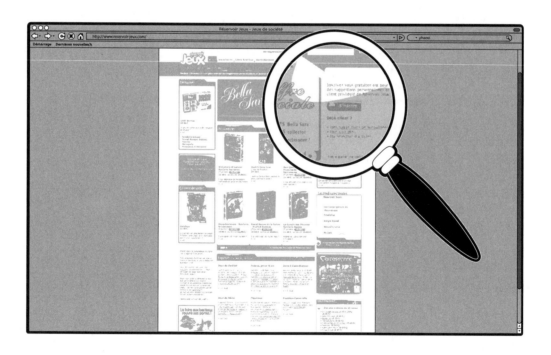

chapitre 6

L'audit ergonomique : conseils et méthodologie

Vous avez un site Internet et souhaitez évaluer son niveau de qualité d'un point de vue ergonomique ? La méthodologie de l'audit est là pour cela.

SOMMAIRE

▶ Méthodologie de l'audit ergonomique

▶ Des exigences dépendant fortement des spécificités projet

▶ La mise en œuvre d'un audit

MOTS-CLÉS

▶ Audit ergonomique
▶ Inspection experte
▶ Ajax
▶ Seniors
▶ Outils pour l'audit

Nous verrons dans ce chapitre qu'il existe une grande différence entre ce que l'on appelle l'audit formel et l'audit informel. Si le premier est tout à fait optionnel (il doit être intégré à une démarche explicite visant à évaluer la qualité d'utilisation de votre site), le second est plus flou. En effet, l'audit informel devient une activité plus ou moins automatique dès lors que vous commencez à avoir des bases en ergonomie web.

Vous verrez qu'après la lecture de ce livre, vous pourrez difficilement sauter l'étape de l'audit informel !

MÉTHODOLOGIE **Les règles d'ergonomie doivent être appliquées en profondeur, pour tous les détails d'un projet**

Si vous considérez que l'ergonomie est un paramètre important, vous devez vous donner les moyens de l'inclure dans tous les processus de décision (par exemple, sur l'utilité d'une nouvelle fonctionnalité, l'implémentation de cette fonctionnalité, le libellé d'un bouton, l'organisation d'une page produit). Plus vous serez proche de l'ensemble de l'équipe projet, plus vous pourrez influencer ces micro-décisions dans le sens du confort utilisateur.

VOCABULAIRE **Les synonymes de l'audit**

Que vous entendiez les termes d'audit, d'évaluation ou d'inspection experte, on parle de la même chose.

Vous avez lu attentivement le chapitre précédent et connaissez les 12 règles de l'ergonomie web sur le bout des doigts ? Tant mieux car ce sont elles qui vous aideront à évaluer la qualité ergonomique d'un site. Cependant, il ne suffit pas d'avoir retenu ces principes. Vous devez apprendre à les utiliser dans des contextes précis et connaître toutes les ficelles de l'audit.

Pratique, support et moyens de l'audit ergonomique

L'audit ergonomique n'est pas une méthode réservée aux experts. Il consiste à observer une interface à la lumière des objectifs de l'ergonomie. Si vous réussissez à vous approprier cette démarche et ses fondements théoriques, qui que vous soyez, vous serez capable de conduire un audit ergonomique. Bien sûr, l'expert aura des réflexes d'analyse et il sera plus avancé dans sa pratique. Mais comprenez bien que se préoccuper de l'ergonomie, c'est déjà avoir fait un grand pas.

Ne réservez donc pas le jugement sur l'ergonomie de votre site à des intervenants externes, en estimant ne pas avoir les capacités nécessaires. Il est primordial de pouvoir prendre une décision avec tous les paramètres en main.

Chaque métier se comporte différemment, veille à des thématiques bien particulières en fonction des tâches qui lui incombent. Si l'on prend l'exemple d'un site devant être très accessible d'un point de vue visuel, le designer se charge de la partie concernant le rôle des couleurs, des contrastes de couleur fond/caractères ; l'intégrateur prend le relais en développant le site de telle manière à ce qu'il soit optimisé du point de vue technique.

L'évaluation ergonomique, une pratique multiforme

Consacré à l'audit ergonomique, ce chapitre n'en traite pas seulement en tant que méthode ponctuelle. Il a surtout pour ambition de vous fournir des règles et réflexes pour avoir un regard sur l'ergonomie de votre site à tout moment. En effet, comprendre les principes de l'audit vous permettra d'avoir toujours en tête les points à surveiller pour optimiser l'ergonomie d'un site.

Tous les acteurs d'un projet web devraient avoir des connaissances de base, un regard et un comportement de travail orientés utilisateur. Si, en plus, une ou plusieurs personnes peuvent être considérées comme responsables de l'ergonomie du site, c'est encore mieux.

Ces garants de l'ergonomie du site doivent mettre en œuvre des méthodes de conception et d'évaluation poussées, qui permettent d'assurer un bon niveau d'ergonomie. Cependant, ce n'est pas suffisant. Faire de l'ergonomie tout seul dans son coin est rarement un gage de réussite. Pour aller encore plus loin et viser l'ergonomie « idéale », les principes de l'ergonomie doivent être connus et appliqués par tous, chacun à son niveau.

En tant que responsable de site web, chef de projet, directeur artistique, concepteur, etc., c'est au jour le jour que vous devez être capable de juger de la qualité ergonomique de votre site web et d'agir dessus. Sans exclure l'importance des sessions d'audit approfondi, que l'on doit pouvoir lancer de manière régulière et aux moments-clés de la vie d'un projet. Il est important que vous puissiez réagir sur le vif à vos problématiques quotidiennes, en gardant ces notions d'ergonomie en arrière plan.

Les questions du quand et du comment sont presque interchangeables. En effet, la manière de pratiquer l'ergonomie est très liée aux moments où elle peut être mise en œuvre, et surtout au fait que ces moments soient ou non explicitement consacrés à une réflexion ergonomique. On peut ainsi distinguer deux grandes composantes de l'application des règles d'ergonomie web.

D'une part, l'ergonomie silencieuse, celle qui s'exprime dans tous nos choix. Cette ergonomie-là ne demande pas de temps ni d'efforts particuliers pour être mise en application. Elle est en quelque sorte permanente, puisqu'elle provient d'une « configuration » de notre cerveau intégrant les principes de l'ergonomie. Développeurs, graphistes, chefs de projets, concepteurs, participent tous à la qualité ergonomique générale, mais ils y participent d'autant mieux lorsqu'ils connaissent les grandes règles de l'ergonomie web. Leur métier reste le même, mais il prend une couleur orientée utilisateur.

Dans ce cas, on applique l'ergonomie à tout instant : au jour le jour, du fait de nouvelles connaissances en ergonomie, vous exercez votre métier différemment, vous pensez différemment, vous incluez les règles ergonomiques dans votre pratique. De plus, vous repérez des choses qui vous avaient échappées auparavant. Cela s'appelle l'*audit ergonomique informel* : vous ne l'aviez pas prévu, mais il se trouve que vous tombez sur certains défauts de l'interface et vous les corrigez ou les incluez dans le planning de mises à jour de votre site.

D'autre part, lorsqu'une personne se consacre entièrement à la conception ergonomique dans un projet web, elle applique les règles à travers la mise en œuvre de méthodes d'ergonomie. Les occurrences de la pratique ergonomique sont alors décidées en amont. Par exemple, on détermine que, le mois prochain, on conduira une évaluation ergonomique du site.

MÉTHODE **Objectif ergonomie**

Que tout le monde aille dans la même direction - celle du bien-être de l'internaute - n'arrive pas par hasard. Il faut évidemment que cet objectif soit posé dès le départ comme vocation centrale du projet et que l'on donne aux équipes les moyens de l'atteindre : formations de base en ergonomie, réunions, allers-retours fréquents pour des validations avec la personne chargée de l'ergonomie, etc.

MÉTHODE **Posologie : à prendre en continu**

Entreprendre d'optimiser l'ergonomie de son site web n'est pas uniquement une affaire de certification. La qualité d'utilisation globale d'un site dépend fortement de la qualité ergonomique de chacune des décisions prises quotidiennement dans un projet web.

Vous pouvez tout à fait prendre en charge l'ergonomie de votre site au jour le jour et, à des moments clés de la vie du site, engager des actions de validation plus formelles auprès d'un expert.

Ce type d'évaluation relève de l'*audit formel*. À intervalles réguliers, vous prenez le temps d'effectuer une passe d'ergonomie sur votre site ou seulement sur une partie de ce dernier (l'audit peut en effet se focaliser sur une seule page, une fonctionnalité, la navigation, etc.).

Il y a des moments-clés dans la vie d'un site qui sont plus appropriés pour conduire des audits approfondis et formels :

• Très en amont, lorsque l'on engage un processus de refonte du site.

• Après l'intervention de chaque cellule métier, afin de valider les réalisations et avant que les responsables suivants ne prennent le relais. Par exemple, on valide le design graphique d'un point de vue ergonomique avant de l'intégrer techniquement.

• Quelques temps après une mise en ligne, lorsque le site a eu le temps de vivre, de bouger, d'être nourri de nouveaux contenus ou produits, lorsque les internautes ont interagi avec, etc.

On peut envisager d'avoir un seul responsable des problématiques d'ergonomie dans l'équipe projet. Cependant, cela nécessite forcément beaucoup d'allers-retours, souvent sur des détails qui pourraient être gérés par les équipes en amont.

Tableau 6–1 Deux grands types de pratique de l'ergonomie web

	Ergonomie formelle	**Ergonomie informelle**
Pratique	L'ergonomie formelle en appelle à la mise en œuvre de méthodologies spécifiques, expertes ou requérant la participation d'internautes.	L'ergonomie informelle est silencieuse : que l'on optimise l'ergonomie ou pas, rien ne diffère au niveau du travail en sortie (autrement dit, on livre les mêmes choses). Ce sont les choix mis en place qui sont plus ou moins ergonomiques.
Amplitude	Tout le site ou une partie bien spécifique.	Disséminée dans tout le site, selon le travail quotidien.
Déclencheur	On cherche à prendre des décisions d'ergonomie.	Ne se décide pas : on est confronté à une décision ayant un effet sur l'ergonomie du site.
Acteurs	Responsable de l'ergonomie.	Tous les corps de métier du Web.
Durée	Durée affectée à l'intervention, souvent déterminée en amont.	Zéro. Prendre une décision valable en termes de qualité ergonomique ne demande pas plus de temps dans l'absolu. Si opérer un choix d'ergonomie nécessite trop de temps, c'est probablement que la réflexion doit en être confiée au responsable de l'ergonomie (dont le métier est de passer du temps sur de telles problématiques). La mise en œuvre d'une solution orientée utilisateur peut prendre plus de temps qu'une solution moins ergonomique, mais attention, l'inverse peut être tout aussi vrai (particulièrement lorsque l'on développe des fonctionnalités inutiles pour l'internaute et qui risquent de rendre l'interface plus complexe : on passe alors du temps sur leur conception et leur développement alors qu'elles ne sont pas nécessaires).

Support et périmètre de l'évaluation ergonomique

Que peut-on auditer ? Lorsqu'on parle d'audit ergonomique, on s'imagine souvent évaluer un site web ou une application en ligne. Or ce n'est pas le seul type d'interfaces qui vaille la peine d'être validé.

Vous pouvez auditer les storyboards ou maquettes conceptuelles, mais aussi les propositions graphiques et, pour finir, la sortie en termes d'interface finale, complètement fonctionnelle. Il est d'ailleurs recommandé de procéder à ce type d'évaluation le plus tôt possible, afin d'éviter le développement de principes d'interface qui ne fonctionnent pas d'un point de vue utilisateur. Autrement dit, il est dommage de développer un site en entier pour se confronter, lors de l'audit final, au constat que tout est à refaire pour atteindre une qualité ergonomique minimale.

Dans l'absolu, vous pouvez même auditer des cahiers des charges ou des cahiers de spécifications générales et détaillées : ce sont des documents essentiellement textuels, mais qui peuvent déjà satisfaire certains critères d'ergonomie ou, à l'inverse, entrer en conflit avec d'autres critères.

Les problématiques ciblées lors d'un audit sont souvent liées au support dont il est l'objet. Voici quelques exemples de ces tendances thématiques en fonction de l'interface analysée :

- L'évaluation ergonomique d'un cahier des charges est souvent très centrée sur les problématiques d'utilité. Par exemple, ce type de documents contient souvent une liste exhaustive des fonctionnalités ; on peut analyser chacune d'entre elles en regard de l'intérêt qu'elle présente pour vos personas.

- Lors de l'audit de maquettes graphiques, vous allez évaluer la lisibilité, alors que vous n'aborderez sans doute pas ce point lors de l'audit d'une maquette conceptuelle (sauf si cette dernière est très mal conçue et illisible...).

- Lors de l'audit de maquettes graphiques, vous allez étudier l'accessibilité visuelle du point de vue des contrastes entre couleurs et des éventuelles fonctionnalités explicitement prévues pour faciliter la lecture. Lors de l'audit d'un site fonctionnel, vous allez aussi évaluer l'accessibilité visuelle, mais en vous concentrant sur des problématiques d'implémentation technique, de moyens de contournement et d'alternatives fournies aux déficients visuels. Si vous avez déjà validé les maquettes graphiques, vous n'aurez plus besoin de traiter les problématiques de contrastes entre les couleurs des caractères et celles du fond.

- Lors de l'audit d'un site complètement fonctionnel, vous allez analyser des éléments invisibles ou difficiles à évaluer dans une maquette conceptuelle ou graphique : durée subjective des feedbacks, mouvements de l'interface, fonctionnement d'un drag & drop, temps de chargement, pertinence des réponses du système (par exemple dans un moteur de recherche), etc.

- Et ainsi de suite... Il existe de nombreux exemples illustrant les conséquences qu'a le support analysé sur les thématiques abordées dans le rapport d'audit.

MÉTHODE **L'utilité des règles ergonomiques en conception**

Lorsque vous concevez des principes d'interaction, d'organisation de l'information ou des maquettes fonctionnelles, vous conduisez un audit en temps réel de chacune des solutions envisagées afin de choisir la plus appropriée. Autrement dit, vous faites des allers-retours constants dans votre tête entre vos intuitions et leur confrontation aux règles d'ergonomie.

C'est à vous de décider du périmètre de l'audit ergonomique. Les préoccupations marketing ou stratégiques sont souvent un bon moyen d'orienter l'audit ergonomique vers une thématique ou une autre.

Ce périmètre déterminera aussi la nature des points que vous allez évaluer. Par exemple, si vous n'auditez que le panier, vous ne traiterez probablement pas d'architecture de l'information.

Une fois posées ces bases méthodologiques, entrons dans le vif du sujet, à savoir à l'outil principal qui va vous permettre de conduire l'audit : les connaissances ergonomiques.

Normes, conventions, critères, checklists & co

De nombreuses normes existent pour supporter l'audit ergonomique. Souvent issues de longs travaux de création et de validation, elles fournissent un socle solide pour guider l'audit.

Cependant, il faut savoir les utiliser pour ce qu'elles sont, à savoir des normes génériques : elles garantissent une qualité d'utilisation minimale mais n'assurent pas d'avoir choisi la meilleure solution.

Toutes les normes qui vous donnent des règles d'interface sont dangereuses puisque, par essence, elles ne peuvent tenir compte du contexte. Or, l'ergonomie étant une discipline du compromis, on se retrouve régulièrement, du fait d'un contexte spécifique, dans des situations de contradiction avec les normes. Veillez donc particulièrement aux normes qui posent des contraintes rigides.

Il y a une grande différence entre prendre en compte des règles (telles que celles du chapitre précédent) et essayer d'en extraire des checklists détaillées où l'on viendrait évaluer la satisfaction d'une solution d'interface. Si vous cochez des assertions de type « La barre de navigation principale contient un bouton Accueil », vous prenez deux risques :

1 D'abord, vous risquez de croire qu'il est suffisant d'avoir coché l'ensemble des points de la checklist. Adopter ce type de méthode à l'aveuglette est très dangereux, car une checklist ne peut pas être exhaustive et ne peut donc garantir que vous aurez détecté l'ensemble des défauts du site.

2 Ensuite, d'un point de vue plus spécifique, vous risquez de ne pas remettre en cause l'utilité du bouton *Accueil*. Les compromis sont parfois si difficiles à réaliser qu'un critère plus important peut remettre en question la présence d'un bouton *Accueil* même si, dans la plupart des cas, il est hautement recommandé. Le fait est qu'une recommandation ergonomique n'est pas une recommandation *in vitro*. Elle entre en interaction avec d'autres recommandations ergonomiques.

Parfois, cette interaction devient une lutte où l'on pèse le pour et le contre de chaque recommandation au regard des autres.

De telles checklists sont plus appropriées dans des contextes contrôlés, par exemple dans le cadre d'une entreprise qui bénéficie d'une charte ergonomique que toutes les interfaces doivent respecter. Ce type de norme est en effet intéressant pour assurer la cohérence à l'intérieur d'un site, mais aussi entre plusieurs sites.

En outre, et de manière assez paradoxale, la checklist pénalise surtout les débutants, qui pensent (parfois de manière injustifiée) qu'elle les protège contre les erreurs. Si vous utilisez une recommandation d'interface, il faut donc être bien conscient de son utilité et de ses limites. Il est forcément conseillé d'appliquer des recommandations d'interface plutôt que d'ignorer les principes de l'ergonomie. Cependant, il faudra alors savoir quand un écart à la recommandation est envisageable sans pénaliser la qualité ergonomique.

Dans l'absolu, une norme ergonomique vous donne une règle pour concevoir votre interface en obtenant un effet sur l'internaute. On va, par exemple, vous recommander de donner du feedback. C'est le principe ergonomique. Vous pouvez appliquer ce principe de diverses manières en termes d'interface. Vous devez donc juger si l'interface que vous regardez, ou celle que vous imaginez, est en accord ou en contradiction avec l'ensemble des principes ergonomiques de ce type.

Chaque spécialiste se crée en général sa propre grille de critères, en fonction des spécificités du contexte dans lequel il travaille et des caractéristiques de ses personas. Quelques références font toutefois consensus et permettent de partir sur une base solide. Le tableau ci-dessous récapitule celles que nous privilégions dans le contexte d'une pratique française de l'ergonomie web.

> **MÉTHODE Règle d'ergonomie versus Solution d'interface**
>
> Les règles d'ergonomie servent surtout à comprendre ce dont les internautes ont besoin et ce qui les pénalise. Ce sont des objectifs, des idéaux. En face, sur les sites web, il existe de multiples façons de les atteindre aussi bien que de les rater. Plusieurs solutions d'interface peuvent donc être équivalentes ou très proches sur le plan ergonomique. C'est pourquoi les normes d'ergonomie qui donnent, à une problématique donnée, une solution d'interface sont dangereuses.

Tableau 6–2 Différentes normes et critères en ergonomie web

Références	Contenu et origine
Heuristiques de Nielsen (issues de Nielsen & Molich, 1990)	10 heuristiques créées en 1994 et révisées en 2005 pour juger de l'utilisabilité d'une interface utilisateur.
Critères ergonomiques de Bastien et Scapin	18 critères répartis en 8 dimensions, créés en 1993 pour juger de l'ergonomie des interfaces homme-machine.
Heuristiques d'Instone	Adaptation des heuristiques de Nielsen pour juger de l'utilisabilité d'un site web.
Bruce Tognazzini	16 grands principes du design d'interaction, proposés en 2003.

Vous pouvez ajouter à ces références les 12 règles que nous avons présentées au chapitre précédent. Elles sont issues de notre pratique de l'ergonomie web à travers l'utilisation quotidienne de ces références, la mise en œuvre d'audits ou d'analyses concurrentielles, et l'observation d'internautes lors de tests utilisateurs.

Structurer l'étude selon vos besoins

Au-delà d'une liste de règles génériques, vous devez adapter votre audit en fonction des caractéristiques précises de l'interface évaluée et des internautes qui sont censés l'utiliser.

Les personas pondèrent les règles génériques

Tout d'abord, les caractéristiques et besoins de vos utilisateurs influencent énormément les règles génériques. Bien sûr, il existe des règles valables pour tous les internautes : ce sont celles que l'on a évoquées au chapitre précédent. Cependant, rappelez-vous toujours que la dernière règle est *Satisfaire votre internaute* : elle peut passer avant toutes les autres et infléchir votre travail de manière considérable.

L'objectif d'un audit parle d'ailleurs de lui-même : vous analysez un site pour évaluer s'il répond aux besoins de vos personas. Ce sont donc ces derniers qui doivent vous guider sur les points à contrôler en priorité ; ce sont eux aussi qui vous donneront le niveau d'exigence auquel vous devez satisfaire. Ainsi, répondre à la règle n° 12 va souvent vous amener à pondérer de manière plus ou moins forte certaines règles déjà valables pour la population générale. Pour que vous puissiez mieux apprécier l'étendue de ces impacts, prenons deux exemples d'adaptation des règles en fonction des caractéristiques d'un persona. Notez que cette pondération vaut aussi bien dans le cadre de l'audit, c'est-à-dire en évaluation, que dans le cadre de la conception.

L'exemple de l'expert

Dans le cas où votre persona primaire est un expert, votre audit devra être tourné vers la satisfaction de critères qui lui sont propres. Ainsi, il vous semblera plus important que l'interface lui permette d'accomplir ses missions rapidement, quitte à ce qu'il mette plus de temps à se l'approprier lors de ses premières utilisations. Vous allez donc fabriquer des modes d'interaction pour satisfaire cet aspect. Ainsi, vous pourrez donner plus de poids à la règle n° 9, au détriment sans doute de la n° 2. D'autres adaptations vous permettront d'atteindre l'équilibre qui conviendra le mieux à votre persona expert :

Tableau 6–3 Exemple de pondération des règles pour un persona expert

Règles initiales
N° 9 : Rapidité. Importance +
N° 2 : Organisation visuelle (et plus particulièrement éviter le trop-plein d'informations). Importance -
En résumé, vous acceptez que la charge informationnelle de votre page soit très importante pour privilégier le critère d'efficience.
Un exemple : le cas « formulaire » Vous pouvez davantage vous permettre, avec une population d'experts, de proposer un formulaire à première vue indigeste car très lourd en nombre d'informations à renseigner. Vous procéderez de cette manière si cela vient satisfaire le critère d'efficience, que vous essayez de monter à 150 % au vu des caractéristiques de votre cible. Le formulaire en une seule page aura cet avantage pour les experts de : . Pouvoir être rempli plus rapidement (ils n'ont pas besoin de passer d'une page à l'autre pour la saisie). . Faciliter le contrôle des éléments saisis en une seule fois (pour vérifier qu'ils ne se sont pas trompés dans les données entrées, un seul balayage visuel est nécessaire). . Faciliter les activités de comparaison mentale (du fait que les données soient toutes sur la même page). Ces 3 points auront pour effet d'augmenter l'efficience des experts utilisant ce type de formulaire. Vous atteignez donc votre objectif, en cédant quelque peu sur le trop-plein d'informations, afin de favoriser la rapidité et l'efficience dans l'exécution de tâches expertes.

L'exemple du senior

Prenons un deuxième exemple de pondération des règles génériques en fonction des caractéristiques d'un persona. Si votre persona primaire a 67 ans, il aura des besoins particuliers que vous devrez satisfaire. Ces exigences peuvent vous amener à pondérer les règles générales de la manière suivante. Notez que cette pondération vaut aussi bien dans le cadre de l'audit, c'est-à-dire en évaluation, que dans le cadre de la conception.

Tableau 6–4 Exemple de pondération des règles pour un persona senior

Constats et besoins spécifiques des seniors	Pondération des règles et recommandations afférentes
Difficultés réelles de lecture des polices de petite taille. Insatisfaction subjective sur les sites web aux polices réduites.	N° 11 : Accessibilité (et plus particulièrement accessibilité visuelle) Importance + On fournit une police de taille confortable, tout au long du site. On fournit un moyen explicite d'augmenter ou de réduire la taille du texte.
Difficultés de perception des couleurs. Les performances de lecture des seniors sur le Web sont affectées par les contrastes de couleurs fond/caractères. Plus spécifiquement, on constate souvent des atteintes de perception du bleu et du vert.	N° 11 : Accessibilité (et plus particulièrement accessibilité visuelle) Importance + Le fond du site est blanc, les caractères foncés. Tous les contrastes des éléments textuels respectent les normes d'accessibilité des WCAG (*Web Content Accessibility Guidelines*) édictées par le W3C. Notamment les différences de couleurs sont suffisantes pour assurer la lisibilité des caractères sur le fond. Le seuil de 400 est largement dépassé pour les éléments de navigation et de description des produits (on essaie au maximum d'atteindre 500). Lorsqu'on n'atteint pas ce seuil, mais que l'on s'en approche, les éléments typographiques sont passés en gras ou écrits plus gros. Aucun texte n'est écrit en bleu ou en vert. On choisit de différencier les liens par un format qui ne recourt pas à la couleur (par exemple le soulignement). Le site est compréhensible et utilisable sans perception des couleurs.

Tableau 6–4 Exemple de pondération des règles pour un persona senior (suite)

Constats et besoins spécifiques des seniors	Pondération des règles et recommandations afférentes
Des difficultés avec les éléments d'interface de type listes déroulantes.	N° 7 : Assistance (et plus particulièrement visibilité) et n° 10 : Liberté Importance + Préférer des interfaces de sélection affichant l'ensemble des options. Aucun élément n'est « caché » dans une liste déroulante. La sélection de chacun des éléments dans des fiches produits se fait uniquement par simple clic.
Des difficultés à repérer les espaces de navigation, à mettre en correspondance des navigations primaires et secondaires.	N° 7 : Assistance et n° 5 : Information Importance + Tous les espaces de navigation sont concentrés à un seul endroit, en haut et au centre de l'interface. Ils deviennent le repère unique de l'internaute pour se déplacer dans le site. Un bouton de la barre de navigation principale est explicitement nommé *Accueil*. On explique en première page que l'on se trouve sur l'accueil.
Un niveau d'expertise web peu élevé.	N° 7 : Assistance, n° 5 : Information, n° 6 : Compréhension et n° 10 : Liberté Importance + Un guidage de l'internaute tout au long du site. Par exemple, dans une page produit, découpage du processus de sélection du produit en plusieurs étapes. Des feedbacks explicites et très visibles, nécessitant si besoin l'acquittement de l'internaute (par exemple suite à l'ajout d'un article au panier). On utilise le plus possible un langage détourné de la technique et on ne se base pas sur les connaissances de la population Internet générale. On limite au maximum les interfaces basées sur des mécanismes de survol. On privilégie les interactions simples, à base de clics.
Un équipement informatique spécifique, pas forcément ancien mais dont la configuration peut être différente des taux de pénétration de la population générale. Par exemple, le 800 x 600 peut être un choix (permettant d'afficher les caractères plus gros à l'écran, même si l'écran gère des résolutions plus élevées), ainsi que l'absence de plug-in flash (à cause de la peur d'installer des logiciels sur l'ordinateur et de la faible probabilité de visite de sites en flash, qui pourraient proposer de télécharger le plug-in).	N° 11 : Accessibilité (et plus particulièrement accessibilité technologique) Importance + On limite l'espace écran disponible en largeur à 780 pixels. On limite le recours à certains plug-ins ou éléments complémentaires aux configurations par défaut des ordinateurs et navigateurs grand public.
Une tendance marquée des seniors à se « perdre » virtuellement, avec des difficultés à se repérer dans un site après quelques clics.	N° 7 : Assistance et n° 5 : Information Importance + Un indicateur de situation dans le site est présent en permanence. Il est fortement mis en avant d'un point de vue visuel, et toujours lié à la barre de navigation principale. Il permet à la fois de se repérer et de naviguer.
Des difficultés à effectuer une visée précise avec la souris.	Hors parcours : la loi de Fitts (considérée indépendamment des problématiques de rapidité de la règle n° 9). Importance + Les boutons et liens sont plus gros et on prévoit une surface cliquable étendue autour des liens texte, ainsi que des boutons facilement cliquables.

Tableau 6–4 Exemple de pondération des règles pour un persona senior (suite)

Constats et besoins spécifiques des seniors	Pondération des règles et recommandations afférentes
Des difficultés à discriminer les éléments cliquables.	N° 7 : Assistance (et plus particulièrement la notion d'affordances) Importance + On prévoit des états survolés pour tous les éléments cliquables (liens, barre de navigation, boutons d'action, éléments de configuration des articles pour la commande). Les liens hypertextes sont repérables par leur format souligné. Lorsqu'un élément est indisponible (par exemple: le bouton *Ajouter au panier* lorsque la taille n'est pas renseignée), il prend un format inactif. Au survol et au clic, on explique à l'internaute pourquoi il ne peut pas cliquer sur ce bouton et quelles actions effectuer pour le rendre actif.
Une tendance à lire l'intégralité des pages web.	N° 2 : Organisation visuelle (et plus particulièrement charge informationnelle) Importance + On évite de surcharger les pages avec des éléments optionnels. Les éléments phares des descriptifs sont formatés en gras, le cross-selling se fait dans un format texte, sans augmenter la charge informationnelle avec des photos supplémentaires.
Une tendance à ne pas cliquer sur les accroches sous forme d'image.	N° 7 : Assistance Importance + On double les accroches image non explicites par des liens textuels avec des libellés orientés action (par exemple, formulés à l'infinitif).

Si vous prêtez attention aux règles qui ont été pondérées lors de cette analyse, vous vous rendez compte que les exigences d'un persona en particulier orientent quelques règles de manière privilégiée. Ici par exemple, le persona senior a particulièrement besoin que l'on augmente l'importance des règles n° 2 (Organisation visuelle), n° 5 (Information), n° 6 (Compréhension), n° 7 (Assistance), n° 10 (Liberté) et n° 11 (Accessibilité). Et, bien entendu, la règle n° 12 vient surplomber toutes celles-là, puisque c'est elle qui sous-tend la nécessité de la pondération.

D'après ces deux exemples, on comprend que des besoins aussi spécifiques doivent être définis le plus tôt possible dans le projet et servir de base à chaque décision concernant l'interface. La qualité ergonomique représente donc l'objectif général : pour l'atteindre, vous mettrez en œuvre des moyens différents en fonction des caractéristiques de votre cible.

Pensez à contrôler régulièrement que vous ne vous éloignez pas de vos contraintes initiales. Il est en effet très courant de dévier et d'accepter des adaptations à mesure que l'on se confronte aux réalités du projet.

Les technologies vous mettent la puce à l'oreille

Les personas ne sont pas les seuls critères qui vous permettent de pondérer l'importance des règles génériques. Ainsi, en fonction du type d'interface que vous analysez, certains éléments vous paraîtront plus ou moins critiques. C'est avec l'habitude, et la confrontation à de nombreux

Définition **Ajax ? Quèsaco**

Ajax est un acronyme pour *Asynchronous Javascript And Xml*. Il se réfère à l'utilisation de plusieurs techniques croisées et, principalement, de l'objet XMLHttpRequest, permettant de faire des allers-retours serveur en temps réel. Cette technologie permet de recharger des portions de pages sans avoir besoin de recharger la page en entier. Elle ouvre donc des perspectives d'interaction beaucoup plus larges que la simple application de principes HTML.

Jesse James Garrett, expert de l'utilisabilité web, popularise ce terme en 2005 avec son fameux article : *Ajax : A New Approach to Web Applications*.

sites, que vous remarquerez la récurrence de certains types de défauts, précisément sur certains types de sites.

Nous avons évoqué dans le second chapitre l'absence de relation entre le recours à une technologie et la qualité ergonomique de l'interface qui en résulte. Cependant, les technologies vont influencer les défauts observés. Par exemple, il se trouve que les sites conçus en Flash partagent fréquemment les mêmes imperfections ; on retrouve par ailleurs davantage ce type de défauts sur des sites en Flash que sur des sites en HTML. Idem pour l'utilisation de la technologie Ajax : vous devez savoir que, si le site que vous avez sous les yeux utilise cette technologie, vous devrez prêter attention à quelques points-clés qui pêchent souvent sur les sites en Ajax. Ces points-clés permettent de répondre aux critères généraux évoqués au chapitre précédent ou de les mettre en défaut. Au fur et à mesure, vous disposerez donc d'un panel mental (que vous pouvez formaliser sous forme écrite), d'un filtre vous permettant d'analyser une interface selon sa nature.

L'exemple d'Ajax & Javascript

Si vous savez que votre site utilise de l'Ajax, il est probable qu'il recoure à quelques modes d'interaction communs à la plupart des sites reposant sur cette technologie (notez que certaines de ces remarques s'appliquent aussi à des interfaces uniquement basées sur du Javascript). Vous serez donc amené à surveiller tout particulièrement certains points connus pour être critiques sur ce type de site. Voici trois utilisations très courantes d'Ajax et quelques conseils pour repérer et résoudre les défauts les plus fréquemment rencontrés dans ce cadre.

La modification partielle de page

Puisque la technologie Ajax permet de faire des modifications dans une page sans complètement la recharger, vous devez veiller à ce que vos internautes voient ces modifications. Autrement dit, vous devez leur montrer qu'il s'est passé quelque chose, via un feedback immédiat approprié. Plusieurs dimensions permettent de nourrir ce feedback :

- **La proximité visuelle** : plus la distance entre l'objet modifié et l'objet déclencheur de cette modification est faible, plus le feedback est important. Par exemple, la notion de proximité visuelle dans une interface de slide (où un élément vient remplacer un autre par glissement), rend d'autant plus évidente la modification qui a eu lieu dans la page :

Figure 6–1
Le changement de l'image dans une interface de slide est un parfait feedback à la modification partielle de la page.
Source : fr.news.yahoo.com

Notez que cette nécessité de proximité visuelle peut largement influencer la conception d'une interface. Comparez, par exemple, la différence de visibilité de la confirmation, lors de l'ajout d'un élément au panier, sur ces deux sites : sur le site de Promod, le résumé du panier est plus éloigné du bouton *Ajouter au panier* que sur le site de Réservoir Jeux.

Figure 6–2
Sur le site de Promod, le résumé du panier
est éloigné du bouton *Ajouter à mon panier.*
Source : www.promod.fr

Figure 6–3
Sur le site de Réservoir Jeux, le résumé
du panier est plus proche du bouton
Ajouter au panier.
Source : www.reservoir-jeux.com

Ajuster finement la proximité visuelle du feedback est plus aisé lorsque vos boutons d'action ont toujours le même emplacement quelle que soit la page (c'est par exemple le cas des fiches produit de Réservoir

Jeux, mais pas de celles des 3 Suisses). Cependant, on peut faciliter la proximité visuelle d'un tel feedback en utilisant un affichage sous forme de `div`, qui apparaîtra exactement au même endroit où que se trouve le bouton *Ajouter au panier* (notamment en cas de scroll).

- **Le format visuel** : le changement de format visuel est un indice très important pour représenter le fait que la page a changé. Gardez à l'esprit qu'il n'est pas nécessairement permanent ; vous pouvez tout à fait mettre en place des techniques de feedback temporaire, permettant à certains éléments de prendre une apparence donnée pendant une durée limitée. Par exemple, vous pouvez surligner un élément juste après sa modification ou son apparition (dans le cas d'un message), puis faire disparaître cette mise en avant au bout de 5 secondes.

- **La représentation du caractère dynamique** d'un processus de chargement, qui renvoie à la notion de latence simulée (voir page suivante).

Attention à bien tenir compte des interactions qui se produisent entre la proximité visuelle, le format visuel et la représentation du caractère dynamique : si l'un est très fort, il devient d'autant moins important que les deux autres le soient.

Par exemple, lorsque la forme de l'objet qui vient remplacer le précédent est très différente, et que l'élément d'action en est très proche, le feedback est contenu dans l'effet même de l'actualisation de la page. Il est alors largement suffisant. C'est souvent ce que l'on observe dans les interfaces de slide, telles que la suivante :

Figure 6–4
Dans cette interface de slide, les composantes de forme et de proximité visuelle interagissent pour créer un feedback fort d'un point de vue visuel.
Source : www.because.tv

Dans le même ordre d'idées, regardez cet exemple sur le site de la Française des Jeux. Lorsque l'on consulte les résultats du Loto en ligne, on peut regarder les tirages dans l'ordre de sortie ou dans l'ordre croissant. Par défaut, les numéros sont présentés dans l'ordre du tirage et l'utilisateur peut cliquer sur le bouton *Voir ordre croissant* pour modifier cette présentation. On utilise en fait un bouton binaire, qui se transforme selon l'ordre consulté par l'internaute :

Figure 6–5
Au vu de la grande proximité visuelle du bouton et du tirage, le changement d'ordre des numéros et le changement de libellé du bouton sont suffisants pour servir de feedback à l'action de l'internaute.
Source : www.loto.fr

ALLER PLUS LOIN **La justification de la latence simulée**

Comme il existe une grande différence entre une interface en HTML classique et une interface plus dynamique (par exemple en Ajax, mais aussi en Flash), vous devez adapter vos réflexes de conception. Voici, de manière schématique, comment se présentent ces deux modèles d'interaction :

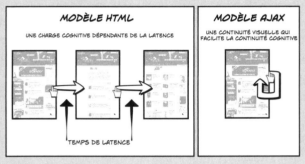

Figure 6–6 Différence de temps de latence entre des interfaces en HTML et en Ajax ou en Flash.

Les temps de latence peuvent disparaître totalement dans les interfaces en Ajax ou en Flash : la durée d'attente n'est donc plus un indice signalant qu'il se passe quelque chose (puisqu'elle est nulle lorsque les temps de chargement ou de traitement sont quasi-immédiats). Vous pouvez alors simuler l'exécution d'un processus par le système afin d'attirer l'attention de l'internaute sur le traitement en cours, consécutif à son action. C'est par exemple ce qui sous-tend l'exemple suivant : dans le panier du site Réservoir Jeux, les internautes peuvent augmenter ou diminuer la quantité des articles, ce qui a pour effet de modifier le montant total de chaque ligne et le prix total du panier en temps réel. Or, le temps de calcul de la part du système est si faible que le seul indice perceptible de la mise à jour de ces prix est la modification des caractères constitutifs des montants. C'est un peu faible... (à vrai dire, cela peut même être pratiquement invisible en fonction des différences de forme entre les chiffres avant et après calcul). On prévoit donc un indicateur de chargement dynamique, qui tourne de manière animée, comme si le système était en train de procéder au calcul :

Figure 6–7 État initial du panier.
Source : www.reservoir-jeux.com

Figure 6–8 Simulation de latence suite au changement de quantité.
Source : www.reservoir-jeux.com

Figure 6–9 État final du panier.
Source : www.reservoir-jeux.com

C'est ce que l'on appelle de la *simulation de latence*. Sur le plan strictement technique, on n'en a absolument pas besoin mais, en termes de perception utilisateur, c'est nécessaire pour que l'internaute comprenne ce qui s'est passé et soit orienté vers la conséquence de son action. Notez que ce procédé permet aussi d'attirer l'attention visuelle directement sur l'objet touché par l'action de l'internaute.

Le plié/déplié d'informations

En utilisant Ajax ou Javascript, vous pouvez permettre à l'internaute d'afficher certaines informations dans la page existante, grâce à un système d'affichage à la demande, que nous nommerons *plier/déplier*. Nous avons donc affaire à des liens ayant un impact à l'intérieur de la page consultée. Ils sont appelés des liens *intra-page*.

Ce procédé est le second type d'utilisation d'Ajax ou JavaScript le plus fréquemment rencontré. Il n'est qu'une instanciation de la modification partielle de page mais il a des implications bien particulières. Ainsi, lorsque vous utilisez des interfaces de plier/déplier, vous devez penser à mettre en place tous les éléments suivants et ce, de manière appropriée :

- **Indiquer qu'une action est possible**

  Cette indication passe principalement par l'affordance d'un élément censé appeler l'internaute en lui disant : « Si tu cliques sur moi, il va se passer quelque chose ». Elle est aussi facilitée par le nom du lien ou du bouton permettant d'afficher les informations supplémentaires :

Figure 6–10
Les liens *Options*, *Voir les articles* et *Voir tous les auteurs* indiquent à l'internaute qu'ils sont cliquables et déclenchent l'affichage de nouvelles données.
Sources : www.blogger.fr / www.reservoir-jeux.com / www.lamy.fr

- **Indiquer que le lien intra-page est différent d'un lien hypertexte classique** permettant de passer de page en page. Le libellé du lien en est déjà un indice (par exemple, *Masquer* indice plus un lien intra-page que *Détails* - notez d'ailleurs que l'emploi d'un verbe a son importance). C'est cependant essentiellement l'ajout d'un élément typographique ou graphique qui vous aidera à souligner le caractère intra-page du lien. Grâce à une flèche, un *+*, etc., l'internaute est capable de deviner si un lien va l'emmener sur une autre page ou simplement afficher de nouveaux éléments dans la page en cours.

Figure 6–11
Les éléments typographiques et graphiques adjoints aux liens intra-page informent l'internaute sur leur action à l'intérieur de la page.
Sources : www.affilies.biz / www.dalian.fr

Différencier les liens classiques des liens intra-page est surtout intéressant si vous utilisez ce mécanisme d'affichage de manière récur-
rente dans votre site. Les internautes pourront ainsi apprendre
progressivement que les deux formats représentent deux types de
liens différents.

- **Fournir ou non un moyen de revenir à l'interface initiale.** En fonction de l'intérêt que l'internaute a à revenir en arrière, vous allez
décider de fournir ou non un moyen d'annuler le clic. Vous devrez
alors trouver la meilleure désignation possible pour retourner à
l'interface initiale. Quelques conventions commencent à se se
dégager et on retrouve souvent les mêmes termes. Bien que tout reste
à inventer dans ce domaine, on essaie d'utiliser des mots que les
internautes connaissent déjà (par exemple, le terme *Fermer*). Le
mécanisme de retour peut aussi consister à utiliser uniquement un
élément graphique inverse du premier (dans le cas d'un code *+/-* ou
d'une flèche orientée dans le sens du plié/déplié) :

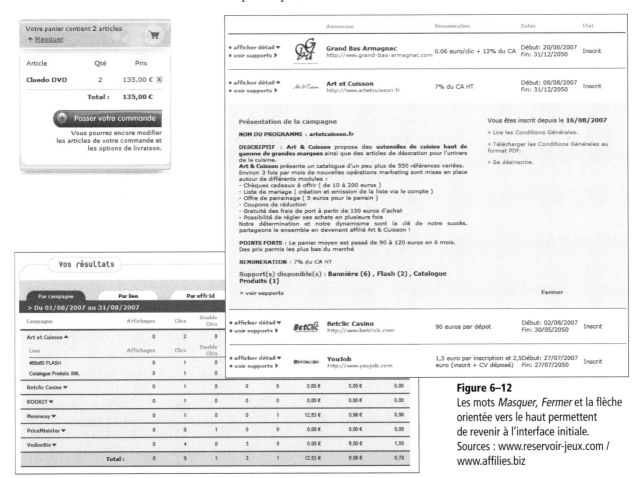

Figure 6–12
Les mots *Masquer, Fermer* et la flèche
orientée vers le haut permettent
de revenir à l'interface initiale.
Sources : www.reservoir-jeux.com /
www.affilies.biz

Le drag & drop

Avant même de commencer à évaluer l'utilisabilité du drag & drop, vous devez vous interroger sur l'utilité de ce mode d'interaction dans le contexte où il est implanté.

Commençons par cet exemple sur le site de Free, qui propose à ses internautes de télécharger les manuels d'aide via une interface de drag & drop. Si l'on se base sur les caractéristiques de la tâche, on se rend vite compte que l'interaction par drag & drop n'est aucunement justifiée :

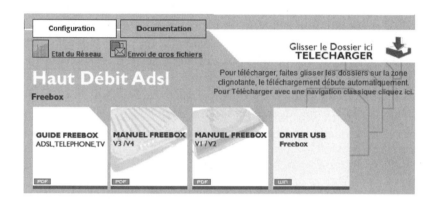

Figure 6–13
Le téléchargement de manuels d'aide sur le site de Free se fait par drag & drop.
Source : www.free.fr

En voulant créer un moyen d'interaction original (plutôt qu'utiliser de simples liens ou boutons de téléchargement), on augmente la charge de travail de l'internaute. Ce dernier doit d'abord comprendre le fonctionnement de l'interface en analysant la page et en lisant la légende (alors qu'avec une interface plus conventionnelle, l'utilisation devient de l'ordre du réflexe). Il doit en outre procéder au drag & drop, ce qui n'est pas forcément évident pour tous les internautes et nécessite plus d'actions qu'un simple clic. Que de complexité pour une action qui pourrait se résumer à un clic sur un lien !

La page fournit d'ailleurs un moyen de revenir à une interface plus raisonnée, proposant un clic de téléchargement pour chaque manuel. Cependant, cette fonctionnalité ne doit être utilisée par personne puisque l'interface de drag & drop est celle par défaut : l'internaute doit donc d'abord avoir identifié qu'il lui est possible de changer d'interface. En outre, ce changement implique un effort et un risque (voir la remarque ci-contre).

Pour terminer sur cette illustration, lorsque vous utilisez un mécanisme de drag & drop, sans que ce dernier soit réellement utile, exploitez-en au moins tous les avantages. Ici par exemple, il ne permet pas de faire de la multi-sélection, alors que c'est une des justifications majeures pour recourir au drag & drop.

POINT DE VUE UTILISATEUR
La gestion du risque par l'immobilité

Vous devez savoir que les internautes à qui l'on propose une solution de contournement hésitent souvent à l'utiliser, avec un raisonnement de type « Si je clique sur ce lien, que va-t-il encore m'arriver ? Est-ce que je ne vais pas me retrouver avec une interface plus compliquée ? ».
Se cantonner à une interface qui ne nous satisfait pas, mais qui est directement disponible et connue (puisqu'on l'a sous les yeux) est un comportement fréquemment observé.

En général, ce fonctionnement est plus utile dans des interfaces expertes (rappelons que l'expertise au sens large peut venir de la grande fréquence d'utilisation d'un système) et plutôt de type applicatives. Le drag & drop n'est pas encore entré dans les mœurs des sites web grand public.

Si vous le fournissez comme un « gadget », il faudra alors que le coût en soit minime pour les internautes qui ne l'utiliseront pas. À ce propos, sur le site de Virgin Mega, l'ajout au panier peut se faire de manière classique, mais aussi en drag & drop. Il est dans ce second cas plus compliqué en termes d'interaction, mais potentiellement plus satisfaisant en termes d'expérience utilisateur grâce au côté sexy du drag & drop et à l'implication de l'utilisateur dans l'action :

Figure 6–14
L'ajout d'un article au panier sur le site de Virgin Mega peut se faire par drag & drop.
Source : www.virginmega.fr

Dans cet exemple, ce n'est pas parce que le site offre cette possibilité qu'il charge l'interface de manière excessive pour les internautes qui ne l'utiliseraient pas. Le seul élément qui s'ajoute, c'est l'indicateur de saisie au survol de la souris.

Cette conclusion sur la nécessité d'analyser l'utilité du drag & drop nous offre une belle transition : la présence de cet indicateur est en effet le premier point à évaluer concernant l'utilisabilité du mécanisme. Le drag & drop doit nécessairement avoir des impacts au niveau de l'interface afin de ne pas rester opaque pour l'internaute. Ainsi, voilà la liste des éléments à surveiller :

- Tout d'abord, est-ce que l'interface représente bien l'idée que **certains éléments sont « déplaçables »** ? On peut donner cette information à l'internaute grâce à un mot (par exemple, *Déplacer* sur l'exemple suivant) et à un symbole (une croix de saisie, une main de saisie, etc.).

- Ensuite, est-ce que l'interface illustre bien que **les éléments déplaçables ont une destination?** Ou plutôt, quelle peut être cette destination ? Attention : ceci doit être évalué dans l'interface nominale, puis en cours d'interaction. Plus le drag & drop sera justifié, plus vos internautes pourront repérer facilement le ou les endroits où ils peuvent déposer les éléments saisis. Vous devez représenter la destination à deux moments clés :

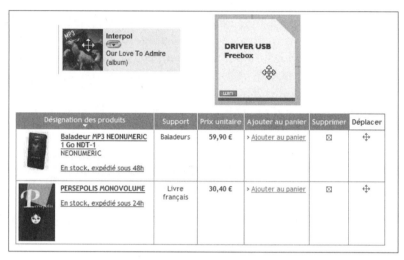

Figure 6–15
Virgin Mega, Free et Alapage utilisent sensiblement le même symbole pour représenter la possibilité de drag & drop, soit au survol de la souris (pour les deux premiers), soit de manière permanente pour tous les éléments (pour Alapage). Source : www.virginmega.fr / www.free.fr / www.alapage.com

1 Avant la saisie. Le plus difficile est de montrer cette destination lorsque les internautes n'ont pas encore saisi l'élément à déplacer. Soit vous indicez la destination uniquement d'un point de vue graphique, soit vous y ajoutez un message textuel qui peut, en outre, être animé comme sur le site de Free :

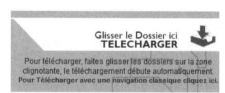

Figure 6–16
On indique explicitement aux internautes où déposer leur dossier grâce à un message clignotant. Source : www.free.fr

On peut aussi s'aider d'une légende. Ainsi, toujours sur le site de Free, on indique aux internautes : *Pour télécharger, faites glisser les dossiers sur la zone clignotante, le téléchargement débute automatiquement.*

2 Au survol de la destination. Vous devez adopter un code particulier lorsque les internautes survolent l'endroit où ils peuvent déposer leur objet. Ainsi, ils seront beaucoup plus confiants pour le lâcher.

• Une fois que l'internaute a saisi un objet et le glisse vers une destination, vous devez vérifier si l'interface illustre bien le fait que **des éléments sont en train d'être déplacés**. Il est essentiel, en termes de feedback utilisateur, que les internautes aient un retour en temps réel sur l'efficacité de leur action. Ainsi, ils doivent voir l'effet du moindre mouvement de souris sur l'interface. On peut utiliser l'un ou l'autre de

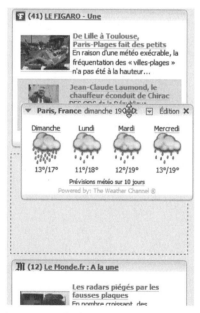

Figure 6–17 L'indication de la destination sur le site de Netvibes est particulièrement efficace : on voit très bien où peut être déposé l'objet que l'on déplace, et comment il va s'intégrer au reste de la page. Source : www.netvibes.com

ces deux types de feedback : soit vous représentez l'élément en train d'être déplacé (souvent en transparence), soit vous utilisez un représentant symbolique de cet élément.

Figure 6–18
On voit bien que les éléments sont en cours de déplacement.
Source : www.virginmega.fr / www.free.fr

- Enfin, est-ce que l'interface montre bien que **certains éléments ont été déplacés** ? Ici, on revient presque aux mêmes problématiques que pour le rechargement partiel de page, avec des feedback aidés par la proximité et le format visuel.

Le type de site et son contenu impliquent des points-clés à surveiller

Les choix technologiques ne sont pas les seuls à influencer le type d'éléments contrôlés lors d'un audit. Ainsi, le genre de site ainsi que les contenus qu'il abrite vont vous orienter vers deux dimensions :

- **Au niveau de l'utilisabilité.** Par exemple, sur un site d'e-commerce, vous allez impérativement vérifier des points primordiaux qui impactent l'utilisabilité d'un process d'achat en ligne : visibilité du bouton *Ajouter au panier*, guidage lors de l'interaction, etc.
- **Au niveau de l'utilité.** Le type de site influe aussi sur l'audit de l'utilité globale et des micro-utilités du site (nous aborderons ces notions

en détail au chapitre suivant). Ainsi, sur un site éditorial, vous allez juger de l'utilité de fonctionnalités avancées pour la gestion du contenu : imprimer, version PDF, envoyer à un ami, gestion de flux RSS, etc. Bien sûr, vous étudierez aussi leur utilisabilité.

Enfin, le type de contenus proposé dans un site vous influence dans votre audit. Par exemple, si vous repérez que le site propose de la vidéo, votre attention va se diriger vers les problématiques fréquemment rencontrées dans la gestion de la vidéo sur le Web (plug-in utilisé, déclenchement automatique, gestion du pré-chargement, lecture en boucle, indicateurs de chargement et de positionnement dans la vidéo, utilité et utilisabilité des contrôles utilisateur, guidage post-visionnage, etc.).

Pour résumer, en fonction du site que vous avez en face de vous, et en fonction des caractéristiques de ses visiteurs, vous veillerez plus particulièrement à certains points-clés. Ainsi, un audit n'est jamais comparable à un autre. Voyons maintenant quelques conseils pour conduire cet audit d'un point de vue pratique.

Conduire une analyse ergonomique

Quelques questions reviennent fréquemment lorsque l'on aborde le thème de l'audit ergonomique d'un site web. Nous allons passer en revue les plus importantes.

Seul ou à plusieurs ?

Tout d'abord, on peut se demander si un audit doit être mené seul ou à plusieurs. Sans hésiter, on est plus fort à plusieurs. On peut être tenté de se dire : « il existe tant de conventions, de normes et de règles d'ergonomie qu'un seul expert devrait pouvoir recenser l'ensemble des problèmes d'une interface ». Or ce n'est pas le cas et ce n'est pas parce que l'on est mauvais. C'est malheureusement humain et cela porte même un nom : l'effet de l'évaluateur.

ALLER PLUS LOIN **L'effet de l'évaluateur**

L'effet de l'évaluateur est une problématique bien connue et largement abordée dans le domaine de la recherche en ergonomie.

Ainsi, Hertzum & Jacobsen ont relevé à plusieurs reprises (voir notamment leurs écrits de 1999 et 2001) que plu-sieurs évaluateurs, utilisant la même méthode, repèrent des problèmes d'ergonomie différents. Prenant en exemple 11 études, ils montrent ainsi que le pourcentage d'accord moyen entre deux évaluateurs varie de 5 à 65 %. Au vu de ces résultats, on comprend que le seul moyen de réduire cet effet consiste à faire appel à plusieurs auditeurs pour analyser la même interface.

Cet effet nécessite, pour espérer atteindre une couverture honorable des problèmes d'ergonomie d'une interface, de ne pas travailler seul. Ainsi, Jakob Nielsen recommande, pour obtenir le meilleur rapport qualité/prix, de faire participer 3 à 5 spécialistes au même audit. En effet, le coût d'un audit (en temps aussi bien qu'en argent) est forcément d'autant plus élevé qu'il y a de participants. Si le fait de faire intervenir plusieurs évaluateurs vous paraît délirant et que vous craignez d'exploser votre budget, tenez compte du fait qu'une analyse ergonomique peut être plus ou moins formelle. Ainsi, il nous paraît intéressant de réunir plusieurs évaluateurs au début d'un audit, afin de balayer rapidement les problèmes que chacun perçoit. Ensuite, une seule personne est chargée de réaliser l'audit à proprement parler, puis le groupe se retrouve à la fin de l'analyse afin de valider les points abordés. De cette manière, vous bénéficiez à peu de frais de plusieurs regards sur la même interface. C'est ce que l'on appelle l'évaluation croisée.

D'ailleurs, sans vouloir vous décevoir, malgré tous les experts du monde rassemblés autour d'une interface, vous trouverez toujours des choses inattendues en test utilisateur. Autrement dit, vous n'avez jamais fini d'analyser la qualité ergonomique d'une interface. Compte tenu du caractère très vivant du Web et de ses utilisations, chacune des méthodes d'évaluation ergonomique peut être mise en œuvre à l'infini, tout au long de la vie d'un site, afin de l'améliorer de plus en plus finement.

Vous devez bien faire la différence entre le minimum syndical de l'ergonomie et le cycle de conception idéal. Très peu de projets sont capables de mettre en œuvre des moyens suffisants pour être sûrs de ce qu'ils avancent d'un point de vue ergonomique. Le principal reste à faire son possible. En effet, les premiers échelons du travail d'ergonomie ont une valeur inestimable : ce sont eux qui contribueront le plus à améliorer la qualité d'utilisation de votre site.

Le fil rouge : dans la peau de votre persona

Pour conduire un audit, il ne suffit pas de connaître les règles génériques d'ergonomie. Ces dernières représentent le point de vue de l'expert. Avant tout, vous devez vous mettre dans la peau de vos personas et essayer de réaliser chacune des missions que vous leur avez affectées.

Sortez de vous-mêmes et faites en sorte de visiter le site comme si vous ne l'aviez jamais vu auparavant (si, bien entendu, c'est le contexte que vous souhaitez tester). C'est un exercice difficile car il demande de bonnes capacités d'abstraction de soi, de ses habitudes, de ses réflexes, de ses connaissances. C'est d'ailleurs un objectif impossible à atteindre dans l'absolu : c'est pour cela que l'ergonomie ne trouve de meilleure méthode d'évaluation que celle faisant intervenir de véritables internautes.

À SAVOIR **L'effet de l'évaluateur au-delà du nombre**

Il existe un intérêt supplémentaire à l'évaluation croisée, qui n'est pas strictement lié à l'effet de l'évaluateur tel qu'on l'entend habituellement. C'est une conséquence du caractère très contextuel du Web, qui implique des problématiques d'interface mais aussi des problématiques de domaine. La spécialisation de chacun sur telle ou telle interface, ou sur tel ou tel domaine (finance, immobilier, voyagistes, domaines culturels…) a une grande influence sur la qualité de l'audit réalisé. Ainsi, plusieurs évaluateurs, possédant des compétences complémentaires, atteindront plus facilement un résultat complet qu'un seul évaluateur.

La seule chose dont il ne faut pas s'abstraire, ce sont précisément les connaissances ergonomiques (connaissance théorique des normes et règles, expérience, données et impressions tirées de l'observation d'internautes en train de naviguer, etc.).

Pendant le parcours, vous devez vous concentrer sur la réalisation des tâches de votre persona et analyser tout ce qui se passe à la lumière de vos connaissances. Explorez l'interface au maximum ! Par exemple, si vous faites une commande, pensez à tester tous les cas de figure possibles. Effectuez une véritable commande, testez la gestion des erreurs : vous devez absolument vous confronter à tout ce que vos internautes verront (et ce, même si vous pensez savoir comment fonctionne l'interface).

À ce niveau, vous devez seulement faire des copies d'écran et prendre des notes très brèves. Il sera bien temps, par la suite, de rentrer dans des explications plus approfondies. Si vous commencez à justifier à chaque fois ce que vous observez, vous risquez de perdre le fil de votre action.

Par où commencer ?

Il est souvent difficile de savoir par où commencer un audit ergonomique. Classiquement, on se retrouve face à la page d'accueil, assailli par un flot de défauts plus ou moins importants. Il est donc courant de ne pas savoir où donner de la tête. Or, il est primordial de ne pas se disperser lors d'un audit ergonomique. Une des grandes qualités requises pour devenir un bon évaluateur est de procéder de manière rigoureuse, sans dévier de ses objectifs de départ.

Sauf si vous avez des directives particulières, adoptez la règle classique consistant à aller du général au particulier. Autrement dit, ne commencez pas par les détails ! Toutefois, ne vous absteniez pas de noter des remarques sous prétexte que vous n'avez pas encore traité les aspects plus généraux. Si vous ne consignez pas tout ce qui vous interpelle sur le moment, il y a fort à parier que vous en oublierez la majeure partie. L'audit ergonomique est une activité très gourmande en termes de ressources mentales et chaque observation vient rapidement balayer la précédente.

La méthodologie de l'audit est un canevas. Sachez donc l'adapter à vos besoins. Ne pas commencer par les détails revient à privilégier plutôt une démarche générale. Dans un premier temps, on ne s'attarde pas sur ce qui ne gêne pas la mission du persona. Ne recherchez pas sur chaque page parcourue tout ce qui peut clocher ou vous risquez de manquer de temps pour traiter les problématiques de plus haut niveau. Vous reviendrez ensuite sur chacune des pages pour une passe plus détaillée.

Même lorsque vous analysez un site dans son intégralité, vous avez souvent des indices sur ce qui semble poser problème. Soit vous avez déjà

MÉTHODOLOGIE
La gestion du temps lors de l'audit

Veillez à adapter la profondeur de votre analyse au temps dont vous disposez. En général, avant de commencer un audit, vous avez deux contraintes : le périmètre et le temps imparti. C'est le temps qui détermine jusqu'où vous poussez l'audit, pour chaque point du périmètre.

repéré des points noirs parce que vous travaillez tous les jours sur ce site, soit des personnes extérieures vous apportent leur ressenti et/ou des retours utilisateur sur l'ergonomie du site. Vous pouvez commencer par analyser ces éléments. Cependant, pour structurer votre analyse, respectez au moins trois étapes de travail :

1. **Évaluer si l'interface du site web traduit bien son utilité.** Autrement dit, comprend-on rapidement ce que propose ce site et en quoi il peut nous aider ? Notez que c'est aussi souvent par là que l'on commence un test utilisateur (que nous aborderons au chapitre 11).

2. **Repérer les défauts inter-pages.** Ce sont les problèmes d'architecture de l'information, de navigation, d'enchaînements, d'interactions, de structuration du dialogue homme-ordinateur. Ces défauts macroscopiques sont les plus difficiles à repérer. D'ailleurs, ce sont aussi bien souvent les plus difficiles à corriger. Pour les détecter, vous devez nécessairement réaliser les parcours supposés de vos personas. C'est d'autant plus important que ces aspects, contrairement à certains problèmes plus mineurs, ne sautent pas forcément aux yeux. Paradoxalement, ce sont cependant ceux qui risquent d'entraver la réussite de vos internautes. Ce sont donc les défauts que vous devez détecter en premier lieu.

3. **Repérer les défauts intra-page.** Dans un second temps, vous repasserez par chacune des étapes de manière plus approfondie (le degré d'approfondissement étant fonction du temps dont vous disposez et de l'importance de la page). Vous repérerez alors des erreurs d'ergonomie plus ou moins graves. Nous verrons par la suite comment hiérarchiser ces observations dans la restitution de votre étude.

Vous devez concilier cette méthodologie en trois temps avec d'autres impératifs, notamment l'analyse obligatoire de pages-clés. Si vous devez évaluer intégralement un site d'e-commerce, il n'est en effet pas concevable de se dire : « J'ai passé 5 jours sur les défauts d'architecture et d'interaction et j'ai épuisé mon crédit-temps, donc je m'arrête là ». Il est impossible que vous n'ayez rien à dire sur la page d'accueil, une page produit, le panier, etc. Il s'agit donc de jongler dès le départ entre le temps dont vous disposez et ce que vous vous devez d'analyser.

Outre ces pages-clés, certaines thématiques doivent toujours être abordées ou, en tout cas, évaluées lors d'un audit ergonomique. Autrement dit, vous allez systématiquement étudier certains points (sauf s'ils sortent de votre périmètre d'action). C'est le cas de l'adaptation des pages à une résolution d'écran cible, des emplacements, apparences et comportements des barres de navigation, de la lisibilité de la police de base, etc.

VOCABULAIRE
Inter-pages ? Entre deux pages ?

Les défauts inter-pages concernent la manière dont vous conduisez l'internaute à travers votre site. Attention : aujourd'hui, lorsqu'on parle de *page* en ergonomie, on ne fait pas forcément référence à une page physique correspondant à une URL spécifique, mais plutôt à un *écran*. Ainsi, si une proportion importante de la page se recharge, vous pouvez considérer que vous avez affaire à un nouvel écran.

MÉTHODOLOGIE
De l'utilité d'aborder les points positifs

Même si l'objectif avoué d'un audit ergonomique est de détecter ce qui pose problème dans un site web, il peut être important de parler des points positifs (et ce, d'autant plus si vous n'êtes pas impliqué au quotidien dans le projet). Notamment, si un principe vous paraît particulièrement bien pensé, n'hésitez pas à le noter. Cela permettra aux acteurs du projet d'en prendre conscience et d'être prudents s'il est un jour question de modifier ce principe.

Tableau 6–5 Répartition des objets audités selon les passes

Première passe	Seconde passe
Traduction de l'utilité générale du site	Contenu des autres pages dans l'ordre d'importance
Architecture de l'information, navigation, structuration du dialogue, enchaînements, interactions	
Pages incontournables	
Thèmes incontournables	

Les outils de l'audit ergonomique

Bien évidemment, l'audit ergonomique se base sur la confrontation d'un site à un ensemble de règles d'ergonomie, qui est donc votre principal outil de travail. Mais ce n'est pas tout. D'autres moyens peuvent vous aider à mener à bien cette tâche le plus efficacement et le plus précisément possible.

Les règles ergonomiques, premier guide de travail

Nous avons évoqué au chapitre précédent 12 règles simples auxquelles votre site web doit se conformer. Votre premier outil, ce sont ces règles d'ergonomie. Elles doivent vous servir de repère pour évaluer si votre site répond aux exigences de l'ergonomie web et dans quelle mesure. Sans elles, l'évaluation n'est basée que sur l'intuition. Elles sont donc essentielles pour vous garantir, d'une part, d'aller dans le bon sens et, d'autre part, de ne rien oublier.

Cette grille d'analyse devient très puissante lorsque vous l'avez complètement intégrée à votre réflexion et que vous la conservez en tête en permanence. On devient expert lorsque l'on détecte très rapidement les défauts d'une interface, sans avoir besoin de consulter une quelconque liste. Connaître les principes de l'ergonomie permet de se forger un filtre mental à travers lequel on voit le monde. C'est ce filtre qui permet de détecter les contradictions d'une interface avec un principe fondamental d'ergonomie. Au fur et à mesure, cela devient un réflexe.

C'est tout à fait différent de partir de la liste de règles pour y comparer le site. Même si c'est un passage obligé pour un débutant, cette activité ne fait pas appel aux même processus mentaux et la rigidité de la méthode se ressent sur les observations. En fait, l'activité d'audit fonctionne beaucoup mieux en top-down (quand ce sont les connaissances qui dirigent l'audit) qu'en bottom-up (quand on part de l'interface pour conduire l'audit). Il semble que l'on soit plus efficace lorsqu'on remarque plutôt que lorsqu'on cherche.

MÉTHODOLOGIE **Chacun sa grille mais un socle commun pour tous**

Tout le monde s'accorde sur les conventions et normes d'ergonomie web, mais il est fréquent que chaque spécialiste construise sa propre grille d'utilisabilité, basée sur les critères qu'il retient. Ces grilles peuvent être très contextuelles au domaine dans lequel on travaille. Au-delà d'un outil individuel, elles constituent un socle d'analyse commun au sein d'une entreprise. Elles peuvent alors être très détaillées.

MÉTHODOLOGIE
Règles et spécificités projet

Si nécessaire, pensez à augmenter, adapter ou contextualiser les règles génériques d'éléments spécifiques au projet sur lequel vous travaillez. Le début de ce chapitre évoque notamment comme les personas, les technologies employées et le type de site ont une influence sur les points que vous étudiez.

Logiciels et outils techniques

Quelques outils logiciels sont incontournables pour vous aider lors d'un audit. Ils vous permettront de travailler plus efficacement, plus rigoureusement et plus rapidement, et pourront vous aider à valider ce que vous percevez intuitivement.

Prendre des notes

L'outil principal de l'audit, c'est un support pour prendre des notes. Là, tout est valable à partir du moment où c'est un outil sur lequel vous êtes à l'aise. Un simple traitement de texte sera donc parfait, voire un bloc-notes informatique pour vous soustraire à la tentation de mettre en forme vos premières remarques.

Pour aller un peu plus loin, il existe un outil intéressant proposé par Mozilla, nommé uzReview : il vous permet d'auditer une interface web sur la base d'heuristiques (celles de Jakob Nielsen et de Keith Instone). Cet outil se propose d'ajouter à un navigateur web une colonne d'outils consacrés à l'audit ergonomique. Cela peut être intéressant notamment pour les débutants ou pour les acteurs dont l'activité principale n'est pas l'ergonomie. Il permet en effet de travailler rapidement et de manière cadrée, sans se perdre dans des détails. UzReview supporte à la fois l'activité même de l'audit et la génération de rapports. À télécharger gratuitement sur : http://uzilla.mozdev.org/heuristicreview.html.

Faire des captures d'écran

La seconde activité la plus fréquente lors d'un audit, c'est la capture d'écran. Mission par mission, créez-vous un pack de copies d'écran retraçant pas à pas votre parcours. Croyez-moi, vous en aurez besoin ! D'une part, les sites Internet changent (c'est donc un moyen de conserver une preuve de ce que vous avancez), d'autre part, il est appréciable de disposer d'un stock d'images pour les écrans audités. Vous réutiliserez ces images lors de l'étape de traitement de vos remarques, ainsi que dans le rapport de restitution de l'étude, si vous en rédigez un. Plusieurs outils sont disponibles pour vous aider à capturer les écrans. Nous vous présentons ici ceux que nous préférons, mais il en existe de nombreux.

Tout d'abord, le plus simple : une extension Firefox. Screengrab! vous permet de copier tout ou partie de la page en cours. Son avantage principal, c'est qu'il permet de capturer la page en entier. Extrêmement facile à utiliser, il permet d'enregistrer en deux clics n'importe quelle page `html` au format `png`. Enfin, non négligeable, Screengrab! est gratuit. Merci donc à Andy Mutton pour ce formidable outil !

MÉTHODOLOGIE **Choisissez la même configuration que votre persona**

Lorsque vous effectuez des copies d'écran (et plus largement lorsque vous auditez un site), pensez à adopter la même configuration que votre persona (ou la plus proche possible). Si vous souhaitez vous mettre à la place de votre persona, allez jusqu'au bout. Pensez notamment à adapter le navigateur que vous utilisez ainsi que votre résolution d'écran. Sinon, vous risquez de passer à côté d'éléments essentiels du point de vue de l'utilisabilité.

Figure 6–19 L'extension Screengrab! sur Firefox vous permet de sauvegarder une page ou une partie d'une page sous plusieurs formats. À télécharger gratuitement sur : https://addons.mozilla.org/fr/firefox/addon/1146
Source : www.ikea.fr

Le second type d'outils pour capturer les pages d'un site web sont les logiciels copieurs d'écrans. Les deux meilleurs rapport qualité / prix dans cette gamme de logiciels sont Hypersnap et SnagIt. Hypersnap est un petit logiciel très léger produit par la société Hyperionics, qui vous permet de réaliser facilement des copies de toute une page, de tout un écran ou de toute une sélection. Il propose notamment des raccourcis clavier configurables qui rendent la copie très efficace et très rapide. Hypersnap ne coûte pas très cher (environ 30 €) et il est disponible en version d'essai (il laisse alors un watermark sur chacune des images). Dans le même ordre de prix, vous pouvez essayer SnagIt de Techsmith, qui propose des fonctionnalités intéressantes d'annotation et de dessin sur les copies d'écran. Ce dernier logiciel est disponible en version d'essai pendant 30 jours.

En fonction des sites que vous auditez et des outils de copie d'écran que vous utilisez, vous pourrez rencontrer des difficultés à capturer certains écrans. C'est notamment le cas des interfaces en Flash (même si certaines sont capturables dans certaines conditions), mais aussi des événements dynamiques (par exemple, comportement des objets au survol de la souris, messages d'erreurs, etc.). Il ne vous restera alors guère d'autre issue que la copie via la touche *ImprEcran* et le collage puis l'export dans n'importe quel logiciel de traitement d'images (Paint, GIMP, Photoshop, etc.).

Pour gérer plus facilement vos copies d'écran, vous pouvez les numéroter dans l'ordre où vous les avez réalisées et les associer à des mots-clés.

Enfin, il existe d'autres solutions que la capture statique d'écran, notamment pour les interfaces très dynamiques. Ainsi, il peut être intéressant de filmer l'écran pour extraire une séquence d'interaction particulière sans être obligé de réitérer l'action. Réservez toutefois cette éventualité aux interfaces qui le nécessitent, car le traitement de la vidéo vous demandera plus de ressources que le traitement d'images statiques.

La capture sous forme vidéo a cet avantage de donner tout le temps souhaité pour l'analyse de chaque écran (alors qu'en pleine procédure en ligne, c'est parfois délicat puisqu'on risque de se faire déconnecter). De plus, cela permet de ne rien oublier pendant la capture (notamment lorsque vous êtes confronté à de nombreux micro-changements). Enfin, cette méthode est très intéressante pour mesurer les temps de chargement et de traitement de la part du système. Nous vous proposons une liste de nos outils préférés pour filmer efficacement l'écran à la fin du chapitre 11 (ce sont en effet des outils employés lors des tests utilisateur). Vous trouverez aussi une fonction d'enregistrement au format .avi dans SnagIt, moins performante mais suffisante pour l'activité d'audit.

Tester la compatibilité technique

Nous avons vu dans le chapitre précédent que la règle n° 11 intégrait des problématiques d'accessibilité technique. Puisqu'il est important que vos visiteurs puissent accéder à votre site et l'utiliser, quel que soit le matériel dont ils disposent, vous devez tester ce paramètre. Bien sûr, vous n'allez pas tester toutes les plates-formes du monde. Pensez toutefois à tester les principales et encore plus celles de vos personas.

Vous devez donc observer comment le site se présente et se comporte en fonction de la configuration des plates-formes que vous utilisez. Les deux principaux paramètres influençant la consultation d'un site web sont d'une part la résolution d'écran et d'autre part le couple système d'exploitation/navigateur.

En ce qui concerne la résolution d'écran, trois solutions : soit vous êtes par défaut dans la même résolution que celle que vous souhaitez tester (c'est alors la situation idéale) ; soit vous disposez d'un second écran réservé à la navigation lors de l'audit (et c'est très bien aussi) ; soit vous êtes obligé de modifier la résolution d'écran à chaque fois que vous voulez faire une copie d'écran (et c'est alors infernal). Vous risquez, de plus, de passer outre cette validation à cause de la difficulté supplémentaire que représente le changement de résolution. Une solution consiste alors à utiliser Firefox et l'extension Web Developer, qui vous permet d'afficher la fenêtre de navigateur à la taille désirée. Le même type d'extension existe pour Internet Explorer.

Figure 6–20 L'extension Web Developer sur Firefox vous permet entre autres de redimensionner votre fenêtre en spécifiant une hauteur et une largeur en pixels. Soit dit en passant, elle est aussi très utile pour vider votre cache très rapidement. À télécharger gratuitement sur : https://addons.mozilla.org/fr/firefox/addon/60
Source : www.cnam.fr

Pour consulter un site sur différents navigateurs, les choses se compliquent. Dans l'idéal, il faudrait disposer de toutes les plates-formes nécessaires. Si c'est impossible, arrangez-vous pour disposer des principales (notamment Mac/PC, sous plusieurs systèmes d'exploitation). Pour le reste, vous pouvez utiliser Browsercam. Ce service payant permet de tester l'apparence de votre site sur l'essentiel des navigateurs du marché. Vous n'aurez cependant pas accès au comportement du site sur ces navigateurs, puisque cet outil vous demande une URL et restitue simplement une image de la manière dont cette URL s'affiche sur les différents navigateurs.

Attention, ne vous arrêtez pas au navigateur. Pensez à désactiver Flash (c'est possible sur Internet Explorer en désactivant les contrôles ActiveX dans les paramètres de sécurité du navigateur) et à vérifier quelle version de Flash utilise le site. Pensez aussi à désactiver JavaScript. En fait, lorsque le site que vous auditez utilise une technologie en surcouche de la configuration de base du navigateur, testez-le aussi sans cette technologie.

Enfin, il peut être intéressant de tester votre site dans des conditions dégradées (notamment lorsque vous travaillez sur des intranets ou extranets et que le débit de la connexion Internet est limité sur les postes cible). Utilisez alors le logiciel Netlimiter pour réduire le débit Internet au seuil souhaité.

Évaluer l'accessibilité visuelle

En ce qui concerne l'accessibilité visuelle, de nombreux outils d'évaluation sont disponibles pour vous aider à mener votre enquête, que ce soit pour apprécier strictement l'accessibilité visuelle ou l'accessibilité du site aux outils de contournement du mode visuel (plages braille ou synthèses vocales). Nous allons aborder ces différentes thématiques dans l'ordre ascendant d'atteinte de la modalité visuelle.

La base de l'accessibilité visuelle, c'est la lisibilité. Vous devez vous assurer que votre site utilise des couleurs adaptées pour ne pas fatiguer l'œil. Ce type d'évaluation se conduit principalement sur le texte et les images à destination fonctionnelle (par exemple les barres de navigation et boutons d'action). Deux dimensions sont à prendre en compte :

- D'une part, vous devez évaluer si les couleurs utilisées pour le fond de page et les caractères typographiques sont suffisamment contrastées. Pour faciliter la lecture, elles doivent être suffisamment différentes. L'algorithme fourni par le W3C utilise le seuil de 500, mais sachez qu'il est difficile à atteindre. Réservez-le donc si votre population présente un risque élevé de malvoyance (c'est notamment le cas des seniors). Une différence de couleurs de 400 paraît largement suffisante dans la plupart des cas.

- D'autre part, vous devez évaluer la différence de brillance (ou de luminance) de vos couleurs. Pour que vos textes soient lisibles sans effort, cette différence doit être supérieure à 125. Voici deux outils utilisant l'algorithme fourni par le W3C pour vous permettre de calculer rapidement les contrastes fond/caractères, ainsi que les niveaux de luminance. Ces deux outils sont disponibles gratuitement en ligne. Il en existe d'autres en mode logiciel.

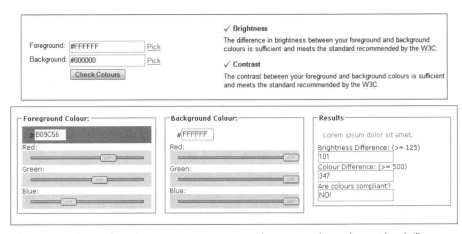

Figure 6–21 Sur ces deux sites, vous pouvez mesurer si le contraste des couleurs et leur brillance sont suffisants. Ci-dessous, un exemple positif et un négatif. En général, trois résultats existent : compatible, non compatible, presque compatible.
Sources : www.etre.com/tools/colourcheck / www.snook.ca/technical/colour_contrast/colour.html

Pour obtenir les codes hexadécimaux à saisir dans ce genre d'outils, vous pouvez fonctionner à l'ancienne, en faisant une copie d'écran que vous collez dans un logiciel de traitement d'images, lequel vous donnera le code hexadécimal recherché. Mieux, vous pouvez utiliser une extension de Firefox nommée ColorZilla, extrêmement efficace puisque conçue exclusivement à cette intention par Alex Sirota. Grâce à la pipette, vous pouvez pointer n'importe quel pixel de l'écran et ColorZilla vous donne le code correspondant.

Figure 6–22
L'extension ColorZilla sur Firefox vous permet d'obtenir le code hexadécimal d'une couleur affichée à l'écran. À télécharger gratuitement sur : https://addons.mozilla.org/fr/firefox/addon/271 Source : www.jamieoliver.com/fr

Un outil supplémentaire vous permet d'aller plus rapidement en fournissant seulement l'URL d'une page. C'est le validateur AccessColor qui évalue ensuite les différences de couleurs et de luminances de ces couleurs sur la base de vos feuilles de styles. Il ne permet donc d'analyser que l'accessibilité des textes présentés en HTML. Vous pouvez l'utiliser gratuitement sur http://www.accesskeys.org/tools/color-contrast.html.

L'extension Firefox proposée par Gez Lemon utilise le même principe. Vous pouvez la télécharger sur http://juicystudio.com/article/colour-contrast-analyser-firefox-extension.php. Elle permet très facilement d'obtenir l'ensemble des rapports de contrastes d'intensités et de couleurs pour tous les textes HTML d'une page. Le principal défaut de ces deux derniers outils est de ne pas pouvoir calculer les contrastes sur des sites en Flash, des images ou des textes survolés.

Si vous souhaitez aller plus loin dans l'évaluation de l'accessibilité visuelle, vous devez observer comment les gens voient votre site en cas d'atteinte des cônes de perception de la couleur. De nombreux outils sont disponibles pour simuler ce que l'on appelle la dyschromatopsie, dans ses différentes modalités. Vous pouvez ainsi utiliser en ligne l'outil ColorBlindnessCheck, proposé par Q42. Grâce à cet outil, vous pouvez visualiser une page web en fonction de différentes atteintes de la perception des couleurs. À utiliser en ligne sur : www.q42.nl/demos/colorblindnesssimulator/colors.html.

Pour tester l'achromatisme, c'est-à-dire l'absence totale de perception des couleurs, vous pouvez aussi utiliser ce types d'outils ou utiliser un logiciel de traitement graphique pour passer vos copies d'écran en niveaux de gris.

Cette micro-évaluation est intéressante car elle permet de repérer très rapidement si quelque chose cloche au niveau de la conception graphique du site. Elle est notamment indispensable pour vérifier si des informations importantes ne sont pas transmises uniquement par l'indice de la couleur (et, si c'est le cas, si les couleurs utilisées sont suffisamment différentes en termes de tonalité pour être perçues comme telles par quelqu'un qui ne perçoit pas la couleur).

Observez ainsi les deux exemples suivants. Si l'état du stock est indiqué uniquement avec la couleur de la pastille, on ne perçoit pas la différence entre l'état épuisé (indiqué en rouge) et l'état indisponible (indiqué en orange). Si, par contre, on fait varier le libellé et que la couleur est attribuée aux caractères de ce texte, on peut saisir la différence entre épuisé et indisponible même si l'on ne perçoit pas les couleurs.

Figure 6–23
Si on utilise seulement la couleur de la pastille pour distinguer un produit épuisé d'un produit indisponible, on ne peut pas comprendre l'interface sans perception des couleurs.
Source : www.reservoir-jeux.com

Figure 6–24
En ajoutant un libellé textuel, on peut comprendre l'interface sans perception des couleurs.
Source : www.reservoir-jeux.com

Enfin, vous pouvez utiliser différents outils pour déterminer si votre site est utilisable en version texte. Commencez par le tester avec un navigateur alternatif (par exemple Opera ou une extension d'un navigateur plus classique) afin de désactiver l'affichage des images. Vous vous rendrez compte assez rapidement si une information importante est transmise par le biais des images.

Ensuite, testez avec un navigateur en mode texte (par exemple Lynx ou BrailleSurf). Si le site est développé en CSS, vous pouvez aussi le tester avec un navigateur classique en utilisant la feuille de styles « texte » s'il en existe une, ou encore en désactivant les feuilles de styles (l'extension

Une synthèse vocale est un dispositif logiciel qui permet d'utiliser un ordinateur en mode auditif. Elle transforme la version texte du site en version parlée, permettant aux internautes d'accéder à ce qui se trouve à l'écran et d'agir dessus grâce au clavier.

Allez donc voir sur le site qui accompagne ce livre comment une synthèse vocale lit un site web. C'est très enrichissant.

▶ www.ergonomie-sites-web.com/ telechargements

Une plage braille exploite le même principe de base, mais restitue un site web sous forme tactile. C'est plus précisément le matériel de restitution que l'on appelle la plage braille.

CITATION **« Squint to open your eyes »**

John Maeda, se référant à cette technique de visualisation, nous dit : « You will see more, by seeing less » (*Vous verrez plus, en voyant moins*).

📖 John Maeda, *The Laws of Simplicity*, The MIT Press, 2006

Web Developer de Firefox vous sera encore une fois très utile). C'est de la version texte de votre site que se serviront les synthèses vocales et les plages braille pour traduire le site sous forme auditive ou tactile. Vous aurez donc un bon aperçu de ce qu'elles vont restituer aux internautes.

Dernière étape : tester avec de véritables moyens de contournement du mode visuel, c'est-à-dire avec une plage braille ou avec une synthèse vocale. C'est plus facile à faire avec une synthèse vocale, qui ne nécessite pas de matériel spécifique (tout se passe au niveau logiciel). Vous pouvez par exemple utiliser la synthèse Jaws, disponible en version d'essai pour une durée limitée. Pensez à tester différents réglages qui modifient le comportement de la synthèse, les éléments qu'elle lit ou auxquels elle donne priorité.

Évaluer la forme générale du site

Une dernière technique intéressante, bien que peu rigoureuse, consiste à évaluer la forme générale d'un site d'un point de vue visuel. Rappelez-vous les principes de Gestalt que nous évoquions au chapitre 3 et, plus particulièrement, la notion de forme générale.

L'utilisabilité de cette forme est accessible de manière assez empirique : si vous plissez les yeux ou louchez pour voir flou, vous percevrez l'essentiel de l'organisation visuelle de la page. Le résultat obtenu semble assez représentatif de l'activité de scan des internautes - activité que nous avons évoquée au chapitre précédent. Il vous permettra de repérer si l'on distingue bien les différentes zones de navigation et de contenu, ainsi que les *call-to-action*. Vous pouvez reproduire ce procédé sous Photoshop en appliquant le filtre *gaussian blur* ou *flou gaussien*.

Que faire de vos observations ?

Vous avez scrupuleusement essayé de vous mettre à la place de vos personas et de réaliser chacune des missions qui leur incombent. De ce parcours, vous avez tiré un ensemble de remarques, dont vous devez à présent faire quelque chose.

Hiérarchisez vos observations

Trouvez les erreurs, mais sachez aussi les analyser. Si vous souhaitez évaluer l'ergonomie d'un site web, structurez l'analyse de chaque problème rencontré suivant les étapes décrites ci-dessous.

Si vous avez suivi notre conseil (à savoir de commencer par les défauts les plus criants pour aller successivement vers les points moins critiques) vous devez déjà avoir une idée de l'importance des défauts identifiés. Cependant, ce n'est pas le seul élément qui permette de hiérarchiser vos observations.

Savoir hiérarchiser vos constats est si important que Jakob Nielsen et Hoa Loranger en ont fait le titre de leur ouvrage, *Prioritizing Usability*. Dans le chapitre 5, ils présentent une manière de pondérer les observations d'un audit en soumettant chacun des constats à 3 questions :

1 Quel est l'impact du défaut observé (allant de la simple gêne à l'impossibilité de réaliser une tâche) ?

2 Quelle est la fréquence du défaut observé ? Autrement dit, combien d'utilisateurs vont rencontrer le problème ?

3 Quelle est la persistance du défaut observé ? Autrement dit, est-ce que les utilisateurs qui auront rencontré le problème une première fois pourront s'en affranchir ou le contourner plus facilement les fois suivantes ?

Notez que certaines observations ne seront pas critiques d'un point de vue ergonomique mais que, répétées, elles peuvent amener votre internaute à préférer un autre site. Un bon nombre de défauts sur le plan ergonomique ne mettent pas en danger l'accomplissement de la tâche par l'internaute : ces défauts pourront le gêner, lui faire commettre des erreurs, allonger le temps de réalisation, mais il parviendra à son but tant bien que mal. Ils valent donc la peine d'être soulignés, puisqu'une accumulation de ce type de défauts peut déranger votre internaute au point qu'il perde toute envie de revenir sur votre site.

Les livrables de l'audit

La sortie de la méthode de l'audit peut être plus ou moins détaillée et justifiée. Cependant, ne rédigez pas un gros rapport au détriment d'un audit plus poussé. Ainsi, si le fait de ne pas expliquer chacun des points en détail vous permet d'aller plus en profondeur, n'hésitez pas !

Pensez à expliquer comment lire le document, à fournir une synthèse, une table de correspondance lexicale, etc. En ce qui concerne le contenu à proprement parler, voici deux exemples de la manière dont on peut présenter des pages d'audit ergonomique.

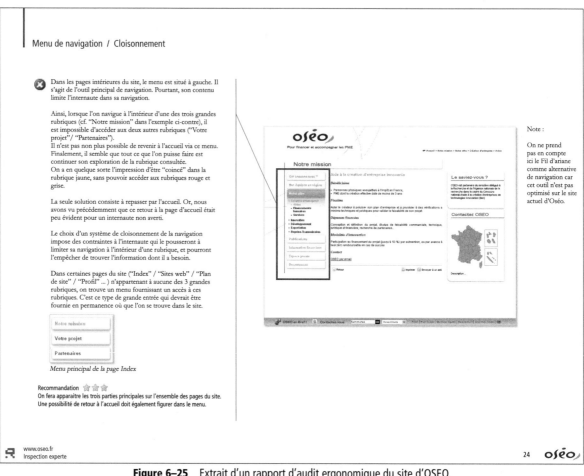

Figure 6–25 Extrait d'un rapport d'audit ergonomique du site d'OSEO.
Source : www.oseo.fr

La suite des événements

Avoir constaté un défaut ne suffit pas. Encore faut-il être capable de créer une solution d'interface pour y répondre.

Il est normal et conseillé de penser en temps réel à une solution pour résoudre chaque problème observé. C'est d'ailleurs souvent l'existence d'une issue qui permet, d'un point de vue ergonomique, de qualifier ce qu'on observe de défaut ou non. Si l'on ne trouve pas de solution, cela signifie peut-être que ce que l'on observe correspond à un pis-aller, un compromis, la « moins pire » des solutions d'interface. Parallèlement, il existe des sujets trop vastes pour y trouver une solution dans l'immédiat. C'est souvent le cas des problématiques d'architecture de l'information.

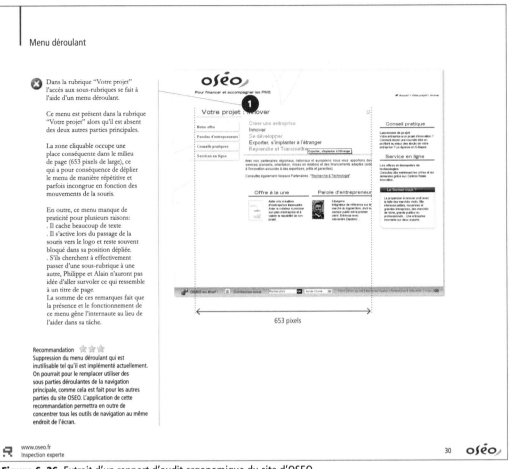

Figure 6–26 Extrait d'un rapport d'audit ergonomique du site d'OSEO.
Source : www.oseo.fr

Ne vous arrêtez donc pas en si bon chemin et formalisez des solutions aux défauts que vous avez repérés lors de l'audit. Vous apprendrez comment aux chapitres 7, 8 et 9.

Les étapes de la conception web : pensez votre site de A à Z

Après avoir abordé tout ce qui impacte la qualité ergonomique d'un site, il est temps pour vous de passer à l'action ! Dans cette quatrième partie, nous aborderons successivement comment définir votre contenu, l'organiser, puis le formaliser à l'écran.

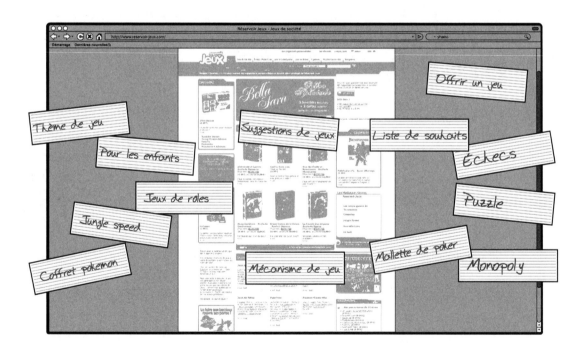

chapitre 7

Définition des contenus et analyse concurrentielle

Le contenu d'un site web est sa principale raison d'être, il représente ce que vos visiteurs viennent chercher.

C'est sur lui que repose votre crédibilité. Aussi, avant de vous lancer dans la conception de votre site à proprement parler, prenez le temps de vous poser et de réfléchir à ce qu'il va proposer aux internautes.

SOMMAIRE

▶ Définitions des contenus
▶ Utilité globale et micro-utilités
▶ La démarche de l'analyse concurrentielle

MOTS-CLÉS

▶ Contenus
▶ Fonctionnalités
▶ Utilité et micro-utilités
▶ Analyse concurrentielle
▶ Benchmark ergonomique

Si vous commencez à concevoir un site sans avoir réfléchi à ce qu'il contiendra, vous obtiendrez immanquablement une coquille vide qui accueillera difficilement tout ce que vous voudrez y injecter par la suite. Dans de tels cas, les internautes pensent souvent que le site ne fournit pas le contenu qu'ils cherchent parce que l'interface n'a pas été pensée pour.

Chaque site Internet doit être conçu sur mesure pour le contenu qui y sera présenté. La première étape consiste donc nécessairement à définir ce contenu.

VOCABULAIRE
Contenu = informations + fonctionnalités

Dans ce livre, nous employons le terme contenu au sens large : il peut s'agir d'informations, mais aussi de services et de fonctionnalités proposés à vos internautes.

MÉTHODE **Sans utilité, pas besoin d'utilisabilité**

Un site ergonomique est d'abord un site utile. Si les internautes ne viennent pas sur votre site parce que vous ne proposez rien d'intéressant à leurs yeux, peu importe que votre site soit utilisable ou non...

La première étape concrète dans la conception d'un site web consiste à choisir ce qui en sera le cœur, c'est-à-dire ce que vous allez offrir aux internautes. Il ne s'agit pas juste d'avoir un site, encore faut-il, pour qu'ils aient envie de s'y rendre, qu'il corresponde à un besoin chez vos visiteurs.

Votre contenu est ce pour quoi vous fabriquez un site web. Ce site n'est que le support, c'est-à-dire la forme qui permet d'abriter la matière fondamentale. Pour que ce support soit efficace, vous devez connaître votre contenu et avoir travaillé dessus ; c'est votre réelle valeur ajoutée, ce qui vous différencie des autres.

Pour prévoir le contenu le plus adapté possible à vos internautes, vous devez venir répondre à un besoin utilisateur, autrement dit être utile à vos visiteurs. Voyons donc plus précisément ce que recouvre cette notion d'utilité.

Votre contenu répond à un besoin de l'internaute

Nous avons vu dans le premier chapitre de ce livre que l'utilité est ce qui vous permet de capter un utilisateur : celui-ci vient sur votre site parce qu'il pense que vous pouvez satisfaire son besoin.

Ce besoin peut pré-exister chez l'internaute, avant même qu'il ait allumé son ordinateur. Un utilisateur peut aussi se construire une envie au fil des informations rencontrées lors de sa navigation sur le Web. Par conséquent, vous ne devez pas seulement répondre à un besoin, mais aussi savoir devancer votre visiteur en lui proposant des choses qui pourraient lui plaire. Deux situations peuvent alors se produire de façon soit indépendante, soit consécutive :

- Votre internaute vient précisément pour ce que vous lui offrez. C'est la situation la plus courante. Il connaît votre site. On le lui a recommandé ou il vous a trouvé via un moteur de recherche.
- Vous réussissez à créer un besoin chez lui en lui proposant quelque chose. D'un point de vue macroscopique, c'est le mécanisme de la publicité web : vous profitez de sa présence sur le Web pour l'allécher avec votre offre. D'un point de vue interne à un site, cela consiste à se servir d'un des contenus du site pour attirer votre internaute vers d'autres contenus.

Capter un internaute, c'est donc réussir à l'attirer chez vous grâce à ce que vous lui proposez. Dans ce cadre, deux grandes dimensions permettent de distinguer l'offre d'un site : son utilité globale et ses micro-utilités.

Quelle est votre utilité globale ?

Normalement, toute démarche de création ou de refonte d'un site web est guidée par la nécessité de proposer en ligne des contenus bien précis : vous avez envie de vendre les produits de votre catalogue sur le Web, de faire un site pour votre pizzeria, de concevoir un pendant web à un magazine papier, de vendre un service Internet, etc.

Quoiqu'il en soit, vous avez une idée. C'est cette idée que l'on va appeler votre utilité globale. Elle représente ce à quoi va servir votre site pour vos internautes : acheter de l'électroménager, trouver votre carte de menus et vos coordonnées téléphoniques, acheter un abonnement en ligne, s'inscrire à des cours de conversation en anglais par Internet, trouver une liste de revendeurs, réserver une chambre d'hôtel, etc.

MÉTHODE **Je veux me lancer dans le Web, faites-moi un site**

Si vous n'avez pas d'idée en termes d'utilité, trouvez-en une ou changez de projet. Vous ne pouvez pas juste vouloir un site web, sous peine que ce dernier ne serve effectivement à rien.

Figure 7–1 Actions liées aux utilités globales du site du Blue Elephant : consulter les menus et trouver le numéro de téléphone du restaurant.
Source : www.blueelephant.com/paris

Figure 7–2
Action liée à l'utilité globale
du site de Darty : acheter
de l'électroménager.
Source : www.darty.com

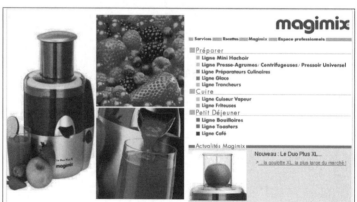

Figure 7–3
Action liée à l'utilité globale du site
de Magimix : trouver une liste
de revendeurs de la marque.
Source : www.magimix.com

Notez qu'en général, un site a plusieurs niveaux d'utilité, c'est-à-dire qu'il fournit plusieurs types de contenus ou services à ses internautes. Cependant, l'une des utilités prime en général sur les autres et soutient l'objectif final que vous voulez voir accomplir par votre internaute. Par exemple, un site propose souvent de l'information pour sous-tendre un processus transactionnel. Ainsi, le site du magazine Muze est une vitrine du magazine papier ; il sert surtout à donner envie aux visiteurs d'acheter le magazine en kiosque ou de s'abonner en ligne. Ainsi, on peut feuilleter Muze en ligne, consulter la liste des auteurs abordés dans les numéros passés, s'inscrire à la newsletter, et c'est à peu près tout :

Figure 7–4
La principale utilité du site de Muze
est de promouvoir l'abonnement.
Source : www.muze.fr

Ces utilités peuvent être inversées, comme par exemple sur le site de
Télérama :

Figure 7–5
Une des principales utilités du site de Télérama
est de proposer des contenus éditoriaux dans
le domaine de la télévision, du cinéma, du théâtre,
de la musique, etc.
Source : www.telerama.fr

Utilité générale versus utilité ponctuelle

La notion d'utilité dont on parle dans ce chapitre concerne essentiellement les services et fonctionnalités offerts par un site web.

Il faut savoir que l'on parle aussi d'une information « utile » en ergonomie en utilisant ce terme de manière plus large. On peut ainsi dire d'une information qu'elle est inutile sans pour autant remettre en question son utilité intrinsèque, mais son utilité à un instant t dans un contexte précis. Ainsi, l'utilité d'une information à un moment donné peut faire l'objet d'un débat si sa présence augmente la charge informationnelle à l'écran.

DANS CE LIVRE **Personas et micro-utilités**

La méthode des personas est idéale pour fournir la matière nécessaire à l'élaboration de micro-utilités. En effet, un persona a des objectifs et des missions précises, qui peuvent générer des idées de micro-utilités. À voir au chapitre 4.

Vous n'avez en général pas besoin de travailler sur l'utilité générale. Il vous suffit de réussir à traduire ce que vous proposez de la meilleure manière possible dans l'interface (votre logo, votre baseline, votre barre de navigation, votre page d'accueil vous y aideront).

Ce n'est qu'en allant plus loin que vous trouverez les micro-utilités : celles-ci accompagneront cette utilité générale et vous permettront de proposer à vos internautes un site répondant à leurs besoins, voire les devançant.

Créez vos micro-utilités

Une fois que vous avez déterminé l'utilité générale de votre site, que vous savez ce qu'il proposera aux internautes, vous devez réfléchir aux fonctionnalités et informations complémentaires permettant à votre persona de profiter au mieux de son offre.

Comment imaginer et choisir des micro-utilités

Les micro-utilités ne portent pas ce nom parce qu'elles sont mineures, mais parce qu'elles viennent compléter une utilité globale pour la servir. Elles ne représentent donc qu'un bonus permettant de capitaliser sur l'utilité globale et de s'assurer que l'internaute choisira votre site pour accomplir ses objectifs.

Ainsi, elles répondent à la problématique suivante : « Nous avons le produit [l'information, le contenu, etc.], comment mieux le vendre ? ». Ici, nous évoquerons exclusivement ce qui, d'un point de vue ergonomique, permet de mieux vendre, c'est-à-dire de correspondre au mieux aux objectifs et besoins des utilisateurs. Les micro-utilités les plus réussies sont celles créées en se mettant réellement à la place des internautes et intégrant la notion de tâche. De ce point de vue, les personas constituent une méthode très intéressante pour se mettre dans la peau de vos visiteurs et penser à des fonctionnalités qui leur seraient utiles. Bien évidemment, vous devez ajouter à ces considérations une réflexion poussée d'un point de vue stratégique et marketing.

En général, les sites les plus inventifs en termes de micro-utilités sont ceux qui appartiennent à un secteur concurrentiel, où ils doivent faire la différence sous peine de voir leurs internautes aller chez le voisin.

Se forcer à accompagner l'utilité générale de micro-utilités, c'est donc proposer le maximum à vos internautes pour s'assurer qu'ils répondent à vos souhaits (c'est-à-dire qu'ils achètent, s'inscrivent, vous recommandent, etc.). Deux types de micro-utilités peuvent être utiles à vos visiteurs : d'une part une information, d'autre part une fonctionnalité.

Plus l'acte est engageant, plus vous bénéficierez de fonctionnalités secondaires répondant aux besoins de vos internautes (ou, à l'inverse, plus vous perdrez de clients faute d'avoir su leur offrir les fonctionnalités et services adéquats).

Cependant, ne jouez pas à la course aux fonctionnalités. Si vous prévoyez d'ajouter une fonctionnalité, cette dernière doit réellement être utile pour au moins l'un de vos personas. En effet, au-delà de la charge de travail que représente son développement, elle devra aussi être insérée dans l'interface : cela correspond potentiellement à une augmentation de la charge informationnelle à l'écran. Pourquoi demander à vos internautes de traiter mentalement un élément qui ne leur servira jamais ?

Prenez aussi en compte le jugement subjectif des internautes sur ce que vous leur fournissez, notamment pour des populations très expertes dans un domaine de compétence, ou très extrêmes, dans les milieux discount ou luxe. Proposer une fonctionnalité superflue ou inadaptée à vos visiteurs peut paraître peu professionnel, voire irrespectueux.

Enfin, mesurez ce que la fonctionnalité apportera à vos internautes au regard des efforts requis pour la leur fournir. Il est primordial de se poser ces questions suffisamment tôt dans le projet. Ceci permet en effet d'engager des processus lourds en termes de préparation de contenus, conduits parallèlement au développement du site.

Il arrive que le fait de réfléchir sur ce type de questions amène des bouleversements au niveau de la stratégie commerciale. C'est à vous de lutter pour faire comprendre que même un site très facile d'utilisation fonctionnera uniquement s'il rend vraiment service aux internautes et tient compte de leurs besoins.

Des exemples de micro-utilités

Les micro-utilités ont pour objectif d'appuyer l'utilité globale du site, soit en termes de fonctionnalités, soit en termes d'informations. En voici quelques exemples.

Offrir la vue la plus complète possible d'un produit

On constate fréquemment sur les sites de commerce en ligne que les descriptifs produits sont très succincts, voire inexistants. Or plusieurs études montrent que plus vous donnerez une information complète aux internautes, plus ils effectueront des achats sur votre site. Cela leur permet d'acheter de manière plus informée, et réduit le risque de déception à l'arrivée de leur commande. Si votre objectif est de fidéliser vos visiteurs, assurez-vous donc qu'ils achètent bien ce qu'ils pensent acheter.

Soyez honnêtes afin que vos internautes vous fassent confiance. Ce principe est d'autant plus important que le prix du produit est élevé. Ainsi, si vous proposez d'acheter un vêtement sur Internet, fournissez-en le maximum de vues possibles. Accéder à des images du dos ou des coutures d'un vêtement, bénéficier d'une vue d'une chaussure à 360° donnera à votre internaute une idée plus précise de votre produit, ce qui influencera sa décision d'achat (figures 7–6, 7–7 et 7–8).

Prenons un autre exemple, celui d'un produit décliné en plusieurs couleurs et la manière dont cet affichage était géré sur l'ancien site de la Camif (figure 7–9). Il est évident que visualiser le canapé dans la couleur souhaitée ou simplement voir cette couleur dans une vignette carrée n'aura pas le même impact sur le consommateur.

Figure 7–6
Sur le site de Promod, on peut voir les vêtements de dos.
Source : www.promod.fr

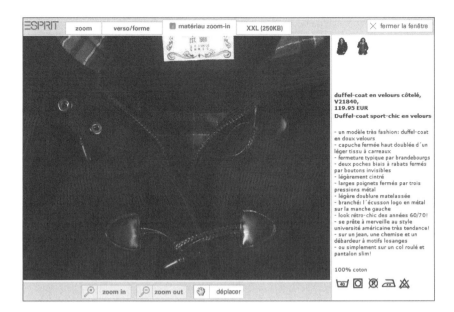

Figure 7–7
Sur le site d'Esprit, on peut voir les vêtements de très près, jusqu'aux coutures, grâce à la fonctionnalité *Matériau zoom-in*.
Source : www.esprit.fr

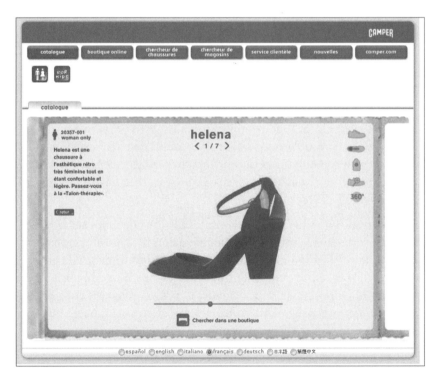

Figure 7–8
Sur le site de Camper, on peut regarder les chaussures à 360˚.
Source : shop.camper.com

Figure 7–9 Sur le site de la Camif, de larges photos permettaient
de voir un canapé dans tous les coloris disponibles.
Source : www.camif.fr

Troisième exemple de micro-utilité, toujours dans le domaine de l'e-commerce. Le site d'Amazon, dont une utilité générale est de vendre des livres, propose une utilité secondaire consistant à *Chercher au cœur* des livres afin d'en consulter les pages intérieures et la quatrième de couverture (figure 7–10).

Ici, on va beaucoup plus loin que la vente classique de livres sur Internet, qui ne fournit généralement à l'internaute qu'un titre, un auteur, un prix, une date de publication et la photo de la couverture (lorsqu'elle est disponible…). Mais en se promenant dans les rayons d'une librairie et en observant le comportement des clients, rien n'est plus évident : un des premiers réflexes consiste à ouvrir le livre. En effet, personne n'achète un ouvrage sans l'avoir feuilleté, ne serait-ce que quelques secondes. Dans le domaine de la bande dessinée, c'est encore plus vrai.

La même nécessité guide la présence, sur le site d'Asmodée, d'une photo montrant l'intérieur d'une boîte de jeu de société (figures 7–11 et 7–12). L'utilité générale est d'acheter un jeu de société, l'utilité secondaire de regarder le contenu de la boîte de jeu. Observez la manière de nommer cette fonctionnalité par le recours direct à la métaphore *Ouvrir la boîte*.

Figure 7–10
Sur le site d'Amazon, la fonctionnalité
Chercher au coeur permet de regarder
l'intérieur d'un livre.
Source : www.amazon.fr

Figure 7–11
Dans les fiches produits, le site d'Asmodée
propose un lien *ouvrir la boîte...*
Source : www.asmodee.com

Figure 7–12
... qui permet de regarder l'intérieur de la boîte de jeu : plateau, pions, sac de rangement, etc.
Source : www.asmodee.com

Le site Clarins, lui, exploite un élément du monde réel pour nourrir le descriptif de ses produits. Ce site permet en effet de consulter la notice sous la même forme que celle fournie dans les vrais packagings. L'utilité générale est d'acheter un produit Clarins, l'utilité secondaire de pouvoir en regarder la notice au format PDF. Ces informations pourraient être présentées en mode HTML (c'est d'ailleurs le cas des plus importantes), mais elles sont très efficaces sous cette forme, car elles correspondent aux habitudes et attentes des clientes de Clarins.

Une micro-utilité peut aussi simplement consister à simplifier la vie des utilisateurs. C'est notamment le cas des fonctions d'historique de visite, qui fleurissent sur les sites d'e-commerce. La visibilité des derniers articles consultés est par exemple très utile lorsque les internautes effectuent beaucoup d'actions de comparaison entre plusieurs articles, et par conséquent de nombreux allers-retours entre les fiches produits.

Figure 7–13 Les sites de Yahoo Food, de Kelkoo et d'Etam proposent à leurs internautes une visibilité directe sur les dernières pages consultées, ce qui permet de faciliter les comparaisons.
Sources :
http://food.yahoo.com /
www.kelkoo.fr / www.etam.fr

Enfin, dernier exemple sur le site de Diapers, qui propose à ses internautes une fonctionnalité pour personnaliser leur expérience de navigation. Diapers distribue des articles pour bébés. Ce qu'il peut offrir aux visiteurs de son site dépend donc beaucoup de l'âge de l'enfant, et ce critère concerne l'ensemble des rayons. C'est pourquoi les concepteurs du site ont prévu une fonctionnalité très utile et bien mise en valeur, nommée *Personalize Shopping*.

Grâce à cette micro-utilité, tout ce que propose le site (résultats de recherche, recommandations de produits, réductions, mises en avant...) s'adapte notamment à l'âge du ou des enfants qu'aura déclaré l'internaute.

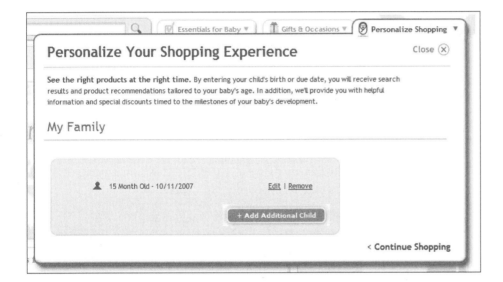

Figure 7–14 Sur le site de Diapers, la fonctionnalité *Personalize Shopping* permet de se voir proposer des articles en fonction de l'âge et du sexe de ses enfants.
Source : www.diapers.com

Bien entendu, l'ajout d'une micro-utilité n'est pas gratuit et nécessite un investissement supplémentaire. Offrir des détails à vos internautes sur vos produits, par exemple, demandera un travail à deux niveaux : d'une part, vous devrez disposer des contenus (la notice chez Clarins, la photo du canapé pour la Camif, le contenu du livre pour Amazon, etc.) ; d'autre part, vous devrez inventer et développer la fonctionnalité qui permettra à l'internaute d'accéder à ces contenus. Choisissez donc soigneusement vos micro-utilités en privilégiant celles qui intéresseront votre persona.

Prendre en compte les comportements liés à l'achat

L'achat sur Internet n'est pas seulement une affaire de descriptions des produits. Vous devez aussi réfléchir à la manière dont les gens achètent le type d'articles que vous proposez. Observez à cet égard comment un site qui vend des billets d'avion peut intégrer le processus classique d'achat d'un billet.

Si votre persona voyage en couple, une fois qu'il a repéré un vol intéressant, il est fort probable qu'il aura besoin de le proposer à la personne qui l'accompagne. Si celle-ci n'est pas directement à ses côtés, il aura donc besoin de lui envoyer un e-mail récapitulant les informations-clés du vol : date, heure et lieu de départ et d'arrivée, durée du vol, escales, prix, assurances, etc.

Soit le site fournit une fonctionnalité pour faciliter cet envoi, soit il laisse l'ensemble du travail à la charge de son internaute, lequel, selon son niveau d'expertise, se débrouillera de trois manières. Soit il téléphonera à son conjoint pour lui parler du vol qu'il a repéré et son interlocuteur essaiera de retrouver le même vol en accomplissant une recherche sur le site. Soit il copiera l'adresse de la page pour la coller dans un e-mail (ce comportement peut conduire à un échec si la page est créée de manière dynamique en fonction des critères de recherche, et n'a donc pas d'adresse physique). Soit il fera une copie d'écran pour la coller dans un e-mail (ce qu'il ne pourra réaliser qu'avec un client mail logiciel et non dans des webmails de type Hotmail ou Gmail). Dans tous les cas, c'est beaucoup demander à l'internaute qui veut accomplir une action somme toute banale.

Ici, l'utilité globale est d'acheter un billet d'avion, l'utilité secondaire d'envoyer les coordonnées du vol par e-mail. En proposant cette fonctionnalité, on tient compte du fait que l'achat d'un billet d'avion n'est pas toujours immédiat et qu'il est souvent différé pour permettre aux protagonistes du voyage de s'accorder entre eux.

Figure 7–15 Sur la page de détail d'un vol sur le site d'Air France, on ne propose aucun moyen aux internautes pour envoyer ces informations par e-mail.
Source : www.airfrance.fr

Figure 7–16
Sur la page de détail d'un vol sur le site
d'Opodo, les internautes peuvent envoyer
ces informations par e-mail grâce à la fonctionnalité *Envoyer la page par e-mail*.
Source : www.opodo.fr

Prendre en compte les comportements liés à l'achat, c'est aussi intégrer
le fait que l'achat en ligne n'est pas forcément l'objectif ultime. Il faut
savoir qu'Internet est certes un vecteur de transactions directes, mais
aussi un formidable vecteur de transactions indirectes. Les internautes
viennent sur le Web pour obtenir des informations complètes sur les
produits, prendre le temps de choisir, de comparer. Ils y découvrent aussi
des choses qu'ils vont acheter ultérieurement dans le monde réel.

Fournir des micro-utilités orientées achat physique est d'autant plus
important sur un site qui ne vend pas en ligne, afin de reporter l'acquisition
chez ses revendeurs ou dépositaires. Regardez ainsi comme cette micro-utilité
sur le site de Nuxe est intéressante : sur chaque fiche produit, on propose
la *Référence à fournir à votre pharmacien si vous ne trouvez pas le produit*. Ainsi, on donne l'idée aux internautes, s'ils ne trouvent pas d'emblée
le produit en rayon, de le commander auprès de leur pharmacien.

Figure 7–17
Sur le site de Nuxe, la micro-utilité
de référence produit permet
de promouvoir l'achat en pharmacie.
Source : www.nuxe.com

Précéder les interrogations des internautes

Pensez aussi au fait que les micro-utilités ne sont pas uniquement des fonctionnalités. Il peut s'agir d'ajouter des informations afin de devancer ou de satisfaire les interrogations de vos internautes.

C'est notamment le cas sur le site de SpeakEveryday, qui propose un concept original au point qu'il suscite de nombreuses interrogations chez tous ceux qui le découvrent. Cette société propose des cours de conversation en anglais pour les enfants, qui reçoivent un appel téléphonique de leur professeur pendant 10 minutes chaque jour.

L'utilité générale du site est que les gens viennent se renseigner ; le but avoué est qu'après avoir consulté le principe, la méthode pédagogique, le fonctionnement, ils s'inscrivent à ce service. Pour que les futurs clients soient rassurés et puissent s'inscrire en toute confiance, en sachant ce qu'ils achètent, il est absolument nécessaire de proposer une rubrique *Questions/Réponses*.

Simplifier la tâche des internautes en précédant leurs besoins fonctionnels

Un dernier type de micro-utilité consiste à partir des besoins et des comportements de vos internautes pour leur simplifier la tâche et anticiper leurs besoins. Quelques exemples vous permettront de comprendre ce type d'utilités.

Quand Gmail repère une date dans un e-mail, il propose d'ajouter cette date à votre calendrier. Cette fonctionnalité vous évite d'effectuer vous-même les actions suivantes : copie des détails du rendez-vous dans le presse-papiers ou en mémoire, ouverture de votre agenda, création du nouveau rendez-vous avec les détails contenus dans l'e-mail initial.

Prenons un autre exemple. Sur le site d'Ergolab, chaque article est disponible en version PDF. Or de nombreuses personnes qui découvrent le site les téléchargent un par un, afin de se construire une bibliothèque à lire en temps voulu. D'où l'idée de packs d'articles, disponibles pour l'intégralité des contenus (tous les articles en PDF) ou par rubrique (tous les articles de la section *Pratiques* par exemple). Cette fonctionnalité a donc été implémentée dans la seconde version du site :

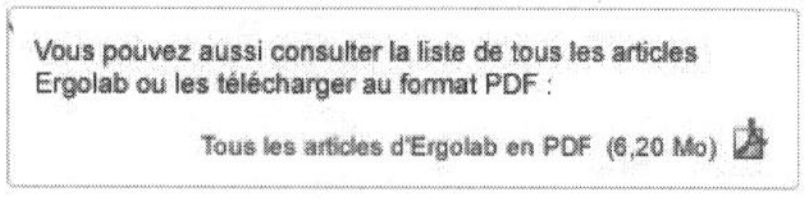

Figure 7–18
Sur le site d'Ergolab, une fonction de téléchargement de tous les articles au format PDF permet de simplifier la tâche des internautes.
Source : www.ergolab.net

Vous pouvez aussi consulter la liste de tous les articles Ergolab ou les télécharger au format PDF :

Tous les articles d'Ergolab en PDF (6,20 Mo)

AlloCiné propose quant à lui une micro-utilité qui, l'air de rien, facilite grandement la vie de ses internautes. Récemment, on a ainsi vu apparaître sur le site la mention de l'heure de fin de séance (figure 7–19).

Figure 7–19 AlloCiné, en affichant l'heure de fin de chaque séance, précède le besoin d'information que peuvent avoir ses internautes à ce sujet.
Source : www.allocine.fr

Cette information toute simple, mais essentielle, permet aux visiteurs de mieux faire leur choix, sans avoir besoin de calculer par eux-mêmes.

En outre, cette micro-utilité est mise en place de manière très utilisable. En effet, les heures de début et de fin de séance ne sont affichées qu'au survol de l'heure de la séance en question. Ainsi, l'interface de départ est aussi légère qu'auparavant, et on offre l'information utile à l'internaute précisément au moment où il en a besoin.

Notez que cette micro-fonctionnalité est particulièrement intéressante dans les actions de comparaison intra-cinéma (par exemple : je compare les heures de fin de plusieurs films dans le même cinéma) ou inter-cinémas (par exemple : je compare les heures de fin du même film dans plusieurs cinémas).

Prendre en compte les potentialisateurs d'action

Si vous travaillez sur un site de commerce en ligne, tenez compte de la grande importance que possède l'aspect financier dans la décision finale d'achat. Si votre internaute hésite entre deux sites qui lui paraissent équivalents, il choisira sans aucun doute celui qui lui propose la meilleure offre en termes commerciaux.

Vous devez donc vous renseigner sur les potentialisateurs d'achat qui décideraient vos internautes à acheter sur votre site. On ne parle pas seulement de prix, mais aussi de facilités de paiement, de livraison, de retours, de prise en compte de la fidélité, etc.

Par exemple, le site de Sephora permet d'utiliser sa carte de fidélité en ligne comme en magasin, ce qui fournit ainsi une raison d'acheter sur le site de Sephora plutôt que sur un autre. Par exemple, je peux acheter des produits La Sultane de Saba aussi bien sur le site de la marque que sur le site de Sephora, mais j'opterai plutôt pour le second si je possède une carte de fidélité Sephora. Ce type de fonctionnalité peut être lourd à mettre en place, mais ô combien important pour la cible de ce genre de sites.

Dans la même veine, on peut utiliser les chèques cadeaux Kadéos chez plusieurs grandes enseignes, à la fois dans les magasins et en ligne. Tous les sites Internet proposant ce moyen de paiement ne l'exploitent pas de la même manière, rendant ce dernier plus ou moins intéressant pour l'internaute. Il est, par exemple, beaucoup plus facile d'utiliser ses chèques Kadéos pour payer sur le site de la Redoute ou de la Fnac que sur celui de Surcouf, où l'on demande à l'internaute de les envoyer par courrier. Celui-ci peut être suffisamment rebuté par l'aspect contraignant de ce système pour préférer utiliser ses chèques cadeaux ailleurs.

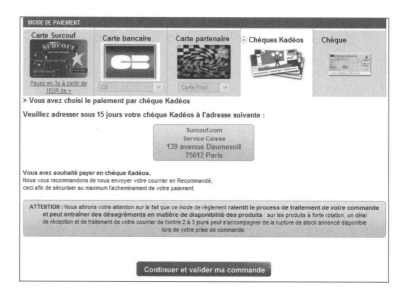

Figure 7–20
Sur le site de Surcouf, on propose le paiement par chèques Kadéos, mais ce dernier n'est possible que par envoi des chèques par voie postale.
Source : www.surcouf.fr

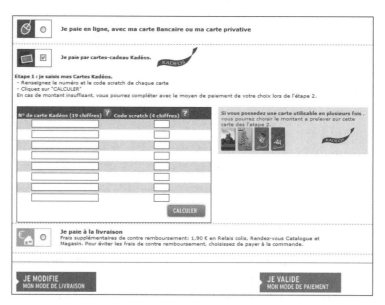

Figure 7–21
Sur le site de la Redoute, on peut réellement payer en ligne par chèques Kadéos.
Source : www.laredoute.fr

Dernier exemple : si vous souhaitez que votre internaute s'inscrive à votre lettre d'information, vous devez prendre en compte ce qui pourrait l'inciter à le faire. Il ne s'agit donc pas seulement de lui proposer de s'abonner, mais de lui indiquer les bénéfices qu'il pourra en tirer, et ce que cela signifie de s'inscrire à votre lettre. Expliquez à vos internautes le contenu de votre lettre, sa fréquence d'envoi, donnez un exemple de la dernière lettre d'information, indiquez le nombre d'inscrits si cette donnée peut potentialiser l'inscription, fournissez votre charte de respect de la vie privée, etc.

Pour énumérer vos contenus, exploitez toutes vos sources !

Une fois que vous avez une idée précise des différents niveaux d'utilité de votre site, le but est de réussir à énumérer l'ensemble des informations, services et fonctionnalités que vous souhaitez proposer. À ce stade, ne vous préoccupez pas de la manière dont vous allez les présenter. Il sera bien temps de les ranger par la suite !

Paradoxalement, les gens qui souhaitent créer un site web disent souvent qu'ils s'occuperont du contenu lorsque le site sera prêt. D'une part, n'en croyez pas un mot : ils auront alors bien d'autres préoccupations en tête et, pour finir, le site ne sera jamais réellement rempli. D'autre part, il faut bien comprendre que ce fonctionnement est contre-productif et risque d'aboutir à un site inadapté.

Ce qu'il vous faut, c'est un site construit sur-mesure pour les contenus qu'il est censé accueillir. Le contenu est donc le point de départ d'un site, ce sur quoi vous devez vous baser pour construire les fondations, puis la partie immergée. Commencer à concevoir un site sans idée de son contenu est le meilleur moyen d'obtenir un site qui n'est pas ergonomique.

Attention, il ne s'agit pas forcément d'obtenir à ce stade l'ensemble des contenus finaux du site mais plutôt une liste exhaustive des types de contenus et services que le site devra proposer.

Si vous pouvez obtenir les contenus réels, c'est idéal mais plutôt rare, voire impossible. Toutefois, si vous pouvez vous procurer un ou plusieurs exemples de chaque type de contenu, vous serez plus à l'aise et plus efficace pour penser à l'interface qui présentera ces contenus. En effet, différents types de contenus induisent différents types d'interfaces. Par exemple, la longueur d'un article, ses différentes parties, sa structure rédactionnelle et son organisation type détermineront sa présentation. Les interfaces les moins ergonomiques sont souvent celles qui sont génériques, prévues pour tout et n'importe quoi.

MÉTHODOLOGIE **Je n'arriverai jamais à avoir tous les descriptifs produit 6 mois avant la sortie du site...**

Enumérer les contenus, cela ne signifie pas que vous devez disposer des contenux finaux du site avant de commencer à l'organiser.

Ce qui vous intéresse à ce stade, c'est de prévoir le type de contenus et de prendre des exemples de référence (par exemple, un article a un auteur, une date, un résumé, des mots-clés, un sommaire, un corps de texte, etc.). C'est grâce à ces données que vous pourrez construire l'accès vers vos contenus (via l'architecture de l'information) et préparer leur consultation par l'internaute (via leur présentation sur la page).

Pour savoir ce que vous voulez héberger sur votre site, vous devez explorer toutes les pistes possibles. Retroussez vos manches, observez, analysez, interrogez les bons interlocuteurs et n'oubliez personne. Votre objectif est de dresser une liste des contenus que devra accueillir le site web. Pour atteindre cet objectif, quelques sources d'informations s'avèrent incontournables :

- **Le site existant**

  Si vous travaillez sur un projet de refonte, l'ancien site est la première source d'information à analyser. Il ne s'agit pas de reprendre les contenus tels quels, mais de vous en servir comme base pour décider si vous devez supprimer certains contenus, les améliorer, les réécrire, les enrichir, etc.

- **Les acteurs du projet**

  La seconde recommandation, lorsque vous cherchez à mettre au point le contenu, est de ne pas faire cavalier seul au risque de mettre sur pied un projet bancal. Tous les acteurs du projet doivent vous aider dans ce travail et ajouter leur vision à celle des autres. Quelques sessions de brainstorming peuvent être un moyen efficace de recueillir rapidement les avis de tout le monde et de les confronter.

- **Vos concurrents**

  Vous verrez dans la suite de ce chapitre qu'il est très intéressant de conduire des analyses concurrentielles sur des sites comparables au vôtre, afin de ne pas vous enfermer dans votre propre vision des choses.

- **Les besoins supposés de vos internautes**

  Se mettre à la place de vos internautes, afin de générer des idées de contenu et d'avoir un regard critique sur ce qui vous vient intuitivement en tant que concepteur, est également fructueux. La méthode des personas (voir le chapitre 4) vous aidera à travailler sur les contenus à partir des missions des personas, de leurs objectifs lorsqu'ils visitent votre site.

- **Les besoins exprimés de vos internautes ou clients**

  La dernière source d'informations provient de ceux qui sont directement concernés, à savoir vos internautes. Ils peuvent vous fournir des données incomparables sur leurs besoins en termes de contenus. Ainsi, de nouveau sur le site de SpeakEveryday, les Questions/Réponses sont réellement celles exprimées par les clients (figure 7–22). Celles qui sont relayées en page d'accueil sont les plus fréquemment posées.

N'hésitez donc pas à impliquer le service client dans votre stratégie de recherche de contenus, afin d'avoir leur feedback sur les demandes et impressions de vos clients existants.

Figure 7–22
Sur le site de SpeakEveryday,
le contenu de la page
Questions / Réponses est
issu de véritables demandes
reçues au service clients.
Source :
www.speakeveryday.com

Si votre objectif, à cette étape, est d'abord de réussir à cerner les types de contenus à présenter sur votre site, vous pouvez toutefois commencer à décider de la taille et de la composition respective de chacun de ces contenus. Dans ce cadre, il s'agit d'aller au-delà de « Chaque produit dispose d'une fiche ». Quelles informations cette fiche produit doit-elle contenir ? Répondre à cette question à cette étape du projet vous permettra de dresser une liste des contenus à préparer pour la sortie du site et donnera le temps aux responsables de conduire ce travail de préparation. S'occuper du contenu d'un site est un travail à plein temps, souvent un travail d'équipe dans le cas de gros sites. C'est d'ailleurs in fine ce pour quoi on construit le site. Il est donc primordial de savoir précisément ce que l'on va y mettre et de se laisser le temps nécessaire pour créer du contenu pertinent.

MÉTIER **Rédacteur web**

Écrire pour le Web, c'est un métier. Si vous ne disposez pas d'un contenu rédigé spécifiquement pour votre site, sachez faire appel à un rédacteur afin qu'il vous aide sur ce plan. Surtout, ne transposez pas tels quels des contenus prévus pour d'autres supports (plaquettes, documents de présentation, de démonstration, etc.).

Par exemple, imaginons que, d'après une étude, la plupart des internautes ne sont prêts à acheter un jeu de société à plus de 50 € sur Internet que s'ils peuvent voir le contenu de la boite. Vous devez alors vous débrouiller pour trouver, exiger, voire embaucher quelqu'un pour faire des photos des jeux déballés. Les éditeurs disposent souvent des représentations des jeux éclatés pour leurs besoins commerciaux externes au site web. Ne menez donc pas ce travail une seconde fois. Paradoxalement, les informations détaillées sur les produits existent souvent en dehors du site et ne sont pas relayées sur Internet. Ce n'est donc pas un problème d'écriture ou de création, mais de récupération et d'adaptation des contenus.

Il y a souvent un fossé entre, d'une part les efforts que déploient les boutiques pour vendre des produits dans le monde physique et, d'autre part, le manque de préoccupation de la qualité des descriptifs produits sur le Web. Avant de mettre en avant des produits sous forme promotionnelle, on devrait veiller à ce que les fiches produit donnent les informations nécessaires à la prise de décision d'achat. Il est d'ailleurs amusant de constater qu'on peut disposer de beaucoup plus d'informations sur un produit à 5 € que sur un autre à 500 € (voir à ce propos les figures 7–23 et 7–24)...

Figure 7–23
Très peu d'informations sont fournies aux internautes qui voudraient acheter ce réfrigérateur à 3 554 €.
Source : www.electromust.com

La qualité ergonomique d'un site tient beaucoup à la qualité de son contenu au fil du temps et de ses mises à jour.

Au fur et à mesure de vos recherches, vous devriez prendre conscience de l'importance relative des contenus. Lorsque vous dressez une liste de ces derniers, pensez à les hiérarchiser, à leur donner un ordre d'importance.

Figure 7–24
Des informations très détaillées sont fournies
aux internautes qui voudraient acheter
ce champagne à 18 €.
Source : www.1855.com

Que font les autres ? L'analyse concurrentielle en ergonomie

Nous avons évoqué précédemment une autre manière de penser à des contenus et fonctionnalités intéressants pour vos internautes : elle consiste à « espionner » ce qui se passe chez les autres et c'est ce qu'on appelle une analyse concurrentielle. Attention cependant, l'analyse concurrentielle *ergonomique* n'a pas les mêmes objectifs qu'un benchmark dans le domaine marketing. Vous verrez dans la suite de ce chapitre comment elle s'en différencie.

La démarche de l'analyse concurrentielle

Quel que soit le niveau auquel vous souhaitez mener une analyse concurrentielle, vous devez prendre en compte quelques grands principes avant de commencer. Il faut notamment choisir la manière dont vous allez procéder et les sites que vous allez analyser.

Principes de base de l'analyse concurrentielle

L'idée consiste à aller regarder chez les autres ce qui pourrait être intéressant pour votre site. Autrement dit, il s'agit d'ouvrir votre esprit. Forcément, d'autres personnes dans d'autres contextes, avec leurs objectifs, leur personnalité, leur imagination, auront pensé à des choses différentes de vous. Allez donc regarder quels sont ces points et s'ils sont intéressants à mettre en place sur votre site.

L'analyse concurrentielle est une démarche que la plupart des concepteurs mettent en œuvre de manière intuitive : il paraît logique, lorsqu'on crée un site dans un domaine donné, d'aller voir ce qui se pratique dans le domaine en question. En outre, on exerce l'analyse concurrentielle de manière informelle en permanence, à mesure que l'on navigue sur le Web et que l'on est confronté à différentes interfaces. En se tenant au courant de ce qui se fait, on développe ses capacités à penser à de nouvelles présentations de l'information sur le Web.

L'analyse concurrentielle peut cependant être plus poussée que cette démarche intuitive. Conduite de manière formelle, elle consiste à analyser un panel de concurrents dans l'objectif de créer ou de refondre un site web. L'analyse concurrentielle est très appréciée de tous les concepteurs car elle présente un rapport qualité/prix imbattable. Par la diversité des idées qu'elle permet de recueillir, elle reproduit une partie des bénéfices d'un brainstorming. En outre, elle permet de se servir des erreurs des concurrents.

Une analyse concurrentielle formelle ne consiste pas simplement à jeter un coup d'œil sur chacun des sites du panel. Vous devez analyser ces sites sur une base commune. Il est donc essentiel d'établir un ensemble d'actions que vous conduirez sur chaque application ou site concurrent. Vos personas vous fourniront les actions les plus critiques à évaluer. Vous devez essayer de réaliser leurs missions sur l'ensemble des sites analysés.

Vous devez donc construire des scénarios d'utilisation, à répéter sur chacun des sites. Il faut que le scénario testé puisse être réalisé sur tous les sites choisis. Il est donc parfois difficile d'être très précis dans le scénario d'utilisation à mener. Ainsi, ce dernier peut être aussi large que *Acheter un article sur le site*.

Au fur et à mesure de vos parcours sur les sites, vous allez relever les points positifs et négatifs de chacun d'eux. Attention, le principal intérêt d'une analyse concurrentielle consiste à s'inspirer de ce que vous voyez, donc des points positifs. Vous devez tenir compte des points négatifs uniquement si votre objectif est de mettre le doigt sur une erreur à éviter à tout prix et si votre rapport d'analyse concurrentielle doit servir à d'autres que vous. Autrement dit, il ne s'agit pas de conduire des audits des sites de vos concurrents mais bien de trouver rapidement ce qui pourrait s'avérer intéressant dans votre contexte.

Le plus souvent, l'analyse concurrentielle est mise en œuvre sous la forme d'une analyse, par un expert, des sites du panel. Il peut toutefois être fructueux de coupler cette démarche avec une méthode plus participative. Ainsi, si vous travaillez sur une création de site, mener des tests utilisateur sur les sites de vos concurrents peut se révéler très profitable : vous observerez ainsi la manière dont les internautes naviguent sur ces sites.

Définissez votre panel concurrentiel

Qui sont vos concurrents ergonomiques ?

Pour conduire une analyse concurrentielle, il faut d'abord mettre au point le panel des sites à analyser. Lorsqu'on entend le mot « analyse concurrentielle », on imagine souvent que celui-ci sera composé de sites qui font la même chose que nous. C'est faux. Un concurrent d'un point de vue *ergonomique* est quelqu'un à qui vous allez pouvoir vous comparer, plutôt qu'un concurrent sur le plan commercial.

Par exemple, si votre site doit vendre de l'électroménager, il est certes très intéressant, mais insuffisant, d'analyser d'autres sites commercialisant ce type de produits. En effet, deux grandes dimensions caractérisent votre site web :

- **Le thème de votre site**. Par exemple, le prêt-à-porter, la littérature, la musique, la radio, la cuisine, l'immobilier, etc.
- **Le type de site**. C'est-à-dire ce qu'il propose de faire (site éditorial, site de vente en ligne, site communautaire, site de divertissement, etc.)

Il faut prendre en compte ces deux dimensions lorsque vous déterminez le panel de sites à analyser. Vous devez donc non seulement étudier des sites qui se rapprochent du vôtre (puisque vous abordez le même thème) mais aussi des sites qui vous ressemblent uniquement dans la forme, dans le type d'action qu'ils induisent chez les internautes.

Si l'on revient à votre site d'électroménager, vous allez donc analyser les sites qui vendent le même type de produits, mais aussi d'autres sites de vente en ligne. Ces derniers présentent en effet une interface et des flux d'interaction comparables au vôtre : présentation d'un catalogue de produits, sélection d'un article, liste de produits, fonctionnalités de recherche, fiche descriptive, processus d'achat, processus d'inscription, etc.

Pour prendre un autre exemple, si votre site propose la réservation de billets d'avion, vous allez analyser d'une part d'autres sites qui proposent de réserver des vols, mais aussi d'autres sites plus larges permettant de réserver des voyages, des trajets de train, de bateau, etc.

Enfin, il faut savoir que conduire une analyse concurrentielle sur un site web grand public est souvent plus facile que dans le domaine de l'applicatif, puisque les interfaces sont plus facilement accessibles.

Combien de concurrents devez-vous analyser ?

Lorsque vous mettrez au point le panel des sites à analyser, vous serez confronté au fait que celui-ci doit comporter un nombre fini de sites, et que ce nombre doit être décidé avant de commencer. Vous ne pouvez évidemment pas analyser tout Internet pour concevoir le meilleur site possible. Sachez être raisonnable et choisissez les sites les plus appropriés pour mener votre analyse.

Au-delà de 10, vous allez probablement trop vous disperser. Composez votre panel à la fois de véritables concurrents commerciaux et d'interfaces comparables sur le plan ergonomique, et privilégiez les plus importants. Deux types de concurrents peuvent y être représentés :

• Des sites reconnus, très fréquentés. Ce seront probablement ceux que vos internautes iront visiter pour mener des actions de comparaison. Vous devez donc absolument prendre en compte leur manière de faire.

• Des sites qui ne sont pas forcément très connus du grand public, mais que vous savez innovants du point de vue de l'interface. Pour décider de cette partie du panel, vous devez très bien connaître le Web et ce qui s'y passe. Plus vous serez confronté, dans votre quotidien, à différents sites web, plus vous verrez de choses, plus vous pourrez établir un parallèle avec votre propre travail.

Analyses concurrentielles générales

Les analyses concurrentielles peuvent être différenciées en fonction de leur niveau de détail. En général, une analyse concurrentielle se conduit à la fois d'un point de vue général et d'un point de vue détaillé. Commençons par évoquer ce que recouvre une analyse générale.

L'analyse concurrentielle générale est celle par laquelle on commence. C'est une analyse de haut niveau au sens où elle s'intéresse exclusivement aux grands principes adoptés par les sites du panel. Dans ce cadre, on peut dire que l'analyse concurrentielle générale traite du critère

DÉFINITION **Analyse concurrentielle générale et utilité**

L'analyse concurrentielle générale s'occupe de l'utilité du site : elle a pour objectif d'observer *ce que* les sites du panel fournissent à leurs internautes en termes d'informations et de fonctionnalités.

d'utilité. Elle va s'intéresser aux types de contenus, fonctionnalités, services offerts, aux grands choix de présentation de ces contenus, aux clés d'entrée proposées aux internautes, etc.

L'analyse concurrentielle générale traite aussi bien de l'utilité générale que des micro-utilités. Vous devez analyser, d'une part, ce qui est proposé aux internautes, d'autre part, la forme privilégiée pour présenter cette offre. À ce niveau d'analyse, vous pouvez intégrer dans le panel des sites internationaux, qui ne sont pas diffusés dans la même langue que le vôtre. En effet, le vocabulaire utilisé n'a pas d'importance à ce stade d'analyse. Il s'agit véritablement d'étudier la présentation générale plutôt que les points détaillés. Prenons trois exemples.

Exemple : clés d'entrée dans un catalogue

Si on prend 3 sites différents permettant aux internautes de télécharger des singles et sonneries, on peut distinguer trois grands types de navigation dans les catalogues. D'une part, SFR Music propose d'entrer par produit (on commence par rechercher Madonna avant de choisir si l'on souhaite acheter un morceau audio ou une sonnerie). D'autre part, Virgin Mega choisit de présenter les deux options dans des rubriques différentes (on commence par choisir la rubrique *Mobile*, pour aller ensuite chercher une sonnerie de Madonna), mais prévoit des liens transversaux entre les deux rubriques (sur la fiche d'un single, on dispose d'un raccourci pour acheter la sonnerie correspondante). Enfin, Orange choisit de proposer les deux dans deux rubriques (voire dans deux sous-sites) totalement indépendants : le *Jukebox* (pour les singles) et la rubrique *Mobile & Fun* (pour les sonneries).

La solution du site de SFR favorise la vente multi-canal, l'ouverture vers différents supports, mais demande nécessairement un catalogue homogène sur les différents formats, sous peine de décevoir l'internaute. La solution adoptée par Virgin Mega convient à la fois aux exigences de la vente multi-canal et à l'éventualité d'un catalogue hétérogène. Enfin, la solution du site d'Orange est plus adaptée si le catalogue des sonneries est très différent de celui des singles.

Exemple : principe général de navigation

L'analyse concurrentielle peut aussi être intéressante pour s'inspirer de principes de navigation. Prenons l'exemple du site d'Endless, qui permet de parcourir un catalogue de chaussures en restant toujours sur la même page : cette dernière est rechargée en temps réel en fonction des critères sélectionnés sur la colonne de gauche de l'écran. Ce principe d'exploration peut être intéressant pour n'importe quel site présentant un ensemble d'éléments définis par un jeu de critères dans lequel l'internaute effectue une recherche.

Figure 7–25
Sur le site d'Endless, la sélection de critères en colonne de gauche permet d'afficher la liste des chaussures correspondantes dans le centre de la page.
Source : www.endless.com

Ce n'est donc pas parce que ce principe de navigation est utilisé dans le contexte des chaussures que vous ne pouvez pas vous en inspirer dans un tout autre domaine.

Exemple : micro-fonctionnalité de navigation

Nous venons d'évoquer comment l'analyse concurrentielle peut permettre de travailler sur le principe général de présentation d'un site. Elle peut aussi permettre de découvrir des fonctionnalités plus complémentaires, notamment dans le domaine de la navigation.

Si l'on prend l'exemple du nuage de tags, c'est un principe de navigation qui peut s'appliquer à des types de sites très différents.

Tags
asperge asperges
avocat betterave chèvre
dips dédicace
estragon fraise livre
lotte mangue noémie
orange
pamplemousse patate
douce pois chiche
qdj qotd ricotta
Voir mes tags

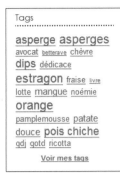

Figure 7–26 Nuage de tags sur le site de Trois potes au feu. Source : troisgourmandes.vox.com

Tags des utilisateurs (voir plus)
alternative experimental female
vocalists folk freak folk
indie new weird america seen live
Taguer cet artiste

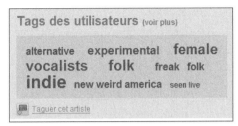

Figure 7–27 Nuage de tags sur le site de LastFM. Source : www.lastfm.fr

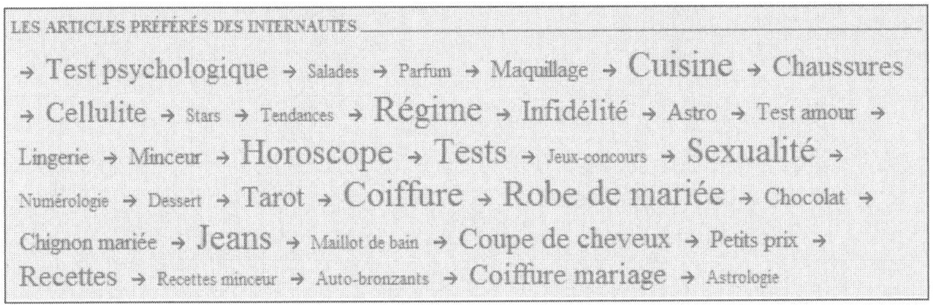
LES ARTICLES PRÉFÉRÉS DES INTERNAUTES
Test psychologique Salades Parfum Maquillage Cuisine Chaussures
Cellulite Stars Tendances Régime Infidélité Astro Test amour
Lingerie Minceur Horoscope Tests Jeux-concours Sexualité
Numérologie Dessert Tarot Coiffure Robe de mariée Chocolat
Chignon mariée Jeans Maillot de bain Coupe de cheveux Petits prix
Recettes Recettes minceur Auto-bronzants Coiffure mariage Astrologie

Figure 7–28
Nuage de tags sur le site de Marie Claire.
Source : www.marieclaire.fr

Le nuage de tags permet d'offrir une navigation par thèmes. Plus le nombre d'éléments auxquels le tag est attaché est élevé, plus le titre du tag est écrit gros. Cette navigation peut s'appliquer à n'importe quel domaine, et venir appuyer d'autres principes de navigation (recherche, listes, catégorisation, etc.).

Peu importe le sujet dont on traite, l'essentiel est de disposer d'un ensemble d'éléments de même type (des groupes de musique, des articles, des posts) auxquels on peut attacher des tags (folk, coiffure, estragon). Une analyse concurrentielle formelle ou informelle peut vous aider à découvrir ce genre de fonctionnalités et à vous en inspirer pour votre propre site.

Exemple : descriptifs produits

L'analyse concurrentielle est aussi très intéressante pour décider du niveau de détail des descriptifs produits de votre site. Prenons un exemple. Vous voulez vendre du fond de teint en ligne ? Allez donc faire un tour chez ceux qui le font déjà et observez : quelles sont les différentes manières de présenter un fond de teint pour potentialiser l'achat ? Quel est le minimum conventionnel ? Quels sites sortent du lot ?

Pouvez-vous vous permettre d'en faire autant ? Pouvez-vous vous en inspirer sans aller aussi loin ?, etc.

Pour illustrer cet exemple, observez le niveau de détail fourni aux internautes dans le descriptif d'un coloris de fond de teint sur les sites d'Yves rocher, de Clinique, ou du Club des Créateurs de Beauté.

Figure 7–29
Sur le site d'Yves Rocher, les coloris de fond de teint ne sont visibles que via des vignettes de couleurs.
Source : www.yves-rocher.fr

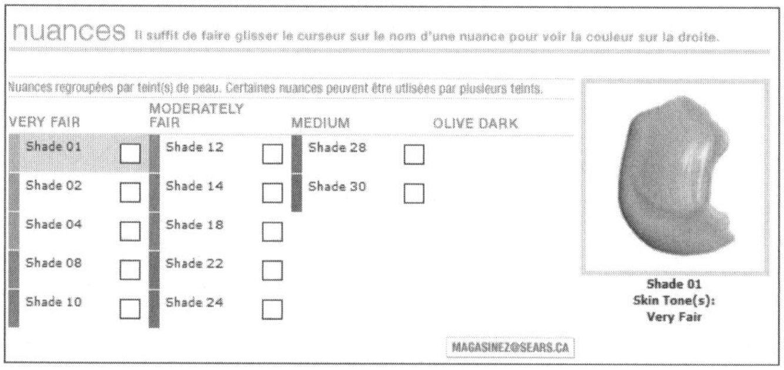

Figure 7–30
Le site de Clinique propose en plus des vignettes de couleurs une photographie du produit sorti du tube.
Source : www.clinique.fr

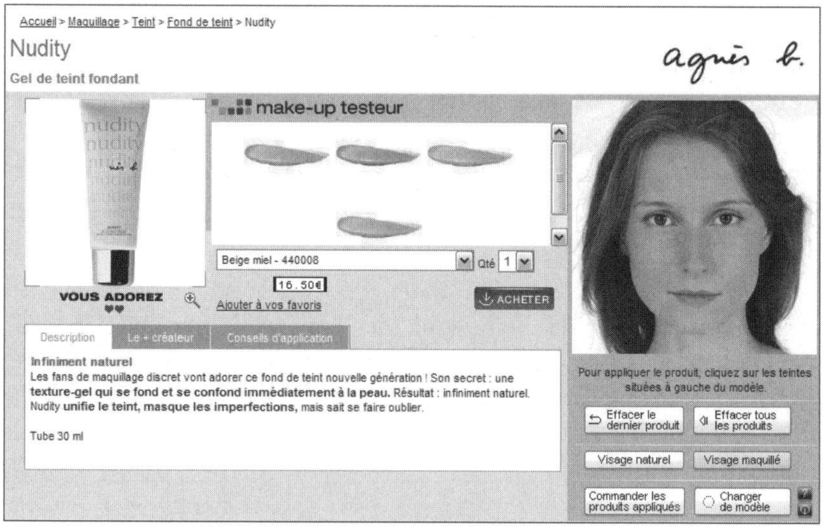

Figure 7–31
Le site du Club des Créateurs de Beauté propose grâce à son *make-up testeur* une véritable fonctionnalité d'application des coloris sur le visage d'un modèle.
Source : www.ccbparis.fr

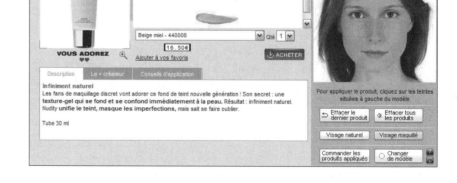

DÉFINITION Analyse concurrentielle détaillée et utilisabilité

L'analyse concurrentielle détaillée s'occupe de l'utilisabilité du site : elle a pour objectif d'observer *comment* les sites du panel concurrentiel présentent leurs informations et fonctionnalités.

Analyses concurrentielles détaillées

Le second niveau d'analyse concurrentielle doit vous permettre de travailler sur le détail des interfaces du panel. Alors que l'analyse concurrentielle générale traitait essentiellement du critère d'utilité, l'analyse détaillée s'occupera de ce qui touche à l'utilisabilité. En effet, une fois que vous avez recensé ce que les sites web présentent, il faut analyser comment ils le font. Dans ce cadre, vous avez trois objectifs :

- Copier les bonnes idées ou vous en inspirer.
- Repérer les conventions de présentation et de fonctionnement.
- Repérer les conventions terminologiques.

Vous ne devez donc pas seulement choisir la solution qui vous paraît la plus adaptée en termes de facilité d'utilisation absolue, mais tenir compte des conventions. En effet, les internautes qui viendront sur votre site peuvent s'attendre à ce que vous utilisiez les mêmes principes et les mêmes termes que ce qu'ils ont déjà rencontré sur le Web. Si vous utilisez ces conventions, vous vous assurez que l'interface leur semblera intuitive et logique.

Dans le domaine du vocabulaire utilisé sur votre site, vous devez veiller à deux dimensions :

- **Conventions terminologiques d'interface**

  Par exemple, si vous souhaitez permettre aux internautes d'enregistrer des articles de votre site dans leur compte utilisateur, afin de les retrouver par la suite, vous devez trouver le terme le plus approprié pour qu'ils le comprennent. Observez comment les sites très fréquentés nomment cette fonctionnalité : *Vos listes de favoris* chez Alapage, *Ma Pix'liste* chez Pixmania, *Ma sélection* chez la Fnac, *Vos Z'envies Cadeaux* chez Amazon.

DANS CE LIVRE
L'importance des conventions web

Pour en savoir plus sur la nécessité de prendre en compte ce qui se fait sur le Web, lisez la règle n°4 de notre chapitre 5 : « Conventions : le site capitalise sur l'apprentissage externe ».

Figure 7–32
La fonctionnalité de sélection d'articles dans une liste personnelle est nommée différemment sur les sites d'Alapage, de Pixmania, de la Fnac et d'Amazon.
Sources : www.alapage.fr / www.pixmania.com / www.fnac.fr / www.amazon.fr

Effectuer ce recensement vous permettra de savoir si vous pouvez vous affranchir des conventions ou si vous êtes obligé d'adopter un terme en particulier. Ce sera notamment le cas si tout le monde s'accorde sur un terme. Pas la peine alors de chercher plus loin, même si ce terme n'est pas idéal dans l'absolu. Il *devient* le terme idéal parce que les internautes le connaissent. Même si l'homogénéité n'est pas remarquable, veillez à ne pas trop vous éloigner de ce qu'ont déjà pu rencontrer vos internautes. Par exemple, le terme *Liste de remarque* utilisé sur le site d'Esprit est très mal choisi et on a l'impression qu'il pourrait correspondre à des articles mis de côté. Or il représente l'historique des articles consultés sur le site.

- **Conventions terminologiques d'un domaine**

  Si votre site appartient à un domaine particulier et qu'il existe d'autres sites appartenant à ce domaine, allez les voir pour étudier le vocabulaire qu'ils utilisent. Si tous s'accordent, encore une fois, vous devez vous plier à la règle du plus grand nombre.

  Par exemple, la plupart des sites proposant d'acheter des écrans utilisent le mot *Écrans* (c'est le cas chez Surcouf, Darty, La Fnac, Pixmania). Le site Rue-montgallet nomme sa rubrique *Imagerie*, ce qui oblige l'internaute à chercher, voire à penser que ce site ne propose pas d'écrans. En outre, s'il a l'idée de cliquer sur *Imagerie*, il ne voit toujours pas le mot Écran mais *Moniteur*. Bien sûr, s'il veut à tout prix trouver un écran et sait que le site en propose, il devrait y arriver, mais non sans peine, après avoir essayé plusieurs rubriques et s'être interrogé sur la plus appropriée.

  À l'inverse, savoir que personne ne s'accorde sur le terme à privilégier vous permet aussi de choisir plus sereinement le mot qui vous paraît idéal. Prenez ainsi l'exemple du domaine automobile et de la grande diversité de termes pour consulter la liste des voitures d'une marque donnée : *Gamme* et *Véhicules* chez Renault et chez Nissan, *Gamme* chez Volvo, Opel et Audi, *Les véhicules* chez Peugeot, *Modèles* chez Volkswagen et chez Fiat, *Showroom* et *modèles* chez Toyota...

L'interprétation des observations d'une analyse concurrentielle est parfois difficile, notamment lorsqu'il existe une petite hétérogénéité et que, par exemple, votre panel se divise en 3 suivant les choix de chacun des sites. Soyez aussi conscient de ce point : ce n'est pas parce qu'un seul site utilise un mot que cela devient une convention, mais cela peut être le cas si ce site détient la quasi-totalité des parts de marché.

Enfin, lorsque vous décidez de copier un élément que vous avez vu ailleurs ou de vous en inspirer, vérifiez bien si votre concurrent dispose d'un brevet et s'il est connu pour être intraitable sur le plan juridique. La réplication trait pour trait est plus dangereuse pour des micro-fonctionnalités où l'on copierait à la fois le principe et le nom (du type One-click d'Amazon) que pour de simples mots. Le Web est par nature un support qui tend à s'homogénéiser et c'est de cette manière que les internautes deviendront de plus en plus efficaces. Il est donc plus ou moins entré dans les mœurs que les sites concurrents s'observent, se jaugent et se copient.

Ne considérez cependant pas l'analyse concurrentielle comme une méthode idéale se suffisant à elle-même. Couplez-la à d'autres méthodes ergonomiques telles que celles évoquées dans ce livre. Il est essentiel que l'analyse concurrentielle ne constitue qu'une partie de votre travail, ou vous risquez de rester coincé à répliquer ce que font les autres. Sachez tirer les meilleurs bénéfices de cette démarche pour vous lancer et déployer votre imagination sur de bonnes bases.

Outil Benchmarkr

Un outil très performant pour vous accompagner dans votre analyse concurrentielle, réalisé par des Français. Actuellement en version alpha, c'est un applicatif très prometteur, qui vous sert à la fois à saisir vos données, à en tirer des conclusions et à produire des résumés et représentations graphiques.

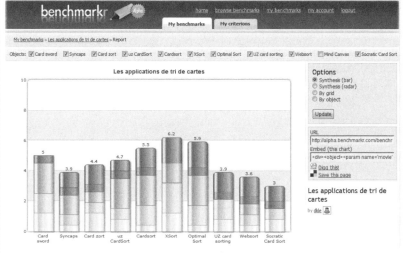

Ajoutez à cela des fonctions de partage des documents, et vous avez un outil vraiment utile pour travailler sur des analyses concurrentielles.

B http://alpha.benchmarkr.com

L'analyse concurrentielle a pour objectif de bien connaître le contexte concurrentiel afin d'agir en bonne intelligence, en respectant les conventions et en trouvant des moyens de faire la différence. Vous ne pourrez trouver ces moyens que si vous savez ce que font vos compétiteurs, mais ce n'est que le début de votre réflexion !

chapitre 8

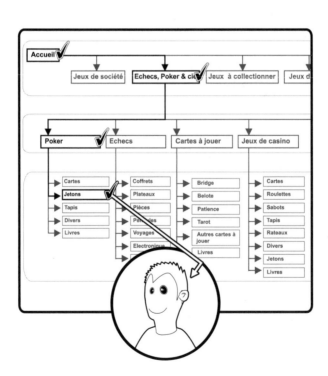

Architecturer l'information et les interactions

Le Web est un immense réservoir de contenus dans lequel les internautes piochent pour arriver à leurs fins. Afin de les aider, les concepteurs de sites web doivent optimiser l'organisation de leur site, autrement dit architecturer l'information.

SOMMAIRE

▶ Les objectifs de l'architecture de l'information
▶ Les activités de recherche et de navigation
▶ Sources d'inspiration pour architecturer l'information
▶ Concevoir l'architecture de l'information et les parcours clients

MOTS-CLÉS

▶ Architecture de l'information
▶ Navigation
▶ Plan de site
▶ Catégorisation mentale
▶ Stratégies de recherche
▶ Trouvabilité
▶ Parcours client
▶ Flux d'interaction

L'architecture de l'information d'un site web se définit comme la manière d'y ranger les données. Comme dans la vie réelle, lorsque c'est mal ordonné, il est difficile de mettre la main sur ce que l'on cherche.

Ranger pour aider à trouver

Définition
Architecture de l'information

1. Organisation d'un système de contenu.
2. Discipline qui traite de l'organisation des systèmes de contenu.

Imaginez que vous cherchez votre disque préféré dans une chambre sens dessus-dessous. Vous soulevez des piles de vêtements, vérifiez sous le lit, derrière l'armoire, vous ne trouvez pas votre disque. Énervé, vous abandonnez et maudissez votre manque d'organisation.

Sur le Web, les défauts d'organisation sont une des principales raisons pour lesquelles on trouve un site compliqué ou mal conçu. Les difficultés de navigation sont d'ailleurs celles éprouvées le plus souvent par les internautes. Elles renvoient à un scénario classique que tout le monde a déjà expérimenté : vous êtes sur un site Internet, vous ne trouvez pas ce que vous voulez, vous vous énervez, vous quittez le site. Vous n'y reviendrez plus !

Ce type de comportement est très fréquent. Il est d'autant plus inquiétant lorsque l'information recherchée est disponible, mais cachée dans un coin obscur où l'utilisateur n'aura pas l'idée d'aller voir. En tant que concepteur, vous devez éviter à tout prix que les internautes ne quittent votre site alors même que vous disposez du contenu qu'ils recherchent.

De manière complémentaire, si ce qu'il recherche n'est pas disponible sur votre site, l'utilisateur doit pouvoir s'en rendre compte. S'il s'en aperçoit rapidement, cela lui évitera de perdre de temps à parcourir toutes les pages pour rien.

Pour répondre à ces objectifs, vous devez trouver la meilleure manière de structurer les contenus en fonction des attentes qu'ont vos clients lorsqu'ils consultent votre site. C'est cette organisation que l'on appelle l'*architecture de l'information*.

Vous pouvez considérer l'architecture de l'information comme les fondations de votre site Internet. De la même manière qu'on construit une maison ou un immeuble sur plan, on doit construire un site sur une structure solide (figure 8–1).

Si l'on ne risque pas de voir s'effondrer un site mal organisé, on peut cependant craindre que ses visiteurs peinent à atteindre leurs objectifs, quittent le site et/ou aillent voir ailleurs.

Reprenons le fil conducteur du travail de conception web : une fois que vous avez plein de choses à dire, vous devez choisir comment les présenter, comment ranger tous vos services et informations pour les mettre à la disposition de vos internautes sous la forme d'un site web.

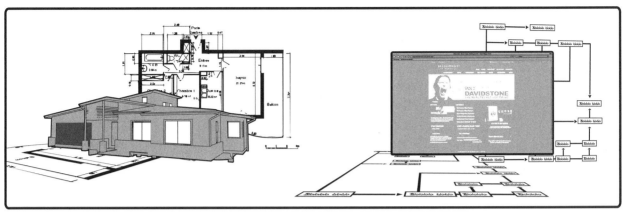

Figure 8–1 Les plans de maison et les plans de site ont une vocation commune :
préparer le terrain pour que votre projet soit le plus viable possible.

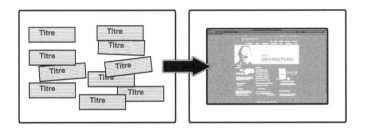

Figure 8–2

Votre objectif : passer d'un ensemble de contenus indifférenciés à
un site internet organisé dans le but de satisfaire ses utilisateurs.

Lorsque l'organisation d'un site leur paraît logique, les utilisateurs sont plus disponibles pour en découvrir le contenu. En effet, n'éprouver aucune difficulté pour naviguer sur un site permet de dédier ses ressources mentales à la lecture et l'appréciation de son contenu. De manière générale, si les internautes ne parlent pas de l'organisation de votre site, c'est qu'elle leur paraît évidente et c'est bon signe !

Dans la plupart des projets web, on veut trop souvent avoir un aperçu du design graphique avant même de savoir ce que contiendra le site et de quelle manière on va l'organiser. Ainsi, s'il est impossible de commencer à peindre les murs du salon avant d'avoir construit sa maison, c'est au contraire une pratique fréquente dans le domaine du Web.

Puisque l'architecture d'un site doit être conçue suivant la manière dont les internautes vont chercher l'information, vous devez vous baser sur ce qu'ils font en général et ce qu'ils feront sur votre site en particulier. Plusieurs sources d'informations peuvent vous aider à cerner et à prévoir ces comportements. Commençons par essayer de comprendre toutes les manières de parcourir un site web.

POINT DE VUE UTILISATEUR **Les phrases qui alertent**

Un travail poussé est à mener du côté de l'architecture de l'information lorsque vous entendez des choses du type : « Je suis perdu », « Je ne m'y retrouve pas », « Où est-ce qu'ils ont pu mettre ça ? », « J'ai l'impression d'être déjà passé par ici », etc.

MÉTHODOLOGIE **Et si je saute cette étape ?**

La phase de réflexion autour de la structuration des contenus est trop souvent considérée comme optionnelle. Lorsqu'elle est négligée, on obtient des sites fouillis, où les gens se sentent perdus et ne trouvent pas ce qu'ils désirent.

Tous les sites ont besoin d'un travail sur l'architecture de l'information, quels que soient leur taille ou leur type (Internet, intranet, extranet). Cependant, dans la plupart des cas, plus le site est étoffé au niveau de l'offre d'informations et de services, plus les problématiques d'architecture seront complexes à traiter.

Vous ne pouvez pas tout mettre en tas et espérer que vos visiteurs trouveront ce qu'ils cherchent. Il faut les guider pour qu'ils atteignent leur but facilement et rapidement.

Comment visite-t-on un site Internet ?

On distingue 3 grands types d'explorations du contenu d'un site :

La recherche par mot-clé : droit au but !

Ce type d'activité est supportée par un moteur de recherche. Celui-ci permet de passer outre l'arborescence d'un site, soit parce que cette dernière est défaillante, soit parce que la recherche par mot-clé est la stratégie privilégiée par l'internaute dans un contexte précis.

Attention à ne pas considérer la recherche comme une solution de secours suite à un échec de navigation. En effet, une partie des internautes se sert systématiquement du moteur de recherche avant même d'essayer de localiser l'information en naviguant.

L'ergonomie des moteurs de recherche est un thème qui pourrait occuper un ouvrage entier. Vous devez étudier la présentation de cette fonctionnalité à l'écran, mais ce n'est pas tout. Vous devez aussi vous préoccuper de son utilité et de son fonctionnement. Pensez d'abord à vous demander si vous avez besoin d'un moteur de recherche et, si c'est le cas, pourquoi ? (quels objectifs utilisateur le moteur de recherche va-t-il satisfaire ?)

Ensuite, vous devez spécifier le fonctionnement du système de recherche, toujours en fonction des besoins de vos internautes (quels contenus le moteur indexe-t-il ? Quels sont les grands principes de l'algorithme de recherche ? Devez-vous prévoir un dictionnaire de mots interdits ? De mots comparables ? Sur la base de quelles sources ?, etc.).

Enfin, vous devez réfléchir à la présentation des résultats et aux manières d'aider l'internaute à préciser, modifier ou élargir sa recherche. Notez que, si vous n'avez pas les ressources nécessaires pour concevoir un bon moteur de recherche, il peut être préférable de ne pas en proposer.

La navigation ciblée : étape par étape

Cette activité consiste à parcourir l'arborescence d'un site à la recherche d'un contenu précis. Elle est facilitée par une structuration des contenus adaptée à la représentation que s'en fait l'utilisateur.

La plupart des principes que nous évoquons dans ce chapitre servent à optimiser ce parcours de lien en lien vers un contenu final. Deux types d'éléments de navigation sont particulièrement adaptés à ce parcours de l'arborescence.

VOCABULAIRE **Synonymes ou presque**

On peut presque parler indifféremment de navigation globale, principale ou primaire.

Ce qui différencie la navigation globale des deux autres, c'est qu'elle peut faire référence à des éléments mineurs mais présents sur toutes les pages d'un site (par exemple : les rubriques présentes de manière conventionnelle dans le pied de page, de type *Mentions Légales*, *Espace presse*, *Conditions générales de vente*, etc.).

Support : la navigation globale, un repère persistant

La navigation globale, ce sont les éléments de navigation qui se retrouvent à travers tout le site et sont accessibles en permanence, quelle que soit la page consultée.

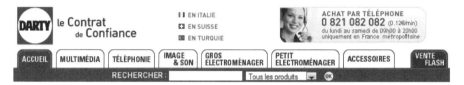

Figure 8–3 Les items *Accueil, Multimédia, Téléphonie, Image & Son, Gros Electroménager,* etc., font partie de la navigation globale du site Darty. Les internautes les retrouvent sur toutes les pages, où qu'ils soient dans le site. Ils peuvent donc les considérer comme des repères de navigation et moins craindre de faire des erreurs dans leur parcours, puisqu'ils disposeront toujours de cette navigation en cas de besoin. Source : www.darty.fr

Support : la navigation locale, fille de la navigation globale

La navigation locale est un type de navigation qui s'adapte en fonction de la rubrique de navigation globale consultée (d'où le terme de « locale » : son contenu change en fonction du lieu où l'on se trouve). En termes de hiérarchie, elle dépend de la rubrique sur-ordonnée et permet de s'enfoncer plus profondément dans un site.

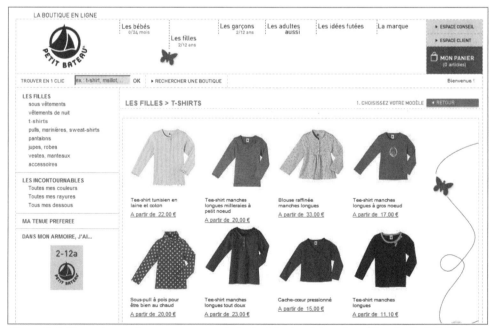

Figure 8–4 Dans cet exemple, nous sommes en train de visiter la rubrique *Les filles* du site Petit Bateau (c'est l'élément de navigation globale) et la sous-rubrique des *T-Shirts* (c'est l'élément de navigation locale). Source : www.petit-bateau.com

La navigation libre, ou comment se promener sur le Web

On visite parfois un site Internet dans le simple but de passer le temps et de voir ce que ce site pourrait proposer d'intéressant. Cette stratégie de navigation n'est pas la plus fréquente et elle est moins impactante : les internautes sont en effet moins exigeants lorsqu'ils ne cherchent pas à accomplir une tâche précise. Elle doit cependant être prise en compte, d'autant qu'elle peut constituer la suite d'une recherche ciblée (par exemple, je commence par chercher un produit précis, je le mets dans mon panier, puis je continue à parcourir le site parce que quelque chose en particulier m'a donné envie ou que le site en général semble intéressant).

Cette navigation sans but précis, de type découverte, peut être supportée par la mise en avant de certains contenus, par des navigations transversales et contextuelles, des raccourcis, la présentation d'informations et de liens en rapport avec la page consultée, etc. La navigation libre est ce que Catledge & Pitkow appellent *Open ended browsing*. Elle peut être assimilée à une promenade sur le Web, restreinte ou non à un site en particulier.

Support : la navigation transversale, générée en fonction du besoin

Le propre des éléments de navigation transversaux est de n'obéir à aucune règle particulière. Autrement dit, les navigations transversales ne partagent d'autre caractéristique commune que de lier un contenu à un autre.

La plupart du temps, la navigation transversale est proposée à partir d'une page de bas niveau, afin de mettre en correspondance des contenus de même type ou entretenant un lien quelconque avec la page en question.

Elle apparaît souvent sous forme de liens hypertextes, voire d'images lorsque les contenus de destination peuvent être représentés sous forme visuelle (par exemple, des produits). En effet, le format des navigations transversales doit respecter leur niveau d'importance : puisqu'elles constituent une sorte de suite logique à la consultation d'une page donnée, elles doivent être présentes mais ne pas empiéter sur le reste de la page.

On peut aussi parler de navigation contextuelle (ou encore ad hoc), dans le sens où c'est le contexte de la page qui va déterminer les contenus à lier à cette même page. Ce type de navigation part donc du principe suivant : la probabilité que l'internaute s'intéresse à un contenu X augmente lorsqu'il consulte un contenu entretenant un lien quelconque avec X. Ce lien peut prendre des formes très diversifiées. Sur un site de vente de vêtements, le lien peut être : un produit dans la même gamme de prix, de la même couleur, un accessoire pour accompagner le produit, d'autres articles choisis par les internautes ayant acheté le produit, un produit de la même marque, etc.

BIBLIOGRAPHIE The Polar Bear

Si vous ne devez en lire qu'un, c'est celui-ci. Le *Polar Bear* (comme l'appellent ses fans en référence à l'ours polaire illustré en couverture) est la bible de l'architecture de l'information. Paru dans sa 3ᵉ édition fin 2006, il est écrit par deux super-experts, et traite le sujet en profondeur.
Information Architecture for the World Wide Web s'interroge ainsi sur la manière de traiter les quantités gigantesques d'informations qui transitent par le Web : comment les ranger, les organiser, les hiérarchiser, les définir, dans un seul objectif, faciliter la recherche d'informations.
📖 Peter Morville & Louis Rosenfeld, *Information Architecture for the World Wide Web*, O'Reilly Media, 2006

Les navigations transversales peuvent être prévues lors de la conception. Ce principe consiste à lier un élément, de manière automatique et selon des règles précises, à d'autres contenus. Par exemple, on prévoit de toujours proposer sur la fiche d'un produit des accès vers des articles comparables. Cependant, la navigation transversale peut aussi être générée à un endroit donné du site, sur une seule page, parce que l'on souhaite emmener l'internaute vers des contenus complémentaires.

Figure 8–5 Dans cet exemple, une fonctionnalité de navigation tranversale me permet de consulter des articles comparables au mien. Ici, les articles sélectionnés sont les ouvrages achetés par les internautes ayant également choisi ce livre. Source : www.fnac.fr

Figure 8–6
Autre exemple sur le site de l'éditeur Didier Jeunesse, où une fonctionnalité de navigation tranversale me permet de consulter d'autres livres sur le même thème (*Corps, Faire la fête, Imaginaire*). Source : www.didierjeunesse.com

Rechercher ou naviguer, telle est la question

Lorsqu'un site dispose d'un moteur de recherche, on peut trouver une information ou un produit en utilisant soit une stratégie de recherche, soit une stratégie de navigation. Plusieurs critères entrent en compte pour sélectionner une de ces stratégies.

La raison pour laquelle on vient sur le site

Selon qu'un internaute vient sur un site Internet pour rechercher un contenu bien particulier (par exemple, le dernier livre d'Anna Gavalda) ou plutôt un type de contenu (par exemple, les parutions récentes de polars français), il va adopter des stratégies de visite différentes. Le premier cas favorise les stratégies de saisie d'un mot-clé, tandis que le second favorise la navigation par clics successifs sur des menus ou des liens.

Les préférences personnelles de l'utilisateur

Certains d'entre nous ont tendance à adopter un comportement de type recherche, tandis que les autres préféreront parcourir l'arborescence. Notez que, lorsqu'une des stratégies échoue, les internautes se reportent en général sur l'autre.

Les objectifs poursuivis

En général, plus on souhaite aller vite, plus on aura tendance à chercher un champ de saisie où entrer précisément la requête.

Si l'on dispose d'un peu plus de temps et que le site est agréable, on pourra privilégier l'utilisation des menus du site. Ce type de navigation nous permettra en outre d'être confronté à d'autres informations que celles recherchées. C'est par exemple le cas si je souhaite un recueil de poésie en particulier, mais que je m'intéresse aussi à tout ce qui est publié dans ce domaine. Je peux alors commencer par naviguer, m'intéresser à divers ouvrages ; puis si, au cours de ma navigation, je ne suis pas amené à tomber sur l'ouvrage souhaité, je peux procéder à une recherche par mot-clé en utilisant le nom de l'auteur et/ou le titre du livre.

La confiance envers le moteur de recherche et la navigation

Il arrive fréquemment que l'on ne trouve pas le contenu souhaité via un moteur de recherche, alors même qu'il existe dans le site. On n'entamera donc une stratégie de recherche que si l'on espère trouver des résultats pertinents.

Les deux principaux facteurs pouvant nous faire pencher vers la stratégie de recherche sont, d'une part, le niveau de confiance que l'on a dans la qualité générale du site consulté et, d'autre part, le fait que l'on ait déjà utilisé son moteur de recherche. La qualité perçue du moteur de recherche peut augmenter avant même qu'il ne soit utilisé.

Ainsi, une partie des internautes sont rassurés par le fait qu'un moteur de recherche interne à un site soit estampillé Google, Msn ou Yahoo, parce qu'ils ont déjà eu des expériences d'utilisation positive de ces outils. Ils auront donc plus facilement confiance en sa qualité et en sa capacité à renvoyer des résultats intéressants. Attention cependant à ce genre d'interface, qui peut entraîner une confusion entre moteur de recherche interne au site et recherche sur le Web en général.

Figure 8–7 Sur le site d'Eurosport, l'indication Powered by Yahoo! Search permet d'espérer que le moteur de recherche soit de qualité, et nous fournisse des résultats pertinents.
Source : www.eurosport.fr

Le type de site

On a davantage tendance à effectuer des recherches par mots-clés sur des sites au contenu fourni, hébergeant beaucoup d'informations. Par exemple, sur le site de Wikipédia, il est probable que le moteur de recherche soit beaucoup plus utilisé que la navigation hiérarchique par thèmes et sous-thèmes, du fait de sa nature d'encyclopédie en ligne [http://www.fr.wikipedia.org].

La présentation des fonctions de recherche et de navigation

En fonction de la présentation du site, on peut être incité à effectuer une recherche par mots-clés ou à utiliser les menus de navigation. Par exemple, lorsque le champ de saisie du moteur de recherche est accessible par un lien, et non disponible en permanence, on réduit le taux d'utilisation de cet outil. À l'inverse, faire du champ de recherche l'élément principal d'une page et le placer au beau milieu augmente sa probabilité d'usage.

Vous devez tenir compte du type de votre site pour mettre en avant le moteur de recherche de manière plus ou moins marquée.

IDÉE REÇUE
Le concept ne travaille pas à votre place

Tous les sites ont une architecture de l'information, qu'elle soit bonne ou mauvaise. Il ne suffit pas de prononcer ce mot pour que, par magie, l'organisation de votre site devienne logique et intuitive pour tous.

Une organisation calquée sur les attentes de l'internaute

L'architecture d'un site doit refléter la manière dont les gens pensent et cherchent une information. C'est donc en essayant de coller au plus près à leurs réflexes que vous créerez la meilleure architecture de l'information. Plusieurs sources peuvent vous aider à cerner ces réflexes.

Source d'inspiration n° 1 : les objectifs et comportements utilisateur

Si vous avez suivi notre démarche de conception et commencé par imaginer des personas (voir à ce propos le chapitre 4), vous avez dû leur affecter des objectifs en termes de tâches à réaliser sur le site. L'architecture de l'information doit faciliter l'accomplissement de ces tâches-clés.

ALLER PLUS LOIN **Des systèmes de navigation caméléons des comportements utilisateur**

Les exemples ci-après illustrent parfaitement comment une architecture de l'information peut être conçue en adéquation avec des objectifs utilisateur. Les sites analysés prennent comme source le comportement réel des utilisateurs sur le site Internet et en font la base d'un système de navigation spécifique.

Les hot tags de Daily Motion

Le site de Daily Motion propose de naviguer à travers des vidéos sur la base de mots-clés (ou tags) affectés à chacune de ces vidéos. Le concept de *Hot tags* correspond aux tags les plus en vue du moment. Proposer une liste de ces tags aux internautes revient à appliquer un système comparable à celui précédemment remarqué sur le site de TF1 : finalement, on obtient une navigation créée par les utilisateurs eux-mêmes, et non par les concepteurs du site. Ces derniers n'ont pensé que le fonctionnement du système, non son contenu. C'est le comportement des autres utilisateurs qui influence le contenu des navigations fournies.

Les suggestions personnalisées de Réservoir Jeux

De son côté, Réservoir Jeux propose à ses clients de naviguer au sein d'une liste de produits générée spécialement à leur intention, sur la base d'un algorithme chargé de suggérer les produits les plus susceptibles de leur plaire. Ce type de personnalisation prend comme entrée le comportement des utilisateurs et en sort un système de navigation personnalisé, adapté à chacun.

Figure 8–9 Sur le site de Daily Motion, le contenu du nuage de hot tags provient directement des comportements de l'ensemble des visiteurs du site. Source : www.dailymotion.com

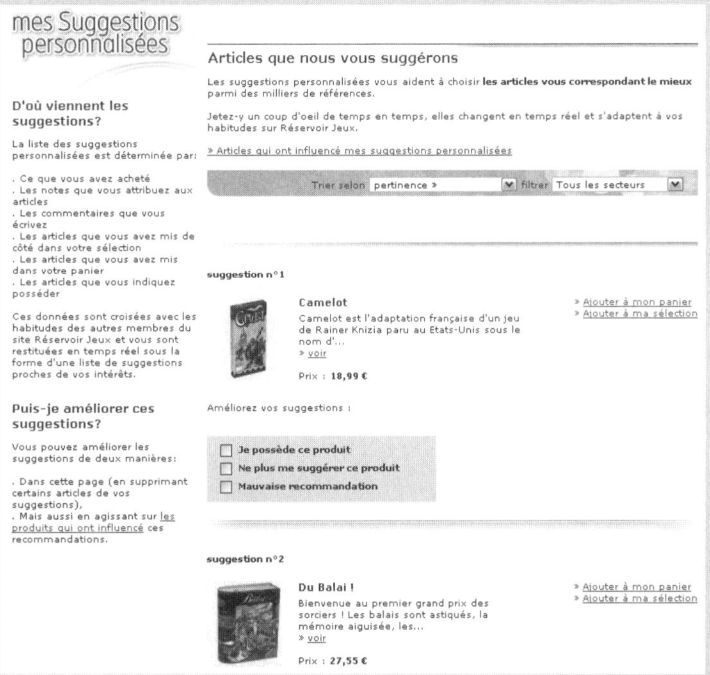

Figure 8–10 Sur le site de Réservoir Jeux, le contenu des suggestions provient directement de l'interaction entre les comportements de l'utilisateur et une matrice de similarité entre jeux. Cette matrice est calculée à partir des comportements de tous les visiteurs du site. Source : www.reservoir-jeux.com

Voici quelques exemples de tâches sur lesquelles se baser pour optimiser une architecture de l'information :

- Contacter le service client.
- Trouver un livre d'images pour ma nièce à moins de 15 €.
- Réserver un billet de théâtre pour la semaine prochaine.
- Télécharger le dernier single de mon chanteur préféré.
- Trouver la liste des clubs de sport dans le 17e arrondissement.
- Chercher une recette pour le dîner de ce soir.

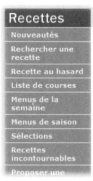

Figure 8–11 La fonctionnalité de *Recette au hasard* sur le site de Marmiton entre en résonance avec un besoin utilisateur. Source : www.marmiton.org

DANS CE LIVRE **Tout savoir sur les tris de cartes et les tests utilisateur**

Pour une présentation complète de la méthode du tri de cartes, rendez-vous au chapitre 10.

Pour une présentation complète de la méthode du test utilisateur, rendez-vous au chapitre 11.

Observez ainsi comment le site de Marmiton propose plusieurs manières de trouver une recette, notamment une fonctionnalité de *Recette au hasard,* qui colle parfaitement au contexte : « Je n'ai aucune idée de ce que je vais préparer pour ce soir » ou « Je cherche de nouvelles recettes à expérimenter ».

Si vous travaillez sur la refonte d'un site, vous devez vous procurer les statistiques d'utilisation et les fichiers de logs du moteur de recherche (c'est-à-dire les détails de l'ensemble des requêtes effectuées par les internautes à travers votre moteur de recherche).

Ces informations seront précieuses pour comprendre ce que les visiteurs viennent faire sur votre site, les pages qu'ils y consultent ou encore d'où ils viennent. Ces indices doivent être analysés à la lumière des tâches-clés que vous voulez supporter.

Source d'inspiration n° 2 : les représentations mentales

Pour accéder aux représentations mentales des internautes sur l'organisation d'un ensemble de contenus, vous devez nécessairement les rencontrer. La première méthode consiste à demander à plusieurs personnes de participer à ce que l'on appelle un « tri de cartes » ou « tri par cartes ». Cette technique est souvent utilisée pour aider à la catégorisation. Elle consiste à présenter aux utilisateurs chacun des contenus du site sous forme de carte. Le but est qu'ils constituent les groupes de cartes qui leur semblent pertinents.

La seconde méthode consiste à analyser les représentations mentales lors de sessions de tests utilisateurs. Dans ce cas, il s'agit de proposer aux gens de procéder comme dans la vie réelle et de réaliser des scénarios d'interaction, soit sur votre site existant, soit sur un panel de concurrents. Cette méthode permet entre autres de tester l'efficacité de l'architecture.

UN PEU DE PSYCHOLOGIE **La représentation mentale d'un site web**

Les internautes qui ont l'intention de visiter un site s'en font une représentation mentale avant même d'y accéder.

Ce concept qu'ils ont en tête décrit, notamment, les contenus ou services qu'ils s'attendent à trouver sur le site en question. Deux options s'offrent alors :

• Soit vous disposez effectivement des contenus que l'utilisateur recherche et vous essayez de coller à sa définition mentale de ce contenu.

• Soit vous ne disposez pas des contenus attendus et l'utilisateur doit pouvoir s'en rendre compte le plus rapidement possible. Il pourra alors modifier sa représentation mentale de votre site et poursuivre sa recherche ailleurs.

L'observation de personnes réelles en pleine interaction avec un site Internet est, pour un concepteur web, une source inestimable d'informations. Rien ne peut remplacer ce face à face de l'utilisateur avec l'écran pour comprendre les défauts d'un site web et les correctifs envisageables.

Source d'inspiration n° 3 : allez voir ailleurs !

Vous ne réussirez pas votre architecture de l'information si vous ne vous appropriez pas l'environnement que connaissent vos internautes. Il est probable que quelqu'un qui achète de la musique sur Internet soit déjà allé en acheter dans un magasin, chez l'un de vos concurrents, ou encore en ait emprunté dans une discothèque.

Cette expérience aura forgé son modèle mental d'une certaine manière. Votre but : construire votre site en adéquation avec le modèle le plus répandu parmi vos utilisateurs cibles.

Plus vous aurez de références dans le domaine qui vous intéresse, plus vous aurez de billes en main pour prendre des décisions sur l'architecture de votre site. Par exemple, visiter un magasin de jeux est une source d'informations inestimable pour repérer la manière dont les jeux sont organisés et présentés aux clients des boutiques. Il ne s'agit pas forcément de retranscrire tel quel un mode d'organisation prévu pour un espace physique, mais plutôt de s'imprégner de repères connus des clients du site.

Analysez comment se sont débrouillés vos concurrents pour les choix qui vous posent problème et, si votre site a un correspondant dans le monde réel, allez voir ce qui s'y passe.

Source d'inspiration interdite : votre propre vision des choses

Attention à ne pas calquer l'architecture de votre site sur l'organisation interne de votre entreprise (à moins de travailler sur l'intranet) ou sur un jargon professionnel si votre site est à destination du grand public.

La règle à observer est simple : les possibilités de navigation que vous offrez à vos utilisateurs doivent coller à leurs préoccupations. Vous devez donc calquer la navigation sur la logique des internautes et non sur la vôtre. Observez par exemple la transformation de la navigation au sein du site Asmodée lors de sa dernière refonte : il vise toujours à proposer aux internautes un catalogue de jeux de société, mais l'architecture a été complètement remodelée. Les jeux ne sont plus rangés dans des gammes commerciales, mais par « type de jeu ». On a en effet observé que c'est le premier critère que fournissent les joueurs pour décrire un jeu, et que c'est également le plus important dans le choix d'un jeu.

Attention, cela ne dispense pas de mener une réflexion stratégique lors de la phase d'architecture de l'information ! Il s'agit simplement de rendre toutes les informations compréhensibles par l'utilisateur et de les faire correspondre à ses besoins.

Si vous avez besoin de mettre en avant un contenu ou un produit en particulier, vous pouvez tout à fait vous permettre de modeler l'architecture dans ce sens. Observez ainsi comment la navigation du site de Clinique pousse l'entrée vers un de leurs produits phares, le Basic 3 temps, satisfaisant ainsi à la fois des objectifs de marque (promouvoir le produit) et des objectifs utilisateur (un bon pourcentage de leurs visiteurs venant pour s'informer sur ce produit).

Gardez donc toujours à l'esprit que vos choix d'architecture de l'information résultent d'une convergence d'objectifs : d'une part la nécessité de faciliter la navigation pour vos visiteurs et, d'autre part, des exigences stratégiques et/ou marketing. Si ces objectifs entrent en conflit, sachez faire des compromis et privilégier la simplicité d'usage. Nous verrons par la suite que vous aurez bien d'autres moyens qu'une barre de navigation pour mettre en avant des contenus et que cela vous garantira souvent de meilleurs résultats.

Concevez votre architecture de l'information

Mode d'emploi en deux étapes : catégoriser puis structurer

Deux grandes étapes permettent de construire une architecture de l'information à partir d'une masse de contenus. La première consiste à catégoriser les contenus, c'est-à-dire à créer des groupes. La seconde vise à structurer ces groupes, c'est-à-dire à les hiérarchiser et à définir les relations qu'ils entretiennent.

La catégorisation : regrouper pour simplifier

La catégorisation est une opération mentale qui nous permet de percevoir le monde de manière plus simple, à travers un filtre qui épargne toute surcharge à notre cerveau.

Elle consiste à ranger les choses dans des groupes, ou catégories : on met ensemble ce qui se ressemble, on sépare ce qui nous semble différent. Ce réflexe cognitif s'applique à tout ce qui nous entoure : informations, lieux, objets, personnes...

Autrement dit, on découpe le monde pour mieux le comprendre. Ce processus fondamental nous permet d'utiliser des références communes pour désigner notre environnement. Quand je parle d'une truite, mes interlocuteurs comprennent implicitement qu'il s'agit d'un poisson et donc d'un animal (figure 8–14). Dans une telle taxonomie, l'élément sur-ordonné possède des caractéristiques qui s'appliquent à l'ensemble des objets de plus bas niveau. C'est cette catégorisation qui nous évite de répéter les caractéristiques qu'un objet partage avec d'autres. À chaque niveau, la seule chose que l'on décrit sont les caractéristiques spécifiques de l'objet.

Sur le Web, comme ailleurs, nous catégorisons les choses. Si vous considérez l'intégralité des contenus et services de votre site, vous constatez rapidement que des groupes logiques se dégagent de cet ensemble. Certains de ces contenus peuvent être classés dans un même groupe, pour différentes raisons.

POINT DE VUE UTILISATEUR **Faites comme chez vous**

Pensez à la manière dont vous rangez les choses dans votre ordinateur. Lorsque vous n'avez que très peu de fichiers, vous pouvez vous contenter de tout mettre au même endroit. Puis, à mesure que les semaines et les mois passent, vous entassez de plus en plus de fichiers et la difficulté de trouver un fichier précis dans votre ordinateur croît. Vous commencez à créer des dossiers et des sous-dossiers pour ranger vos fichiers. Vous leur donnez des noms en fonction des critères ayant servi au regroupement. C'est votre catégorisation personnelle.

Lorsque vous architecturez un site web, vous devez procéder de même, mais de manière à ce que le système de rangement soit compréhensible par tous.

DÉFINITION **Taxonomie**

Terme créé à l'origine pour définir la classification des êtres vivants. Son sens a ensuite été étendu pour désigner toute organisation hiérarchique représentant un ensemble d'items sous forme de relations parent-enfant.

Cette représentation prend souvent la forme d'un arbre, chaque nœud de l'arbre définissant ce que l'on nomme un taxon.

Synonyme : Taxinomie. Le terme de taxonomie est cependant le plus couramment utilisé, surtout dans ses extensions hors classification des êtres vivants.

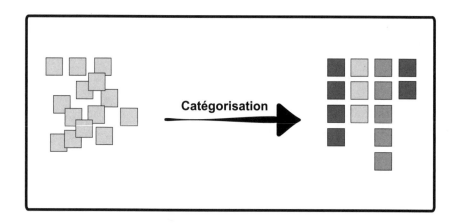

Figure 8–15
L'activité de catégorisation permet
de former plusieurs groupes à partir
d'un ensemble de contenus.

VOCABULAIRE **Vous avez dit
critère d'organisation ?**

Lorsqu'ils évoquent les différentes manières de
catégoriser du contenu, Rosenfeld & Morville parlent d' « organization schemes ». Pour retrouver
une liste plus complète de critères d'organisation,
n'hésitez pas à lire le chapitre 5 de leur ouvrage,
nommé « Systèmes d'organisation ».
📖 Peter Morville & Louis Rosenfeld, *Information Architecture for the World Wide Web*,
O'Reilly Media, 2006

Après avoir dressé la liste des contenus et services qui doivent figurer
dans votre site, il s'agit donc de les rassembler dans des groupes. Vous
devez déterminer ce qui permet de rapprocher un contenu d'un autre.
De nombreux critères peuvent sous-tendre cette étape de catégorisation.

Alphabet

Les groupes sont constitués des lettres de l'alphabet ou des plages com-
prises entre deux lettres de l'alphabet.

Le critère alphabétique peut être plus ou moins explicite. Par exemple,
sur le site de Virgin Mega, une fois que j'ai choisi rubrique et sous-
rubrique pour définir le style de musique recherché, je tombe sur une
liste d'artistes organisée par ordre alphabétique. Visuellement, tous les
artistes font partie d'un même groupe, allant de la lettre A à la lettre Z.
C'est l'internaute qui perçoit dans ce grand ensemble 26 sous-groupes,
parce qu'il connaît le système d'organisation alphabétique.

Figure 8–16
Sur le site de Virgin Mega, le classement alphabétique est implicite.
Source : www.virginmega.fr

À l'inverse, sur le site de SFR Music, la liste d'artistes est organisée dans l'ordre alphabétique, mais des liens de navigation explicites permettent de la filtrer pour afficher uniquement les artistes dont le nom commence par une lettre précise.

Les artistes Pop Rock					
# - A - B - C - D - E - F - G - H - I - J - K - L - M - N - O - P - Q - R - S - T - U - V - W - X - Y - Z				**1** 2 3 4 Suivante	
A Camp	(15 titres disponibles)	A Day At The ...	(14 titres disponibles)	A Flock Of Se...	(16 titres disponibles)
A Hard Mounta...	(23 titres disponibles)	A House	(30 titres disponibles)	A Perfect Cir...	(23 titres disponibles)
A-Ha	(138 titres disponibles)	A.S Dragon	(4 titres disponibles)	A1	(17 titres disponibles)
A18	(23 titres disponibles)	Aage Aleksand...	(26 titres disponibles)	ABC	(112 titres disponibles)
Aberfeldy	(17 titres disponibles)	Absolutely Fa...	(1 titre disponible)	AC/DC	(23 titres disponibles)
Accept	(28 titres disponibles)	Ace Troublesh...	(20 titres disponibles)	Acroma	(12 titres disponibles)
Action Action	(26 titres disponibles)	Ada Lee	(2 titres disponibles)	Adam Ant	(130 titres disponibles)
Adam Faith	(108 titres disponibles)	Adam Kesher	(26 titres disponibles)	Adanowsky & A...	(1 titre disponible)
Adema	(38 titres disponibles)	Adge Cutler &...	(1 titre disponible)	Trace Adkins	(2 titres disponibles)
Admiral Freeb...	(5 titres disponibles)	Adrian Belew	(22 titres disponibles)	Adriano Pappa...	(32 titres disponibles)
AEBA	(10 titres disponibles)	Aerosmith	(317 titres disponibles)	Aerosmith & R...	(1 titre disponible)
AFI	(25 titres disponibles)	Agent 51	(13 titres disponibles)	Agent Blue	(1 titre disponible)
Agent Orange	(47 titres disponibles)	Aiden	(11 titres disponibles)	Aimee Mann	(64 titres disponibles)
Aine Minogue	(1 titre disponible)	Air Supply	(115 titres disponibles)	Airbag	(23 titres disponibles)
				1 2 3 4 Suivante	

Figure 8–17
Sur le site de SFR, le classement alphabétique est appuyé par des indices explicites.
Source : www.sfr.fr

Chronologie

Les groupes sont basés sur des repères chronologiques (exemple, une date) ou des plages de temps. Voici quelques exemples connus d'organisations chronologiques : un programme TV, le calendrier d'une saison de théâtre, la biographie d'un personnage célèbre.

Localisation géographique

Les groupes représentent des territoires. L'organisation géographique est particulièrement utile dans les tâches de recherche et/ou de localisation d'une destination.

Thème

Les groupes sont des thématiques ou des sujets. Le système thématique est le système le plus fréquent. Par thème, ou sujet, on entend plus largement toute catégorie signifiante d'un point de vue cognitif. Ce type d'organisation, plus ambigu que les systèmes précédents, donne souvent lieu à des discussions.

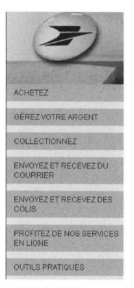

Figure 8–18 Catégorisation par actions utilisateur sur le site de La Poste.
Source : www.laposte.fr

Actions utilisateur

Les groupes sont des objectifs en termes de tâches. Les interfaces logicielles sont souvent organisées selon des modèles de tâches selon lesquelles on regroupe des options partageant des caractéristiques d'objectif (exemple : *Copier*, *Coller*, *Tout sélectionner* se retrouvent dans un groupe *Édition* car ils ont en commun de relever d'une action d'édition du texte).

La navigation du site Particuliers de La Poste est un bon exemple de catégorisation par tâches utilisateur : tous les items de la navigation sont traités sous forme de verbes à l'impératif décrivant une tâche utilisateur-clé.

Cible utilisateur

Les groupes sont des groupes d'utilisateurs. Par exemple, sur le site de l'ANPE, on propose aux internautes de se diriger vers l'une ou l'autre de deux grandes sections selon leur profil : *Candidat* ou *Employeur.*

Figure 8–19
Catégorisation par cibles utilisateur sur le site de l'ANPE.
Source : www.anpe.fr

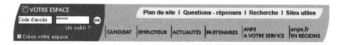

Chacun de ces types d'organisation peut encore être défini par l'exactitude des résultats auxquels il aboutit. Ainsi, Rosenfeld & Morville distinguent deux grands types de critères d'organisation :

- **Les critères d'organisation exacts** (alphabétique, chronologique, géographique) qui seraient plus utiles lorsque l'internaute sait exactement ce qu'il recherche.
- **Les critères d'organisation ambigus** (par thèmes, tâches, audience, métaphore, etc.) plus adaptés lorsque l'internaute navigue sans idée précise, ne connaît pas exactement ce qu'il recherche ou possède un périmètre de recherche assez large.

Plus le critère d'organisation est ambigu, plus l'organisation pourra être polyhiérarchique, c'est-à-dire que la même information pourra se retrouver dans plusieurs groupes à la fois. Notez que l'exclusivité n'est pas un critère obligatoire dans le cas de la catégorisation web : on peut tout à fait concevoir des rubriques perméables entre elles. C'est d'ailleurs

DÉFINITION **Polyhiérarchie**

Lorsqu'une même information se retrouve dans plusieurs groupes, on parle de polyhiérarchie.

- La polyhiérarchie peut être virtuelle, c'est-à-dire l'on se contente de construire des liens supplémentaires permettant de lier un objet à plusieurs pères. Dans ce cas, un objet a un père biologique et plusieurs pères adoptifs. En termes techniques, la page ne se trouve qu'à un seul endroit sur le serveur.
- La polyhiérarchie peut être réelle, c'est-à-dire que les objets sont dupliqués dans plusieurs rubriques. Au niveau technique, plusieurs pages sont créées et réparties à divers endroits sur le serveur.

ce qui explique pourquoi on peut proposer aux participants d'un tri de cartes d'en dupliquer certaines s'ils en ont besoin.

Sur un site Internet, on observe très fréquemment une organisation multi-critères, croisant des approches thématique, alphabétique ou par tâches, par exemple. C'est cette multitude d'approches qui permet d'obtenir des sites utiles pour les internautes, supportant un grand nombre de stratégies de recherche.

La structuration de l'information

Lorsque vous disposez de tous vos groupes d'informations, l'étape suivante consiste à procéder à un nouveau travail d'organisation pour les structurer, c'est-à-dire dégager une vue d'ensemble plus hiérarchisée.

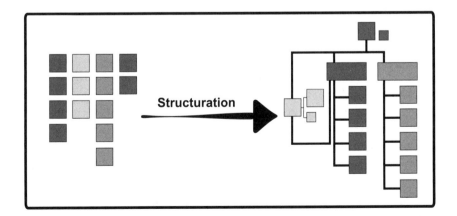

Figure 8–20
La structuration permet de passer d'un ensemble de groupes discrets à un ensemble de groupes hiérarchisés et ordonnés.

RECOMMANDATION **Rubriques incontournables**

Pensez aux pages « génériques » qui s'ajoutent à vos contenus et doivent faire partie des barres de navigation. Parmi ces incontournables, l'accueil, le plan de site, les contacts, l'aide, etc.

La structuration des groupes est donc une activité qui consiste à mettre en valeur certains des contenus, à faciliter l'accès aux ressources disponibles, à effectuer des connexions pertinentes entre ces ressources.

Une structure hiérarchique représentée par les menus

Le plus gros du travail de structuration consiste à établir la hiérarchie et la place de chacun des groupes en fonction de leur importance respective. En effet, tout ce que vous avez à dire ou à proposer sur votre site ne possède pas nécessairement le même poids. Cette hiérarchie se traduit en termes d'interface par les barres de navigation globales et locales.

Un exemple, sur le site de l'Equipe, tous les sports sont considérés en tant que tels (autrement dit, l'athlétisme est un sport au même titre que le volley), mais la structuration de la barre de navigation principale privilégie la visualisation des sports dits majeurs. Les autres sports sont accessibles via l'item *Et aussi*.

La structuration s'illustre en outre par des regroupements par type de sport. Observez notamment la rubrique *Basket /Hand /Volley*, rassemblant trois sports dont la caractéristique commune est de se jouer avec un ballon à la main.

Figure 8–21
La structuration du site de l'Équipe transparaît dans la navigation principale, où tous les sports n'ont pas la même importance.
Source : www.lequipe.fr

Comme amorcé précédemment lorsque nous évoquions des organisations multi-critères, vous pouvez tout à fait vous permettre d'avoir des items de nature différente dans un menu. Ce choix n'est toutefois justifié que si cela sert les objectifs utilisateur et la manière dont les internautes vont chercher l'information.

Par exemple, la navigation principale du site de Sephora comporte un item *Homme* et un *Girls*, qui s'adressent à des publics particuliers (c'est donc une organisation par audience), présentés de manière adjacente et sur le même plan que des items « thématiques » de type *Parfum*, *Maquillage*, *Soins & Cheveux*, *Bien-être*, *Accessoires*. Effectivement, si je suis un homme et que je viens chercher une crème de jour sur le site de Sephora, je me dirigerai préférentiellement vers la rubrique *Homme* plutôt que vers *Soins & Cheveux*. Cela me permettra de trouver plus rapidement le produit que je désire, au lieu de fouiller parmi toute une gamme de produits destinés aux femmes. Le même principe s'applique pour la rubrique *Girls*, dont les produits sont préférentiellement peu chers , « funs » et destinés aux jeunes filles. On réplique ainsi des principes d'organisation déjà connus dans le monde réel.

MÉTHODOLOGIE **Les conventions font loi**

Les barres de navigation ne font pas exception. Voilà encore un domaine où vous devrez vous préoccuper des conventions web (que font les autres ?), vous en inspirer ou vous y plier.
Prenons un exemple : la place du bouton *Accueil* dans la barre de navigation principale. Auriez-vous l'audace de le mettre en plein milieu du reste, sous prétexte que votre menu est ordonné par fréquence d'utilisation et que vos internautes auront « moyennement » besoin de retourner à votre page d'accueil ?
Évidemment, non. Lorsque le bouton *Accueil* fait partie de la barre de navigation principale, il doit être le premier bouton de cette barre de navigation. Pour mieux comprendre les raisons justifiant de respecter les conventions d'interface, rendez-vous à la règle n° 4 du chapitre 5.

De même, la navigation du site d'Interflora conjugue plusieurs schémas d'organisation afin de répondre aux préoccupations les plus fréquentes de ses visiteurs. Quelques questions à se poser dans ce contexte : *Pourquoi achète-t-on un bouquet de fleurs ?* Autrement dit, *qu'est-ce qui amène les gens à acheter des fleurs ?* On répondra ainsi par déduction à la question *Pour qui achète-t-on des fleurs ? Comment cherche-t-on un bouquet de fleurs ? Quels sont les critères qui nous permettent de choisir, parmi un ensemble, un bouquet de fleurs particulier ?*

Ce sont les réponses à cet ensemble d'interrogations qui permettent à Interflora de proposer une navigation par *Type* (où les roses sont mises au même niveau que les bouquets, en raison de la fréquence plus élevée des demandes de roses par rapport à d'autres types de fleurs), mais aussi par *Occasion* et par *Prix*.

Figure 8–23 La sélection des différents types de navigation proposés sur le site d'Interflora relève d'une activité de structuration.
Source : www.interflora.fr

Dernier exemple sur le site de France Inter (figure 8–25), où tous les items de la navigation principale ne relèvent pas du même niveau. Ainsi, les concepteurs ont choisi de sortir certaines émissions pour les placer en accès direct dans la barre de navigation. Ces items thématiques sont présentés de manière adjacente à leur parent (la rubrique *Émissions*), à d'autres thèmes de plus haut niveau (par exemple, *Programmes, Chroniques*) ou d'un tout autre registre (par exemple, *Sélection musicale, Événements*), ainsi que quelques items orientés tâche (par exemple, *Écoutez le direct*).

On peut traiter une même structure hiérarchique de manières très diverses selon les choix de navigation auxquels on procède. Si l'on prend l'exemple des supermarchés en ligne, tous divisent leur navigation principale sous forme de rayons. Or Ooshop présente sa barre de navigation sous forme alphabétique, tandis que Telemarket opte pour un ordonnancement par fréquence d'utilisation.

Figure 8–24
Les choix de structuration des sites d'Ooshop et de Telemarket sont en grande partie liés au nombre d'items à présenter.
Sources : www.ooshop.com /
www.telemarket.fr

DÉFINITION **Les métadonnées**

Les métadonnées sont de l'information sur l'information. Autrement dit, elles permettent de décrire un objet par ses caractéristiques.
Prenons un exemple. Les métadonnées d'un fichier informatique peuvent être : son titre, son format (PDF, Word, HTML), son auteur, sa date de création, etc. Elles ne font pas partie du contenu du fichier au sens propre, mais font partie de sa définition.

Chez Ooshop, les rayons du supermarché sont présentés dans l'ordre alphabétique : on commence par *Animaux* pour finir par *Surgelés*. Le nombre élevé de rayons (20) explique ce choix de présentation alphabétique. Elle permet en effet de trouver rapidement ce que l'on cherche à l'intérieur d'une longue liste d'items. Elle suppose cependant que l'on sache précisément le nom du rayon recherché.

Avec un catalogue produits sensiblement de la même taille, chez Telemarket, les rayons ne sont qu'au nombre de 8. Cela permet de les présenter dans un ordre qui semble correspondre à la fréquence d'utilisation de chacun d'eux : on commence par *Frais* pour finir par *Animaux*.

Lorsque vous décidez de l'ordonnancement des items dans vos barres de navigation, tenez en outre compte des effets de primauté et de récence. Ils représentent le fait que les internautes seront plus à même de percevoir les éléments situés en début et en fin de navigation.

Figure 8–26 Représentation schématique des effets de primauté et de récence lors de la lecture d'une barre de navigation. Ces effets semblent encore plus marqués dans le cas de menus verticaux, et lorsque le nombre d'items est important. Source : www.lacantiniere.com

Au fur et à mesure des exemples présentés, vous commencez à comprendre que l'organisation d'un site web est quelque chose de complexe et d'hétérogène. En plus des points que l'on vient d'aborder, les contenus d'un site peuvent être définis, et donc recherchés, autrement que par leur appartenance à une structure hiérarchique.

Une structure secondaire représentée par des liens contextuels

Les bases de données sont à cet égard des sources d'informations très intéressantes. L'inverse est aussi vrai, dans le sens où les concepteurs de sites web ont beaucoup à apporter aux informaticiens qui créent les bases de données. La définition des contenus doit faire l'objet, aussi fréquemment que possible, de travaux communs entre les équipes de conception et les équipes techniques.

Les métadonnées sont utilisées très fréquemment pour nourrir les éléments de navigation transversaux, que ce soit à partir d'une page finale (naviguer vers des contenus comparables) ou d'une page de rubrique (naviguer selon des critères spécifiques).

Prenons un exemple sur le site Réservoir Jeux, où les métadonnées sont utilisées de deux manières sur deux types de pages différents. Sur des pages de haut niveau, elle servent à orienter la navigation selon des schémas d'organisation qui paraissent satisfaire des objectifs utilisateur importants. Ici, on voit qu'elles permettent de naviguer à l'intérieur d'un catalogue selon les mécanismes utilisés dans le jeu (sont présentés par défaut les 10 mécanismes préférés des internautes, par exemple *Combinaisons*, *Déduction*, *Enchères*, *Habileté*, etc.).

Figure 8–27
Les mécanismes employés par le jeu sont une métadonnée sur ce jeu.
À ce titre, ils peuvent servir de clés d'entrée pour la navigation.
Source : www.reservoir-jeux.com

Sur des pages de bas niveau (ici, une fiche produit), les métadonnées servent à naviguer vers des jeux qui partagent une caractéristique commune avec le jeu que l'on est en train de regarder : même auteur ou éditeur, mêmes thèmes de jeux, mêmes mécanismes de jeu.

Figure 8–28
L'auteur, l'éditeur, les thèmes et mécanismes employés par le jeu sont des métadonnées sur ce jeu. À ce titre, ils peuvent servir de navigation transversale entre jeux.
Source : www.reservoir-jeux.com

Une structure floue représentée par des liens semés au gré du site

Au-delà des structures hiérarchiques et des métadonnées, on peut considérer l'hypertexte comme un moyen de structurer l'information au sein d'un site. C'est certes un moyen dangereux (puisque rien ne justifie formellement pourquoi lier un contenu à un autre), mais ô combien flexible. Ce type de structure, qui évolue au fur et à mesure de la vie du site, se retrouve plutôt sur des sites éditoriaux gérés par des gens plutôt que par des machines.

Une structure vivante

Notez que les étapes de catégorisation et de structuration ne donnent pas des résultats figés ; ceux-ci peuvent être remis en question pendant la suite du processus de conception du site ou durant sa vie en ligne.

La structuration peut notamment être modifiée en fonction de l'actualité. Par exemple, les items constituant la navigation principale du site d'actualités de Yahoo! France subissent des modifications en fonction de l'actualité. Dans cet exemple, la barre de navigation s'adapte à l'actualité politique : on crée un onglet *Présidentielle* afin d'y relayer tous les contenus sur ce thème.

Figure 8–29 La structuration d'un site peut évoluer en fonction de l'actualité. Ainsi, sur le site Actualités de Yahoo!, on voit apparaître un onglet *Présidentielle* lorsque le site dispose de nombreux contenus sur ce sujet d'actualité. Cet onglet disparaît lorsque les élections sont terminées. Source : fr.news.yahoo.com

De même, la structuration peut vous amener à revoir votre catégorisation, c'est-à-dire à revenir en arrière sur certains de vos choix.

Bien que l'on soit encore en phase conceptuelle (à savoir une phase de réflexion à l'architecture de l'information dans l'absolu), on intègre dès cette étape les principales contraintes qui pourraient venir contredire notre hiérarchie. Ces contraintes sont de deux types :

- **Les caractéristiques cognitives des internautes,** qui sont les mêmes que celles de tout être humain. Elles sont donc limitées. La description de ces limitations fait l'objet de notre troisième chapitre.
- **Les limitations en termes d'écran.** Il est important de garder l'étape d'architecture de l'information distincte de sa concrétisation par des éléments d'interface. L'interface ne doit donc pas contraindre l'architecture. Cependant, la plupart du temps, dans la réalité, ce principe idéal n'empêche pas de prendre en compte dès le début les contraintes majeures relatives à l'interface d'un site web.

Réaliser un plan de site

Le plan de site est le résultat attendu d'un travail sur l'architecture de l'information. Il représentera les rubriques et les pages composant le site, ainsi que les relations qu'elles entretiennent.

Le plan que vous allez imaginer doit permettre de situer un contenu à un endroit donné et de décrire les différentes manières d'y accéder. Bien que l'endroit en question soit virtuel, pour être atteint facilement, les

Dans ce livre **Concevoir en tenant compte des limitations écran**

Pour en savoir plus sur les contraintes écran auxquelles vous devez vous adapter lorsque vous concevez un site web, rendez-vous au chapitre 9.

Anecdote **Boxes and Arrows**

Le magazine web d'architecture de l'information le plus connu s'appelle *Boxes and Arrows*, autrement dit *des boîtes et des flèches,* par analogie au livrable le plus typique de l'architecte de l'information : le plan de site.

chemins qui y mènent doivent avoir été pensés selon la logique des internautes. Autrement dit, c'est un schéma avec des boîtes et des flèches qui décrira l'organisation de votre site Internet.

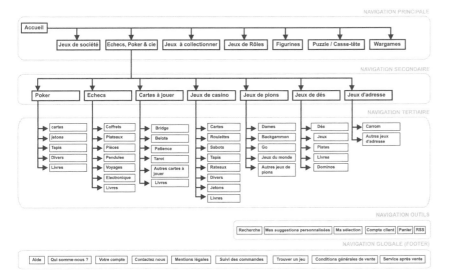

Figure 8–30
Ce plan de site décrit la structure hiérarchique de la rubrique *Échecs, Poker & cie* du site Réservoir Jeux.
Source : www.reservoir-jeux.com

Bien que l'on se situe toujours à un niveau abstrait (rien n'est encore formalisé sous forme de maquette de page), quand on regarde un plan de site, on comprend vite que les différents niveaux d'architecture vont devenir les différents niveaux de navigation d'un site. C'est pourquoi on intègre les contraintes de l'écran dès cette phase de réflexion sur la structuration des contenus.

Vocabulaire **Plan de site ou plan du site ?**

Ne pas confondre le plan de site de l'architecte de l'information avec le plan du site fourni à vos internautes en tant que page de votre site.
Même s'ils peuvent se ressembler, l'architecture de l'information représentée sous forme de plan de site est un outil de travail et non le résultat final transmis à l'internaute.

Profondeur et largeur en architecture de l'information

- Une architecture plate présente peu de niveaux de profondeur, mais beaucoup de rubriques par niveau. On a donc moins de clics à effectuer pour arriver à chaque niveau, mais plus de difficultés à choisir un item à chaque niveau. En effet, l'activité de sélection mentale dépend du nombre d'items parmi lesquels on doit choisir. Moins il y a de possibilités, plus il est facile de choisir.
- Une architecture profonde présente beaucoup de niveaux de profondeur, avec un nombre plus limité de rubriques par niveau.
- Bien sûr, la solution optimale est un compromis entre largeur et profondeur. Cependant, gardez à l'esprit que le nombre de clics n'est pas le critère ultime pour décider d'une structure d'information ou d'un flux d'interaction. En effet, il peut être plus facile pour l'internaute de passer par un plus grand nombre d'étapes si le processus de décision est à chaque fois facile et rapide. Ce qui doit influencer vos choix d'organisation est la difficulté de chaque action, et non le nombre d'actions requises pour atteindre un objectif. Pour en savoir plus, lisez au chapitre 2 notre remise en question de la règle des 3 clics.

Pour représenter un plan de site, vous disposez de divers outils logiciels qui permettent d'obtenir rapidement un résultat clair et présentable. Ceux que nous indiquons au chapitre 9, dans notre répertoire de logiciels pour dessiner des zonings et maquettes, sont les plus intéressants en termes de rapport efficacité/rendu final.

Ce sont pour la plupart les mêmes que ceux recommandés pour la formalisation de graphiques et schémas. Toutefois, s'y ajoutent des logiciels plus flexibles dans les possibilités de présentation et de rendu final (InDesign, par exemple). En effet, le plan de site étant avant tout un outil de communication, que ce soit en interne, avec le client ou au sein d'une équipe projet, vous devez tout mettre en œuvre pour que sa forme traduise au mieux votre pensée. L'aspect esthétique entre donc en ligne de compte dans la qualité finale de votre plan de site.

Avant de lire cette liste, n'oubliez pas que le meilleur outil à votre disposition reste le temps de réflexion que vous vous accordez. On ne répétera jamais assez de commencer par coucher sur le papier les premières esquisses. C'est encore plus important dans les cas complexes, où les possibilités de sortie en termes d'architecture sont multiples.

Bien choisir ses mots

L'architecture de l'information est principalement une affaire de mots. En effet, le mot est l'élément principal sur lequel les internautes vont baser leurs décisions de navigation (du type « Je clique ou je ne clique pas ? »).

Le libellé d'une rubrique est l'élément qui va supporter l'activité de sélection mentale d'une rubrique par rapport à une autre. Autrement dit, c'est sur la base du mot que l'internaute va décider de cliquer à tel ou tel endroit. Les libellés des rubriques, sous-rubriques et liens doivent donc être considérés comme des indices du contenu ou de la destination vers lesquels ils conduisent.

La quête du mot idéal

Un des seuls moyens de transmettre aux utilisateurs des indices sur le contenu d'une rubrique consiste à lui associer un mot : on doit donc accorder une attention toute particulière au choix des termes.

- **Votre objectif principal** est de rendre l'internaute tout à fait sûr de son choix lorsqu'il clique sur un élément de navigation. Idéalement, cette étape doit se faire de manière si intuitive qu'il ne doit même pas se souvenir d'avoir été confronté à un choix.

À dire vrai, cet objectif est utopique. En effet, il est la plupart du temps extrêmement difficile, voire impossible, de trouver un terme exact pour décrire l'intégralité du contenu d'une rubrique. Cette difficulté augmente lorsque la rubrique est volumineuse et/ou hétérogène.

Le libellé d'une rubrique doit donner un indice sur ce qu'elle contient. Il ne peut pas décrire exactement l'ensemble de ses « enfants ». La plupart du temps, l'internaute choisit donc de cliquer sur une rubrique parce que c'est celle qui semble le mieux correspondre au type de contenu recherché.

- **Votre objectif secondaire,** lorsque vous choisissez un mot pour désigner une rubrique, est que l'internaute ne se trompe pas de rubrique.

  Si le choix qu'il effectue est un choix par défaut (aucun des autres items ne pouvant satisfaire son objectif) c'est en partie gagné : en effet, il atteindra une page lui permettant d'avancer dans l'accomplissement de sa tâche.

  Plus réaliste, cet objectif vous permet en outre de disposer d'une méthode pour valider vos libellés, prenant la forme d'une question : Êtes-vous sûr que, pour accomplir une tâche donnée, l'utilisateur n'a d'autre choix que de se diriger vers cette rubrique ? Travailler sur cette question vous permet d'essayer de supprimer toute ambiguïté entre rubriques de même niveau.

- **Ce que vous devez redouter** par-dessus tout, c'est qu'un internaute fasse un mauvais choix et se retrouve sur une page ne répondant pas à ses attentes. En effet, il est alors obligé de faire machine arrière pour choisir un autre item de la même liste. Et ainsi de suite jusqu'à trouver une page qui lui convienne. Autant d'étapes où vous risquez de le perdre au profit d'un de vos concurrents ou de le voir abandonner son objectif de départ.

Dans cette étape de choix de libellés, la méthode du tri de cartes vous sera de nouveau précieuse (elle est abordée au chapitre 10). Plus précisément, la phase de labellisation, ainsi que les commentaires des participants tout au long de la session de tri, vous permettront d'accéder au vocabulaire qu'ils utilisent pour décrire les contenus ou services que vous proposez.

Intégrer les contraintes spécifiques du Web

Au processus de sélection que nous venons d'évoquer s'ajoutent des contraintes liées à la recherche de termes destinés à des sites Internet. Pour adapter vos libellés au format web, vous devez respecter deux principaux critères.

La concision : faites court !

La plupart du temps, les titres de rubriques doivent être les plus courts possibles. Ce principe, qui semble logique sur tout type de médias (la concision assure la compréhension du lecteur), est accentué sur l'Internet car on y ajoute des problématiques d'espace disponible à l'écran.

Imaginons que vous deviez trouver des libellés pour vos items de navigation. Si votre barre de navigation est horizontale, vous êtes limité par la largeur disponible à l'écran. Lorsqu'elle est verticale, c'est également le cas (la colonne que vous consacrerez à la navigation ne doit pas être trop large) ; vous êtes aussi, dans une moindre mesure, contraint par la hauteur visible à l'écran sans scroller.

Observez par exemple de quelle manière les libellés de la navigation principale, sur le site d'actualités de Yahoo! France, sont réduits au maximum. Cet effort de concision sur chacun des termes permet de présenter toutes les rubriques nécessaires sur une résolution d'écran de 800×600 pixels, sans devoir passer sur 2 lignes. Notez ainsi que la rubrique économique est nommée *Eco* :

Figure 8–31
Le libellé de la rubrique *Eco* du site d'actualités de Yahoo! est un parfait exemple de concision.
Source : fr.news.yahoo.com

Prendre en compte les conventions de vocabulaire

On se comprend mieux quand on parle le même langage. Vous devez intégrer deux types de conventions pour sélectionner les mots de votre interface.

DANS CE LIVRE **Les conventions de vocabulaire**

Pour en savoir plus sur l'importance des conventions relatives au choix des mots sur votre site, rendez-vous au chapitre 5 pour lire la règle n° 4 : Conventions, et la règle n° 5 : Compréhension.

- **Les conventions web** : tous les sites Internet partagent un vocabulaire pour désigner les éléments d'interface. Ainsi, certaines rubriques transversales à la plupart des sites sont toujours nommées de la même manière. Il est donc recommandé d'adopter ces conventions de nommage pour faciliter la tâche de navigation pour vos internautes. Par exemple, si un utilisateur a appris de ses expériences antérieures qu'un bouton *Accueil* permet de revenir à la première page d'un site, il n'aura pas à réapprendre le fonctionnement d'un tel bouton à chaque fois qu'il y sera confronté.

- **Les conventions du domaine** : si tous vos concurrents nomment un objet de la même manière et que le terme en question est plutôt bien choisi, n'espérez pas faire original en choisissant une autre appellation. Vous ne parviendriez qu'à générer la confusion chez vos utilisateurs. De la même manière, vous devez vous imprégner du vocabulaire en vogue dans le monde réel.

Le choix des libellés pour les éléments de navigation est donc une étape complexe, qui mêle des exigences de divers niveaux. Pour résumer, un titre de menu doit à la fois traduire ce que contient la rubrique, correspondre aux attentes des internautes, ne pas entrer en conflit avec les titres de même niveau et se cantonner à l'espace qui lui est réservé à l'écran. Le choix d'un libellé est donc un jeu constant entre tous ces critères.

Finalement, le mot que vous choisirez pour illustrer votre rubrique sera forcément le résultat d'un compromis : dans ce contexte, et tous paramètres pris en compte, vous sélectionnez le terme offrant à vos internautes les plus grandes facilités de navigation sur votre site.

Traduire l'architecture par la navigation

L'architecture de l'information est directement liée à ce qui la traduit sur un site Internet, à savoir tous les éléments de navigation. Ce sont les menus, liens, boutons, qui permettent aux internautes de parcourir un site et de trouver (ou non) ce qui les intéresse.

Vous devez donner à l'internaute les mêmes outils que dans le monde réel. Lorsque l'architecture de l'information est bien pensée et traduite en termes d'interface, elle facilite le repérage et la navigation de l'utilisateur dans un site, de la même manière que les indicateurs physiques permettent de se repérer et de se déplacer efficacement dans les espaces réels.

MÉTIER **Architecte de l'information**

Lorsque l'ampleur du projet le nécessite, une personne peut prendre en charge les problématiques d'architecture de l'information. Elle sera alors responsable de leur application et de leur vie tout au long du projet. En France, plus souvent, ce rôle est attribué à un ergonome, un concepteur ou un chef de projet.

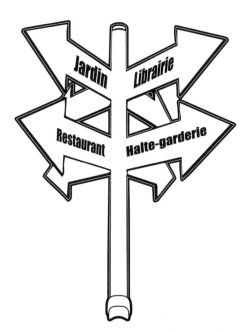

Figure 8–32
Les panneaux indicateurs sont un des repères qui nous aident à nous orienter dans la vie réelle. Sur le Web, ils sont représentés par les éléments de navigation.

DÉFINITION
Architecture et navigation

L'architecture de l'information est la structure. La navigation est le moyen de parcourir cette structure.

Lorsque vous concevez vos éléments de navigation, il s'agit de concrétiser la structure définie à l'étape précédente. Steve Krug dit à ce propos que la navigation n'est pas une simple caractéristique d'un site Internet parmi d'autres, mais qu'elle est fondamentale puisque c'est elle qui définit un ici et un ailleurs.

Les éléments de navigation doivent permettre à l'utilisateur de répondre à tout moment aux questions suivantes :

• **Où suis-je ?**

L'internaute doit réussir à se situer lors de son arrivée sur le site (quelle que soit la page sur laquelle il arrive, page d'accueil ou page interne) et à n'importe quel moment de sa visite du site.

Il va se demander s'il est au bon endroit pour trouver ce qui l'intéresse. Autrement dit : « D'après ce que j'en vois, est-ce que ce site est susceptible de m'aider ? Est-ce qu'il est envisageable que j'y trouve mon bonheur ? Ou dois-je passer mon chemin et aller ailleurs ? »

Pour aider votre utilisateur à répondre à ces questions, vous devez réussir à transmettre en permanence l'identité de votre site, le type de contenus que vous proposez et l'étendue de votre offre.

• **Où puis-je trouver ce qui m'intéresse ?**

Un de vos objectifs principaux doit être de servir l'utilisateur dans la réalisation de sa tâche. Ainsi, vous devez l'aider à savoir où cliquer pour atteindre ce qui l'intéresse, où qu'il se trouve dans le site.

• **Qu'est-ce que ce site propose d'autre ?**

Un de vos objectifs complémentaires doit être de servir les exigences marketing du site. Ainsi, vous devez donner aux internautes une vision de ce que votre site propose d'autre, qu'il s'agisse d'un élément ressemblant à celui qu'il consulte à un instant t ou d'un élément différent.

Nous avons abordé les bonnes pratiques permettant de ranger et de présenter vos contenus de la meilleure manière possible : ils sont catégorisés, rangés, étiquetés, nommés. Si votre internaute cherche une information, votre architecture est donc conçue pour lui faciliter la vie et pour qu'il trouve effectivement cette information.

Maintenant que vous avez décrit l'organisation de manière générale, vous devez spécifier ce qui doit se passer pour votre persona lorsqu'il accomplit ses différentes missions. Au-delà de l'architecture de l'information, vous devez donc réfléchir à la façon de guider les internautes lors de leur exploration et de leurs actions sur votre site.

Au-delà de la navigation : architecturer les parcours client et les interactions

Lorsque l'on évoque l'optimisation des parcours client, on parle de quelque chose de linéaire. Il ne s'agit plus de décrire l'architecture et les différentes manières d'accéder à une information, mais plutôt de tracer le parcours réel, pas à pas, de votre persona en train de réaliser une action (que cette action soit de la consultation d'informations ou quelque chose de plus transactionnel). On ajoute donc à la structure de l'information la composante temps.

Cette formalisation des étapes par lesquelles vont passer vos internautes constitue donc une suite logique de ce qui précède. Après avoir réfléchi sur l'architecture de l'information de manière générale, vous allez vous en servir pour optimiser le parcours de votre persona sur le site. Notez que, lors de cette étape, vous pouvez avoir besoin de revenir en arrière et de modifier des choix relatifs à l'architecture de l'information.

Pour décrire le parcours de votre persona, vous aurez besoin de deux niveaux de détail : le parcours client et les flux d'interaction entre le site et l'internaute. Le parcours client représente la navigation sous forme d'étapes successives et peut être ponctué de descriptions des flux d'interaction (s'il existe des échanges entre le site et l'internaute). Lorsque le parcours client nécessite une réponse de la part du système, on spécifie tous les flux d'interaction possibles entre l'internaute et le système.

On ne décrit les parcours client et les flux d'interaction que pour les missions des personas, autrement dit pour les actions les plus fréquentes sur le site. En outre, ce type de spécifications n'a d'intérêt que si la tâche visée inclut des processus transactionnels. Il s'agit donc principalement de décrire les actions que l'internaute peut effectuer sur votre site. Comment allez-vous le concevoir pour qu'il optimise l'achat, l'inscription, la création d'un compte utilisateur, etc. ?

Pour chacune de ces missions, vous devrez penser à tous les cas possibles. Normalement, spécifier les parcours clients et les flux d'interaction doit vous permettre de calculer le nombre de pages, d'étapes, et leur ordre de parcours par vos internautes, en fonction des contextes possibles : parcours idéal, erreur, etc.

MÉTHODOLOGIE **Et si je saute cette étape ?**

On ne saute pas un parcours client. On le conçoit plus ou moins bien mais, de toutes façons, il est conçu. Si vous consacrez un peu de temps et d'énergie à optimiser les flux d'interaction principaux de votre site, vous serez sûr de fournir à votre internaute une expérience d'utilisation confortable.

REMARQUE **Utilisabilité du parcours client : une problématique à la fois générale et spécifique**

L'utilisabilité des parcours clients doit être envisagée dans divers cas de figure : à la fois au niveau du fonctionnement général du site, mais aussi au niveau de micro-fonctionnements.

VOCABULAIRE **« Pas besoin d'optimiser le parcours client, mon site n'a pas de client »**

On parle de parcours client pour tous les types de site. Ce terme, à l'origine employé pour les sites de commerce en ligne, a ensuite été appliqué à l'ensemble des sites pour lesquels on doit décrire le parcours attendu de l'internaute. Tous les visiteurs sont alors considérés comme des clients, même si il n'y a aucune transaction commerciale entre l'internaute et le site.

Tableau 8–1 Le rapport entre le plan de site et le flux d'interaction

Plan de site	Flux d'interaction
Un plan de site est statique.	Le flux d'interaction est dynamique : il dépend des actions de l'internaute et des réponses du système.
Il décrit l'ensemble des chemins possibles.	Il décrit le chemin emprunté par un persona qui cherche à accomplir un objectif donné.
Il décrit comment l'internaute *peut accéder* à un contenu.	Il décrit comment l'internaute *accède effectivement* à un contenu et réalise des actions sur un site.
Il décrit l'exhaustivité des rubriques d'un niveau.	Il décrit le passage par une de ces rubriques.
Il s'intéresse à la page en tant que telle.	Il ne s'intéresse qu'au type de page.
Le vocabulaire est une des préoccupations principales.	C'est essentiellement une affaire d'optimisation des interactions : ce qui importe c'est est le parcours et les flux d'informations, et non le nom que portent chacune des rubriques ou des pages.
On ne décrit pas forcément les liens transversaux.	On imagine des liens transversaux et on les formalise en fonction des besoins liés à l'optimisation du flux d'interaction.

VOCABULAIRE **Transactionnel ?**

On distingue sur le Web deux grands modes d'interaction :
- **La navigation**, où l'internaute passe de page en page et consulte des informations, plutôt sur un mode passif, dans le sens où la transmission d'informations est à sens unique : de l'ordinateur à l'internaute. Les actions de l'internaute sont principalement des clics sur des liens.
- **La transaction**, où il entre véritablement en interaction avec le système pour accomplir des actions. Là, l'internaute a un rôle plus actif : les flux d'informations vont dans les deux sens. L'internaute fournit au système des informations le concernant ; ce dernier tient compte de ces entrées pour y adapter sa réponse. Dans ce type d'interaction, l'internaute effectue des choix. Ses actions sont principalement de type clic sur des interfaces de sélection (listes déroulantes, cases à cocher, boutons radio) et de validation (boutons d'action, touche *Entrée*), ou saisie d'informations au clavier. La recherche par mot-clé, l'achat en ligne, la création d'un compte utilisateur, sont typiquement de type transactionnel.

L'optimisation des parcours clients a toujours pour objectif de vous adapter aux besoins et comportements de vos personas. Le plus important est de prendre en compte le comportement de vos internautes et de vous y conformer au plus près (voir la règle n° 7 du chapitre 5).

Prenons un exemple. Sur le site de Google, lorsqu'un mot-clé est présent dans le champ de saisie et que l'internaute clique sur le lien Images, le fait de lancer automatiquement la recherche d'images relève de l'optimisation du flux d'interaction.

Qu'Amazon nous propose de cocher une case pour définir nos données par défaut traduit également une optimisation du parcours client. En effet, Amazon propose cette fonctionnalité afin que, la prochaine fois et après identification, on tombe directement sur la page de résumé. Ici, on laisse à l'internaute la liberté de choisir son propre flux d'interaction en fonction de ses préférences. En tant que concepteur, on se contente de prévoir les flux d'interaction qu'on lui propose.

C'est encore le même type de problématique que vous traitez lorsque vous choisissez un mode d'interaction pour une fonctionnalité de recherche (autrement dit, lorsque vous choisissez si l'accès à la recherche avancée se fait par un clic sur un lien menant vers une nouvelle page ou si les options de recherche avancée sont présentées directement dans la page de résultats d'une recherche simple). En effet, le choix entre les deux modes d'interaction aura un impact sur le nombre d'étapes pour l'internaute.

C'est aussi le cas pour le processus d'ajout au panier. À l'étape d'architecture de l'information, vous avez décidé qu'il existait une page produit et un panier où l'internaute place les produits qu'il souhaite acheter. Maintenant, vous devez décider de la manière dont se déroule l'ajout d'un article au panier. Ainsi, il existe 4 flux d'interaction très différents pour la même action de départ, à savoir un clic sur un bouton *Ajouter au panier* :

• Soit vous décidez que l'ajout d'un produit au panier y conduira l'internaute. C'est par exemple le cas sur les sites de LDLC ou d'Aigle.

Figure 8–33
Sur le site d'Aigle, après avoir ajouté un article au panier, l'internaute est dirigé vers la page du panier.
Source : www.aigle.fr

• Soit vous décidez que l'ajout d'un produit au panier emmènera l'internaute vers une page de confirmation d'ajout au panier. C'est par exemple le cas sur le site de la Redoute ou de la Fnac.

Figure 8–34
Sur le site de la Fnac, après avoir ajouté un article au panier, l'internaute est dirigé vers une page de confirmation d'ajout au panier, où on lui recommande aussi d'autres articles.
Source : www.fnac.fr

- Soit vous décidez que l'ajout d'un produit au panier laissera l'internaute sur la page produit, en lui affichant la confirmation d'ajout sous la forme d'une fenêtre superposée au site et demandant une action de sa part. C'est par exemple le cas sur les sites d'Alapage, de Rue du Commerce, de Norauto ou de Castorama.

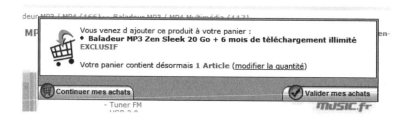

Figure 8–35
Sur le site de Rue du Commerce, suite à l'ajout d'un article au panier, on propose à l'internaute plusieurs choix de navigation, dans un panneau flottant s'affichant par-dessus la page produit.
Source : www.rueducommerce.fr

- Soit vous décidez que l'ajout d'un produit au panier laissera l'internaute sur la page produit, en lui affichant la confirmation d'ajout directement dans la page, sans requérir d'action de sa part. C'est par exemple le cas sur les sites de Réservoir Jeux, de Pimkie ou de Kiabi.

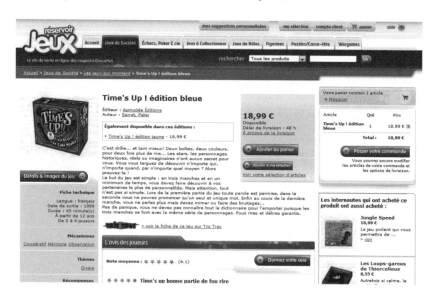

Figure 8–36
Sur le site de Réservoir Jeux, suite à l'ajout d'un article au panier, on affiche ce dernier dans le résumé du panier disponible directement dans la page. L'internaute a ensuite le choix de continuer sa navigation ou de cliquer sur le bouton *Passer votre commande*.
Source : www.reservoir-jeux.com

Ces 4 flux peuvent être répartis en deux grands types d'interaction : deux solutions où l'internaute reste sur la page produit et deux solutions où il est conduit sur une autre page. Chacun de ces flux d'interaction présentant des avantages et des inconvénients, vous devez tout faire pour limiter les inconvénients de la solution choisie. Par exemple, si vous optez pour le maintien de l'internaute sur la page produit, il faut que cela ait une réelle utilité en termes de parcours utilisateur. Vous ne devez choisir cette solution que si vous êtes capables de fournir de nombreuses solutions de navigation ou de consultation de contenu à partir de la page produit et/ou un bouton d'action pour passer la commande. C'est notamment ce que fait le site de Réservoir Jeux.

Faites attention au fait que les flux d'interaction posent souvent problème lorsque l'internaute sort du chemin classique, celui qu'on le souhaite voir emprunter.

Les flux d'interaction servent à décrire les étapes d'un cheminement sous forme schématique. Une fois que vous avez bien réfléchi à la manière dont doit fonctionner votre système, il est temps de passer à sa présentation à l'écran. Le chapitre suivant vous aidera dans cette étape de concrétisation sous forme de zonings et de maquettes conceptuelles.

En bref : obtenir des bases solides pour la suite

Malgré leur place privilégiée en amont, vous devez garder à l'esprit, tout au long du projet, les problématiques d'architecture et d'interaction. Certains choix peuvent ainsi être remis en question lors de leur confrontation à des problématiques d'utilisabilité, de marketing, de stratégie, d'implémentation technique, etc.

L'optimisation de l'architecture de l'information et des parcours client restent encore du domaine de l'abstrait (c'est finalement le cas tant que l'on ne représente pas les choses sous forme d'un écran). Maintenant que votre contenu est bien structuré en fonction des besoins de vos utilisateurs, passons à la concrétisation de ces principes à l'écran.

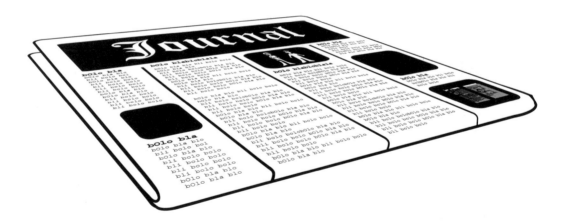

chapitre 9

Passez à l'écran : zonings et maquettes

Tout est prêt, vous avez énuméré et organisé vos contenus, puis vous avez décidé des grands principes d'interaction ? Alors vous pouvez passer à l'écran pour traduire ces choix en termes d'interface.

SOMMAIRE

▶ Découpage de la page sous forme de zoning

▶ Détail de chaque zone sous forme de maquette

▶ Outils logiciels pour le maquettage

MOTS-CLÉS

▶ Zoning
▶ Maquette
▶ Écran
▶ Fold
▶ Pixel
▶ Storyboard
▶ Spécifications ergonomiques

Après avoir organisé le parcours des internautes dans votre site web, vous devez passer à un niveau de détail plus avancé en spécifiant le contenu de chaque page. Vous passez donc de la réflexion sur la structure et la navigation à un travail sur l'organisation visuelle des éléments à l'écran. C'est le moment de traduire en termes concrets des observations que vous avez peut-être amorcées à l'oral ou dans des documents de spécifications écrits.

À cette étape, vous recommandez donc davantage que « ce que doit permettre l'interface » : vous spécifiez l'interface elle-même, afin qu'il ne reste plus qu'à la réaliser. Deux grands types de livrables doivent résulter de ce travail : des zonings et des maquettes conceptuelles.

MÉTHODOLOGIE **Et si je saute cette étape ?**

La phase de spécifications de l'interface sous forme de zonings et de maquettes est primordiale pour le bon déroulement d'un projet web sur le plan ergonomique. On peut à ce stade distinguer deux grands types d'orientations données aux projets : d'une part, ceux où l'on ne donne de spécifications qu'en termes d'objectifs (de type : « l'interface doit permettre à l'internaute de se créer un compte client ») et, d'autre part, ceux qui rédigent des documents de spécifications exprimés en termes de moyens (décrivant comment se présente l'interface de création d'un compte client). Entre ces deux modes de fonctionnement, la différence est nette.

En spécifiant précisément l'apparence et le comportement de l'interface au niveau conceptuel, vous allégez énormément la charge de travail des designers et développeurs, qui peuvent ainsi se concentrer sur l'essentiel de leur métier. Si vous omettez les spécifications visuelles des écrans, vous risquez de devoir passer beaucoup plus de temps en corrections, si tant est que ce soit possible au niveau technique. En effet, lorsque l'interface est déjà réalisée, il est parfois trop tard pour des ajustements ergonomiques. Prenez donc les devants, et faites les choses dans l'ordre !

Ces documents peuvent être réalisés aussi bien dans le cadre d'une création de site que lors d'une refonte totale ou partielle (par exemple, on ne touche que les barres de navigation, le formulaire d'inscription, la présentation des actualités, etc.). C'est donc au jour le jour que vous pouvez être amené à réaliser des zonings et maquettes. Normalement, pour la moindre modification conséquente de l'interface, les équipes de développement doivent recevoir une maquette conceptuelle annotée, leur fournissant une base et des directions de travail.

L'erreur la plus courante dans les projets web français consiste à se jeter sur le design graphique avant même d'avoir réfléchi à ce qu'allait contenir le site (voir à ce propos le chapitre 7), à l'organisation de ce contenu dans le site (chapitre 8) et dans la page (ce chapitre). Résultat : des sites jolis mais mal pensés, qui ne peuvent pas satisfaire leurs visiteurs. Pour éviter cet écueil, vous devez spécifier vos interfaces en deux étapes que nous allons aborder de suite.

Le zoning : un premier découpage

Formaliser vos recommandations sous forme d'écrans doit se faire étape par étape. Ne vous précipitez pas sur la spécification détaillée d'éléments d'interface avant d'avoir décidé de l'organisation générale de la page.

Votre premier travail consiste donc à fabriquer ce que l'on appelle des zonings. Ces documents représentent les grands espaces d'information composant une page. Il s'agit de découper cette dernière en autant de zones que nécessaire. Ainsi, vous choisissez l'emplacement de votre navigation, les différentes parties de votre cœur de page, les outils, etc.

Espace disponible et principes de répartition

Avant de commencer à positionner vos zones à l'écran, vous devez savoir de quel espace vous disposez. Pour cela, vous devez fixer une résolution cible, qui servira de base pour optimiser vos spécifications. Il s'agit de prévoir l'interface de votre site en fonction de la configuration informatique de vos internautes. Pas question de concevoir une page qu'ils ne pourraient pas voir en entier parce que l'espace écran est trop petit !

Opter pour une résolution cible ne vous empêche toutefois pas de prendre en compte les résolutions inférieures et supérieures.

Attention : les statistiques de résolutions d'écran fournies par votre serveur sont presque exclusivement basées sur l'interrogation des navigateurs de vos visiteurs. On leur demande : « En quelle résolution êtes-vous? ». Les résultats obtenus ne sont donc qu'une indication des résolutions d'écrans chez vos visiteurs, et rien de plus. Au-delà de ça, vous n'avez aucune idée de l'affichage réel de la fenêtre de navigateur chez vos internautes.

Or ce n'est pas parce que vous visez une résolution de 1 024 × 768 pixels que vous disposez de la totalité de cet espace pour votre site ! En effet, en fonction des réglages des écrans et des navigateurs, on dispose de plus ou moins de place. Si l'on se base sur une fenêtre de navigateur ouverte à sa taille maximale (ce qui n'est pas toujours le cas), certains éléments sont incompressibles et limitent l'espace libre pour afficher le site Internet. Il s'agit de la barre de titre, de la barre de menus, éventuellement d'une barre d'onglets, d'une barre d'outils, d'une barre de chargement et des côtés du navigateur.

Selon les systèmes d'exploitation et les navigateurs, ces éléments n'occupent pas tous le même espace. Vous devez donc recouper l'information des résolutions d'écrans avec celle sur les navigateurs utilisés. La différence la plus importante entre les navigateurs se situe surtout au niveau vertical. Il existe toutefois aussi une différence au niveau horizontal entre les navigateurs, selon qu'ils affichent un espace réservé à l'ascenseur vertical

VOCABULAIRE **Taille et résolution d'écran**

La taille d'un écran (mesurée en pouces) ne détermine pas le nombre de pixels qui peuvent être affichés à l'écran. Ce paramètre est contrôlé par ce que l'on appelle la *résolution d'écran*. Ainsi, un écran 17 pouces et un 19 pouces peuvent avoir la même résolution, c'est-à-dire afficher le même nombre de pixels. Ce que vous verrez sur l'écran 19 pouces sera alors plus grand que sur le 17 pouces, mais vous verrez strictement le même nombre de choses. Prenez donc en compte la résolution plutôt que la taille des écrans de vos visiteurs.

de manière systématique (Internet Explorer) ou seulement au besoin (Firefox). Prenez comme référence le navigateur qui vous laissera le moins d'espace pour placer vos éléments à l'écran.

Le plus difficile reste de juger des configurations personnalisées de vos visiteurs : ils peuvent choisir d'utiliser de petites ou de grandes icônes pour leur menu de navigateur, d'afficher un panneau de favoris sur la gauche, d'ajouter diverses barres d'outils au navigateur, etc. Tous ces éléments vont réduire l'espace disponible à l'écran pour l'affichage du site. Toutefois, les visiteurs disposant des plus faibles résolutions semblent avoir l'habitude d'exploiter au maximum la dimension horizontale de leur écran pour l'affichage des sites Internet. Basez-vous donc sur la configuration par défaut des navigateurs cibles.

MÉTHODOLOGIE **Comment puis-je prendre en compte une résolution de 800 × 600 pixels ou de 1280 × 1024 si ma résolution cible est de 1024 × 768 ?**

Il faut bien comprendre que la notion de résolution cible n'est qu'un outil méthodologique pour vous aider à concevoir vos pages. Elle représente seulement la résolution optimale, c'est-à-dire celle que vous avez prévu pour un affichage idéal du site. La résolution cible existe donc uniquement parce que vous devez vous poser des limites.

Or il faut savoir que les résolutions d'écran sont un paramètre assez variable chez les internautes. Nous verrons d'ailleurs par la suite que ce seul paramètre ne suffit pas pour juger de la portion d'écran réservée à l'affichage du site. Autrement dit, vous devez nécessairement vous interroger sur ce point : que va-t-il se passer si vos internautes ne disposent pas de la résolution cible ?

Tout d'abord, veillez à utiliser vos outils de conception ou à les configurer de manière à pouvoir contrôler, de temps en temps, l'apparence qu'aura votre site si la résolution d'écran de l'internaute diffère de la cible attendue. Nous aborderons ces outils à la toute fin du chapitre. Ce type de contrôle, à réaliser surtout en amont de la conception, lorsque vous dessinez le zoning et positionnez les espaces de navigation, peut ainsi vous amener à choisir entre une navigation principale horizontale ou verticale, ou à décider du positionnement d'un logo.

De manière plus large, la solution qui semble la plus adaptée pour absorber différentes résolutions d'écran est ce que l'on appelle le design semi-élastique, semi-fluide ou semi-liquide. Cette technique se situe à mi-chemin entre un design totalement rigide et un design totalement liquide. En semi-élastique, seules certaines

colonnes s'étendent si elles bénéficient de place supplémentaire. En général, ce sont les colonnes de contenu ; en revanche, on garde fixes les colonnes de navigation et les gouttières (qui sont les interstices vierges entre colonnes de contenu). Le même principe s'applique lorsque les contenus ne disposent pas de la place attendue. Grâce au design semi-élastique, ces colonnes sont capables de se réduire en largeur.

Pour aller encore plus loin, considérez la possibilité de limiter la largeur de certaines colonnes. Les propriétés min-width et max-width des CSS2 permettent ainsi de fixer les largeurs minimale et maximale de vos colonnes (quelques contournements techniques vous permettront aussi de le faire sous Internet Explorer 6, qui ne comprend pas bien ces propriétés).

Ce dernier réglage est très intéressant pour optimiser la lisibilité de vos textes, puisqu'il permet d'obtenir des lignes de texte ni trop courtes, ni trop longues. Lorsque la largeur d'une ligne de texte est trop faible, la lecture est trop saccadée par les nombreuses interruptions dues aux changements de ligne. À l'inverse, lorsqu'une ligne est trop longue, il est difficile de passer d'une ligne à l'autre. Dawn Shaikh montre en 2005 que la longueur optimale pour faciliter la lecture est de 95 caractères par ligne. On s'accorde conventionnellement sur un intervalle compris entre 60 et 100 caractères. Vous devez donc faire la conversion, en termes de pixels, en fonction de votre police et de votre taille de caractères.

Notez que l'on parle ici de design pour évoquer l'intégration technique du site. Rien à voir donc avec le design graphique.

Ainsi, la résolution cible vous donnera des limites pour les dimensions horizontale (vous savez que vous disposez de X pixels de large) et verticale (vous disposez de X pixels de hauteur visible à l'écran). Voici quelques repères pour déterminer l'espace utilisable à l'écran. Ces repères sont basés sur le pire des cas, c'est-à-dire les navigateurs (parmi ceux dont le taux de pénétration dépasse 3 % dans la population générale) laissant le moins de place disponible. Ces repères sont valables pour la plupart des sites, mais veillez à les adapter à votre contexte. Par exemple, si vous connaissez précisément le parc informatique d'où sera consulté l'intranet sur lequel vous travaillez, basez-vous sur ces informations pour concevoir votre interface sur-mesure.

Tableau 9–1 Espace disponible en fonction des résolutions d'écran

Résolution cible	Largeur maximale	Hauteur visible à l'écran
800 × 600 pixels	780 pixels	400 pixels
1024 × 768 pixels	1000 pixels	570 pixels
1280 × 1024 pixels	1260 pixels	820 pixels
a × b pixels	(a - 20) pixels	(b - 200) pixels

L'espace horizontal : une limite maximale

Vous pouvez considérer la limite horizontale comme une limite finie, c'est-à-dire que vous ne pouvez pas la dépasser sous peine d'obtenir un ascenseur horizontal. Or vous devez vous l'interdire : les internautes n'ont pas l'habitude de voir ce type d'ascenseurs et ils ne les aiment généralement pas du tout. Vous risquez donc, soit que vos visiteurs ratent quelque chose parce qu'ils ne le voient pas et n'ont pas le réflexe d'actionner l'ascenseur horizontal, soit de les énerver en utilisant ce type de présentation qui leur demande beaucoup d'efforts.

Aller plus loin
Statistiques de folds par ClickTale

D'après le recensement effectué par ClickTale fin 2006 sur 120 000 pages vues, les 3 pics de folds pour une résolution de 1024 × 768 pixels sont, du plus fréquent au moins fréquent : 600, 590 et 570 pixels. La différence entre les trois est toutefois très faible. La part de folds constatés à 600 pixels ne représente d'ailleurs que 10 % de l'ensemble de ceux de l'étude. En vous basant sur 570 pixels, vous considérez donc la référence la plus basse des plus hauts taux de folds. Ainsi, vous vous assurez qu'un nombre maximal d'internautes verront ce que vous présentez au-dessus de ce seuil. Pour lire l'étude complète :
▶ http://blog.clicktale.com/?p=19

Figure 9–1
Sur le site de Coca-Cola Blak, le pourtour du site permet d'installer le site dans une ambiance graphique dédiée.
Source : www.coca-colablak.fr

Il peut cependant être important d'adapter ce maximum en fonction des exigences graphiques et/ou marketing. Par exemple, si votre site est centré dans la page, il peut être appréciable d'avoir quelques dizaines de pixels à disposition de chaque côté afin d'installer le site dans un contexte visuel spécifique (figure 9–1). Cet espace autour du site est parfois aussi utilisé en tant que zone publicitaire.

Figure 9–2
Sur le site d'Allociné, le pourtour du site est utilisé en tant qu'espace publicitaire.
Source : www.allocine.com

L'espace vertical et la notion de fold

La limite verticale fournie par la résolution d'écran n'est, quant à elle, pas une limite absolue. Elle indique ce qui sera visible à l'écran sans scroller. On parle de cet espace comme étant « above the fold ». Le *fold*, c'est cette ligne virtuelle représentant le bas de l'écran, au-delà de laquelle il faut descendre pour voir la suite de la page. Un site Internet n'est pas limité en hauteur et vous pouvez utiliser à loisir l'ascenseur vertical, en prenant toutefois en compte ce que cela sous-entend.

Dans le domaine du Web, on utilise la notion de fold par analogie avec le monde des journaux papiers. Ces derniers, pliés sur les présentoirs des kiosques et librairies, ne dévoilent que leur partie supérieure, celle située avant la pliure (« fold » en anglais).

DANS CE LIVRE **L'ascenseur vertical et le scroll : qu'en disent les internautes ?**

Pour en savoir plus sur les implications qu'a le franchissement du fold dans votre conception de page, rendez-vous au chapitre 2 : (re)lisez-y l'idée reçue selon laquelle les internautes ne scrollent pas (ou n'aiment pas scroller).

Figure 9–3
La métaphore du journal plié sert d'appui pour expliquer la notion de fold sur le Web.

Il est primordial que l'espace au-dessus du fold contienne a minima l'identité de votre site, la navigation principale, les outils fonctionnels (de type recherche ou connexion au compte client) et les informations capitales pour vos visiteurs. Prenez en compte qu'il peut suffire que l'espace au-dessus du fold indice l'existence de contenus sous le fold (cette idée est aussi illustrée au chapitre 2).

Attention, veiller à cette limite horizontale ne doit pas vous obliger à concentrer tous les éléments fonctionnels de votre page au-dessus du fold. Ainsi, la grande difficulté dans la réalisation ou l'audit d'un zoning réside dans le nécessaire équilibrage entre des besoins marketing ou d'image et des besoins fonctionnels.

Observez à cet effet le site de Clarins : dans chacune des rubriques principales, une large place est offerte à l'image et au positionnement de marque de Clarins sur le type de produits consultés. Ces bandeaux visuels sont essentiels à la cohérence de la marque telle que la connaissent ses clients dans le monde réel : ils permettent d'installer le site dans cette cohérence globale.

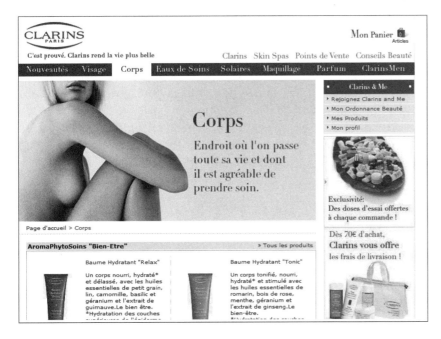

Figure 9–4
Partie visible d'une page du site de Clarins en résolution 1024 × 768 pixels : une grande part de l'espace écran est occupée par de l'image. Dans ce cas, c'est justifié car cela contribue à la fois aux objectifs du site et aux objectifs de la marque.
Source : www.clarins.fr

Sur ce site, on ne considère en aucun cas que ces bandeaux graphiques constituent une perte de place en hauteur. Ce qu'il faut surveiller par contre, c'est que l'on voie bien le début de la liste de produits avant le fold. Ainsi, vous bénéficiez à la fois de la présence forte du visuel et de l'indice du début de liste.

Ce compromis est envisageable de par la fréquence d'utilisation supposée du site de Clarins : ce n'est pas un site que l'on consulte tous les jours ou toutes les semaines ; on s'y rend plutôt pour satisfaire une envie particulière ou un besoin d'achat ponctuel. Cette présentation permet de satisfaire ces usages tout en conservant les valeurs de Clarins. On privilégie ainsi les univers et les visuels produits, plutôt que de mettre en avant des prix.

Vous pouvez d'ailleurs remarquer que l'on ne voit pas de prix avant le fold, ces derniers n'apparaissant que plus bas dans la page. Ce principe, qui pourrait être un défaut sur d'autres sites de commerce en ligne, devient neutre sur le site de Clarins puisqu'il entre en concordance avec les valeurs de la marque. Il est important de tenir compte du fait qu'un site Internet doit relayer la vie de la marque à l'extérieur.

Les types de zones

Selon la page sur laquelle vous travaillez, vous devrez intégrer différents types de zones. On commence généralement par concevoir un zoning général qui accueillera de la même manière les différents types de pages. Ainsi, on définit les éléments qui apparaîtront de manière identique sur toutes les pages du site. Ce zoning général est ensuite contextualisé selon la page spécifiée.

Vous n'êtes pas tenu de réaliser des zonings pour chacune des pages, mais au moins pour les plus importantes : page d'accueil, page de rubrique, page de liste, page produit, page article, etc. À l'intérieur de ces pages, vous définirez les emplacements des zones suivantes :

- identité et positionnement du site ;
- espaces de navigation ;
- espaces de mise en avant de contenus ;
- outils ;
- pied de page ;
- espaces publicitaires ;
- auto-promotions ;
- …

Conjointement à ces zones, vous pouvez fournir des indications de hiérarchie visuelle. Autrement dit, s'il est nécessaire en termes ergonomiques qu'une des zones soit beaucoup plus forte visuellement que les autres, vous devez l'indiquer afin que le directeur artistique en tienne compte dès ses premières recherches.

Le zoning est un document généraliste et assez grossier : il est très peu détaillé et c'est précisément son rôle (un niveau de détail supplémentaire viendra lors de la conception des maquettes). Cependant, sa conception vous demandera parfois d'aller plus loin afin de vérifier sa viabilité ultérieure. Par exemple, si votre barre de navigation principale contient beaucoup d'éléments, vous devrez tester si « ça rentre » avant de décider de son positionnement. Ainsi, n'hésitez pas à essayer de poser tous vos éléments de manière horizontale et verticale, pour revenir par la suite à une vue moins détaillée. Si vous ne le faites pas, vous risquez de proposer un zoning inapplicable par la suite.

Le zoning par l'exemple

Pour bien comprendre l'utilité d'un zoning, en voici deux exemples sur deux types de pages très différents. Le premier concerne la page d'accueil du site Formation des éditions Lamy :

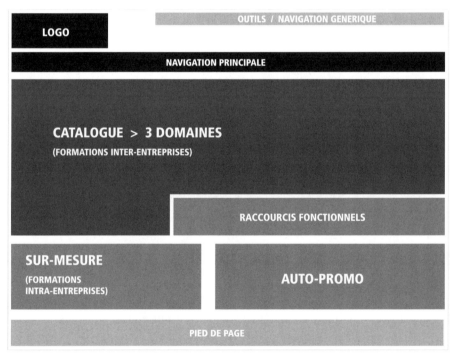

Figure 9–5 Zoning de la page d'accueil du site Lamy Formation (groupe Wolters Kluwer).
Source : spécifications ergonomiques pour la refonte du site www.lamy.fr

Le zoning n'est pas à considérer à la légère. Il vous permet notamment d'installer des principes essentiels, tout en restant à un niveau d'abstraction élevé. Ainsi, dans le zoning de la fiche produit du site Réservoir Jeux (figure 9–6), vous constatez que l'on décide déjà de supprimer toute navigation secondaire ; on réserve ainsi toute la largeur de la page à la fiche produit.

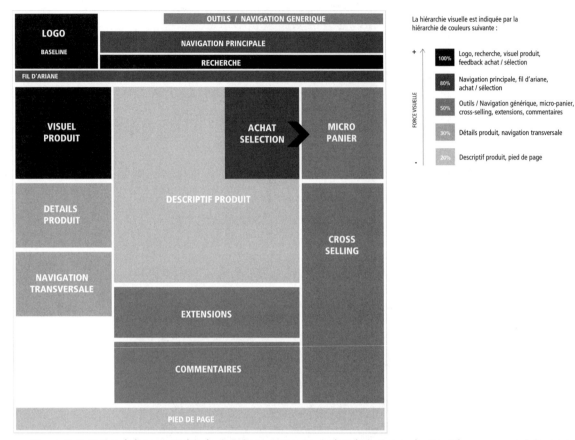

Figure 9–6 Zoning de la page produit du site Réservoir Jeux. Le résultat du zoning sur le site réel : www.reservoir-jeux.com

La maquette conceptuelle : chaque zone en détail

La suite logique du zoning consiste à remplir chacune des zones. C'est l'objectif de la rédaction de maquettes. Par exemple, si le zoning a indiqué qu'un formulaire se trouvait à un endroit de l'écran, vous devez maintenant le spécifier en détail. S'il a indiqué qu'une zone d'auto-promotion se trouvait à un endroit de l'écran, vous allez vous demander ce que vous allez y mettre et suivant quelle présentation.

On parle bien ici de maquette conceptuelle (ou maquette ergonomique), c'est-à-dire que rien n'évoque encore l'allure graphique que prendra le site final. Ce qui nous intéresse lors de cette étape est d'abord de réfléchir et de spécifier l'interface du site d'un point de vue fonctionnel et ergonomique. Il s'agit vraiment de décrire le plus précisément possible tout l'écran, en faisant en premier lieu abstraction de considérations graphiques. Notez toutefois que, si vous êtes en phase de refonte, il peut être intéressant de reprendre le design graphique existant et d'en partir pour apporter vos modifications.

La maquette doit répondre à chacune des règles ergonomiques évoquées au chapitre 5. Prise dans son ensemble ou détail après détail, elle doit être optimisée pour faciliter son utilisation par vos personas. Cette maquette ergonomique a trois utilités principales :

- **Côté concepteur** : la maquette vous force à prendre les problèmes à bras le corps. Face à une problématique écran, il vous faut absolument trouver *la* solution d'interface qui représentera le meilleur compromis au vu de l'ensemble des contraintes.

- **Côté client** : la maquette est un instrument de communication avec le client ; elle vous permet de faire valider la conception avant de passer au design graphique. Trop souvent, on attend d'avoir atteint un stade graphique avancé pour s'apercevoir que, fonctionnellement, cela ne « marche pas ». Il faut alors tout refaire et repenser, puis retravailler d'un point de vue graphique.

- **Côté équipe projet** : la maquette est un document de travail ; c'est le livrable qui fait le lien entre le concepteur et le graphiste. Ce dernier va s'attacher à effectuer le travail de création graphique en respectant le moule préconisé par le concepteur. C'est aussi un livrable très utile pour les intégrateurs, puisqu'il contient des notes fonctionnelles sur le comportement de l'interface. On peut ainsi spécifier les mécanismes de communication avec la base de données, ce qui est administrable ou pas, dans quel ordre s'affichent les éléments d'une liste, comment l'on choisit les mises en avant, etc.

MÉTHODOLOGIE
Je ne suis pas fan du noir & blanc...

Pensez bien à informer les personnes qui vont valider vos maquettes de la fonction que ces dernières remplissent. Précisez-leur que ce que vous allez leur soumettre n'a pas vocation à être beau et sera plus ou moins en noir et blanc, mais n'a pas besoin d'aller plus loin pour atteindre son but. Indiquez-leur que c'est à partir de ce type de document que travaillera le designer pour concevoir l'allure finale du site.

MÉTHODOLOGIE **Combien de pages devez-vous maquetter ?**

Dans l'idéal, il faut maquetter autant de pages que possible d'un point de vue conceptuel. Dans la réalité, prenez exemple sur la méthodologie d'audit (chapitre 6 de ce livre) et spécifiez d'abord les pages les plus importantes (page d'accueil et sous pages d'accueil, page produit, page finale, pages correspondant aux rubriques de la navigation principale, etc.)
Il est plus important d'avoir passé en revue tous les *types* de pages, plutôt que d'avoir décliné de nombreuses pages relevant du même modèle en oubliant d'autres pages à l'organisation différente.

Les différents types de maquettes

Une maquette peut être réalisée de manière plus ou moins détaillée. Elle peut même être faite à la main et satisfait alors principalement des besoins côté concepteur : dessiner une maquette sur papier peut être une pré-étape à la formalisation puis à la déclinaison logicielle. C'est notamment très intéressant lorsque vous ne réussissez pas à trouver la solution d'interface à un problème conceptuel. Travailler directement sur ordinateur semble en effet présenter l'inconvénient de diriger la concentration mentale vers la réalisation plutôt que sur la génération d'idées. Autrement dit, pour un bon brainstorming, rien ne vaut le papier ! Vous adopterez aussi ce format si vous manquez de temps : mieux vaut une maquette papier que rien.

On parle souvent du niveau de détail d'une maquette en termes de fidélité. Ainsi, une maquette papier ou une maquette écran très basique, en noir et blanc, et peu travaillée d'un point de vue visuel sera dite *basse-fidélité*. À l'inverse, une maquette qui commence à intégrer des principes graphiques et atteint un fort niveau de détail est dite *haute-fidélité*.

En fonction de son niveau de détail, la maquette conceptuelle représente plus ou moins de travail. Elle est de toutes façons toujours le lieu de nouvelles interrogations et demande à la fois de la rigueur et de l'imagination.

Qu'est-ce que je mets dans ma maquette?

Pour que la maquette conceptuelle atteigne son objectif, vous devez remplir les zones définies à l'étape de zoning. Il s'agit ici de spécifier précisément ce que contient la page, à quel endroit sont placés les éléments, leur taille approximative, leur nom, leur comportement, etc. Vous formalisez donc la manière dont se traduiront à l'écran les principes généraux choisis précédemment. Pour chacun des objets, on doit aborder différentes dimensions.

Textes et vocabulaire

Au niveau des mots, vous devez bien distinguer la problématique des textes de celle du vocabulaire (c'est-à-dire plutôt des intitulés d'éléments ponctuels). La question du texte n'est souvent pas critique lors de la phase de maquettage. La pure activité de conception web ne consiste en effet qu'à recommander une longueur approximative et des grands principes de mise en forme. Dans l'idéal, vous devez donc réserver l'écriture des contenus à quelqu'un dont c'est le métier. C'est encore plus important pour les paragraphes clés, par exemple les quelques lignes de présentation de votre site sur la page d'accueil.

Cependant, étant donné que ces contenus sont écrits uniquement sur la base de vos conseils, vous n'en disposez pas au moment où vous concevez vos écrans. Vous pouvez utiliser du faux contenu, mais qui doit être le plus réaliste possible, à la fois au niveau du fond et de la forme. Par exemple, si vous maquettez une fiche produit, essayez de reprendre les descriptifs du site précédent ou des descriptifs de produits comparables sur un autre site. Au niveau de la forme, si vous utilisez du faux texte, ne dupliquez jamais le même mot 50 fois pour représenter un paragraphe. Utilisez plutôt du contenu de type Lorem Ipsum, qui aura l'avantage de ressembler à du vrai texte et donc d'être beaucoup plus représentatif de la forme finale du contenu.

Passons au vocabulaire. Vous avez normalement décidé, lors de la phase d'architecture de l'information, quel vocabulaire utiliser pour chacune de vos options de menu. Ici, votre réflexion portera donc essentiellement sur le vocabulaire des éléments en cœur de page, notamment les titres, libellés de boutons, de liens, légendes, libellés de champs de formulaires, etc. Chaque mot doit être réfléchi afin de correspondre au plus près aux besoins de vos internautes (rappelez-vous la règle Compréhension que nous évoquions au chapitre 5, et croisez-la avec celles de Cohérence, de Conventions, d'Assistance et de Gestion des erreurs).

Votre travail ne consiste pas uniquement à définir le vocabulaire affecté à chaque objet. Par souci de rapidité et d'homogénéité du site, vous devez aussi rédiger des règles d'écriture (par exemple, vous recommanderez de libeller les boutons d'action avec un verbe à l'infinitif).

Apparence et comportement des objets

Une maquette doit représenter l'apparence des objets, mais aussi être accompagnée de toutes les notes et représentations visuelles nécessaires concernant le comportement des objets. Il s'agit de fournir autant d'informations de conception que possible aux personnes qui vont prendre en charge la réalisation du site, c'est-à-dire d'abord les graphistes, puis les développeurs. Vous devez appliquer ce principe sur les classes d'objets et sur les objets individuels.

Apparence et comportement de classes d'objets

Vous devez, d'une part, spécifier comment se présentent et se comportent tous les types d'objets que l'on trouve sur votre site. Une spécification suffit alors pour décliner l'ensemble des objets du même type. Ce type de spécifications, qui relève de la charte ergonomique, est donné de manière générale pour tous les objets comparables, en introduction des maquettes détaillées de chaque page. Cela vous évitera de répéter les mêmes informations sur plusieurs pages.

Outil **Lorem Ipsum ?**

Si vous ne disposez pas de contenus réels ou réalistes, vous pouvez aller chercher du contenu remplisseur sur ce site qui vous permet de générer du faux texte en fonction de vos besoins. Pensez à faire commencer votre texte par Lorem ipsum, afin que vos lecteurs saisissent immédiatement qu'il s'agit d'un contenu de remplissage.

> Lorem ipsum dolor sit amet, consectetuer adipiscing elit. Aenean rutrum. Nunc vel tellus. Integer id elit et odio vehicula vulputate.

▶ www.lipsum.com

Charte ergonomique

Une charte ergonomique spécifie des règles de conception des éléments d'un site ou d'un ensemble de sites. Elle permet ainsi de s'assurer que les règles ergonomiques élémentaires sont respectées lors du développement de nouvelles pages, fonctionnalités ou contenus. L'application d'une charte ergonomique permet en effet de se conformer aux basiques de l'ergonomie et de les intégrer au fur et à mesure de la vie du site. La charte a donc pour objectif d'aider les concepteurs, en leur fournissant les briques de base pour concevoir des pages de qualité : en utilisant cette charte, ils s'assurent que les fondamentaux d'ergonomie seront respectés.

Ainsi, vous allez spécifier la manière dont se présentent et se comportent tous les types d'objets de votre site, par exemple : titre de page, niveaux de texte, module de mise en avant, lien hypertexte (inter-pages et intra-page), titre cliquable, chapeau cliquable, bouton d'action, item d'une barre de navigation, image, message système, champ de formulaire, balise `Alt`, balise `Title`, etc.

En ce qui concerne l'apparence des objets, la représentation sous forme de maquette vous permettra de transmettre implicitement des recommandations sur l'emplacement de ces éléments, la taille attendue, les couleurs ou au moins les rapports de contrastes fond/caractère, la manière dont ils sont remplis, etc.

Par exemple, sur un site contenant beaucoup de formulaires que vous ne pouvez pas tous spécifier, vous donnez des règles de type : *les libellés de champs sont alignés à droite, ils ne sont pas suivis de :* , etc.

Quant aux spécifications relatives au comportement des objets, elles ne concernent que les éléments cliquables ou influencés par le système (par exemple, la modification d'un symbole de disponibilité produit en fonction de l'état du stock). Toutefois, les objets d'interface qui nécessitent le plus de spécifications comportementales sont les éléments cliquables. Dans ce cadre, quand on parle de comportement, c'est finalement toujours en termes d'apparence mais, de surcroît, temporaire. Ainsi, que se passe-t-il lorsque l'utilisateur interagit avec le site et survole un lien hypertexte ou clique dans un champ de formulaire ?

Si on prend l'exemple des liens hypertextes, ces derniers ont généralement un état nominal, un état survolé, un état cliqué/activé et un état visité. Selon les sites, on peut ajouter d'autres attributs, par exemple recommander d'afficher un élément supplémentaire au survol lorsque le lien est un lien externe.

L'accès aux fiches par un site externe doit être clarifié. Les internautes ne s'attendent pas à ouvrir cette fiche dans un site partenaire. L'internaute est ici informé qu'il s'agit d'un lien externe et qu'il s'ouvrira dans une nouvelle fenêtre par l'apparition d'une icône au survol de la souris :

Ce comportement s'applique au titre de l'annonce mais aussi au logo du partenaire.

Figure 9–7
Spécification du survol d'un lien externe à destination de la bourse nationale de la transmission d'entreprises sur le site d'OSEO
Source : www.oseo.fr

Si on prend l'exemple des items d'un menu de navigation, ces derniers ont généralement un état nominal (tant que l'utilisateur n'a rien fait) et un état cliqué/activé (lorsque l'on se trouve dans la rubrique correspondante). Ils peuvent aussi avoir un état survolé. Il peut suffire d'indiquer cette contrainte textuellement, sans forcément la représenter graphiquement. En fait, la maquette conceptuelle et ses annotations servent à donner des règles, des directions, et non des spécifications graphiques. Par exemple, vous pourrez indiquer que : « Le lien survolé doit avoir un aspect plus actif, comme *réveillé*. Il est donc interdit d'utiliser un contraste de couleurs moindre que le lien en état nominal. »

Faites attention à ne rien oublier, surtout lorsque vous sortez des sentiers battus. Ainsi, il est rare que les images aient un état visité, mais cela peut avoir son importance dans certains types de navigation et il est alors primordial de l'indiquer dans le document de spécifications conceptuelles.

C'est par exemple le cas sur le site de Jenna de Rosnay où la navigation à l'intérieur d'une gamme de maillots de bains se fait exclusivement via des images des modèles (ces derniers n'ayant pas de nom). Il est alors important d'avoir prévu un état visité pour ces images, facilitant la consultation multi-modèles.

Figure 9–8
L'état visité de trois modèles parmi les 10 de la page m'indique de manière fiable et rapide que j'ai déjà visualisé le détail de ces modèles.
Source : www.jennaderosnay.com

Apparence et comportement d'éléments individuels

Si certains éléments n'apparaissent qu'une fois dans le site, ou s'ils représentent une instanciation particulière d'une classe d'objets, vous devez indiquer dans la maquette conceptuelle leur apparence et leur comportement, de la même manière que pour les types d'objets ; simplement, cette spécification ne sera utilisée qu'à une seule occasion.

Par exemple, si vous estimez important d'agrandir la surface cliquable autour du contour strict du logo, la maquette conceptuelle est le lieu parfait pour le spécifier.

Autre exemple : imaginons que vous avez prévu de modifier l'état d'un bouton suite à une action utilisateur, puis de le ramener à son état initial. Vous devez d'abord spécifier les apparences et libellés de chacun des états en fonction des enchaînements prévus lors du flux d'interaction. Vous devez aussi fournir les durées d'affichage de ces états. Si vous n'êtes pas en mesure d'être assez précis et qu'il vous faut une interface fonctionnelle pour juger de cette durée, vous devez l'indiquer afin que ce ne soit pas oublié par la suite. Ainsi, pour atteindre l'interface finale du processus d'ajout au panier dans le site Réservoir Jeux, il a fallu spécifier l'ensemble des étapes suivantes :

Figure 9–9
Le processus d'ajout au panier du site de Réservoir Jeux se décompose en 5 étapes : 1 - interface initiale : on clique sur le bouton *Ajouter au panier*, 2 - ajout en cours, 3 - article ajouté, 4 - fondu, 5 - retour au bouton *Ajouter au panier*. Au cours de la seconde étape, on voit apparaître l'article dans un résumé du panier sur la droite de l'écran.
Source : www.reservoir-jeux.com

Figure 9–9 (suite)

De la même manière, si votre site contient des formulaires qui se comportent de manière dynamique, vous devez représenter tous les types d'étapes possibles en fonction des actions utilisateur. Regardez ainsi cet exemple de spécification textuelle accompagnée d'une représentation visuelle pour le site d'OSEO :

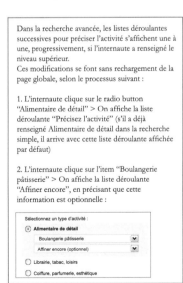

Dans la recherche avancée, les listes déroulantes successives pour préciser l'activité s'affichent une à une, progressivement, si l'internaute a renseigné le niveau supérieur.
Ces modifications se font sans rechargement de la page globale, selon le processus suivant :

1. L'internaute clique sur le radio button "Alimentaire de détail" > On affiche la liste déroulante "Précisez l'activité" (s'il a déjà renseigné Alimentaire de détail dans la recherche simple, il arrive avec cette liste déroulante affichée par défaut)

2. L'internaute clique sur l'item "Boulangerie pâtisserie" > On affiche la liste déroulante "Affiner encore", en précisant que cette information est optionnelle :

Figure 9–10
Spécification de comportement : formulaire de recherche de la bourse nationale pour la transmission d'entreprises sur le site d'OSEO.
www.oseo.fr

Dernier exemple : si des objets de votre site changent d'apparence et de comportement en fonction des actions passées de l'internaute (c'est notamment le cas des liens visités), vous devez le spécifier afin de ne pas l'oublier. Voici une remarque de ce type, toujours dans les spécifications conceptuelles du site d'OSEO :

Figure 9–11
Spécification des icônes
pour la bourse nationale
de la transmission d'entreprises
sur le site d'OSEO.
www.oseo.fr

Ces différents exemples ont pour objectif de souligner un point : plus vous spécifierez d'éléments dans vos maquettes, moins vous aurez de travail de retouche et d'allers-retours par la suite. Essayez donc d'approfondir au maximum le détail de l'apparence et du comportement de l'interface.

La maquette conceptuelle par l'exemple

Le premier exemple de maquette reprend celui de notre premier zoning et concerne la page d'accueil du site Formation des éditions Lamy :

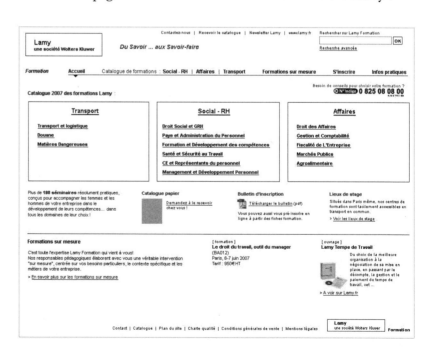

Figure 9–12
Maquette conceptuelle de la page d'accueil du
site Lamy Formation (groupe Wolters Kluwer).
Source : spécifications ergonomiques pour la
refonte du site www.lamy.fr/modules/formations

Le second exemple illustre le contenu d'une page interne du même site :

Figure 9–13
Maquette conceptuelle d'une fiche produit du site Lamy Formation (groupe Wolters Kluwer).
Source : spécifications ergonomiques pour la refonte du site www.lamy.fr/modules/formations

Vous serez aidé dans votre tâche par les nombreux logiciels existant sur le marché pour réaliser des maquettes conceptuelles.

Quels logiciels pour réaliser zonings et maquettes ?

Il se trouve que les logiciels utilisés par les différents concepteurs relèvent souvent davantage d'un choix d'entreprise que d'un choix individuel guidé par l'analyse fine des avantages et inconvénients de chacun des outils. Notez aussi que c'est rarement l'outil qui détermine la qualité des spécifications, mais bien plutôt l'expertise, l'ardeur et la rigueur que l'on met à cette tâche.

Tableau 9–2 Les logiciels pour réaliser plans de site, flux d'interaction, zonings et maquettes

Logiciel	Avantages	Inconvénients
Powerpoint (Microsoft Office) http://www.microsoft.com/france/office	- partage et travail collaboratif inter-entreprises ; - support du prototypage pour les tests utilisateurs ; - avantages d'un logiciel orienté présentation (gestion des masques, des styles, de la pagination) ; - caractère multi-fonctions.	- rigidité dans la mise en page ; - inadaptation au format web ; - pas de prise en compte de la notion de pixels.
Visio (Microsoft Office) http://www.microsoft.com/france/office	- bibliothèques d'éléments ; - caractère multi-fonctions ; - très efficace pour la représentation d'architectures et de flux d'interaction.	- difficulté de partage des documents et de travail collaboratif inter-entreprises ; - pas de prise en compte de la notion de pixels ; - rigidité dans la mise en page.
InDesign (Adobe) http://www.adobe.fr/indesign	- modes d'interaction qui permettent de travailler très vite ; - puissance et flexibilité du mode vectoriel ; - avantages d'un logiciel de mise en page (gestion des masques, des styles, de la pagination, exports pdf, gestion avancée de l'impression) ; - bibliothèques d'éléments ; - caractère multi-fonctions (permet à la fois de dessiner des plans de sites, des zonings, des maquettes, d'écrire des rapports d'audit ou de tests utilisateurs, etc.) ; - support du prototypage pour les tests utilisateurs.	- pas de prise en compte de la notion de pixels ; - difficulté de partage des documents et de travail collaboratif inter-entreprises.
Illustrator (Adobe) http://www.adobe.fr/illustrator	- notion de pixels ; - puissance et flexibilité du mode vectoriel ; - bibliothèques d'éléments.	- pas de notion de pages ; - difficulté de partage des documents et de travail collaboratif inter-entreprises.
Photoshop (Adobe) http://www.adobe.fr/photoshop	- notion de pixels ; - précision apportée par la finalité initiale de l'outil ; - support du prototypage pour les tests utilisateurs.	- vitesse d'exécution ralentie par la possibilité de dessiner au pixel près (le concepteur a tendance à trop exploiter les possibilités de l'outil et à aller trop loin dans le détail) ; - pas de notion de pages.
Axure RP Pro http://www.axure.com	- le plus avancé pour travailler en intégrant des éléments réellement fonctionnels (par exemple les listes déroulantes), notamment en vue d'un prototypage ; - bibliothèques d'éléments.	- difficulté de travail collaboratif inter-entreprises.

Il est important de prendre en compte la notion de pixels lorsque vous dessinez des zonings ou des maquettes. Or c'est trop rarement le cas dans les habitudes de conception web à la française. Lorsqu'on a la chance d'avoir une personne consacrée uniquement à la conception du site, et non à son aspect graphique, celle-ci travaille souvent de manière complètement décorrélée du format final d'un site web.

Pourtant, un écran, c'est une somme de pixels. Certes, les outils qui n'intègrent pas la notion de pixels permettent tout de même d'avoir une idée des proportions de chacun des éléments en regard des autres. Cependant, il vous faudra toujours savoir si « ça rentre ou pas ? ». Ce sont des problématiques récurrentes pour les barres de navigation horizontales, les fils d'Ariane, la largeur d'une page découpée en 3 colonnes, les contenus visibles au-dessus du fold, etc.

En outre, comme nous l'avons évoqué au début de ce chapitre, une page web est infinie en longueur. Il se trouve que les logiciels rigides en termes de format de page (notamment ceux ne proposant que du A4 en portrait ou en paysage) donnent des sites dont on repère très vite qu'ils ont été conçus avec ce type d'outils. Même si ce n'est pas dramatique, et que l'on trouve des moyens de contournement lorsqu'on le souhaite vraiment (par exemple, on représente un écran sur plusieurs pages), il est dommage que l'outil influence autant la conception.

Et la suite ?

Une part non négligeable de l'activité de conception consiste à faire ce que l'on appelle de la validation ou du suivi ergonomique. Parce que l'on ne peut jamais tout spécifier, et aussi qu'il est possible d'être mal compris, vous devez nécessairement effectuer des sessions de validation suite à la prise en compte des spécifications conceptuelles. Faites-le au moins après l'étape de design graphique et après celle d'intégration technique. Si vous le pouvez, faites-le encore plus souvent, même de manière informelle.

Ce type de validation permet de vérifier que l'on respecte non seulement les spécifications contenues dans vos documents, mais aussi les règles ergonomiques générales (voir à ce propos le chapitre 5). Et, lorsque vous avez mis tout votre cerveau de spécialiste dans l'optimisation ergonomique de votre site, il ne vous reste plus qu'à évaluer sa pertinence avec de vrais internautes ! C'est l'objet des deux derniers chapitres de ce livre.

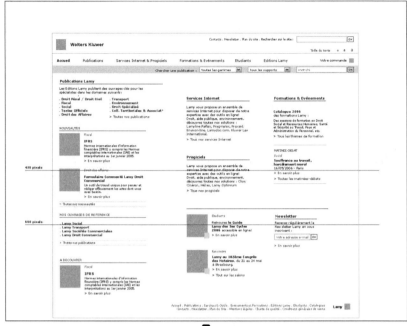

Figure 9–14
Puisque la maquette conceptuelle sert à diriger
le travail de design et celui d'intégration,
il est important de valider ces deux étapes d'un point
de vue ergonomique. Cette activité peu coûteuse
vous assurera d'une bonne qualité d'utilisation
finale, grâce à l'évaluation du respect de la
maquette conceptuelle, mais aussi en allant au-delà.
Source : Spécifications ergonomiques et maquette
graphique de la page d'accueil du site www.lamy.fr
(groupe Wolters Kluwer)

CINQUIÈME PARTIE

Mettez votre site à l'épreuve

S'il y a une chose que ce livre doit vous avoir apprise, c'est que vous n'êtes pas représentatif de vos utilisateurs. Cela signifie donc que, si vous voulez améliorer au maximum l'ergonomie de votre site, vous devez le soumettre à l'épreuve de balles réelles.

Autrement dit, il faut que vous observiez ce que donne votre site face à de vrais internautes. Les méthodes du tri de cartes et du test utilisateur vous y aideront.

chapitre 10

La méthode du tri de cartes pour organiser un site

Lorsque l'on travaille sur l'organisation d'un site web, on essaie de le structurer de manière optimale pour ses utilisateurs finaux. Ces derniers ont en tête des attentes et des manières de catégoriser les informations qu'il vous faut comprendre.

Ce n'est qu'en essayant de cerner leur façon de penser et comment ils voient les choses que vous pourrez organiser votre site pour eux. Voyons comment la méthode du tri de cartes peut vous y aider.

SOMMAIRE

▸ Préparation du tri de cartes
▸ Déroulement d'un tri de cartes
▸ Les grands types de tris de cartes
▸ L'analyse des données
▸ Utilité et limites du tri de cartes

MOTS-CLÉS

▸ Tri de cartes
▸ Architecture de l'information
▸ Catégorisation mentale
▸ Analyse de clusters

MÉTHODOLOGIE **Et si je saute cette étape ?**

Si votre architecture de l'information se base uniquement sur votre regard de concepteur, elle
risque d'être inadaptée aux pré-conceptions de
vos internautes. Encore une fois, rappelez-vous
que vous n'êtes pas l'utilisateur final et que personne ne peut s'y substituer.

DANS CE LIVRE **Tri de cartes
et architecture de l'information**

La méthode du tri de cartes est intrinsèquement liée
à l'architecture de l'information. Pensez à faire un
tour au chapitre 8 afin d'en savoir plus sur l'application de cette discipline au domaine du Web.

MÉTHODOLOGIE **La place du tri de cartes
dans le cycle de conception**

Rappelez-vous le caractère amont de l'architecture
de l'information par rapport au maquettage des
écrans. Le tri de cartes vous servira à nourrir ou
valider votre architecture de l'information pour
supporter le reste des étapes de conception.
Notez que le tri de cartes est aussi une très bonne
méthode d'évaluation lorsque vous devez juger de la
pertinence utilisateur d'une architecture existante.

PRÉ-REQUIS **On trie ce qu'on a énuméré**

Cette présentation du support du tri de cartes suppose que vous ayez conduit préalablement un travail d'énumération des contenus (voir à ce propos
le chapitre 7).

Une des méthodes privilégiées en architecture de l'information est le tri
de cartes, ou tri par cartes. Cette démarche participative consiste à faire
ranger des contenus à des internautes afin de comprendre la manière
dont ils opèrent des regroupements catégoriels. Classiquement, on propose un tas de « cartes » (les contenus du site) à des utilisateurs qui doivent former plusieurs piles à partir de ce tas unique.

La méthode du tri de cartes est une sorte d'exercice sous forme de jeu,
dont le but est d'aller chercher les modèles mentaux à la source, c'est-à-
dire dans la tête des gens. Le résultat du tri de cartes doit normalement
refléter la manière dont ils rangent les informations dans leur tête.

Cette méthode permet donc de valider les bases d'une structure web
avant de passer à sa formalisation sous forme d'écrans. Elle est idéale
pour travailler sur deux plans : à la fois l'organisation des informations à
l'intérieur d'un site et les noms que l'on donne à ces informations.

En effet, ces mots étant les seuls indices permettant aux internautes de
naviguer parmi les rubriques, ils revêtent une importance primordiale.
Autrement dit, vous pouvez tout à fait avoir une bonne catégorisation,
mais la saccager parce que vous n'avez pas trouvé des noms de rubriques
appropriés. Cela revient à avoir une mauvaise catégorisation, puisque vos
internautes seront tout autant incapables de parcourir le site efficacement.

Le tri de cartes peut vous servir de méthode aussi bien pour l'évaluation
que pour la validation de vos propres spécifications. Vous pouvez donc
l'utiliser pour évaluer la qualité de l'architecture de l'information au sein
d'un site existant ou pour valider vos choix lors d'une conception de site.
Autrement dit, c'est une méthode qui vit dans un projet aussi bien très
en amont que lorsque le site existe déjà.

Nous allons commencer par aborder la préparation et le déroulement
d'un tri de cartes classique, c'est-à-dire le plus fréquemment utilisé, pour
ensuite présenter les applications dérivées de cette méthode de base.

La préparation du tri de cartes

L'étape de préparation du tri est assez simple. Vous n'avez besoin que de
cartes et de participants.

Le matériel du tri de cartes

Pour mener un tri, vous devez avoir énuméré l'ensemble des contenus
que vous souhaitez soumettre à vos participants. Ensuite, il vous faut
préparer le support sur lequel vous allez présenter ces contenus.

Le support du tri est très simple : si vous menez un tri de cartes papier, il consistera à imprimer ou à noter le nom de chaque contenu sur ce que l'on appelle une carte ; celle-ci peut être du papier, du carton, des post-it, etc. Vous pouvez utiliser les mêmes cartes pour tous les participants. Elles résisteront alors mieux si elles sont en carton. Vous pouvez aussi réaliser le tri sur une surface verticale (mur ou tableau), en utilisant des supports autocollants ou des aimants. Si vous adoptez une version informatique du tri de cartes, cette préparation consistera à saisir les noms de chacune de vos cartes dans votre application.

Le plus souvent, ce que l'on note sur une carte, c'est une description textuelle du contenu. Cependant, il peut être intéressant de contextualiser le concept à l'aide d'une illustration du contenu en question (figure 10–2). Cela vous permettra de ne pas le décrire trop précisément et de laisser l'utilisateur se l'approprier.

> **MÉTHODOLOGIE** **Attention aux biais**
>
> Veillez à ne pas orienter le tri par la manière dont vous nommez les cartes (par exemple, information commerciale, information client, information technique, etc.). Ce sont les éléments discriminants de chacune des cartes/concepts qui doivent être traduits sur la carte.

Figure 10–1
Exemple de support de tri de cartes pour le site d'Asmodée : les descriptifs des cartes sont uniquement textuels.
Source : www.asmodee.com

Préparez aussi de quoi noter ce qui se passe pendant le tri, ainsi que les verbalisations de vos participants. Vous pouvez filmer les sessions de tri si vous avez le temps de toutes les visionner par la suite, mais cela présente peu d'intérêt. Essayez d'analyser en temps réel et d'extraire ce qui vous semble intéressant à mesure que la session se déroule.

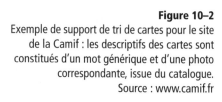

Figure 10–2
Exemple de support de tri de cartes pour le site de la Camif : les descriptifs des cartes sont constitués d'un mot générique et d'une photo correspondante, issue du catalogue.
Source : www.camif.fr

Dans le cas d'un tri de cartes physique, n'oubliez pas qu'il vous faudra aussi un appareil photo pour capturer le résultat du tri de cartes.

Les participants au tri de cartes

Le fondement de la méthode du tri de cartes est de faire appel à de vrais utilisateurs, vous devez donc en recruter quelques-uns pour les faire travailler et s'exprimer sur vos contenus.

Les conseils de recrutement sont identiques à ceux du test utilisateur. Reportez-vous donc au chapitre suivant pour les lire en détail. Dans les grandes lignes, les utilisateurs dont vous recueillez les données doivent posséder un profil identique à celui des internautes qui viennent sur votre site. La seule différence avec le test réside dans l'importance plus élevée du nombre de participants, notamment si vous souhaitez analyser les données sous forme statistique. Pour pouvoir réaliser ces statistiques et garantir la plus grande fiabilité possible, vous avez besoin d'autant de participants que possible. Toutefois, si vous n'avez pas beaucoup de temps et souhaitez coupler les méthodes du tri de cartes et du test utilisateur en ne faisant venir vos participants qu'une fois, vous devrez vous contenter du même nombre de personnes dans votre panel.

Déroulement d'un tri de cartes : les règles du jeu

Détaillons d'abord le déroulement d'un tri de cartes tel qu'il se pratique le plus fréquemment. Nous présenterons par la suite les différents types de tris de cartes et les impacts qu'ils ont sur ce déroulement de base.

1re étape : Immersion

Un tri de cartes commence par la présentation d'un ensemble de cartes représentant les contenus, services et fonctionnalités que vous souhaitez voir apparaître dans votre site web. Attention, le tri de cartes ne concerne pas forcément la totalité du site et peut être centré sur une problématique particulière (par exemple, la catégorisation du catalogue produits en différentes rubriques).

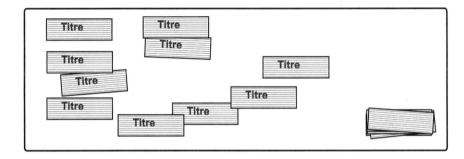

Figure 10–3
Support de l'étape d'immersion : les cartes à trier, ainsi qu'un paquet de cartes vierges.

Lors de cette première étape, on explique les règles du jeu du tri de façon concrète. Le support physique de l'explication est une table sur laquelle on aura disposé les cartes de façon aléatoire, ainsi qu'un petit tas de cartes vierges, non libellées.

Selon les préférences, on pourra présenter les cartes libellées sous forme de tas ou réparties sur la table. L'éparpillement des cartes sur la table présente l'avantage de donner à votre participant une vue d'ensemble du type de contenus que vous lui demandez de ranger. Cela lui évite donc de changer de stratégie de groupement et de perdre du temps. Notez cependant que, si vous avez un nombre important de cartes, il semble plus indiqué de proposer un tas de cartes plutôt qu'un étalage. En effet, cela permet au participant de fonctionner de manière séquentielle et de bien se concentrer sur le principe au lieu de s'éparpiller dans l'analyse de toutes les cartes posées sur la table.

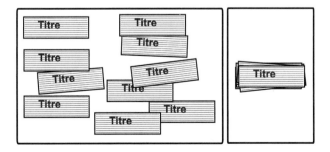

Figure 10–4
Deux possibilités de présentation des cartes à trier : étalées sur la table ou sous forme d'une pile.

2ᵉ étape : Validation et précision des contenus

Cette seconde étape est optionnelle. Elle consiste à faire valider les contenus par le participant. Elle est primordiale lorsque l'on considère que l'utilisateur détient un savoir donné ou une attente en termes de contenu et que l'on souhaite y accéder. Bien entendu, les internautes ont toujours de telles attentes, mais les caractéristiques d'un projet peuvent interdire toute remise en question des contenus et de leurs caractéristiques. Le tri consiste alors uniquement à organiser des contenus déterminés a priori.

Vos participants doivent vous aider à juger de la pertinence des cartes sur deux plans : leur utilité et leur appellation.

- **Au niveau de l'utilité des contenus**, il s'agit à la fois de détecter si les cartes présentées paraissent cohérentes à l'utilisateur (Est-ce qu'il est utile d'avoir ce type d'informations sur le site ?), et s'il lui semble manquer des choses. On doit lui suggérer d'ajouter les contenus manquants en se servant des cartes vierges.
- **Au niveau de l'appellation des contenus**, on doit demander à l'utilisateur d'analyser les intitulés et d'en proposer de plus adaptés si nécessaire. L'utilisateur peut donc renommer les cartes à sa guise s'il estime que les contenus sont mal décrits.

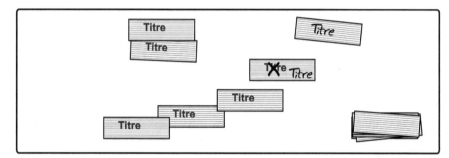

Figure 10–5
Résultat de l'étape de validation et de précision des contenus à trier.

Avant de passer à l'étape suivante, vous pouvez demander à votre participant de décrire chacun des contenus. Cette étape est un support intellectuel intéressant pour l'activité de catégorisation. Les similitudes et différences entre contenus apparaissent ainsi de manière plus marquée.

Par exemple, la phase de catégorisation des produits du catalogue d'un éditeur de jeux peut être précédée d'une verbalisation provoquée sur la nature de chacun des jeux. Ainsi, il peut être intéressant de poser à vos participants des questions du type « *Si vous deviez décrire ce jeu en quelques mots à un ami, que lui diriez-vous ?* ». Vous obtiendrez alors des mots-clés descriptifs qui aideront vos participants lors de l'étape suivante.

3e étape : Groupement

L'étape centrale d'une session de tri consiste à demander au participant de dégager des groupes à partir de l'ensemble des cartes. Il doit établir des regroupements de cartes en associant ce qui lui paraît aller ensemble (les items comparables), et donc en séparant ce qui lui paraît différent (les items opposables). Le tri peut ainsi être effectué selon un double mouvement et vous verrez que tous les participants n'adoptent pas la même stratégie : certains prennent le parti de regrouper, d'autres celui de diviser. Dans tous les cas, tous doivent arriver à un résultat identique : quelques groupes de cartes.

MÉTHODOLOGIE
Restriction du nombre de groupes

Si c'est important pour votre projet, vous pouvez poser une limite à vos participants en leur indiquant un nombre maximal de groupes.

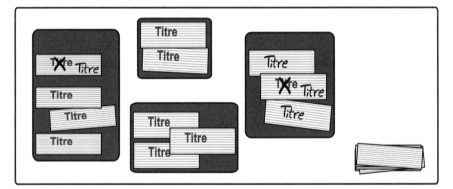

Figure 10–6
Résultat de l'étape de groupement.

Au gré de la session de tri, et en fonction de la position méthodologique que l'on aura adoptée, on peut inviter l'utilisateur à dupliquer certaines cartes si elles lui paraissent appartenir à plusieurs groupes. Il faut donc décider avant la session de tri si les catégories doivent nécessairement être imperméables (c'est-à-dire qu'un item appartient à une et une seule catégorie). C'est un choix théorique important. Dans le domaine du Web, on accepte souvent la présence inter-catégories d'un item, puisque la catégorisation ne doit pas limiter les liens transversaux entre contenus.

C'est vraiment cette étape de groupement qui permet d'accéder au processus mental de classement des utilisateurs. Il s'agit d'essayer de transférer une catégorisation mentale sur le plan concret.

En tant qu'êtres humains, nous avons tendance à analyser le monde qui nous entoure sous la forme de catégories, afin de le simplifier. Ainsi, nous assimilons par réflexe ce qui se ressemble et séparons ce qui se différencie. Le tri de cartes a pour objectif de repérer les items qui vont être considérés comme comparables par les internautes. Ces regroupements ne tombent pas toujours sous le sens et dépendent beaucoup des connaissances antérieures et des habitudes des internautes. On ne regroupe pas seulement des choses parce qu'elles partagent des traits communs parfaitement identifiables. Le concept de ressemblance cognitive est beaucoup plus complexe et fait intervenir un réseau élaboré de relations de similitudes et de différences qui s'entrecroisent.

Il existe dans nos structures conceptuelles de nombreuses catégories dont les membres, pris deux à deux, peuvent ne partager aucun facteur commun. Le philosophe Wittgenstein a expliqué cet état de fait par la notion d'« air de famille » : parfois, sans pouvoir expliquer pourquoi, on met en corrélation deux objets du monde parce qu'ils nous semblent avoir quelque chose en commun, que l'on ne parvient pas à déterminer exactement. Les membres d'un même groupe peuvent tous avoir un « air de famille » sans que l'on puisse pour autant en identifier la cause.

C'est par exemple le cas des jeux : un jeu peut n'avoir rien de commun avec un autre jeu, mais nous sommes tout de même capables de déterminer qu'il s'agit d'un jeu. En fait, les correspondances conceptuelles s'établissent plutôt deux à deux (par exemple, on voit bien que les jeux de dames et d'échecs ont des points communs) et c'est la somme des relations d'objets deux à deux qui crée une catégorie.

4ᵉ étape : Nommage

La dernière étape consiste à demander à l'utilisateur d'essayer de nommer les groupes qu'il a formés. Vous devez insister sur le fait que cette appellation ne requiert pas nécessairement clarté ou concision.

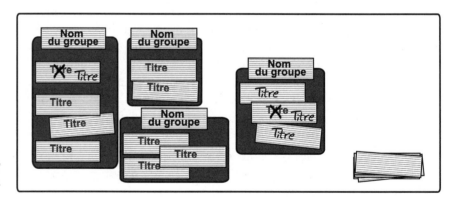

Figure 10–7
Résultat de l'étape de nommage.

Pour faciliter le cheminement mental vers l'attribution d'un nom à une catégorie, on peut faire précéder cette étape d'une préparation. Il s'agit de déterminer sur quoi est basé le tri en demandant au participant : « *Pourquoi avez-vous mis ces cartes* [désignation d'un groupe] *ensemble ? Qu'est-ce qui fait qu'elles se ressemblent ? Qu'est-ce qui les différencie des autres cartes ?* »

La réflexion pour répondre à cette question sert de support à l'étape suivante d'attribution d'un nom au groupe. La recherche d'une appellation est en effet guidée par la réflexion sur les fondements du classement. On doit donc demander à l'utilisateur d'extraire le dénominateur commun à l'ensemble des cartes composant la catégorie. C'est, normalement, cet attribut qui lui aura permis de décider que l'information A était comparable à l'information B. Vous verrez que, la plupart du temps, les participants s'expriment d'eux-même sans que vous ayez besoin de leur donner cette consigne.

Cette procédure permet d'obtenir un intitulé descriptif de chacun des groupes de contenus. Attention, cette étape sert surtout à comprendre pour quelle raison les cartes d'un groupe ont été classées ensemble. Les titres que donnent vos participants aux groupes ne constituent donc pas forcément le nom que vous attribuerez aux rubriques de votre site.

Accompagner vos participants

Il est important de rappeler aux participants que l'on ne cherche pas à tester s'ils voient les choses telles qu'on le souhaiterait, mais que l'on cherche bien à comprendre *leur* vérité, qui est la seule chose qui nous intéresse.

En outre, vous devez demander à vos participants de vous expliquer ce qui se passe dans leur tête pendant toute la session de tri, comme lors d'un test utilisateur. Ils doivent essayer de penser à voix haute, afin que vous puissiez accéder au maximum de données sur leur organisation mentale.

Les quatre étapes que l'on vient d'évoquer constituent le déroulement classique d'un tri de cartes. Toutefois, cette méthode est multi-forme et peut être appliquée de manière très différente selon les positions méthodologiques adoptées. Dans la suite de ce chapitre, nous allons donc nous intéresser aux différents types de tris de cartes.

> **MÉTHODOLOGIE Le tri de cartes s'intéresse aux représentations mentales d'un utilisateur**
>
> Si vous entendez des choses du type « *C'est ça, hein ?* », « *J'ai bon, là ?* », « *Je le mettrais bien avec ça, mais je pense pas que les autres vont faire ça* », « *J'imagine que ça doit être ça qu'on attend de moi* », etc., insistez à nouveau sur le fait qu'il n'y a pas de bonne ou de mauvaise réponse, mais que l'on cherche à comprendre la manière dont *ils* voient les choses.

Les grands types de tris de cartes

On peut mettre en œuvre la méthodologie du tri de cartes de manière différente en fonction de 4 dimensions : la liberté d'action de vos participants, le support matériel du tri, les caractéristiques de votre panel et le niveau de profondeur du tri.

Selon la liberté d'action des participants

Le tri peut être ouvert (vous ne proposez pas de groupes a priori) ou fermé (les cartes doivent être rangées dans des groupes prédéfinis). Ainsi, le cadre de travail que vous proposez à vos participants est plus ou moins structuré, et leur laisse plus ou moins de liberté d'action. Choisir entre un tri de cartes ouvert ou un tri fermé ne relève pas du hasard : chacune de ces méthodes possède ses contextes d'utilisation privilégiés.

Tri de cartes ouvert : tout est possible

Le tri de cartes ouvert est le plus couramment utilisé. Il est dit ouvert car il laisse une grande liberté à l'utilisateur dans son activité de classement des contenus. Il consiste à présenter au participant un paquet de cartes correspondant aux contenus du site et à lui demander d'en constituer des groupes.

Le nombre de groupes ainsi que leur appellation sont en général totalement libres : c'est l'utilisateur qui décide. Vous pouvez toutefois conduire un tri partiellement ouvert en limitant le nombre de groupes à un plafond maximal (vous indiquez par exemple à vos participants qu'ils ne peuvent pas créer plus de 12 groupes).

Le tri de cartes ouvert est plutôt utilisé lors des phases de conception de l'architecture de l'information. Les résultats des tris ouverts sont des sources d'informations très riches pour construire un rubriquage pertinent. Ils permettent en effet d'accéder aux représentations mentales de l'organisation et de l'interaction entre les contenus proposés. Cette méthode sert souvent de base pour une première proposition d'architecture sous forme de plan de site.

C'est donc plutôt une méthode de découverte, durant laquelle vous allez chercher l'information à la source, dans la tête de vos internautes. Vous vous intéresserez aussi aux mots qu'ils mettent sur les éléments que vous leur proposez.

Tri de cartes fermé : une place pour chaque chose et chaque chose à sa place

Le tri de cartes fermé se base quant à lui sur des catégories déjà fixées par l'équipe de conception et/ou le client. Il consiste à demander à l'utilisateur de classer une série de cartes dans des catégories prédéfinies. En fonction du niveau de fermeture, vous pouvez laisser vos participants placer, si nécessaire, une carte dans plusieurs catégories (en dupliquant la carte) ou renommer les cartes et les intitulés des catégories.

Ainsi, le tri de cartes fermé se positionne plutôt comme une méthode de validation d'une architecture déjà pensée. Il s'agit de la tester avec l'aide de vos internautes et d'obtenir un feedback sur l'efficacité des intitulés que vous avez choisis.

Proposer un tri ouvert ou fermé a des conséquences sur le déroulement classique d'un tri de cartes. Ainsi, lors d'un tri de cartes fermé, l'étape de nommage peut être supprimée, ou transformée en validation des titres des groupes proposés.

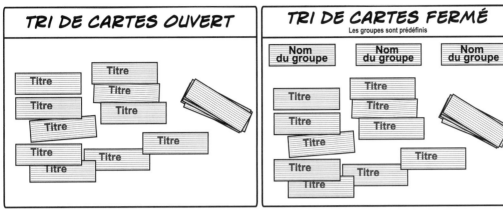

Figure 10–8 Dans un tri de cartes ouvert, aucun groupe n'est formé a priori.
Dans un tri de cartes fermé, les catégories sont déterminées à l'avance.

Prenons l'exemple d'un tri de cartes fermé mené sur les jeux de société du site d'Asmodée : il a permis de modifier les intitulés des rubriques prédéfinies pour coller aux représentations mentales des participants et aux besoins qu'ils ont exprimés lors des sessions de tri. Leurs hésitations à placer certains jeux dans la catégorie *Bluff et Manigances,* du fait du mot *Manigances* et de l'absence de la notion d'enchères, ont conduit à modifier l'intitulé *Bluff et Manigances* en *Bluff et Enchères.*

Selon le support du tri de cartes

Le tri de cartes peut être physique (il est mené en face à face, avec un support matériel qui sont des cartes) ou informatisé (il est mené sur ordinateur, avec un support matériel qui sont des mots ou des objets à l'écran).

Le tri de cartes physique

Ce que l'on appelle le tri de cartes physique est celui que nous vous présentons depuis le début de ce chapitre : il s'agit de faire travailler vos participants lors d'un exercice sur table, avec des supports réels.

Il semble que ce support matériel soit idéal pour travailler sur l'organisation des contenus d'un site web et ce, pour plusieurs raisons :

- Tout d'abord, la composante d'interaction humaine présente dans le tri de cartes physique est un élément indispensable, qui fait tout le bénéfice de la méthode. Ainsi, le tri de cartes est aussi un support pour la discussion et permet, à ce titre, d'approcher des représentations mentales non accessibles lors d'un tri informatisé.

- De plus, le principe de la méthode est sans doute plus clair pour le participant et l'implication plus importante dans une activité en face en face.

Vocabulaire
Tri de cartes physique ou papier

Le tri de cartes physique est aussi appelé tri de cartes papier, puisque le support utilisé par vos participants est présenté sous forme de papier ou de carton, en tout cas d'un support saisissable et non virtuel.

• Enfin, mais ce n'est qu'une hypothèse, il semble que la composante motrice (prendre, manipuler, déplacer, ranger les cartes) soit un support à la réflexion et stimule l'activité de catégorisation mentale.

Le tri de cartes informatisé

Le tri de cartes peut aussi être conduit sous forme informatique. Vous pourrez être amené à pencher pour cette solution principalement en raison du grand nombre de données qu'elle permet d'obtenir en un temps record par rapport au tri de cartes physique. Le support informatique facilite à la fois la collecte des données, leur analyse et leur restitution. Le temps d'administration de l'épreuve est nul et les données sont automatiquement stockées sous forme informatique, sans nécessiter de retranscription.

Cependant, la quantité d'informations que l'on peut recueillir par cette méthode ne remplace pas la qualité du résultat obtenu avec le tri de carte physique.

Il est notamment difficile, dans un tri de cartes à distance, de tester l'ambiguïté puisque l'on n'est pas face aux participants et que ce type d'observations ne ressort pas dans les résultats quantitatifs (au final, les participants finissent par choisir la rubrique la plus adaptée). Or le traitement de l'ambiguïté est une des problématiques les plus importantes en architecture de l'information. En effet, l'objectif principal est que l'internaute n'hésite pas et ne se trompe pas de rubrique. Ce défaut peut toutefois être compensé par une modération en temps réel du tri de cartes informatique. Dans ce type de procédure, un animateur guide le participant à distance, de la même manière qu'il l'aurait fait en face à face.

Tableau 10–1 Avantages des tris de cartes physique et informatisé

Tri de cartes physique en temps réel	Tri de cartes informatisé à distance
- Optimise la compréhension de la méthode par le participant et son implication dans l'exercice. - Permet de recueillir les verbalisations et comportements non verbaux du participant. - Permet de détecter les items ambigus. - Permet de profiter de la venue de participants pour une session de test utilisateur et, ainsi, de les garder plus longtemps en bénéficiant du sursaut attentionnel lié à la rupture de l'activité "sur ordinateur".	- Facilite l'enregistrement et le traitement des données, permettant essentiellement de traiter plus facilement un panel plus large.

On peut bénéficier de certains avantages des deux types de tris en conduisant des tris de cartes informatisés en face à face (et non à distance). Autrement dit, vous êtes assis à côté du participant qui utilise l'outil informatique de tri de cartes. On préférera alors un logiciel basé sur la métaphore du tri de cartes physique (où les cartes ressemblent à des cartes, peuvent être déplacées en drag & drop, empilées, etc.). C'est par exemple le cas de CardZort de Jorge A. Toro. Voici une liste des outils informatiques les plus intéressants pour le tri de cartes et leurs caractéristiques.

Tableau 10–2 Les outils pour réaliser un tri de carte informatisé

Outil	Prix	Renommage des cartes	Tri fermé	Plate-forme technique	Fonctions d'analyse	Remarques
Cardsort http://www.cardsort.net	Gratuit	Non	Oui	Logiciel Windows/Mac	Non	Max 100 cartes
OptimalSort (Beta) http://www.optimalsort.com	Gratuit jusqu'en août 2007	Non	Oui	Web	Non	L'applicatif le plus poussé et le plus flexible pour récolter des données.
XSort http://www.ipragma.com/xsort	19 $ à 239 $ Version d'essai 30j	Non	Oui	Logiciel Mac	Oui	Le seul logiciel conçu spécifiquement pour Macintosh.
CardZort + CardCluster http://www.cardzort.com	50 $ à 150 $ pour une licence Version d'essai 30j	Non	Non	Logiciel Windows	Oui	
UzCardSort http://uzilla.mozdev.org/cardsort.html	Gratuit	Non	Oui	Web	Oui	
SynCaps http://www.syntagm.co.uk/design/cardsort.shtml#syncaps	66 $ pour une licence Version d'essai 30j	Oui	Oui	Logiciel Windows	Oui	Nécessite un lecteur de code barres (et du papier conçu pour). Principe original qui permet de réaliser du tri de cartes physique, et de pouvoir l'analyser grâce à un système informatique (les cartes sont imprimées sur du papier avec des codes qu'un lecteur permet de traduire en termes informatiques). Inclut la notion de *Quality of fit*, permettant aux participants de se prononcer sur la pertinence de l'appartenance d'un item à un groupe.
WebSort http://www.websort.net/	De 99 $ pour une étude à 1499 $ pour une année d'utilisation illimitée	Non	Oui	Web	Oui	L'outil le plus intéressant dans ceux qui couplent fonctions d'enregistrement et d'analyse.

Cette liste ne mentionne pas les outils pour lesquels il n'existe pas de licence. Ce sont pour la plupart des outils propriétaires proposés par des sociétés de consulting (notamment UserZoom et MindCanvas).

Selon votre panel de participants

Avec des internautes pour s'adapter à leurs attentes

Le tri de cartes est classiquement mené avec des utilisateurs représentatifs de la cible du site. Dans la pratique, le type de participants est sélectionné en fonction des caractéristiques du projet et de l'expertise supposée des utilisateurs.

Le tri de cartes avec des utilisateurs finaux ou potentiellement finaux est le modèle le plus utilisé. Il permet de cerner la façon dont ces utilisateurs perçoivent l'organisation des informations. En effet, ils ont forcément en tête un modèle mental qui met en jeu les contenus du site. Les participants peuvent alors être de deux types :

- **Des représentants d'utilisateurs finaux**, sélectionnés pour leurs caractéristiques, car ils présentent un profil identique à celui de la cible (c'est souvent le cas pour les sites web grand public).
- **Les véritables utilisateurs finaux** (c'est le cas pour les applications professionnelles expertes, les intranets ou extranets).

Avec des spécialistes pour s'inspirer de leur expertise

Le tri de cartes peut être mené avec des spécialistes métier, afin de récolter des observations sur la manière dont ils voient les choses en tant qu'experts. C'est notamment indispensable lorsque vous concevez un site ou une application sans être spécialiste du domaine. Vous avez alors nécessairement besoin d'une validation experte afin de coller aux besoins de vos utilisateurs finaux.

Des tris de cartes préliminaires peuvent aussi être menés avec le client. La technique du tri sert alors surtout à se faire une idée du fonctionnement d'une entreprise et de la façon dont les informations doivent interagir. Pour des applications professionnelles, cela permet à l'ergonome de mieux comprendre le métier et les enjeux relatifs aux informations.

Il s'agit donc de se servir de l'expertise métier que portent vos clients. Par exemple, pour catégoriser le catalogue des jeux sur le site d'Asmodée, éditeur de jeux de société, un tri de cartes client est absolument nécessaire, puisque vous avez peu de chances, voire aucune, de trouver des utilisateurs finaux connaissant et sachant définir tous les jeux distribués par Asmodée. Vous allez donc chercher la connaissance où elle se trouve, c'est-à-dire chez les spécialistes du domaine. Ce sont souvent vos clients eux-mêmes.

Attention toutefois : il ne s'agit absolument pas de se satisfaire de ces données, puisqu'elles sont forcément orientées spécialistes. Vous devez ensuite compléter avec des données provenant des internautes eux-mêmes, c'est-à-dire ceux qui sont censés acheter des jeux en ligne sur le site de votre client.

Finalement, le tri de cartes différera forcément suivant la personne que l'on a en face de soi. C'est, de toutes façons, le support d'une discussion et d'une interaction autour des contenus, et parfois un bon moyen pour formaliser les choses.

Ainsi, cette méthode du tri de cartes peut même tendre vers une méthode de conduite de projet, consistant à définir à la fois les contenus et la manière dont ils seront présentés à travers le site. Elle devient alors une méthode de co-construction de l'architecture de l'information d'un site web.

Selon le niveau de profondeur du tri de cartes

Comme nous l'avons déjà évoqué, un tri de cartes ne traite pas forcément de la totalité des contenus d'un site web. Il peut, soit être mené sur l'ensemble d'un site, soit sur un thème en particulier qui semble spécialement intéressant.

Par exemple, lors d'un tri de cartes sur le site de la Camif, on ne demande pas aux participants de ranger les contenus de l'ensemble du site, mais exclusivement du catalogue produits puisque c'est le cœur du sujet : il faut que les internautes trouvent ce qu'ils cherchent via l'arborescence. On n'évoque donc pas où sont rangées les informations concernant la livraison, les modes de paiement, le catalogue papier, les informations corporate ou le Club Camif.

Extensions possibles au tri de cartes

Le principe du tri de cartes en tant qu'exercice se pratiquant sur des concepts à l'aide d'un support matériel peut être étendu à d'autres méthodes plus proches du questionnaire ou de l'entretien.

On peut ainsi travailler sur la hiérarchisation de critères, par exemple afin de comprendre ce qui guide un internaute dans le choix d'un produit plutôt que d'un autre.

Ce type d'extension est plus indiquée dans le cas de travaux sur un produit très spécifique, où les critères sont réduits et bien cadrés. Si l'on prend l'exemple du domaine du vin, on peut s'inspirer de la méthode du tri de cartes en présentant à l'internaute un ensemble de cartes représentant différents vins et leurs caractéristiques.

MÉTHODOLOGIE **Croisement et couplage des 4 dimensions**

Vous pouvez croiser ces 4 dimensions afin de vous fabriquer une méthodologie sur mesure en fonction des besoins de votre projet.

Vous pouvez aussi les coupler à travers plusieurs sessions de tri, afin d'affiner vos conclusions.

Par exemple, toujours sur le site de l'éditeur de jeux Asmodée, voici les étapes suivies : d'abord un tri de cartes ouvert et collectif avec le client, expert de son domaine, afin de créer les gammes produits ; puis un tri de cartes fermé individuel avec des internautes, afin de valider les catégories ayant résulté du premier tri.

Figure 10–9
Exemple d'une extension
de la méthode du tri de cartes.

Dans cet exemple, l'internaute doit choisir un vin parmi un ensemble et nous expliquer son cheminement mental, les critères qu'il privilégie (le prix, la couleur du vin, sa provenance, les recommandations du caviste ou d'internautes, l'allure de l'étiquette, l'année, ce qu'il veut faire de ce vin : l'offrir, l'acheter pour sa cave, pour un dîner dans la semaine, etc.) et comment il croise ces critères. On essaie ainsi de dégager une méthodologie de sélection et s'il existe des points communs à tous les participants.

Les résultats de ce type d'études peuvent servir à prendre des décisions en termes d'arborescence, mais aussi concernant les raccourcis à mettre en place sur les pages-clés.

S'inspirer du matériel du tri de cartes permet de s'abstraire de l'interface dans ces étapes. En effet, cela conduit à cerner véritablement les déterminants servant de base aux internautes pour prendre des décisions dans un objectif donné. On se rapproche ainsi de la méthode du test utilisateur, dans le sens où l'on place l'internaute dans une stratégie spécifique à l'aide d'un scénario, tout en utilisant un support qui ressemble plus à celui du tri de cartes.

Enfin, ce genre de démarche est idéal pour obtenir des verbalisations de la part de vos participants. Ils semblent en effet plus enclins à parler dans ce type d'exercice que lors d'une session de test, durant laquelle ils se concentrent sur la problématique très précise de « réussir à faire ce que l'on me demande ».

On ne peut toutefois pas se passer de coupler ce type de méthode avec une validation par un test utilisateur, devant l'écran, dans un contexte qui ressemble véritablement à la navigation sur le Web.

Ce que l'on peut tirer d'un tri de cartes : analysez les données

Une fois que vous avez mené une session de tri de cartes, vous vous retrouvez avec une masse de données sur le comportement individuel de vos participants. Le défi méthodologique d'un tri de cartes réside dans l'analyse et l'interprétation de ces données.

Pour chaque participant, on obtient une liste de groupes comprenant des items. L'analyse des données d'un tri de cartes consiste à repérer ce que l'on appelle des *clusters*. Grossièrement, la notion de cluster s'apparente à celle de groupe. Il s'agit donc de repérer quelles formes ressortent des données de toutes les sessions confondues.

Il y a forcément des choses qui vont vous sauter aux yeux, soit pendant les passations, soit en regardant les résultats bruts sous forme de tableau.

C'est souvent la logique et l'expérience qui vous permettront de repérer des patterns de résultats, c'est-à-dire des éléments qui se retrouvent chez plusieurs de vos participants. De plus, chaque praticien se forge en général ses propres tableaux d'analyse, permettant de visualiser des résultats sous forme brute et résumée. Vous pourrez trouver sur le Web de nombreux exemples de ces templates.

Bien sûr, en parallèle de cette analyse sur le vif, il existe des méthodes de traitement des données brutes, basées sur des algorithmes statistiques. La plus adaptée à l'analyse des données issues d'un tri de cartes est l'analyse de clusters. C'est un ensemble de méthodes statistiques qui a pour objectif d'identifier des groupes d'échantillons au comportement comparable ou présentant des points communs. Elle se base sur la fréquence d'association d'items et permet de partir de résultats hétérogènes pour en tirer des catégories.

L'analyse de clusters produit des résultats qui sont souvent représentés sous la forme de dendrogrammes (en grec, *dendron* signifie arbre), permettant d'organiser hiérarchiquement les items selon leurs fréquences de classement et l'importance relative de proximité entre items.

Ce n'est pas parce qu'on utilise l'analyse de clusters pour traiter les données d'un tri de cartes que l'on doit oublier que, la plupart du temps, le tri de cartes n'est pas un outil de recherche quantitatif. Le fait que l'on ne peut pas faire de quantitatif si l'on n'a pas un nombre suffisant de participants explique en partie cela. Mais cette conclusion provient surtout du fait que les données retirées d'une session de tri ne peuvent pas se résumer aux groupements effectués par les participants.

MÉTHODOLOGIE **L'analyse de clusters n'a pas réponse à tout**

Les analyses quantitatives sous forme de dendrogrammes ne sont pas toujours adaptées aux données qui proviennent d'un tri de cartes. Selon un des experts mondiaux du tri de cartes, Sam Ng, cela revient à proposer une réponse quantitative à quelque chose qui est finalement du ressort du qualitatif.

Le tri de cartes en bref : utilité et limites

Pour conclure, le tri de cartes est une méthode très intéressante au vu des besoins et contraintes de l'ergonomie web. Économique et rapide, elle permet d'obtenir des données utilisateurs (c'est-à-dire des données qui ne sont pas basées uniquement sur l'expertise du concepteur). Le tri fournit des informations fondamentales pour construire un rubriquage et un vocabulaire d'interface adaptés à l'utilisateur final.

On peut néanmoins se demander si la manière qu'ont les gens de ranger les choses peut réellement être assimilée à celle qu'ils ont d'aller chercher ces mêmes choses. Ainsi, la méthodologie même du tri serait basée sur une conception bottom-up des données (où l'on part des contenus pour accéder aux représentations mentales), alors que la recherche d'information sur le Web relève à l'inverse d'un processus top-down (où les représentations mentales des internautes guident la recherche de contenus).

Or, la méthode du tri de cartes ne prétend pas évaluer la manière dont les internautes vont chercher des contenus (c'est, par contre, l'objectif du test utilisateur), mais essaie plutôt d'accéder à leurs représentations mentales. Dans ce cadre, la procédure du tri paraît tout à fait adaptée.

Le second défaut du tri de cartes (surtout dans sa modalité fermée) est qu'il supprime tout le contexte d'un site web. Cependant, il faut bien comprendre qu'on ne teste que la pertinence des termes et des regroupements. Pour y arriver, il faut disposer de la situation la plus pure possible et revenir au premier niveau d'abstraction. Des mots sur du papier sont donc parfaits pour étudier la catégorisation mentale en elle-même. On évite ainsi tout effet dû à la transposition d'une architecture dans un site web (par exemple, dans un site, une option de menu peut ne pas être vue par l'internaute du fait même des choix d'interface).

Le tri de cartes doit donc être considéré une méthode « basse-fidélité » pour documenter un modèle mental utilisateur. Elle ne sert pas à dégager comme par magie l'architecture finale d'un site, mais plutôt à obtenir des indices pour la construire de la meilleure façon qui soit.

Pour conclure, le tri de cartes est une méthode à ne pas manquer, mais une méthode parmi d'autres : la conception d'une architecture de l'information est le fruit de plusieurs méthodes qui, utilisées simultanément, permettent de croiser des points de vue expert et utilisateur et, ainsi, d'espérer couvrir les défauts potentiels d'une arborescence.

Après avoir travaillé sur le plan conceptuel de l'architecture de l'information, vous devez valider vos choix en observant l'efficacité de leur mise en place à l'écran. Il s'agit donc d'étudier comment vos internautes s'en sortent lorsqu'ils essaient réellement d'atteindre des objectifs précis

MÉTHODOLOGIE **Reconnaître l'utilité et les limites du tri de cartes**

Ce n'est pas une méthode idéale en soi, qui résout toutes les problématiques. C'est cependant le meilleur outil dont on dispose à l'heure actuelle pour obtenir aussi rapidement ce type de résultats.

sur votre site. C'est l'objectif de la méthode du test utilisateur, que nous évoquons dans le prochain et dernier chapitre.

chapitre 11

Les tests utilisateurs

Vous voulez vraiment savoir si votre site Internet est efficace, intuitif et agréable à utiliser ? Nous avons la solution, et elle est très simple : confrontez des utilisateurs à votre site et observez ce qui se passe.

Personne n'est mieux placé que vos internautes pour vous aider à évaluer ce que l'on appelle la qualité d'utilisation d'un site web. Ainsi, vous aurez beau avoir toute l'expertise du monde, rien ne remplacera jamais l'observation d'internautes en situation réelle de navigation sur le Web.

SOMMAIRE

▶ La préparation du test
▶ Le déroulement d'un test utilisateur
▶ Après le test : analyse et recommandations
▶ Plus loin que le test utilisateur : l'usage réel

MOTS-CLÉS

▶ Test utilisateur
▶ Plan de test
▶ Scénarios d'utilisation
▶ Objectifs d'utilisabilité
▶ Prototypes

On y arrive. Après avoir étudié les fondamentaux de l'ergonomie, appris à les appliquer lors des phases de conception et à impliquer les utilisateurs lors de sessions de tri de cartes, vous savez presque tout des principes et méthodes de l'ergonomie. Reste un dernier point, fondamental, qui vous aidera à boucler le cycle de conception ergonomique idéal : les tests utilisateurs.

La méthode du test utilisateur répond à la démarche suivante : pour adapter nos sites aux internautes, allons regarder ce qu'ils y font, comment ils le font et ce qu'ils nous en disent. Il s'agit donc d'analyser le comportement en direct afin d'estimer si le site répond correctement aux besoins de ses utilisateurs.

Le principe d'un test utilisateur est très simple : vous observez un internaute naviguer sur un site web en fonction de scénarios que vous lui aurez soumis. Il essaie donc de réaliser sous vos yeux les tâches qui vous intéressent.

MÉTHODOLOGIE
Le test utilisateur en quelques mots

« Imaginons que votre machine à laver vienne de vous lâcher et que vous souhaitiez en acheter une nouvelle sur ce site. » La méthode du test utilisateur consiste à placer des internautes dans des situations réalistes en leur soumettant une suite de petits scénarios tels que celui-ci. Vous allez ensuite observer minutieusement comment ils essaient d'accomplir cette tâche.

Figure 11–1
Le test utilisateur se déroule lors de sessions individuelles, où un observateur accompagne un internaute qui navigue sur un site web.

MÉTHODOLOGIE   **Et si je saute cette étape ?**

Mauvaise idée. Le test utilisateur est la méthode la plus fine, la perle de l'ergonomie web, dans le sens où c'est celle qui se rapproche au plus près de l'utilisation réelle du site par les internautes auxquels il est destiné.
Ce n'est qu'en faisant intervenir ces derniers dans un contexte de navigation sur le Web que l'on peut véritablement prétendre faire de l'ergonomie.
Cette méthode est donc irremplaçable lorsque l'on souhaite vraiment bénéficier de retours objectifs sur la qualité d'utilisation d'un site web. Et, vu sa grande flexibilité, vous n'avez aucune excuse pour ne pas passer à l'acte !

Cette stratégie d'observation d'internautes en train de naviguer sur un site web permet de vous orienter sur ses défauts d'un point de vue utilisateur : il s'agit de repérer ce qui pourrait venir entraver la réalisation de la tâche assignée à vos visiteurs.

Certes, le test utilisateur est la méthode d'ergonomie web par excellence, mais cela ne signifie pas pour autant qu'elle est inabordable en termes d'investissement ou d'expertise. Nous verrons qu'un test utilisateur peut être mené de diverses manières, qui influent sur le coût total du test. En outre vous pouvez conduire des tests utilisateurs que vous soyez ergonome ou non. C'est une méthode à la portée de tout le monde, et non réservée aux experts. Pour la mettre en œuvre, il faut juste bien en comprendre les tenants et les aboutissants, sans oublier de respecter quelques règles. Évidemment, plus vous conduirez de tests, meilleur vous serez !

Dans ce chapitre consacré aux tests utilisateurs, nous vous présentons les principes théoriques de cette démarche, ses bases méthodologiques, ainsi que des conseils pratiques pour la mettre en œuvre.

MÉTHODOLOGIE **Fuyez le test pour le test**

Ce n'est pas parce que la méthode du test utilisateur est idéale pour adapter votre site à vos internautes que vous devez la mettre en oeuvre à tout prix. Surtout, fuyez le test pour le test. Si vous disposez des investissements requis en termes de temps, budget et personnes pour mettre en place un test utilisateur, faites-le bien ! Cela signifie d'abord recourir à cette méthode au moment opportun. En effet, ce n'est pas toujours le bon moment pour faire un test. Il est notamment déconseillé de faire des tests utilisateurs sur une interface que l'on sait bourrée de problèmes. Vous verrez dans la suite de ce chapitre que cette problématique est étroitement liée au support de test, c'est-à-dire à ce que vous allez tester.

Préparer votre test

La première étape d'un test utilisateur consiste à le préparer. Si ce n'est pas la plus coûteuse en termes de temps, c'est pourtant elle qui déterminera en grande partie la qualité des résultats que vous obtiendrez.

Les participants d'un test utilisateur

Commençons par les participants : ce sont eux qui constituent le cœur de la méthodologie du test utilisateur. C'est à leur intention que l'on conçoit le test, et ce sont eux qui vont nous aider à comprendre les points positifs et négatifs de notre interface.

En ce qui concerne la sélection des participants, la règle à suivre s'énonce ainsi : ils doivent être les plus proches possibles des internautes qui vont réellement venir consulter votre site. Qui devez-vous observer ?

Des participants plus vrais que nature

La qualité de votre recrutement conditionnera fortement la qualité des résultats que vous pourrez obtenir. Le critère central qui doit guider la sélection des participants est de choisir des personnes représentatives de votre cible.

IDÉE REÇUE **Pas besoin de tests, j'ai le meilleur expert de l'univers**

Faux. Tout expert qu'il soit, aucun spécialiste de l'ergonomie ne peut prétendre remplacer la participation d'utilisateurs réels et l'observation en direct des usages. Chaque test utilisateur apporte son lot de participants qui utilisent le site d'une manière que vous n'auriez jamais imaginée. Le test utilisateur doit être couplé avec un regard d'expert, mais aucune de ces méthodes n'est suffisante en elle-même.

IDÉE REÇUE **Pas besoin de tests, c'est moi qui ai conçu le site**

Faux. Vous aurez beau avoir mis tous vos efforts dans la conception d'un site intelligent, qui respecte ses internautes, dans les règles de l'art de l'ergonomie, cela ne suffit pas. Après avoir travaillé ne serait-ce que quelques jours sur un projet, vous avez déjà perdu l'innocence nécessaire pour juger de l'utilisabilité du site en question. Vous n'avez pas le recul suffisant pour vous conduire comme un internaute vierge de toute connaissance sur votre site. Il est en outre probable qu'en tant que concepteur web, vous soyez bien loin du profil des cibles attendues. Enfin, la puissance du test utilisateur vient aussi de votre rencontre avec plusieurs internautes. Alors que, vous, vous êtes seul... (non, l'équipe projet ne compte pas).

IDÉE REÇUE **Je ne peux pas faire de tests si je n'ai pas de participants représentatifs de ma cible**

Faux. Ne vous retenez pas de faire un test sous prétexte que vous ne pouvez faire participer que des collègues ou votre entourage proche (pour des raisons de budget, de délais, de complexité de recrutement ou de confidentialité). Encore une fois, appliquez la devise du *C'est mieux que rien*.

La création de personas (voir à ce propos le chapitre 4 de ce livre) vous aura déjà permis de débroussailler le terrain pour définir votre cible. Attention toutefois : les participants à un test utilisateur ne doivent pas forcément tous correspondre à un persona. Ils peuvent tout à fait représenter « l'utilisateur moyen », alors qu'un persona est en général plus prototypique que stéréotypique.

• **Dans le cas de sites web grand public,** vous allez recruter des participants qui feront office de représentants pour la population générale des visiteurs de votre site. Ce ne sont donc pas forcément des gens qui se rendront en réalité sur votre site, mais qui ont le même profil que vos visiteurs.

• **Dans le cas d'intranets,** les participants seront un extrait issu de l'ensemble des utilisateurs réels.

Sur des panels aussi petits que ceux du test d'ergonomie de terrain, la qualité de la sélection prend une importance considérable. Si 2 participants sur un panel de 8 ne correspondent pas à votre cible, vous perdez un nombre considérable de données qui auraient pu vous aider.

Des participants représentatifs de votre cible réelle

Pour recruter des participants représentatifs, vous allez les sélectionner en prenant en compte certains des critères suivants, selon qu'ils sont discriminants pour votre cible ou non. S'ils sont discriminants, vous devez sélectionner exclusivement la modalité que vous attendez chez vos participants, ou assurer pour les participants de votre panel une répartition calquée sur celle de vos internautes. S'ils ne sont pas discriminants, vous devez représenter chacune des modalités à part égale. On appelle cette phase de composition du panel la *phase d'échantillonnage*.

Sexe

Si le sexe est un facteur discriminant de votre cible, choisissez un panel représentatif de la population réelle de vos visiteurs. Ce principe peut vous amener à recruter selon 3 modèles :

• **Soit uniquement des femmes ou des hommes.** Par exemple, sur un site de bourse en ligne ou de magazine sportif, vos participants seront principalement des hommes, alors que sur un site de conseils beauté ou de mode, ils seront principalement des femmes.

• **Soit les deux en répartition inégale.** Par exemple, sur un site de jardinage, vous pourriez avoir une répartition en 70 % de femmes et 30 % d'hommes.

• **Soit les deux en répartition égale.** Par exemple, sur un site de vente en ligne de produits culturels, les deux seront représentés à parts égales.

Âge

L'âge est le plus souvent traité en termes de tranches. En effet, l'âge moyen ne doit pas être un critère de recrutement! Ne cherchez pas uniquement des personnes de 35 ans parce que c'est l'âge moyen de vos visiteurs, au risque de fausser la représentativité de votre panel. En effet, cette moyenne peut en effet aussi bien correspondre à une plage allant de 22 à 79 ans qu'à un intervalle s'étendant de 30 à 40 ans, ce qui n'est absolument pas la même chose ! On peut envisager trois modèles de recrutement par tranche d'âge :

- **Soit une seule tranche d'âge.** Dans ce premier cas, vous allez par exemple rechercher des gens entre 40 et 50 ans, sans forcément considérer les variations au sein de cet intervalle.

- **Soit un panel composé de plusieurs tranches d'âge égales.** Ce second cas s'applique si l'éventail des âges au sein de votre population cible est large, mais que les utilisateurs y sont répartis de manière plutôt homogène. Si par exemple votre population est de type 25-55 ans, vous devez créer différentes tranches d'âge dans lesquelles recruter un nombre égal de participant. Dans cet intervalle, prévoyez par exemple 3 tranches d'âge : 25-35, 36-45 et 46-55 ; constituez 3 groupes de 4 participants pour un panel total de 12 utilisateurs. Si vous pouvez éviter les âges charnières, votre panel sera d'autant mieux constitué.

- **Soit un panel composé de plusieurs tranches d'âges inégales.** Une population de type 25-55 ans peut être répartie de manière hétérogène, c'est-à-dire que toutes les tranches d'âges ne sont pas également représentées. Vous devez alors composer quelques tranches d'âges qui nécessiteront plus ou moins de participants selon la représentativité qu'a chacune des tranches d'âge dans votre population cible générale.

Métier et CSP

L'activité professionnelle et la catégorie socio-professionnelle de vos participants peuvent être des critères discriminants lors de leur recrutement. Attention cependant à n'en tenir compte que si c'est strictement nécessaire.

- **Le métier** de vos participants peut être primordial pour l'intérêt du test. Par exemple, un test utilisateur sur le site d'OSEO, établissement public à vocation d'aide aux PME, nécessite la participation d'entrepreneurs : ces derniers constituent en effet la cible privilégiée du site web. Un participant qui ne serait pas entrepreneur n'aurait pas la culture et les réflexes nécessaires pour comprendre ce qui se raconte sur le site d'OSEO. Coller au métier de vos visiteurs réels est aussi un moyen pour qu'ils comprennent mieux les scénarios que vous leur proposez.

- **La catégorie socio-professionnelle** peut aussi être un critère de recrutement non négligeable. Par exemple, vous ne proposerez pas à des personnes aux revenus modestes de participer à un test sur un site de voyages de luxe.

JURIDIQUE
Autorisation parentale pour les mineurs

Attention, si vous devez réaliser des tests avec des mineurs, vous devez nécessairement obtenir l'autorisation de leurs parents, et éventuellement exiger leur présence dans une salle attenante à la salle de test.

Rapport au site, à la marque ou à un domaine

Voyez comme les exemples suivants illustrent l'importance de ce critère :

- Votre site web existe déjà ? Il y a fort à parier que vous avez intérêt à faire la différence entre les gens qui le connaissent déjà et ceux qui n'y sont jamais allés.

- Vous lancez le site d'une marque existante dans le monde physique ? Faites la différence entre, d'une part, les personnes qui connaissent déjà la marque et en sont clients et, d'autre part, ceux qui ne la connaissent pas.

- Vous proposez un programme de fidélisation client (type Flying Blue d'Air France, Smiles, Carte Sephora) ? Prenez en compte la différence entre les adhérents au programme et les non-adhérents.

- Site d'un quotidien papier ? Pensez à distinguer les habitués du quotidien, qui l'achètent déjà en kiosque ou sont abonnés, et les autres.

- Site d'une association sportive ? Recrutez à la fois des personnes déjà membres et d'autres qui ne connaissent pas encore votre association.

- Site de jeux ? Faites la différence entre une partie du panel qui représentera les joueurs, plutôt spécialistes, et l'autre qui représentera les acheteurs de jeux, plutôt non spécialistes (souvent dans l'optique d'un cadeau) : catégories à ne pas confondre.

Ce critère est si prépondérant qu'il aura sans doute une influence sur le plan de test, avec deux ou plusieurs versions correspondant aux différents profils de visiteurs.

Niveau d'expertise

Vous pouvez être amené à recruter vos participants en fonction de leur niveau d'expertise (par exemple, votre site Internet est destiné à des experts en finance, connaissant très bien Internet), ou encore à recruter différents niveaux d'expertise au sein de votre panel.

Selon les spécificités du projet, il peut être utile de distinguer le niveau d'expertise Internet (objectivable par le nombre d'années d'expérience, la fréquence, le type et la durée des usages, etc.), le niveau d'expertise en informatique en général ou dans l'utilisation d'un outil (par exemple le mobile), et enfin l'expérience d'un domaine ou l'expérience métier.

Situation familiale, région, projets de vie, etc.

Le recrutement peut aussi faire intervenir tout critère qui caractérise vos internautes s'il s'agit d'un paramètre discriminant. Ce peut ainsi être leur situation familiale (célibataire, marié, avec des enfants, etc.), leur lieu d'habitation (région, distinction ville/campagne, etc.), leurs projets de vie, etc. En fait, si un critère définit tout spécialement vos internautes,

MÉTHODOLOGIE **« C'était mieux, avant » ou la résistance au changement**

Dans un projet de refonte d'un site, il est intéressant d'avoir dans votre panel des personnes qui connaissent déjà le site actuel. Ils pourront ainsi conduire des actions comparatives entre les deux versions et vous faire part de leurs impressions. Veillez toutefois à prendre de la distance par rapport aux jugements subjectifs : il est toujours difficile de se séparer de quelque chose que l'on connaît pour se ré-habituer à un nouveau site.

vous devez essayer de le retrouver chez les participants à votre test. Selon les caractéristiques de votre cible, peuvent donc s'ajouter à cette liste nombre de critères.

On peut recouper tous ces critères de manière assez indifférente. Bien sûr, cela aura un impact sur la représentativité du panel, mais il faut savoir s'arrêter à un moment ou à un autre, sous peine de ne jamais réussir à rassembler les participants nécessaires. Si vous arrivez à suivre l'ensemble des conseils précédents, vous devriez arriver à un panel quasi-parfait pour réaliser un test utilisateur !

Enfin, si vous êtes en projet de refonte, notez que l'essentiel n'est pas forcément de recruter des internautes qui correspondent aux visiteurs actuels de votre site, mais plutôt des internautes qui correspondent à ceux que vous voulez toucher ou tester plus précisément. Ainsi, l'objectif avoué du test peut être d'évaluer la qualité d'utilisation du site exclusivement pour les nouveaux clients. Vous partirez alors de cette exigence a priori pour recruter vos participants.

La personnalité idéale du testeur

Sachez que tout le monde n'est pas un « bon » testeur. Nous allons évoquer deux traits de personnalité que l'on apprécie de trouver chez les participants à un test. Bien sûr, il est quasi-impossible de sélectionner vos utilisateurs sur de tels critères. En effet, il est souvent déjà difficile de satisfaire d'autres critères plus objectifs, ce qui laisse peu de latitude pour se préoccuper de la personnalité des participants.

Cependant, il est important de comprendre les comportements utilisateurs qui vous apporteront le plus en termes de qualité de données recueillies, afin de pouvoir y adapter votre propre comportement. Si vous trouvez les qualités requises chez vos participants, vous êtes alors dans la situation la plus facile. Dans le cas contraire, quelques consignes bien senties vous permettront de diriger vos participants au mieux.

Plus ils jouent le jeu, mieux c'est

La méthode du test utilisateur est largement basée sur des mises en situation artificielles, où l'on va demander aux participants d'imaginer qu'ils ont tel ou tel objectif.

Voyez le test utilisateur comme une sorte de jeu de rôle. En fonction du site testé et des exigences logistiques, vous pourrez avoir besoin d'imposer à vos participants des situations de type : « Ceci est votre téléphone portable », « Ceci est votre carte bancaire », « Imaginons que vous voulez réserver un vol pour aller en vacances à Majorque », etc.

ASTUCE **Recrutement : au pire, faites jouer votre réseau**

Si vous ne disposez pas d'un panel de testeurs ou ne pouvez pas faire appel à une société spécialisée dans ce type de recrutement, faites jouer votre réseau. Cela est toujours mieux que de demander à votre collègue de bureau de participer au test dont vous lui parlez depuis déjà trois semaines... Faites donc jouer votre réseau de la bonne manière, en envoyant massivement un appel à participation et en excluant d'office toute personne qui vous serait trop proche. Souvenez-vous du premier critère : vos participants doivent correspondre à votre cible.

L'aptitude et la motivation de vos participants à jouer le jeu auront donc beaucoup d'incidence sur la qualité des résultats obtenus. Même si ce que vous leur demandez correspond à des situations qu'ils peuvent rencontrer dans la vie réelle, toutes les personnes ne réagissent pas de la même manière à ces mises en scène. Certaines arrivent mieux à se mettre en situation que d'autres ; elles entreront véritablement dans la peau du personnage que vous leur aurez fabriqué. Voyez cet exemple et la manière très différente dont peuvent réagir deux participants à un test utilisateur :

Figure 11–2
Stéphanie et Marc ont des personnalités très différentes qui font qu'ils s'approprient plus ou moins facilement le scénario de test.

Plus une personne rentre vite dans le scénario, plus elle pourra se concentrer sur la réalisation de la tâche et non sur la situation de test en elle-même. La personnalité de vos participants a donc une grande influence sur le déroulement d'un test.

C'est aussi leur personnalité qui va déterminer la quantité de résultats d'interaction que vous allez obtenir. En effet, la seconde particularité d'un test utilisateur est d'exploiter amplement la composante verbale : il dépendra donc de la propension de vos participants à s'exprimer.

Plus ils s'expriment, mieux c'est

Plus vos participants seront bavards, plus vous obtiendrez de données. La tendance à parler va d'ailleurs souvent de pair avec des composantes de communication non verbale qui vous intéresseront aussi beaucoup. Hochements de tête, grognements, soupirs, voire cris, sont des signes très importants pour juger de la satisfaction d'utilisation.

Tous ces éléments sont autant d'indices qui vont vous aider à mieux comprendre ce qui conditionne l'interaction, ou les effets de cette interaction sur l'internaute.

Attention cependant : les données verbales qui vous intéressent avant tout sont moins celles de type « Je donne un avis subjectif » que les données descriptives ou explicatives, voire de recherche de compréhension, qui vous aident à mieux saisir les mécanismes mentaux de vos participants. Autrement dit, peu vous importe que Bernard vous dise qu'il préfère le rose au bleu. Vous serez à l'inverse très intéressé qu'il vous explique son hésitation entre telle et telle rubrique. Comprendre l'importance de ces remarques peut vous aider à relancer vos participants au moment opportun. C'est notamment très important qu'un internaute s'exprime lorsqu'il est en difficulté, puisque c'est le moment de l'interaction le plus important pour vous permettre d'améliorer l'ergonomie de votre site.

Ainsi, vous ne pouvez pas laisser un participant lutter pendant 10 minutes pour trouver une information, sans qu'il émette un mot. Relancer votre utilisateur ne consiste pas forcément à le mettre sur la voie, mais plutôt à lui rappeler la consigne générale de verbalisation à voix haute et à l'inciter à parler pour vous expliquer son cheminement. Nous vous donnerons dans la suite de ce chapitre quelques conseils pour relancer vos participants en cas de besoin.

Enfin, veillez à ne pas faire de votre panel des super-testeurs, qui vous diront ce que vous souhaitez entendre et passeront la session de test à vous faire des propositions pour résoudre chaque défaut rencontré.

Combien de participants sont-ils nécessaires ?

Le test utilisateur est une méthode essentiellement qualitative, qui ne tire pas sa force du nombre de participants. Cependant, l'objectif du test est de repérer le maximum de défauts d'interface. Forcément, plus vous verrez d'utilisateurs, plus vous avez de chances d'augmenter le nombre de défauts remarqués.

Il est très important de distinguer nombre idéal et nombre acceptable de participants, et d'adapter la finesse de votre étude en fonction de ce nombre.

Oubliez les échantillons statistiquement suffisants

Un test utilisateur de site web ne permet pas de faire de statistiques. Il existe des laboratoires de recherche fondamentale pour cela, et il est extrêmement rare de pouvoir bénéficier d'un panel de testeurs assez large pour tirer des conclusions statistiquement viables.

Autrement dit, la plupart des tests utilisateurs ne font pas intervenir un nombre suffisant de participants : vous ne pourrez donc mettre votre main à couper que les résultats observés seront transférables à une population identique. Paradoxalement, cela suffit largement compte tenu des objectifs méthodologiques du test utilisateur.

ASTUCE **Comment éviter les super-testeurs**

Vous pouvez appliquer la règle consistant à ne jamais faire participer une personne plus d'une fois tous les six mois.

Il est de toutes façons difficile de tirer d'un test utilisateur de terrain des conclusions valides d'un point de vue scientifique, parce que très peu de variables sont contrôlées (à la différence d'une étude de psychologie ou d'ergonomie fondamentale, effectuée en laboratoire et sur un panel de participants très important).

Cette liberté du test utilisateur participe même de l'essence de la méthode : l'objectif consiste en effet à recréer une situation d'interaction qui soit la plus proche possible de la réalité. On accepte donc des variations très larges de cette réalité, tout en essayant d'obtenir une qualité d'utilisation satisfaisante quelles que soient ces variations.

Nombre idéal et nombre acceptable de participants

Dans l'absolu, un participant c'est mieux que rien. Vous apprendrez sûrement des choses, et c'est là tout l'intérêt de la méthode du test utilisateur.

Il est toutefois important de savoir à partir de combien de participants l'on peut avoir réellement confiance dans la validité des données observées. C'est ce que l'on appellera le nombre idéal de participants.

Le nombre idéal de participants à un test utilisateur est une problématique à la fois chaude et assez consensuelle dans le monde de l'ergonomie. Cependant, ce consensus vient surtout des limitations que les budgets imposent sur le nombre d'utilisateurs que l'on peut raisonnablement faire participer au test.

Les spécialistes de l'ergonomie utilisent très souvent une étude de Nielsen & Landauer datant de 1993 pour justifier de la pertinence du panel qu'ils proposent. Un des résultats de cette étude montre que 5 utilisateurs permettraient de cerner 85 % des problèmes principaux d'utilisabilité. Depuis, plusieurs études (Spool & Schroeder, Woolrych & Cockton, Faulkner) ont pondéré ces résultats, largement dépendants des études et des panels étudiés.

Au vu des données actuellement disponibles sur le sujet, comptez qu'à partir de 10 utilisateurs, vous détecterez a minima 80 % des problèmes d'utilisabilité d'un site Internet. Ce pourcentage monte à 95 % si vous faites intervenir 20 utilisateurs.

Le problème qui se pose dans ces évaluations d'un nombre idéal d'utilisateurs vient de la nature même des expérimentations. L'hétérogénéité des résultats obtenus peut en partie être expliquée par les différences entre les types de participants, d'interfaces et de tâches testées. Il est aussi extrêmement rare, dans ces études, de prendre en compte non seulement le nombre mais aussi la gravité des problèmes relevés grâce à chaque participant.

RÉFÉRENCES Quelques résultats montrant que 5 utilisateurs ne permettent pas forcément de révéler 85 % des problèmes d'utilisabilité

Spool & Schroeder montrent en 2001 que leurs 5 premiers utilisateurs ne permettent de trouver que 35 % de la totalité des problèmes d'utilisabilité. On est loin des 85 %.

Pour aller plus loin : Spool, J. and Schroeder, W. (2001). *Testing web sites : five users is nowhere near enough*. In CHI '01 Extended Abstracts on Human Factors in Computing Systems (Seattle, Washington, March 31 - April 05, 2001). CHI '01. ACM Press, New York, NY, 285-286.

▶ http://doi.acm.org/10.1145/634067.634236
▶ http://citeseer.ist.psu.edu/spool01testing.html

Woolrych & Cockton prouvent quant à eux en 2001 que 5 utilisateurs peuvent être suffisants ou non, selon la variabilité inter-individuelle chez les 5 personnes en question, la méthode de test et la complexité des tâches demandées aux participants.

Pour aller plus loin : Woolrych, A., & Cockton, G. (2001). *Why and when five test users aren't enough*. In J. Vanderdonckt, A. Blandford, & A. Derycke (Eds.), Proceedings of IHM-HCI 2001 Conference: Vol. 2 (pp. 105-108). Toulouse, France: Cépadèus.

▶ http://www.netraker.com/nrinfo/research/FiveUsers.pdf

Enfin, Laura Faulkner présente en 2003 une étude considérable selon laquelle 5 utilisateurs ne seraient pas toujours suffisants pour atteindre un niveau de fiabilité acceptable des résultats. Elle prend en compte un panel total de 60 utilisateurs et forme, au hasard et a posteriori, des groupes de 5 parmi ces 60. Confirmant les résultats de Nielsen et Landauer, elle observe que, sur 100 tirages de 5 utilisateurs au hasard, la moyenne des problèmes relevés est de 85 %. Or ce résultat n'est qu'une moyenne, et c'est là que le bât blesse. Les résultats détaillés montrent en effet que certains de ces groupes de 5 permettent de trouver 99 % des problèmes d'utilisabilité, mais aussi que d'autres n'en identifient que 55 %. Utilisant la même technique, elle montre qu'avec des groupes de 10 utilisateurs, le plus petit pourcentage de problèmes observés monte à 80 %, et même à 95 % pour 20 utilisateurs. Autrement dit, avec 20 utilisateurs, vous trouverez au moins 95 % des problèmes d'utilisabilité. Il paraît beaucoup plus intéressant d'utiliser cette notion de minimum plutôt que celle de moyenne, afin de s'assurer que le nombre d'utilisateurs recommandé sera toujours efficace, quelque soit le « tirage » sur lequel vous tombez lors de votre recrutement.

Pour aller plus loin : Laura Faulkner (2003). *Beyond the five-user assumption : Benefits of increased sample sizes in usability testing*. In Behavior Research Methods, Instruments, & Computers, 2003, 35 (3), 379-383.

▶ http://www.geocities.com/faulknerusability/Faulkner_BRMIC_Vol35.pdf

Le nombre d'utilisateurs ne peut donc se décider sans prendre en compte trois paramètres :

- **L'homogénéité de votre cible** : est-ce que tous les participants appartiennent à la même catégorie d'utilisateurs ou avez-vous une partie d'experts et une partie de novices, une partie de clients et une partie de non clients, etc.

- **La variabilité de votre plan de test**. Nous verrons dans la suite de ce chapitre que votre plan de test peut laisser vos participants plus ou moins libres de leurs gestes, et être soumis à des variations plus ou moins importantes en fonction de vos participants. Plus ils sont libres, moins vous verrez de participants effectuer les mêmes actions et, donc, moins vous aurez de points de comparaison. Si vous avez plusieurs plans de tests, vous devez multiplier votre nombre de participants par autant, sauf si les trois quarts du test sont identiques pour tous les participants.

- **La complexité de l'interface testée**, à la fois en termes de complexité intrinsèque (une interface de simulation de business plans dans le domaine de l'investissement immobilier est ainsi considérée plus complexe que le site vitrine d'un fabricant de violons) et en termes de niveau de détail du support testé (une maquette papier est ainsi considérée moins détaillée que le site finalisé et entièrement fonctionnel en ligne).

La règle qui régit les relations entre ces quatre paramètres est la suivante : plus votre cible est homogène, plus votre plan de test est cadré et moins votre interface est complexe, moins vous avez besoin d'utilisateurs.

Il paraît difficile de poser de façon péremptoire un nombre d'utilisateurs nécessaire et suffisant pour garantir que l'ensemble des problèmes d'utilisabilité seront soulevés. On peut uniquement essayer de trouver un compromis entre les exigences financières, temporelles et d'interface. Le plus important reste de faire appel à des participants qui sont les utilisateurs finaux de l'application ou pourraient l'être. Dans la pratique de terrain des tests utilisateurs, un consensus semble se faire autour de 8 à 10 utilisateurs. On considère que c'est la plupart du temps un compromis raisonnable entre coût de l'intervention et résultats obtenus.

Le nombre acceptable de participants, quant à lui, et comme nous l'évoquions en introduction, commence à un. Ce dernier vous permettra au moins d'avoir un œil externe sur votre travail et de pouvoir l'analyser plus objectivement. Ce nombre n'est d'ailleurs pas tout à fait inconcevable même d'un point de vue statistique, puisque Nielsen et Landauer montrent que ce premier utilisateur permet, en moyenne (attention à cette notion de moyenne), de trouver presque 30 % des problèmes d'utilisabilité d'un site, ce qui n'est pas rien. Veillez de toute façon à ce que ce participant soit le plus proche possible des visiteurs réels de votre site.

En outre, de nombreux spécialistes penchent pour ce que l'on appelle du test au rabais, consistant à privilégier de petits panels de testeurs (3, 4 ou 5 selon les auteurs) afin de pouvoir conduire des tests utilisateurs plus souvent dans le cycle de conception.

Plus de participants ou plus de tests ?

Vous pouvez adopter comme choix méthodologique de faire participer moins d'utilisateurs lors de vos tests, mais d'en mener davantage. Cette démarche est très intéressante, puisqu'elle permet de balayer avec un premier groupe d'utilisateurs les gros défauts de l'interface, puis d'affiner les observations avec un second groupe d'utilisateurs après avoir corrigé ces défauts.

Il s'agit donc de procéder à plusieurs petits tests (avec moins d'utilisateurs) plutôt que d'en conduire un seul avec un nombre plus important de participants. C'est ce que l'on appelle une démarche *itérative*, c'est-à-dire cyclique, où chaque itération est nourrie des enseignements de la précédente.

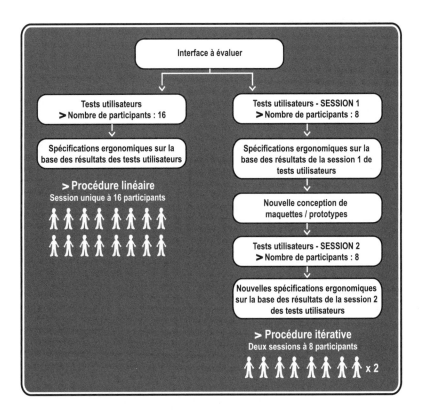

Figure 11–3
Comparaison des démarches linéaire et itérative de test utilisateur.

Cette démarche cyclique permet d'obtenir des résultats beaucoup plus fins pour un coût à peine augmenté (correspondant aux modifications incrémentales du support de test suite aux résultats de chaque session).

En effet, même si ces résultats sont moins fiables puisqu'ils sont issus d'observations sur moins de participants, ils sont plus précis et plus approfondis de par le principe même de la démarche. Dans la pratique, si tous les participants d'un premier test butent sur le même problème, on essaie de le résoudre et de tester la solution dans un second temps. En corrigeant les premiers problèmes observés, vous libérez l'interface de ces problèmes pour les prochains tests. Ainsi, vous n'êtes pas confronté à un problème récurrent chez tous vos participants et vous pouvez pousser plus loin votre exploration.

Finalement, cette démarche adopte le même raisonnement que celui suivant lequel on ne teste pas une interface que l'on sait déficiente. Dans ce cas, on fait précéder le test d'un audit puis de la conception de maquettes corrigeant les problèmes observés. C'est ensuite seulement que l'on fait intervenir des internautes pour tester la qualité d'utilisation de ces maquettes.

L'étape de recrutement

Pour vous assurer de la représentativité de votre panel, vous devez choisir des participants qui ressemblent aux visiteurs de votre site. Voici donc quelques conseils pour réussir votre phase de recrutement.

La logistique du recrutement

Le recrutement de vos participants doit se faire en amont de la phase de test pour des raisons de logistique humaine. En effet, vous vous rendrez vite compte que les volontaires pour venir passer des tests ont un agenda comme tout le monde, et qu'il est plus efficace (vous aurez plus de réponses positives) mais aussi plus respectueux de les prévenir au moins une semaine à l'avance (voire davantage si vous en avez la possibilité).

Commencez par une campagne de recrutement par mail, suivie d'entretiens téléphoniques avec les utilisateurs correspondant aux critères recherchés. Ce recrutement final par téléphone vous permettra d'évaluer si les prétendants au test ont envie de venir ou non. Il est souvent très facile de détecter qu'un participant, avec qui l'on a pourtant pris rendez-vous, ne se présentera pas.

La motivation des participants étant une composante très importante pour des résultats de qualité, sachez refuser quelqu'un que vous ne « sentiriez » pas, quitte à devoir chercher une nouvelle personne. La qualité du recrutement est trop importante, et vous ne pouvez pas vous permettre de sacrifier ne serait-ce qu'un participant sur une dizaine.

Ne faites pas venir vos participants de trop loin et soyez flexible au niveau des horaires. Sachez ainsi que, le plus souvent, pour des sites grand public, les participants sont plutôt disponibles tôt le matin et en début de soirée.

Lorsque vous avez pris rendez-vous avec quelqu'un, n'oubliez pas de lui envoyer les coordonnées complètes ainsi qu'un plan d'accès au lieu du test. Vous verrez que ce simple conseil se révèle d'une grande importance lorsque l'on doit gérer la venue d'un groupe d'utilisateurs, et qu'une absence ou un retard peut avoir des conséquences désagréables sur l'ensemble de l'étude. Dans le même ordre d'idées, n'oubliez donc pas de confirmer le rendez-vous avec vos participants deux jours avant le test.

Présenter l'étude à vos invités : mystère et doigté

La manière dont vous allez présenter le test aux participants potentiels a une influence sur le fait qu'ils acceptent ou non de vous aider, mais aussi sur la rigueur de votre étude.

Votre premier objectif doit être, chez vos interlocuteurs, d'éliminer toute peur de venir vous rencontrer, voire de leur en donner envie. Présentez donc votre test de manière positive, en mentionnant la rémunération, la durée (insistez sur le fait que c'est une durée maximale), le caractère anonyme de l'étude et le fait qu'ils n'ont rien besoin de savoir, de préparer, d'apporter. Ils doivent comprendre que vous leur demandez uniquement une heure de leur temps contre leur avis sur un site Internet. Faites attention à ne pas mentionner le mot *Test*, car il peut faire peur. Préférez-lui la notion d'étude voire d'enquête, plus large et que les gens comprennent facilement.

Figure 11–4
La manière dont vous présentez le test à vos participants potentiels a une grande influence sur le fait qu'ils acceptent ou non. Dans cet exemple, vos interlocuteurs seront beaucoup plus enclins à venir si vous utilisez le second discours plutôt que le premier.

Essayez de rester le plus vague possible. Vous pouvez même vous refuser à communiquer le nom du site sur lequel vous travaillez (en cas d'interrogation de la part des gens, ce qui ne manquera pas, répondez quelque chose du style « Vous verrez, ça sera la surprise. »). Cela devient critique lorsque le plan de test inclut une phase de découverte du site et de la compréhension de son utilité.

Cependant, lorsque vous recrutez des clients existants, et que ces derniers sont satisfaits de la marque que vous représentez, cela peut devenir une aide de communiquer l'objet de l'étude (c'est par exemple le cas pour le site de la Camif, qui véhicule une image de qualité et de fiabilité, dont les clients sont en général très satisfaits et qui a avec eux des relations très proches).

Il est important de différencier la présentation de l'étude lors du recrutement et juste avant la session de test. Même si vous devez détendre les participants, ces derniers doivent comprendre que l'heure qui va suivre est très importante pour vous et qu'ils doivent donc être aussi attentifs et motivés que possible. Il est par exemple difficile d'obtenir de très bons résultats avec un participant sans cesse dérangé et mobilisé par son téléphone portable.

Comment remercier les participants ?

Gageons que votre panel de testeurs diminuera grandement si vous ne leur proposez pas un troc. Vous devez monnayer leur participation contre rémunération.

Il est courant de rémunérer les participants à hauteur de 45 € pour une heure de test. Si ce montant constitue la compensation la plus courante, vous pouvez tout à fait choisir de donner plus ou moins, l'essentiel restant de pratiquer cet échange. La somme est souvent remise sous forme de chèques cadeaux génériques. Si vous testez un site marchand, vous pouvez aussi proposer des bons d'achat à utiliser sur le site en question.

Si, pour une partie des participants aux tests, cette compensation est négligeable, ils seront tout de même contents d'être remerciés. Dans le même ordre d'idées, n'hésitez pas à leur proposer boissons, café, et autres gourmandises, afin d'instaurer le climat du test. Il s'agit de les mettre à l'aise et de les remercier de leur venue.

Le support de test : tester quoi, à quel moment ?

Un test utilisateur peut être mené sur de nombreux supports. L'objectif final est d'optimiser l'ergonomie d'un site web, mais vous n'avez pas forcément besoin d'avoir un site en ligne pour tester vos choix de conception.

La question du support du test utilisateur est très liée à celle du moment approprié pour conduire le test. En effet, le support dont vous pourrez disposer est fonction du stade où vous vous trouvez dans le processus de développement. Vous pourrez difficilement conduire un test sur un site finalisé et en ligne si vous vous trouvez très en amont dans le projet.

On commence un bon test utilisateur en choisissant le moment opportun pour le mener. L'observation d'internautes en interaction avec un site Internet vous apportera toujours des données très riches. Cependant, il y a des périodes plus intéressantes que d'autres pour y recourir.

Tout dépend de ce que vous souhaitez valider et du stade où vous vous situez dans le processus de développement du site web.

Plus vous êtes sûr de ce que vous faites, plus vous aurez besoin d'une interface fonctionnelle pour supporter vos tests utilisateurs. C'est aussi le cas pour les interfaces très transactionnelles, où l'essentiel de l'interaction est constitué de saisie ou renseignement de formulaires et des réponses subséquentes du système.

Prototype papier ou maquettes statiques à l'écran

Dans l'absolu, on recommande d'effectuer des tests utilisateurs dès que possible. Il faut cependant avoir quelque chose à tester et, donc, avoir finalisé une partie de la conception. Dans ce cas, vous effectuerez des tests utilisateurs sur des prototypes papier ou des maquettes statiques à l'écran. Ainsi, vous allez présenter successivement à l'internaute les différentes pages que vous souhaitez évaluer, soit sous forme papier, soit à l'écran si vous n'avez que quelques maquettes à lui montrer.

Dans ce que l'on appelle un prototype papier, c'est vous qui donnez le côté dynamique à partir d'un ensemble d'écrans que vous présentez à l'utilisateur au moment voulu. Ce dernier dispose d'un crayon qu'il utilise en lieu et place d'un curseur de souris, pour cliquer virtuellement sur les éléments de la maquette et écrire dans les interfaces de saisie. En fonction de ce qu'il fait, vous « jouez » l'ordinateur en lui présentant les écrans appropriés. Les maquettes qui vous servent à simuler les écrans sont soit des pages dessinées à la main, soit des pages imprimées à partir d'un logiciel de maquettage (voir le chapitre 9 pour une liste de ces logiciels).

Ce type de validation très en amont permet de vérifier certains choix avant d'engager la conception de tout le reste du site sur ces bases. Cela permet de valider l'adéquation aux objectifs et besoins de vos internautes, l'architecture de l'information, les grands principes d'interaction ainsi que le vocabulaire employé dans l'interface.

Si vous en avez la possibilité du point de vue du planning et du budget, ce type de test est donc idéal, car il donne une grande liberté d'action après l'observation des résultats. En effet, puisque vous êtes encore en phase de conception, les modifications éventuelles seront moins lourdes à mettre en œuvre que si le site était déjà développé techniquement.

Ce type de test est donc ultra-recommandé pour des interfaces non conventionnelles, nouvelles pour vous et pour les internautes. En effet, vous avez alors encore plus intérêt à valider très tôt les concepts fondamentaux de votre interface, sous peine de complètement rater votre projet.

En général, ce type de support n'a pas encore été traité d'un point de vue graphique et ce, pour deux raisons.

Tout d'abord, il est préférable de tester des interfaces plus avancées graphiquement sous la forme d'un prototype fonctionnel à l'écran, afin de justifier du temps de développement nécessaire à la mise en place graphique.

En outre, cela permet d'éviter les erreurs d'interprétation liées à la présence d'une couche graphique. Cette première étape doit servir à valider les grands principes de l'interface : de cette manière, on peut par la suite parier que, si l'interface ne fonctionne plus, c'est probablement parce que le design ne la traduit pas correctement. Autrement dit, si vous faites un test sur des maquettes graphiques et que vos internautes ne voient pas la barre de navigation secondaire, il y a deux explications possibles : soit elle est mal placée, soit son format n'est pas assez visible. Le design graphique

ANECDOTE **Le prototypage papier chez Microsoft**

La méthode du prototypage papier est une de celles qui a été utilisée pour imaginer l'interface utilisateur de la version 12 de Microsoft Office.

BIBLIOGRAPHIE

Tout savoir sur le prototypage papier

Le prototypage papier n'est pas une hérésie ou une méthode de savant fou ! C'est une vraie position méthodologique forte, revendiquée par de nombreux experts et donnant lieu à de nombreuses publications. Si vous souhaitez approfondir le sujet, nous vous conseillons le livre de Carolyn Snyder, entièrement consacré au sujet.
📖 Carolyn Snyder, *Paper prototyping: The Fast and Easy Way to Design and Refine User Interfaces*, Morgan Kaufmann, 2005

choisi pour un menu peut donc amener à revoir son positionnement, alors que la source du problème se situe peut-être simplement au niveau de sa force visuelle.

Prototype semi-fonctionnel

Le second niveau de support est ce que l'on appelle un prototype semi-fonctionnel. Celui-ci se présente toujours à l'écran et permet de simuler un site qui marche, en mettant en relation des maquettes statiques par quelques liens fonctionnels.

Vous pouvez fabriquer votre prototype de diverses manières selon le format de vos spécifications. En général, vous disposez d'une version statique de chaque écran (maquette conceptuelle ou graphique) et vous devez lier chacun des écrans selon le parcours attendu de l'internaute.

Tableau 11–1 Comparaison de plusieurs techniques de prototypage

Outil	Avantages
Flash	Permet un prototypage rapide et, surtout, d'obtenir très facilement des effets au survol de la souris, réplicables de la même manière en fonction de types d'objets.
HTML	Il est préférable de l'utiliser pour réaliser la même chose qu'en Flash, plutôt que de monter complètement un prototype au format HTML. Grossièrement, vous ne faites que poser des maps sur vos images afin de représenter les différents liens sur lesquels vous vous attendez à ce que vos participants cliquent.
Powerpoint	Double utilisation de l'outil : on fabrique le prototype à partir des maquettes réalisées grâce au même outil.
Adobe Acrobat	Les fonctions de liens des documents pdf permettent de réaliser très facilement des prototypes à partir de maquettes exportées dans ce format.
Axure RP Pro	Double utilisation de l'outil : on fabrique le prototype à partir des maquettes réalisées grâce au même outil.

Avec ce type de support, vous êtes en mesure de valider les mêmes éléments qu'avec des maquettes statiques animées à la main, mais de manière plus avancée. Par exemple, vous pouvez valider les parcours utilisateur avec plus de fluidité et de fiabilité que dans un prototype manuel.

Vos participants seront aussi plus proches d'une situation réelle de navigation puisque, dans ce cas, c'est comme d'habitude l'ordinateur qui réagit à leurs clics.

Enfin, si la base de votre prototype correspond à la charte graphique du site final, vous obtiendrez des observations beaucoup plus fiables. Si le design graphique correspond à celui du site final, vous augmentez la probabilité que les résultats observés soient valides sur le site final. En effet, le design graphique n'est pas sans rapport avec l'ergonomie et peut permettre de l'optimiser comme de la mettre en défaut (voir à ce propos au chapitre 2 l'idée reçue selon laquelle l'ergonomie et le design seraient des ennemis jurés).

Cependant, il reste quelques points que vous ne pourrez pas valider avec un prototype semi-fonctionnel. Notamment, vous arriverez à repérer l'erreur et à analyser sa cause, mais pas à observer comment l'internaute va la contourner. Autrement dit, vous vous arrêtez là où il bute et ne pouvez pas le laisser naviguer à la recherche d'une solution à son problème (puisque peu de choses sont fonctionnelles).

Sur des interfaces transactionnelles, faites attention à concevoir ou faire concevoir le prototype *après* la conception du plan de test. En effet, vous risquez dans le cas contraire d'obtenir des écrans trop peu réalistes. Même si l'interface est factice, essayez au maximum de la rendre cohérente avec ce que vous racontez au participant.

Le prototypage papier et le prototypage semi-fonctionnel peuvent être considérés comme des méthodes de conception et de validation, alors que le test sur un site entièrement fonctionnel est plutôt de l'ordre de l'évaluation.

Si vous êtes assez libre dans l'interprétation des résultats obtenus, préférez une interface semi-fonctionnelle ; vous pourrez ainsi profiter de la flexibilité qui en découle pour faire des changements sur l'interface.

Toutefois, si vous devez prouver à des clients ou à vos collaborateurs la criticité de chaque observation, ce sera plus aisé sur un site fonctionnel, où les erreurs ne pardonnent pas et où les internautes, du fait d'une interface pleinement fonctionnelle, se laisseront davantage aller à la critique et à l'exploration.

Site finalisé

Le niveau le plus avancé d'un support consiste à réaliser les tests sur une interface pleinement fonctionnelle, où l'internaute peut cliquer sur n'importe quel élément et obtenir une réponse de la part du système. On s'approche là d'une véritable situation de navigation sur le Web.

Un site entièrement fonctionnel est donc l'interface idéale pour obtenir des résultats fiables puisque vous validez tous les aspects qui influencent l'ergonomie de votre site : sa conception, certes, mais aussi son design et son implémentation technique. En outre, il est plus facile pour les participants de croire à votre histoire si le support que vous leur présentez est un site web.

Il existe encore une distinction à faire entre, d'une part, un site entièrement fonctionnel mais qui n'est pas en ligne et, d'autre part, un site en

MÉTHODE **Ce peut être le site d'un de vos concurrents !**

Tout ou partie de votre test utilisateur peut se dérouler sur les sites web de vos concurrents. Ce type de démarche est très intéressant, mais plutôt en phase amont du projet.

ligne, connecté à la base de données finales, sur lequel les internautes et les systèmes informatiques ont déjà interagi, etc.

Un site en ligne permet de démontrer l'importance de critères d'accessibilité technologique tels que : présence et qualité des résultats dans un moteur de recherche, qualité ergonomique des URL, fiabilité du système, vitesse de chargement, interaction avec des applications systèmes ou plug-in, avec des pop-up, etc. En effet, même si de nombreuses personnes sont convaincues qu'il est nécessaire de satisfaire ces critères, rien ne vaut la preuve par le test et un participant qui dit explicitement « si vous n'étiez pas là, je serais parti depuis longtemps déjà » parce qu'un site est lent à répondre. Ce genre de problématique technique a un impact sur l'ergonomie de votre site et vous avez donc tout intérêt à pouvoir l'évaluer. Souvenez-vous de la règle n°12 (« satisfaction de *votre* internaute ») où nous évoquions l'efficacité technique du site web (rendez-vous à la fin du chapitre 5 si vous avez oublié cette règle ou ne l'avez pas encore lue).

Enfin, sur certaines interfaces, vous ne pouvez obtenir de résultats précis en termes de qualité d'utilisation que si elles sont effectivement connectées à la base de données réelle, ou à une base identique en volume et en qualité des informations renseignées. Ceci vaut surtout sur des interfaces transactionnelles : recherche, création de compte utilisateur, achat en ligne, interactions avec des données « temps réel », etc.

Récapitulatif et intérêts de supports multiples

Les trois grands types de supports de test que nous venons d'évoquer ont donc chacun leurs avantages et leurs inconvénients. Les principaux peuvent être représentés très simplement de la manière suivante :

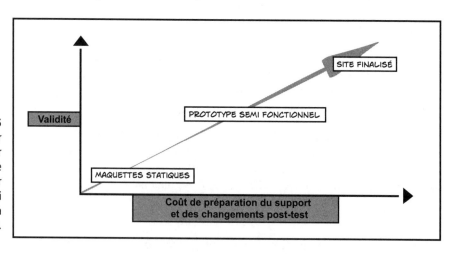

Figure 11–5
Le niveau de validité souhaité a des impacts sur le coût de préparation du support ainsi que sur les changements à effectuer suite au test. Le site finalisé est le support qui permet d'obtenir le plus grand niveau de validité. C'est aussi celui qui coûte le plus cher à préparer et à modifier en fonction des résultats du test.

Bien sûr, il existe des continuums entre ces trois types de supports. Ainsi, une interface statique peut présenter plus ou moins d'écrans et être plus ou moins détaillée ; un prototype semi-fonctionnel peut être plus ou moins fonctionnel, plus ou moins graphique ; un site fonctionnel peut être plus ou moins connecté à la réalité du Web.

Vous constatez que l'échelle de validité des résultats observés est plus réduite que celles des coûts, car elle présente moins de variabilité. Par exemple, ce que vous observerez au niveau terminologie sera toujours valide sur l'interface finale.

Enfin, vous pouvez dans certains cas mixer deux types de supports (mais jamais plus) si le projet le nécessite. Par exemple, si vous êtes en projet de refonte, vous pouvez diviser la session de test en deux parties, l'une portant sur le site en ligne et l'autre sur les maquettes ou prototypes de la nouvelle version.

Et comme on ne répète jamais assez les fondamentaux, rappelez-vous que plus vous conduisez un test utilisateur tôt, plus vous aurez de latitude pour que vos observations soient suivies de réels changements sur l'interface.

Plan de test et objectifs d'utilisabilité

La colonne vertébrale d'un test utilisateur est son plan, c'est-à-dire les questions que vous allez poser à vos participants. Ce plan de test doit prendre la forme d'une suite de scénarios présentés à vos utilisateurs. Il doit vous permettre d'analyser des points particuliers de votre interface, de valider des hypothèses ou de trouver de nouvelles pistes de travail. Si vous partez d'un constat de type « Nous avons 80 % de taux d'abandon de panier », le test utilisateur doit vous servir à comprendre d'où vient ce taux d'abandon et comment le diminuer.

Un test comme dans la vraie vie...

Il est essentiel, lorsque l'on met en œuvre un test utilisateur, d'avoir des objectifs. Vous ne pouvez pas juste regarder des internautes naviguer sur votre site sans ligne de conduite, ou vous prenez le risque que votre test ne serve à rien.

L'objectif du test est d'observer tous vos participants réaliser la même action, ou en tout cas le même type d'actions. Pour y parvenir, vous devez donc créer une liste de scénarios qui fonctionneront comme autant de mises en situation pour vos participants.

MÉTHODE **Un plan de test en vitesse**

Nous vous présentons ici les meilleures pratiques pour préparer un plan de test. Comprenez bien que vous pouvez adapter ces règles en fonction du niveau de rigueur de votre test. Vous aurez d'autant moins besoin de temps pour préparer le plan que vous avez peu de participants ou qu'ils sont faiblement représentatifs de votre cible. En effet, vous serez alors plutôt dans un cadre exploratoire. Préparez rapidement quelques scénarios de navigation et cela suffira amplement. En lisant ce chapitre, vous éviterez les erreurs les plus fréquentes et disposerez ainsi d'un plan de test efficace.

MÉTHODE

Écrire un plan de test pour coller au réel

Votre test sert à simuler une situation de navigation réelle sur votre site ? Alors vous devez donner à l'internaute des choses à faire. En effet, il est rare qu'il arrive sur un site par hasard, sans aucun objectif. Le principe d'un plan de test utilisateur est de le placer dans une situation réaliste et donc de lui donner des objectifs à atteindre.

Figure 11–6
Un scénario de plan de test donne un objectif aux participants. Voici quel pourrait être un objectif à tester sur le site À Vendre À Louer, site de petites annonces immobilières.
Source : www.avendrealouer.fr

« Nous voulons tester l'efficacité de la barre de navigation »

Lorsqu'on prépare des tests utilisateurs, on peut être tenté d'écrire le plan de test en fonction de nos propres interrogations de concepteur sur l'efficacité de l'interface (ou celles de nos clients). Or ce n'est pas la bonne manière de fonctionner.

Tester un élément d'interface en particulier

Si vous voulez tester des choses en particulier (par exemple, vous n'êtes pas certain que les utilisateurs remarqueront la liste déroulante qui leur permet de passer d'un sous-site à un autre), vous devez les intégrer dans un scénario. Autrement dit, vous allez inventer quelque chose à faire faire à votre participant et cette action ne sera qu'un prétexte pour observer comment il va se débrouiller pour y parvenir. Faites alors en sorte que l'élément à tester constitue pour lui la manière optimale d'arriver à l'objectif que vous lui avez assigné. Vous pourrez alors évaluer sa visibilité, mais aussi son adéquation à la tâche.

Attention cependant avec les objectifs issus de vos propres interrogations de concepteur, plutôt que des tâches que vos internautes doivent réaliser sur votre site. Testez ce genre de choses uniquement si elles peuvent s'intégrer dans un scénario de navigation dicté par les objectifs de vos personas. Autrement dit, ne testez pas pour tester, pour vous faire plaisir ou justifier une décision de conception somme toute mineure.

Figure 11–7
Problématique de départ : on souhaite tester la visibilité et l'utilisabilité de la liste déroulante *Changer de secteur* du site Asmodée. Plus précisément, on souhaite tester l'accès au secteur Jeux de société à partir du secteur Jeux de rôles.
Source : www.asmodee.com

Figure 11–8
Le scénario sert de moyen pour tester la problématique de départ. Il consiste à trouver un prétexte pour que l'internaute se trouve dans une situation dont la résolution optimale passe par le recours à la liste déroulante *Changer de secteur.*

Si vous considérez qu'il est vraiment important de tester une décision concernant un élément d'interface, elle doit forcément être liée à la réalisation d'une des tâches principales de votre persona. Vous devriez donc « comme par hasard » voir cet élément d'interface intervenir lors de la création de vos scénarios. Si l'élément d'interface pose problème, vous vous en rendrez vite compte lors du test.

Pour résumer, vous ne devez pas partir de l'interface pour créer vos scénarios, mais des missions affectées à vos personas (comme évoqué au chapitre 4).

Excluez les tests comparatifs

Vous n'arrivez pas à choisir entre une barre de navigation horizontale et une verticale ? Désolée de vous décevoir, mais le test utilisateur n'est pas le lieu pour en décider.

Prenez votre courage à deux mains, faites un choix et testez-le. S'il fonctionne, tant mieux, rien à redire, votre décision sera prise. S'il pose problème à vos utilisateurs, vous devrez alors le modifier, mais la cause n'en est probablement pas le sens de la navigation (ce sera plus sûrement le rubriquage, les libellés ou l'ordre de présentation de ces items, etc.). Dans le cas des deux barres de navigation, il est d'ailleurs probable que, si elles sont toutes les deux bien conçues, elles fonctionneront toutes les deux de manière plus ou moins identique pour aider vos participants à se déplacer dans le site.

J'imagine que vous vous demandez *Et pourquoi je ne ferais pas un test comparatif ?* D'abord parce que cela nécessite un protocole méthodologique très lourd à mettre en place. Une donnée non négligeable de ce protocole est le nombre de participants nécessaires, inenvisageable sur la plupart des projets web, même les plus gros. Vous devez d'abord former deux groupes de participants (l'un sera confronté à la navigation horizontale, l'autre à la navigation verticale), chacun de ces groupes devant comporter un grand nombre de participants. Je vous passe les détails mais, assurément, personne ne pratiquant de l'ergonomie de terrain avec des problématiques de production web n'est capable de conduire ce type d'étude et surtout n'a intérêt à le faire.

Nous venons de prendre l'exemple d'un comparatif entre deux types de barre de navigation, mais ces remarques sont valables pour n'importe quel test qui voudrait évaluer l'efficacité d'une solution par rapport à une autre.

Ne perdez pas votre temps et votre budget sur ce type de tests. Profitez-en plutôt pour mener des sessions de test de manière répétée, afin d'affiner votre travail.

Réalisme des scénarios

Rappelez-vous comme il est important que les participants jouent le jeu. Plus votre plan de test sera réaliste, plus il permettra d'impliquer vos participants. Vous devez donc tout faire pour rendre vos scénarios les plus crédibles possibles.

Bien sûr, un plan de test est par essence artificiel. Ajoutons à cela que l'on passe en général environ une heure avec un participant sur un site Internet : souvent, cette durée dépasse largement le temps de visite moyen du site. Enfin, si chacun des scénarios en soi est plausible, leur juxtaposition collective a peu de chances d'arriver dans la vie réelle. Toutefois, vous devez essayer d'optimiser le réalisme de votre plan de test.

Tout d'abord, ce réalisme peut être porté par tout ce qui viendra nourrir le scénario. Il est exclu que vous demandiez simplement à vos participants de trouver un canapé ou de télécharger une sonnerie de téléphone.

Vous devez broder, fabriquer une histoire autour de ce scénario. Autrement dit, écrivez véritablement des scénarios et non une liste de tâches. Ne demandez pas simplement à votre participant de faire quelque chose, mais fournissez lui une raison de le faire, un contexte qui explique pourquoi il aurait envie de cela, etc. Ainsi, vous pouvez expliquer à vos participants qu'ils veulent changer de canapé parce que le leur est trop vieux, ou changer de sonnerie parce que celles fournies par défaut dans leur téléphone ne leur plaisent pas.

Votre plan de test général sera aussi plus réaliste si vous agencez vos questions de manière à rendre fluide le déroulement de la session de test. Pour ce faire, vous pouvez hiérarchiser vos scénarios en créant des méta-scénarios, englobant une série de questions successives. Servez-vous des actions que le participant vient d'effectuer pour introduire les scénarios suivants.

Par exemple, sur un site d'e-commerce, profitez du travail sur un produit en particulier pour tester les pages et fonctionnalités qui vous intéressent.

Tableau 11–2 Camif.fr, Méta-scénario Canapé

Tâches	Page ou fonctionnalité testée
Chercher un canapé	Navigation dans le catalogue produits
Regarder s'il convient	Contenu de la page produit
Le sélectionner pour l'acheter dans un coloris donné	Fonctionnalités d'achat de la page produit
Voir s'il existe un fauteuil assorti	Navigation dans une ligne de produits
Supprimer le canapé de la commande	Fonction de suppression du panier

Pour ajouter au réalisme et tester jusqu'au bout, vous devez sortir du site et prévoir tout le matériel nécessaire pour fabriquer une situation d'interaction qui frôle le modèle réel. Ainsi, si vos personas utilisent votre site en interaction avec d'autres supports (téléphone portable, appareil photo, logiciel client, courrier papier, etc.), vous devez intégrer ces éléments dans votre plan de test. Même si le but n'est pas d'analyser l'ergonomie de ces supports, vous serez ainsi plus proche des situations d'usage réelles et vous pourrez faire des découvertes intéressantes de ce point de vue.

Par exemple, pour faire tester le site de la Camif aux clients existants, il est primordial de faire intervenir l'objet catalogue. Une grande partie des clients de la Camif se sert en effet du catalogue comme préparation de l'achat sur Internet. Autrement dit, le catalogue papier sert à choisir et le site à valider ce choix avant d'y passer la commande. Un des scénarios est donc le suivant :

Figure 11–9
L'utilisation du catalogue papier permet de rendre le scénario de test plus réaliste et plus proche des usages réels des clients Camif participant au test.

Figure 11–9
L'utilisation du catalogue papier permet de rendre le scénario de test plus réaliste et plus proche des usages réels des clients Camif participant au test.

De même, si vous faites acheter des produits en ligne, fournissez aux participants le moyen de paiement qu'utiliserait votre persona. Dans le cas d'un paiement par carte bancaire, vous avez plusieurs options :

- **Vous avez la possibilité de contrôler les commandes** : fournissez aux participants n'importe quelle carte bancaire et faites annuler les commandes réalisées pour les besoins du test.

- **Vous avez un compte bancaire de test.** Dans ce cas, fabriquez une fausse carte bancaire indiquant les informations nécessaires au paiement truqué.

- **Vous n'avez pas de compte bancaire de test** et ne contrôlez pas les commandes : fournissez aux participants votre propre carte bancaire ou celle de votre client.

Attention, même si cela pourrait rendre le test réaliste, ne demandez jamais aux participants de régler leurs achats avec leur propre carte de paiement. Vous entreriez de manière trop poussée dans leur sphère personnelle et mettriez en jeu des problématiques trop lourdes à gérer au regard des bénéfices que vous en tireriez. Le test doit réellement s'attacher à faire « comme si ».

Plus rarement, l'intervention de matériel extérieur au site peut uniquement servir à donner de la consistance au plan de test, à augmenter le réalisme et donc l'implication des participants. Prenons l'exemple du scénario suivant :

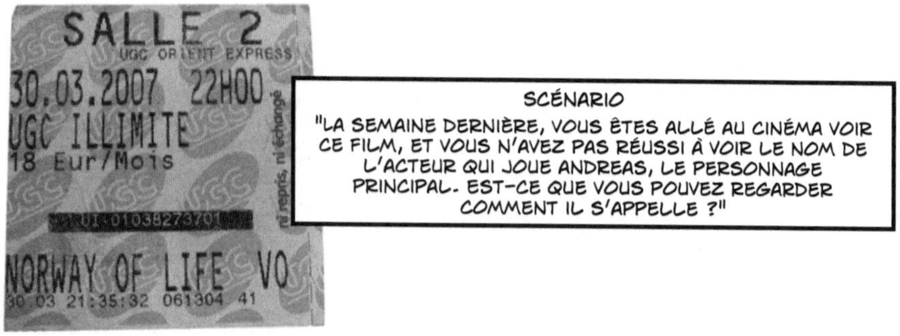

Figure 11–10
En même temps que l'on lit le scénario au participant, on lui montre le ticket de cinéma, afin d'augmenter son niveau d'implication dans le test.

Le fait de présenter un ticket de cinéma au participant est tout à fait inutile d'un point de vue strictement méthodologique (le ticket n'apporte rien par rapport à une présentation orale ou écrite du titre du film). Cependant, il permet au participant de croire davantage à la situation et de s'impliquer dans le scénario comme si, effectivement, il était allé à cette séance de cinéma.

Attention : à l'inverse d'un matériel important d'un point de vue méthodologique (comme le catalogue de la Camif ou un courrier papier avec des codes d'accès à un service web), ce type de support du plan de test n'est qu'un bonus. Vous ne devez donc pas passer trop de temps à y réfléchir ou à les préparer.

Souplesse des scénarios

Un scénario de test peut être ouvert ou fermé selon qu'il laisse plus ou moins de liberté aux participants. Le scénario le plus ouvert que l'on puisse imaginer sur un site web est ce que l'on appelle la navigation libre : le participant navigue sur le site sans autre consigne que l'explorer. Il est rare qu'un plan de test intègre de la navigation libre. Lorsque c'est le cas, c'est seulement pour une durée limitée ou en fin de session, s'il reste du temps.

La navigation libre apporte souvent beaucoup plus de données subjectives que d'observations objectives dont on peut tenir compte. En effet, puisque la navigation est libre, vos participants empruntent tous des chemins différents, ne visitent pas les mêmes pages, ne font pas les mêmes choses. Il est donc difficile de repérer des tendances comportementales ou des erreurs qui se répètent pour tous les participants. Cependant, la navigation libre présente l'avantage de sortir du cadre fermé qu'offre le plan de test classique : elle vous permet donc de vous ouvrir à des choses auxquelles vous n'aviez pas pensé mais qui peuvent être importantes.

La plupart des scénarios d'un plan de test sont donc des scénarios plus fermés que de la pure navigation libre. Toutefois, leur degré de fermeture peut être plus ou moins avancé. Voyez donc les deux exemples suivants :

MÉTHODOLOGIE
Plusieurs plans pour plusieurs cibles

Dans le cas où votre cible est très hétérogène en termes de tâches et de connaissances antérieures concernant le site, vous pouvez tout à fait imaginer de concevoir autant de plans de test que de types de cibles. Veillez à ne pas surexploiter cette possibilité car elle nécessitera d'augmenter le nombre de participants pour chacune des modalités du plan de test, sous peine de n'avoir qu'un ou deux participants confrontés au même plan de test.

Figure 11–11
Dans le cadre d'un test pour une agence de voyages en ligne, le scénario 1 est plus ouvert que le 2, car il donne plus de liberté aux participants.

Dans le premier cas, seul le produit et le pays de destination sont spécifiés. Dans le second cas, on n'indique pas le produit (le participant peut par exemple avoir besoin de réserver un vol + un hôtel pour arriver à l'heure le matin, ou un vol + une voiture), mais on spécifie la ville de destination, la date et l'heure d'arrivée souhaitée en ville.

Pour impliquer vos participants, essayez de leur donner le plus de liberté possible sans que cela affecte vos observations. Par exemple, si vous cherchez à tester un processus appliqué de manière identique sur toute une ligne de produits et que vous disposez d'un site en ligne, laissez votre participant choisir le produit qu'il préfère.

La souplesse du plan de test est souvent dictée par le support sur lequel on travaille. Sur un prototype semi-fonctionnel par exemple, vous ne développerez probablement que quelques accès produits et non tout le catalogue. Votre scénario doit donc orienter les participants vers les produits en question.

Nombre de scénarios

Le nombre de questions d'un plan de test n'est pas limité. Dans l'absolu, vous pouvez poser autant de questions que vous le souhaitez, dans la limite de la durée que vous vous êtes fixée.

Une des difficultés dans l'écriture d'un plan de test est justement d'évaluer combien de temps il occupera le participant. Partez du principe que vous n'aurez jamais un panel égal de ce point de vue. Selon leur niveau d'expertise et leur personnalité, vos participants mettront plus ou moins de temps à exécuter les scénarios. La durée réelle des tests différera donc toujours en fonction des utilisateurs.

Vous devez prévoir des questions ou scénarios optionnels, que vous garderez en réserve au cas où vos participants ont accompli tous les scénarios obligatoires et qu'il vous reste du temps pour leur proposer d'autres choses. Il est en effet dommage de ne pas profiter de leur présence.

Essayez de ne pas lancer vos tests sans avoir évalué la pertinence de votre plan en termes de durée, par exemple avec des personnes de votre équipe. Même si cette mesure est purement indicative et ne vous donne qu'un ordre d'idée, elle pourra vous permettre de réajuster votre plan de test si vous êtes complètement en deçà ou au-delà de la durée que vous aviez prévue.

Au-delà des tâches... la compréhension du site

Malgré la sur-représentation de scénarios dans un plan de test, ce ne sont pas toujours ses seuls éléments constitutifs. Par exemple, il est particulièrement intéressant de faire débuter votre plan de test par des questions sur la compréhension du site. Finalement, cela revient à simuler ce que fait un internaute inconsciemment (ou pas, si le site est vraiment mal conçu) lorsqu'il arrive pour la première fois sur un site Internet. Vous pouvez enrober vos questions d'un contexte fictif d'utilisation, même si elles ne correspondent pas réellement à une tâche explicite de l'internaute. En voici un exemple sur le site d'OSEO :

MÉTHODOLOGIE **D'abord sans cliquer...**

Les gens sont pressés et veulent vous prouver qu'ils vont réussir à faire ce que vous leur demandez. Mais les questions concernant la compréhension d'un site se posent nécessairement au tout début d'un test, lorsque vous arrivez pour la première fois sur la page d'accueil du site. Il est donc important de donner la consigne à votre participant d'essayer de vous répondre sans cliquer.

SCÉNARIO
"D'ABORD SANS ALLER AILLEURS, EN REGARDANT CETTE PREMIÈRE PAGE, POUVEZ ME DIRE QUI EST OSEO, ET CE QUE PROPOSE CE SITE ?"

Figure 11–12
Exemple de scénario de compréhension du site pour un test utilisateur sur le site d'OSEO.
Source : www.oseo.fr

Ce type de questions est sans pitié envers le site, puisqu'un internaute arrive rarement vierge de toute pré-conception envers un site web. En général, il y arrive parce qu'il veut trouver une information ou atteindre un objectif, et qu'il pense que le site en question va l'y aider (soit parce qu'il le connaît, soit parce qu'on le lui a recommandé, soit parce qu'il l'a trouvé par un moteur de recherche ou en naviguant sur le Web). Toutefois, vous pouvez partir du principe que, si vos participants comprennent qui vous êtes et ce que vous faites sans bénéficier de ce contexte, c'est que vous réussirez à couvrir toutes les situations possibles.

Méthodologie **Le test utilisateur peut aussi s'occuper de la manière d'accéder au site**

Si vous êtes assez impliqué dans le projet pour pouvoir émettre des recommandations sur l'accessibilité technique du site, le test peut commencer avec un scénario tel que le suivant : « Imaginons que vous ayez noté le nom de ce site sur votre calepin. Vous ne vous souvenez plus ce que c'est mais si vous l'avez noté, c'est que cela devait vous intéresser. On va donc y aller. » Ce type de mise en bouche va vous permettre de tester si vos participants se servent d'un moteur de recherche ou saisissent directement une URL et, si c'est le cas, de quelle manière ils la saisissent.

Vous pouvez aller encore plus loin en leur indiquant le nom du site de manière orale, afin de tester la manière dont ils l'orthographient ainsi que la syntaxe de l'URL qu'ils saisissent s'ils passent par la barre d'adresse (avec ou sans http, quelle extension au nom de domaine, etc.).

ON VA ALLER SUR UN SITE DONT UN AMI VOUS A PARLÉ, ÇA S'APPELLE [RÉSERVOIR JEUX]

Figure 11–13 L'animateur indique le nom du site à l'oral.

En entendant ce nom oralement, les participants qui le rentrent directement dans la barre d'adresses peuvent l'écrire de plusieurs manières. Les alternatives les plus fréquemment observées consistent à écrire le www ou non, à écrire jeux au singulier ou au pluriel, à mettre un tiret entre réservoir et jeu ou pas, à mettre un accent à réservoir ou pas, à terminer l'adresse par .fr ou .com, etc. Chacun de ces paramètres ayant deux modalités, vous pouvez observer toutes les combinaisons possibles (par exemple : www.reservoirjeux.fr, reservoir-jeux.com, www.réservoirjeu.com...). Cette procédure peut vous conduire à des observations que vous n'aviez pas prévues et à engager une nouvelle politique d'achat de noms de domaines (avec ou sans s, avec ou sans tiret, avec une mauvaise orthographe très fréquente, etc.).

Le même type d'observations va être réalisé avec les participants qui choisissent plutôt le moteur de recherche : vous allez regarder les mots clés qu'ils saisissent, mais aussi les résultats qu'ils obtiennent, la façon dont ils y réagissent et ce qu'ils en comprennent. Ces observations vous permettent d'optimiser vos stratégies de référencement (que ce soit d'un point de vue naturel ou payant).

Se préoccuper de ce type de problématiques, c'est prendre en compte le côté serveur (on dit « server side ») de l'ergonomie, qui est essentiel. En effet, sans lui, vos internautes n'arriveront pas sur votre site, et il devient alors complètement égal que ce dernier soit facile à utiliser ou non. Commencez par optimiser l'ergonomie de l'accès technique à votre site.

Effets d'ordre et contrebalancements

Lorsque vous réalisez des tests sur plusieurs supports, vous devez opérer des contrebalancements afin d'éviter des effets d'ordre. Même si un test utilisateur de terrain ne permet pas de faire de statistiques, vous devez tout de même contrôler tout ce que vous pouvez.

Par exemple, si vous concevez un nouveau site de vente de vin en ligne et réalisez des tests utilisateurs sur les sites de vos deux plus gros concurrents, vous devez présenter à la première partie de votre panel le site A puis le site B, et à la seconde partie de votre panel, le site B puis le site A (figure 11–14).

De même avec les tests mêlant évaluation du site actuellement en ligne et évaluation des maquettes ou prototypes de la seconde version.

Figure 11–14 Pour éviter d'observer des résultats dus à des effets d'ordre, la moitié de vos participants doit d'abord être confrontée au site A, puis au site B, et inversement pour l'autre moitié du panel.

Les erreurs à éviter lors de l'écriture du plan de test

Un plan de test ne doit pas utiliser les mêmes mots que le site

Vous devez absolument éviter d'utiliser des mots de votre site dans le plan de test. En effet, vous ne feriez que tester la rapidité de votre participant à scanner l'écran, repérer le mot et agir en conséquence. Forcez-vous donc à utiliser des synonymes ou à créer des histoires vous évitant d'utiliser le mot en question.

Figure 11–15
Pour tester le retour à la page d'accueil sur le site du Louvre, ne demandez pas aux participants de revenir à la page d'accueil, mais à la première page, où à la page sur laquelle ils sont arrivés, etc.
Source : www.louvre.fr

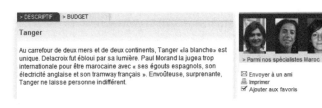

Figure 11–16
Pour tester la fonctionnalité *Envoyer à un ami* sur le site de Voyageurs du Monde, ne demandez pas aux participants d'envoyer la fiche à un ami, mais dites-lui qu'il faut qu'ils envoient cette page à la personne qui va les accompagner pour savoir si elle trouve ce voyage intéressant.
Source : www.vdm.com

N'appliquez cependant pas ce conseil de manière extrême. Bien sûr, si vous demandez à vos participants d'acheter une machine à laver, vous pouvez difficilement l'appeler autrement.

Dans la même veine, si vous voulez tester l'utilité d'une fonction, ne dirigez pas les gens directement vers son utilisation en sous-entendant qu'elle existe.

Un plan de test ne doit pas détailler les étapes permettant de réaliser la tâche.

Ce que vous donnez à vos participants, c'est un objectif global. Par exemple, s'ils doivent acheter un disque, ne leur demandez pas de sélectionner un disque qui leur plaît, puis de l'ajouter au panier et enfin de le commander. Demandez leur simplement d'acheter un disque qui leur plaît.

Un plan de test ne doit pas être un questionnaire

Un plan de test est une série de scénarios où l'on demande aux participants de « faire comme si ». C'est donc tout à fait différent d'une série de questions où l'on attendrait une réponse verbale. Même si cette composante verbale est importante pour comprendre le cheminement des participants, elle n'est intéressante qu'en accompagnement de l'étude d'une interaction réelle. Autrement dit, c'est à vous d'avoir le sens critique. Ne demandez pas à vos participants d'avoir un avis sur l'ergonomie du site, mais observez leur navigation au sein des pages.

Un plan de test doit tester les missions du persona et non vos propres objectifs

Même si ce conseil est difficile à appliquer, sachez insister pour que le plan de test évalue réellement les objectifs de vos personas sur votre site. Votre plan de test n'a pas pour but de faire passer les participants par telle ou telle page, mais doit évaluer si le site permet aux internautes d'accomplir leurs tâches facilement et rapidement. Rappelez-vous toujours que les scénarios que vous imaginez ne sont qu'un outil pour supporter cette évaluation.

Prenons un exemple. Si vous travaillez sur le site d'un théâtre, vous avez probablement envie de tester l'utilisabilité des fiches spectacles. Mais cela ne suffit pas. Que viennent faire vos internautes sur des fiches spectacles, quelles sont les informations qui les intéressent ? Ils veulent voir les dates où se joue la pièce, le prix des places, les acteurs, la durée de la pièce, etc. Fabriquez donc une histoire pour justifier qu'ils aient besoin de consulter la fiche en question. Par exemple :

Figure 11–17
Deux scénarios peuvent permettre de tester l'accès et l'utilisabilité des fiches spectacles sur le site du théâtre de l'Odéon : « Vous avez réservé des places pour une pièce de théâtre vendredi prochain, ça s'appelle Homme sans but, et vous voulez savoir combien de temps dure la pièce pour décider si vous dînez avant d'aller au théâtre. » / « On vous a conseillé d'aller voir une pièce qui s'appelle Homme sans but, vous voulez voir si elle se joue encore. »
Source : www.theatre-odeon.fr

L'objectif pour le participant est bien de connaître la durée d'une pièce, ses dates ou ses acteurs, et non d' « accéder à une fiche spectacle ».

Évitez aussi de faire tester des choses qui ne serviront pas, ou peu. Ainsi, il est dommage de centrer un plan de test sur l'analyse de pages que personne ne viendra jamais visiter ou sur des fonctionnalités qui ont été développées uniquement pour satisfaire les équipes internes. Le temps du test utilisateur est trop précieux pour le gaspiller sur autre chose que l'essentiel, à savoir les missions prioritaires de vos personas.

Un plan de test ne s'écrit pas seul

Le plan de test doit être conçu de manière collaborative et validé par les acteurs impliqués dans le projet. Les équipes marketing souhaitent souvent ajouter quelques questions subjectives dans le plan de test ou le post-questionnaire. De plus, elles ont souvent une connaissance plus approfondie que vous de la cible et de ses besoins. Leurs remarques vous permettront donc d'adapter votre plan de test.

La lecture d'un plan de test est rapide et génère souvent de nombreuses remarques de la part des équipes projets. Cette étape permet ainsi de faire participer des gens qui n'ont pas le temps de faire plus, mais donnent ainsi leur avis sur la pertinence du plan de test.

En outre, si vous omettez de travailler avec les personnes concernées ou de faire valider le plan de test, vous risquez de voir ce dernier remis en cause pendant son déroulement avec les utilisateurs, voire après, ce qui pose évidemment quelques soucis...

Les objectifs d'utilisabilité

Un plan de test est souvent accompagné d'objectifs d'utilisabilité. En d'autres termes, en face de votre liste de scénarios, vous avez des objectifs. Ceux-ci doivent pouvoir évaluer tous les aspects de l'utilisabilité : efficacité, efficience et satisfaction des internautes. Lors du test utilisateur, vous pouvez évaluer les critères suivants :

- succès à réaliser la tâche ;
- temps de réalisation ;
- nombre de clics nécessaires ;
- nombre d'erreurs ;
- niveau de compréhension de l'interface ;
- satisfaction des utilisateurs au niveau global (sur tout le site) et local (sur une partie du site).

Pour construire des objectifs, vous devez affecter à chacun de ces critères des échelles d'acceptabilité, définissant les seuils planchers au-dessus desquels vous souhaitez situer la qualité d'utilisation de votre site. Cela nécessite de vous poser des questions du type :

- Quel est le nombre d'erreurs au-delà duquel vous considérez la tâche comme trop complexe ?
- Quel est la durée maximale au-delà de laquelle vous considérez la tâche comme trop longue à effectuer ?
- Quel est le nombre de clics maximal acceptable pour trouver une information située à un niveau donné ?
- Quel est le nombre de clics maximal acceptable pour accomplir une action donnée ?
- Quel pourcentage d'utilisateurs ne réussissant pas à accomplir une action pouvez-vous accepter ? Attention, la tendance intuitive est de toujours dire 0 %, mais ce faisant vous risquez de prendre en compte des utilisateurs trop extrêmes, qui vous feraient modifier l'interface alors qu'elle fonctionne pour la quasi-totalité des participants que vous aurez rencontrés.

Les objectifs d'utilisabilité peuvent être de deux types :

- **Absolus** (90 % des participants doivent pouvoir trouver l'adresse e-mail du service éditorial en moins de 15 secondes).

- **Relatifs** (90 % des participants doivent pouvoir trouver l'adresse e-mail du service éditorial plus rapidement que sur l'ancien site).

Chaque scénario d'un plan de test fait l'objet de plusieurs objectifs d'utilisabilité. En voici quelques exemples :

Tableau 11–3 Exemples d'objectifs d'utilisabilité

Site et scénario	Objectif d'utilisabilité
Réservoir Jeux http://www.reservoir-jeux.com Scénario : « Vous voulez acheter un jeu pour l'anniversaire d'un de vos amis qui adore jouer »	95 % des participants doivent réussir à créer un compte. La création d'un compte ne doit pas prendre plus de 5 minutes.
Marmiton http://www.marmiton.org Scénario : « Votre grand-mère vous a donné une tonne d'abricots et vous voulez savoir ce que vous pourriez en faire »	100 % des participants doivent réussir à trouver une recette appropriée. Les participants qui cliquent sur le lien Recherche Avancée doivent tous utiliser l'onglet *Par Ingrédients*.
Mairie de Paris http://www.paris.fr Scénario : « Vous habitez rue Doudeauville dans le 18ème arrondissement et vous voulez voir l'adresse de la bibliothèque la plus proche de chez vous »	90 % des participants doivent comprendre qu'il n'y a pas qu'une seule bibliothèque dans le 18ème arrondissement.

Écrire des objectifs d'utilisabilité est une des choses les plus difficiles dans la mise en place d'un test utilisateur, car il est difficile de trouver une référence de qualité ergonomique (en termes de nombre d'erreurs, de durée de réalisation d'une tâche, etc.) sur l'ancienne interface, une concurrente ou une comparable.

En ce qui concerne la durée de réalisation des tâches, le temps que met un expert à réaliser la tâche peut être un bon repère pour décider d'un objectif d'utilisabilité réaliste. Le temps moyen de réalisation des tâches est aussi intéressant.

Si c'est la première fois que vous effectuez un test utilisateur sur votre site, ces objectifs seront plutôt arbitraires car vous n'aurez pas de référence à laquelle comparer les résultats que vous obtiendrez. Obligez-vous quand même à rédiger des objectifs d'utilisabilité, même s'ils ne sont pas très précis.

Ces objectifs sont importants car ils permettent de savoir si les observations réalisées lors du test sont un signe de bonne ou de mauvaise qualité d'un point de vue ergonomique. Ils permettent de confronter les résultats obtenus à ceux souhaités.

Prenons l'exemple du site de SFR Music et imaginons que, lors de votre test, un utilisateur mette 1 minute 30 pour acheter une sonnerie de téléphone portable. Comment savoir si acheter une sonnerie en 1 minute 30 est un score acceptable ? Mettons que votre objectif d'utilisabilité soit un temps moyen d'achat inférieur à celui de l'ancien site. Si les internautes mettaient environ 3 minutes sur le site précédent, vous déciderez probablement que vous avez atteint votre objectif d'utilisabilité.

Pendant le test utilisateur

La véritable mise en œuvre d'un test utilisateur réside dans la réalisation des tests. Dans la pratique, vous allez rencontrer chacun des participants et les soumettre au plan de test que vous avez préparé. Quelques recommandations sont capitales pour que votre test soit réussi.

Un participant, et qui d'autre ?

Qui doit être chargé du test ?

Pour tout projet de test utilisateur, vous devez désigner un chargé de test. Dans l'idéal, c'est à lui qu'incombe la responsabilité de gérer le test de A à Z, de s'approprier la demande, d'y associer la solution la plus fiable d'un point de vue méthodologique, de préparer le plan de test et l'échantillonnage, éventuellement le support, et enfin de conduire les tests et d'en tirer des conclusions.

La question se pose de savoir s'il est recommandé que la personne conduisant le test soit aussi celle qui a conçu l'interface. Autrement dit, devez-vous être chargé de test sur un site que vous avez conçu et dont vous êtes responsable ? Cette décision doit être prise en fonction des éléments suivants :

Tableau 11–4 Externaliser ou internaliser les tests utilisateurs ?

	Chargé de test en interne	Chargé de test en externe
Avantages	Un chargé de test en interne peut disposer de plus de crédibilité en termes d'expertise projet ou métier.	Un chargé de test en externe peut disposer de plus de crédibilité en termes d'expertise utilisateur.
	Lorsqu'on connaît le site et la manière dont il fonctionne, il est beaucoup plus facile de penser aux solutions et à leurs implémentations possibles. On ne perd pas son temps à imaginer des solutions infaisables.	Être indépendant de la conception du site observé a pour conséquence une plus grande impartialité.
		Penser à des solutions infaisables et les présenter permet de les rendre plus faisables, en les installant dans le cerveau des personnes concernées par le projet.
		Ne pas avoir conscience de tous les détails du projet permet d'avoir un regard neuf sur les problématiques de tâches et d'interface, et de trouver ainsi plus facilement des solutions nouvelles.
		Ne pas connaître précisément la cible du site permet de s'ouvrir l'esprit à des utilisations du site ou du système qui n'existent pas dans le modèle de tâches prévu.

Tableau 11–4 Externaliser ou internaliser les tests utilisateurs ? (suite)

	Chargé de test en interne	Chargé de test en externe
Inconvénients	On connaît trop les contraintes intrinsèques au projet et les justifications de chacune des solutions d'interface pour pouvoir les analyser de manière véritablement objective.	Lorsqu'on n'est pas intégré au projet au long cours, on n'a pas toutes les clés en main, on ne comprend pas forcément dans les détails l'ensemble du site et ce peut être problématique.
	Lorsqu'on est plongé dans le projet, on peut avoir des conceptions erronées des missions des visiteurs du site (on est persuadé que la plupart des visiteurs viennent faire telle ou telle chose et on se concentre sur cette croyance en oubliant d'autres comportements tout aussi importants).	Lorsqu'on ne connaît pas parfaitement le projet, on peut avoir des conceptions erronées des missions des visiteurs du site (on pense intuitivement qu'ils viennent pour telle ou telle raison, effectuer telle ou telle tâche, alors que cela ne correspond pas à la réalité).
		Lorsqu'on intervient en externe sur un domaine d'activité très pointu ou expert, il peut être difficile d'être performant sur tous les aspects méthodologiques de la conduite de test, notamment la préparation du plan de test, la relance des participants et l'interprétation des résultats.

Notez que les inconvénients du chargé de test externe peuvent être compensés par une collaboration étroite entre l'intervenant et les responsables du projet en interne. L'inverse est difficilement envisageable, puisqu'il nécessite un point de vue externe et que cela revient à faire appel à un intervenant extérieur.

Il est important de souligner que n'importe qui peut conduire des tests utilisateur et qu'ils peuvent être effectués en interne. En effet, c'est en répétant les tests utilisateurs que vous arriverez à un niveau de qualité ergonomique irréprochable et il est souvent plus facile de multiplier les tests utilisateurs lorsque ceux-ci sont effectués en interne. Le coût de l'étude se restreint alors uniquement à votre temps et la rémunération des participants.

Notez que vous pouvez tout à fait conduire des tests de bas niveau de manière régulière dans la vie du projet, et confier la réalisation de tests plus avancés à un intervenant externe. Cette démarche vous permettra de profiter des avantages de chacune des situations et d'obtenir ainsi une qualité ergonomique irréprochable.

Se pose aussi la question de savoir si la personne chargée du test sera celle qui implémentera les recommandations d'un point de vue concret, qui en tirera des spécifications fonctionnelles. Là, sans hésiter, il est préférable que ce soit la même personne ou, à défaut, quelqu'un de la même équipe, ayant par exemple assisté aux tests.

Enfin, dans la mesure du possible, je vous recommande de confier le rôle d'animateur des tests à une seule personne et ce pour plusieurs raisons. Tout d'abord, cette personne ne sera véritablement experte de ce test que si c'est elle qui a rencontré tous les participants. Le partage de connaissances ne fonctionne pas encore parfaitement et, jusqu'à ce que nous trouvions la solution à la problématique de la transmission de pensée,

MÉTHODOLOGIE **Je peux conduire des tests moi-même ? A quoi sert-il alors de faire appel à un expert ?**

Le test utilisateur est une méthode très flexible, multi-forme, qui peut être appliquée de manière plus ou moins pointue et donnera selon le niveau d'expertise du chargé de tests, des résultats plus ou moins précis et fiables.

nous devons avoir conscience de ces trous dans les collaborations. Autrement dit, une seule personne rencontrant 20 participants, c'est mieux que 2 en rencontrant 10 chacun.

Cette recommandation n'est pas uniquement liée aux données d'observations que l'on récolte grâce à la participation des internautes. Elle provient aussi du fait que, si je rencontre 20 participants, je vais être confrontée 20 fois à une navigation sur le site et que j'y verrais plus de choses qu'en n'y étant confrontée que 10 fois (malheureusement, on ne peut pas ajouter 10 + 10 lorsque les animateurs ne sont pas la même personne). En fait, il semble que ces navigations répétées permettent à l'expert de déceler des défauts d'interface au-delà de ce que lui montre l'internaute. Le test utilisateur serait donc plus qu'une méthode participative et permettrait d'affiner son regard d'expert à mesure des sessions.

Le rôle de l'animateur

L'animateur est la personne qui accompagne le participant pendant tout le test. Dans l'idéal, c'est aussi lui qui l'accueille, le remercie et le raccompagne à la porte. Un animateur doit avoir de grandes qualités humaines, ou au moins s'y obliger pendant la durée du test. En effet, cela conditionne de manière critique le déroulement du test et ce que l'on va « obtenir » du participant.

La question de la conduite à tenir par l'animateur du test soulève de nombreux débats. De mon point de vue, c'est à vous de faire du test utilisateur une méthode objective, et non à votre participant d'en subir les conséquences. Au-delà de son ressenti, vous risquez de rendre la situation encore plus artificielle qu'elle ne l'est déjà et donc de vous éloigner encore d'une situation d'utilisation réelle où l'internaute est forcément plus détendu puisque personne ne l'observe.

Lors d'un test utilisateur, les influences environnementales ne peuvent ni ne doivent être éliminées à tout prix. Ce choix est lié à l'intérêt de conduire des tests sur le terrain pour vérifier l'interface avec de vrais utilisateurs, dans une situation réaliste. Personne ne consulte un site web dans un environnement épuré, sans bruit, sans intervention de l'extérieur, sans perturbation possible. En tant qu'animateur, vous faites donc partie de l'environnement.

Essayez de garder la situation de test informelle et de mettre l'utilisateur dans une ambiance opposée à celle d'un test. Ses réponses et réactions seront plus spontanées si vous êtes dans une discussion, une conversation, que s'il s'agit d'un entretien. Vous devez donc être assis à côté de lui et faire du test un véritable échange (et non lui donner des instructions ou répondre à ses questions au micro, à partir d'une pièce attenante d'où vous le surveillez).

Un test utilisateur est une situation de communication. Puisque le cerveau des participants est enfermé dans une boîte crânienne, vous devez utiliser tous les moyens dont vous disposez pour y accéder. Si votre rôle d'animation se cantonne à donner des papiers de scénarios aux participants en évitant à tout prix de leur parler, vous aurez peu de chance de pénétrer dans leur mental.

Figure 11–18
Le test utilisateur a pour vocation de vous apprendre ce qui se passe dans la tête de vos participants, afin de pouvoir y adapter l'interface. Si vous n'interagissez pas avec lui, il vous sera difficile d'accéder à ses processus mentaux. Vous pouvez considérer de manière symbolique que ce qu'il vous renvoie verbalement et par ses actions sont autant de moyens pour creuser votre analyse.

Être proche de l'utilisateur c'est aussi pouvoir interagir avec lui. Une des règles d'un test utilisateur est de l'inciter à verbaliser ses impressions, commentaires, envies, objectifs. Il semble difficile de croire qu'un utilisateur seul dans une pièce (qui de plus se sait filmé et enregistré) pourra respecter cette consigne. Il n'est pas naturel de parler à des murs.

Ceci étant dit, ne prenez pas ce que je viens de vous présenter comme une invitation à faire n'importe quoi et à parler à tort et à travers pendant la session de test. Le rôle d'animateur est un rôle très paradoxal, qui nécessite à la fois de faire semblant d'être disponible et ouvert, tout en étant rigoureux et en se surveillant constamment.

Vous n'êtes que le réceptacle de ce qui se passe lors du test. Votre rôle se limite à mettre votre participant à l'aise, à lui soumettre les scénarios successifs du plan de test et à être là quand il en a besoin. Si vous êtes seul, en parallèle de cette composante d'interaction avec votre participant, vous procédez à la collecte des données. Nous verrons par la suite les différentes formes que celle-ci peut prendre.

Vous aurez beau essayer d'être le plus neutre possible, vous avez une voix, une manière de dire les choses, des comportements non verbaux, qui vous sont propres. Essayez donc au maximum de garder le même

CITATION Regarder et apprendre

Si vous animez un test utilisateur, essayez de respecter ce que Keith Instone appelle le *Watch and learn.*

animateur pour tous les participants. Vous éviterez ainsi de biaiser les résultats observés par une variation du plan de test. En effet, en tant qu'observateur, vous faites partie du plan de test, en tout cas de la manière dont il est présenté. Nous verrons par la suite les avantages et inconvénients liés à la manière de présenter le protocole de test (écrite ou orale).

Une dernière chose. Vous pouvez envisager de laisser vos participants seuls dans la salle de test lorsque vous évaluez des produits destinés à être utilisés en groupe. Le participant ne sera alors pas seul dans la pièce puisqu'il interagira avec d'autres utilisateurs. Ce peut être le cas, par exemple, si vous testez un jeu vidéo multi-joueurs. À l'inverse, pour un test utilisateur sur un site web, nous vous déconseillons de laisser le participant seul pour aller l'observer derrière une vitre sans tain ou via une caméra. S'asseoir à côté de l'utilisateur, légèrement en retrait, a largement montré ses avantages pour améliorer la quantité ainsi que la qualité des données obtenues lors du test.

Les observateurs

Il existe différents types d'observateurs, des observateurs qui font le même métier que vous, ou font partie de votre équipe, et vos clients, si vous travaillez pour une entreprise externe.

Interagir avec l'utilisateur est en soi une activité à plein temps, qui demande beaucoup de ressources. Le plan de test doit être respecté, on ne doit pas oublier d'étapes, réagir de façon pertinente aux actions et réactions de l'utilisateur, veiller à ne pas l'influencer…

Il est donc plus facile de travailler à deux ou à plusieurs : une personne conduisant le test avec l'utilisateur et d'autres analysant et recueillant les réponses au fur et mesure (observation, écoute, prise de notes…). Dans ce cas, il est non seulement envisageable, mais recommandé, que les observateurs agissent depuis une autre pièce.

De même si votre client souhaite assister aux tests, et aussi le directeur du marketing, et son assistante, et le chef de produit, le responsable du site, la chef de projet et sa stagiaire, etc. En fait, tout intervenant qui ne vient que pour observer et n'a pas besoin d'interagir avec le participant doit observer le test à partir d'une pièce attenante, de laquelle ils pourront y assister sans perturber son déroulement. Au pire, ils peuvent se placer discrètement derrière le participant et l'animateur.

RECOMMANDATION **Big brother is watching you**

Si des personnes observent le test dans une pièce adjacente à la salle de test à travers un miroir sans tain, informez-en votre participant. Vous pouvez le présenter comme étant une possibilité pour eux d'assister au test sans vous déranger.

OUTIL **Le matériel d'observation**

Des logiciels existent pour retransmettre la session de test via un réseau (voir par exemple Morae de Techsmith, que vous présentons par la suite). Cependant, un simple switch vidéo vous permettra de retransmettre le flux vidéo sur un autre écran, sans nécessiter de bande passante. Pour voir le participant à l'action, une simple vitre sans tain suffira donc. Il existe des films autocollants à poser sur une vitre, permettant d'obtenir un résultat quasi-équivalent à un véritable miroir sans tain.

Combien de temps dure un test utilisateur ?

La durée d'un test est une composante très importante. Étant donné que la situation de test est artificielle, les internautes que vous recevez vont probablement passer plus de temps sur le site étudié qu'ils ne l'auraient fait chez eux.

Le seuil que l'on se fixe est un plafond de temps raisonnable, au-delà duquel la situation de test deviendrait trop biaisée.

Le facteur le plus important qui risque d'influer sur le test tient aux capacités attentionnelles de vos participants. Naviguer sur le Web est une activité très gourmande en termes de ressources mentales.

Lors d'une situation de test utilisateur, vous demandez à vos participants d'accomplir plusieurs activités simultanées : ils doivent à la fois se concentrer pour essayer d'atteindre les objectifs que vous leur donnez, et parler à voix haute pour vous expliquer ce qu'ils sont en train de faire. En outre, la plupart du temps, ils découvrent un nouveau site qu'il leur faut s'approprier.

Si les premières dizaines de minutes du test peuvent les amuser, vous verrez que vos participants commenceront à se lasser au bout d'un certain temps. À partir d'une certaine durée, il est en effet difficile de créer de nouvelles situations de test plausibles dans la vie réelle. Il faut savoir que la navigation sur un site Internet génère des phénomènes d'apprentissage internes à ce site. Plus les internautes y naviguent, plus ils augmentent leur niveau d'expertise sur ce site.

Vous pouvez vous permettre de pousser jusqu'à 1h30 voire 2h si votre test est composé de plusieurs parties. C'est notamment le cas lorsque vous profitez de la venue des internautes pour leur proposer à la fois un tri de cartes et un test utilisateur. Ces activités sont suffisamment distinctes en termes d'implication pour pouvoir être menées l'une à la suite de l'autre et ainsi augmenter la durée totale de l'étude. C'est d'autant plus envisageable si vous effectuez un tri de cartes physique. En effet, vous séparez ainsi la session totale en deux parties, une navigation sur écran et un exercice sur table. Étant donné que ces deux activités appellent des ressources attentionnelles différentes, vous pouvez garder votre participant plus longtemps que pour un test utilisateur uniquement sur écran.

La durée du test est normalement un paramètre qui sera fixé bien avant le déroulement réel des tests. Plus précisément, vous décidez en amont de la durée totale du test pour en informer vos participants, et construisez votre plan de test en fonction de cette limite temporelle.

MÉTHODOLOGIE **Et si je travaille sur une application web ?**

Si vous menez votre test utilisateur sur une application web, il peut être intéressant d'accompagner les participants pendant plusieurs heures, puisque cela correspond à de véritables situations d'utilisation. Cependant, si votre plan de test est bien conçu, vous devez réussir à traiter des problématiques essentielles dans la première heure d'utilisation de l'outil.

Dans ce livre **Les tests utilisateurs à distance**

A la fin de cette partie, nous évoquerons la problématique des tests à distance, qui sont toutefois tellement spécifiques que certaines recommandations pour le test classique n'y sont pas applicables.

MÉTHODOLOGIE
Les tests utilisateurs sur des intranets

Pour augmenter le niveau d'écologie de votre situation de test, si vous travaillez sur un intranet ou une application professionnelle, essayez d'aller conduire vos tests sur le lieu de travail habituel des gens. Vous bénéficiez ainsi de toutes leurs habitudes dans cet environnement (contexte matériel et social, outils de travail, outils de communication, interactions avec leurs collègues, etc.).

Le déroulement d'un test : étapes et recommandations

Avant d'aborder les étapes classiques du déroulement d'un test utilisateur, rappelez-vous que le test de terrain n'a pas l'ambition d'être une méthode de recherche fondamentale : son objectif est surtout de se rapprocher d'une situation réelle d'interaction.

La mise en place du test doit donc vous permettre d'obtenir ce qu'on appelle une situation écologique, qui ressemble à l'environnement naturel de navigation sur le Web. Dans l'idéal, on voudrait se transformer en petite souris pour aller espionner les gens chez eux lorsqu'ils naviguent sur le Web. Bien sûr, on n'atteint jamais cet objectif parce que d'autres nécessités méthodologiques plus importantes viennent le contrarier (par exemple, le fait que les gens doivent verbaliser ce qu'ils font, ou que l'on souhaite tester une tâche en particulier).

Avec ce rappel en tête, vous comprendrez mieux les remarques de cette partie concernant la nécessité de faire du test une véritable rencontre entre vous et l'utilisateur. La situation de test est, par essence, une situation provoquée et vous devez tout faire pour réduire les défauts qu'elle induit.

Avant d'évoquer ce qui se passera lorsque vos participants vont arriver, notez qu'il est important de préparer minutieusement la salle de test (ou le bureau, la salle de réunion où vous allez passer le test). Mettez au point tous les outils dont vous avez besoin, faites des tests de bon fonctionnement, prévoyez votre support de notes, réglez la lumière, le son, adaptez la résolution de l'écran comme prévu, effacez toute trace d'utilisation précédente, etc. S'il vous reste une minute pour préparer du café, vous serez définitivement prêt.

Pré-questionnaire et décharges

Après avoir accueilli votre participant, vous allez lui soumettre ce que l'on appelle un pré-questionnaire. Généralement, celui-ci a deux objectifs, d'une part, récolter des données et, d'autre part, mettre le participant à l'aise et vous habituer l'un à l'autre avant de passer aux choses sérieuses. Il vous permet aussi de vous intéresser à la personne que vous avez en face de vous.

Cette entrée en matière peut également être le moyen de mettre au point les aspects administratifs, en demandant par exemple l'accord de filmer votre participant. Faites lui signer un document qui stipule explicitement cet accord et les droits d'exploitation afférents.

Le coeur du pré-questionnaire consiste à recueillir des informations de base sur les participants, qui ils sont et leurs usages du Web, voire de la marque pour laquelle vous travaillez et de ses concurrents.

Une partie de ce pré-questionnaire peut être administrée lors du recrutement du panel de participants, afin de sélectionner des participants représentatifs de la cible finale sur la base de leurs réponses. Que ce soit en amont ou lors du test, vous pouvez avoir besoin de recueillir les types d'informations suivants :

- métier ;
- niveau d'expertise web objectif (depuis quand le participant utilise-t-il Internet de manière régulière, combien d'heures navigue-t-il sur Internet par jour ou par semaine, etc.) ;
- appréciation de ses capacités sur le Web, plus subjectif (est-ce que le participant se sent à l'aise avec Internet) ;
- activités sur le Web/sites web préférés ;
- niveau d'expertise informatique général ;
- niveau d'expertise dans un domaine connexe, en fonction de votre projet (par exemple : expertise mobile, TV, jeux vidéo, application logicielle, etc.).

Vous devez concevoir ce questionnaire en fonction des caractéristiques de votre site. S'il s'agit d'un projet de refonte, il peut servir à recueillir des informations liées à l'expérience du site ou de l'application, ou à l'expertise relative à la tâche principale supportée par le site (par exemple, pour un site d'e-commerce, expérience de l'achat en ligne). Dans le cas d'une application professionnelle, le pré-questionnaire sera orienté métier.

Certains experts aiment à rémunérer les participants lors de cette première phase. Ils expliquent que cela leur semble motiver les participants et permet d'insister sur le fait qu'ils sont d'une aide véritable, que leur opinion et leur participation sont si importantes qu'elles valent de l'argent (en général, une somme assez conséquente pour l'effort requis). Cependant, c'est une position méthodologique tout à fait personnelle. Un nombre tout aussi important, voire plus, de spécialistes préfèrent quant à eux rémunérer à la fin de la session de test. Nous sommes de ceux-là. À vous de choisir donc, selon votre propre préférence.

Mise en situation : les points clés

La réalisation du test à proprement parler doit être précédée d'une présentation de la consigne générale et, éventuellement, du produit. C'est ce que l'on appelle la *mise en situation*.

Familiarisation avec la procédure

Avant de commencer, vous allez expliquer à votre participant ce qu'est un test utilisateur et ce que vous attendez de lui. Comme dans la phase de recrutement, ne prononcez pas le mot test. En présentant la finalité d'un test, insistez sur le fait que c'est bien l'interface qui est évaluée et non sa performance en tant que personne. Soyez humble : dites-lui que l'interface a sûrement des erreurs et qu'il s'agit justement de comprendre ses défauts pour la corriger.

> ON VA TRAVAILLER SUR UN SITE INTERNET POUR VOIR SI LES GENS LE COMPRENNENT BIEN, RÉUSSISSENT À FAIRE CE QU'ILS VEULENT, ETC. ÇA NOUS PERMET DE VOIR OÙ SONT LES DÉFAUTS DU SITE ET COMMENT ON POURRAIT L'AMÉLIORER.

Figure 11–19
Étape de familiarisation avec la procédure du test utilisateur.

Indiquez à votre participant que dans l'heure qui va suivre, vous allez jouer à « faire comme si » et que vous allez lui demander de faire plusieurs choses sur le site en imaginant des situations fictives. Cela suffit normalement à lui faire comprendre que l'on n'attend pas d'initiatives poussées de sa part et que l'on est là pour le guider dans l'exploration du site.

Un point important : vos participants doivent bien comprendre que les scénarios proposés sont fictifs et ne correspondent donc pas forcément à leurs besoins ou envies réels. Tout au long du test, vous réinstallerez ce principe en commençant chacun de vos scénarios par les mots « Imaginons que... », « On va imaginer que... », etc.

Pensez en outre à rassurer votre participant : il ne risque pas de vous blesser parce que ce n'est pas vous qui avez conçu la nouvelle interface (même si c'est en partie faux). En effet, cela change considérablement le comportement des participants et leur disposition à se laisser aller aux remarques qu'ils ont envie de faire. Ils auront moins de scrupules à être sincères s'ils savent que vous n'avez rien à voir avec la conception du site avec lequel ils sont en train de lutter. Si votre grandeur d'âme vous interdit d'aller jusque là, dites simplement que ce n'est pas votre site et cela suffira !

Enfin, un des points essentiels pour familiariser vos participants avec la procédure est de leur donner la consigne de penser à voix haute.

POINT DE VUE UTILISATEUR **Mais qu'est-ce que je vais bien pouvoir faire ?**

Les participants à un test utilisateur sont parfois inquiets de ne pas savoir quoi faire sur le site, de ne pas savoir l'utiliser, etc. La familiarisation avec la procédure doit les rassurer sur le fait que c'est vous qui dirigez la session et que vous attendez seulement d'eux qu'ils répondent à ce que vous leur demandez de faire.

POINT DE VUE UTILISATEUR **Je ne sais pas si je vais être capable...**

Les participants à un test utilisateur expriment souvent leur inquiétude de ne pas être assez performant, de ne pas bien faire, etc. Si malgré vos explications de départ, ils émettent des remarques de ce style, expliquez-leur que s'ils ne réussissent pas, c'est que le site est mal fait.

Figure 11–20
Les participants à un test utilisateur doivent comprendre qu'ils doivent vous restituer à l'oral tout ce qu'ils pensent.

Il lui faut vraiment comprendre qu'il doit vous dire tout ce qui lui passe par la tête, pourquoi il clique à tel ou tel endroit, ce qu'il ne comprend pas, là où il hésite, etc. Si vous ne lui donnez pas cette consigne très explicitement et en insistant, il risque de ne pas la prendre suffisamment au sérieux alors qu'elle est le point d'orgue de la familiarisation avec la procédure. En parler en dernier, c'est donc aussi un moyen de bénéficier de l'effet de récence en mémoire : juste après, vous démarrez avec la découverte du site et le plongez dans des mises en situation où il devra vous expliquer tout ce qu'il fait.

Familiarisation avec le produit

Si c'est pertinent, on peut introduire une phase de familiarisation avec le produit. Cela peut consister en une simple présentation verbale de l'application (voilà notre application, à quoi elle ressemble), de son but ou de son thème (ce à quoi elle sert globalement...) ou en une découverte guidée de l'interface.

Lorsque l'on décide d'inclure cette phase de familiarisation, on doit cependant veiller à ce que cela n'entre pas en compétition avec la stratégie du test : s'il est évident que l'utilisateur ne doit avoir aucune confrontation avec l'interface avant de commencer le test, on ne préparera pas de telle phase.

Réalisation des scénarios

La plus grande partie d'un test consiste à faire réaliser les scénarios par vos participants. Si votre plan de test est bien construit et que vous avez un peu l'habitude de conduire des tests, cela fonctionnera comme sur des roulettes. Si c'est la première fois, pas d'inquiétude, il en faut bien une et nous sommes tous passés par là ! Surtout, ne reculez pas juste parce que vous n'avez jamais animé de test utilisateur. C'est vraiment quelque chose d'accessible à tous et il est primordial que tous les acteurs du Web qui ont assez de latitude pour cela conduisent des tests. Voici donc quelques conseils et précautions pour que votre test se passe le mieux possible.

Comment présenter le plan de test ?

Vous pouvez confronter le participant au plan de test de manière orale ou écrite. Chacun de ces protocoles présente des avantages et des inconvénients. Le choix d'un protocole écrit ou oral est souvent lié aux préférences individuelles de l'animateur et à ses convictions concernant la manière idéale de conduire un test. Notre préférence va largement au protocole oral, mais vous devez décider du protocole que vous allez employer en connaissance de cause :

VOCABULAIRE **Récence ?**

L'effet de récence renvoie au fait que l'on se rappelle plus facilement les derniers éléments d'une liste lorsque l'on doit la mémoriser.

Tableau 11–5 Avantages des protocoles écrit et oral

	Avantages
Protocole écrit	Rigueur de la présentation : tous les participants ont strictement les mêmes consignes. Le participant peut se reporter à la consigne s'il en éprouve le besoin. Puisqu'il est moins susceptible d'entraîner des questions, l'animateur répondra moins aux questions, et aura donc moins de risque d'influencer le participant.
Protocole oral	Caractère humain de la présentation : grâce à la dimension sociale, le protocole semble plus réaliste et le participant hésite moins à poser des questions s'il a mal compris. Le scénario a donc moins de risque d'être mal interprété. Toujours du fait de la dimension sociale, le protocole oral semble mettre l'utilisateur plus à l'aise que le protocole écrit, et semble plus impliquant. Permet de tester tout ce qui touche à l'orthographe des mots.

Les inconvénients du protocole oral sont les pendants des avantages relatifs au protocole écrit (et inversement). Cependant, si on respecte les règles de base de la conduite de tests, on peut gommer les inconvénients du protocole oral. Tout d'abord, un animateur rigoureux et bien entraîné pourra présenter les scénarios de manière toujours identique (d'où l'importance d'avoir un seul animateur consacré à un projet de tests). De plus, lorsqu'il répond à des questions, ce n'est qu'en utilisant les mêmes mots-clés que le scénario, en le reformulant très légèrement. Souvent, redire la même chose suffit pour que les participants soient rassurés d'avoir bien compris le scénario.

Attention : s'il est destiné à être présenté à l'oral, le protocole doit être rédigé en langage parlé, avec tous les mots de liaison que vous utilisez d'habitude quand vous parlez aux gens. Sinon, vous risquez de ne pas pouvoir dire le protocole de manière exacte et donc, de ne pas le présenter exactement de la même manière à tous les participants. Parlez leur normalement et non de manière trop distanciée, afin de détendre l'atmosphère et de pouvoir répliquer la même chose avec tous les utilisateurs. Le contre-exemple à éviter à tout prix, c'est le langage « questionnaire ».

Enfin, il est important de savoir présenter le plan de test pas à pas. De ce point de vue, le protocole oral a encore l'avantage, puisqu'il permet d'être très flexible et d'intervenir pile au moment où vous sentez que le participant a terminé l'étape précédente.

La bonne manière de prendre des notes

La collecte des données lors d'un test utilisateur prend souvent la forme de notes, assorties ou non d'enregistrements vidéo. Si vous êtes seul à conduire le test, vous devrez prendre des notes pendant que vous l'animez.

Il est important de décider préalablement ce que vous allez prendre en compte, ce que vous voulez relever, ce à quoi vous devez faire attention pour le noter au moment opportun. Pour chacun des moments du test, notez tout ce qui se passe, les comportements verbaux et non verbaux de l'internaute, son cheminement dans l'interface et le comportement de l'interface. Vous verrez avec l'expérience que l'on a souvent besoin d'associer à ces observations des notes d'expert (de type « J'ai repéré quelque chose d'important, cela n'a rien à voir avec ce que mon participant est en train de faire, mais je le note afin de m'en souvenir et d'y remédier par la suite »).

On prend donc des notes pendant le déroulement de la session concernant ce que le participant dit, ce qu'il fait et ce qui se passe à l'écran. Ces constats objectifs sont souvent assortis d'analyses sur le vif. Il est difficile de savoir bien prendre des notes pendant un test utilisateur. Voici quelques recommandations :

- **Préparez un support de notes** où les scénarios du plan de test seront entrecoupés d'espaces vierges pour la prise de notes libres. En face d'un scénario, vous pouvez en outre réserver un espace où vous coderez des paramètres tels que la réussite ou l'échec à la tâche, le début et la fin de la tâche, etc. Vous pouvez vous fabriquer un petit cahier par participant : la première page peut être constituée par son nom ou son code, les date et heure du rendez-vous, ses coordonnées téléphoniques pour le joindre en cas de souci ; la seconde page, par le pré-questionnaire. Viennent ensuite les espaces réservés aux notes pendant le déroulement du test, puis le post-questionnaire.
- **Prenez des notes même si vous enregistrez la session en vidéo.** Vous donnerez ainsi l'impression au participant d'être réellement engagé dans ce qui se passe et vous vous protégerez contre un éventuel problème d'enregistrement.
- **Ne vous concentrez pas sur la prise de notes.** Cette activité doit être de l'ordre du réflexe et vous devez apprendre à partager votre attention. Il faut savoir prendre des notes tout en continuant à regarder ce qui se passe à l'écran et en restant disponible pour interagir avec le participant.
- **Prévenez votre participant que vous allez prendre des notes.** Ce peut aussi être une explication justifiant l'enregistrement vidéo de la session (« Je vais essayer de tout noter, mais si j'oublie quelque chose je pourrais toujours me reporter à la vidéo »).

Comment relancer en cas de déviation ou d'échec ?

Une des plus grandes difficultés dans l'animation de tests utilisateurs est de savoir relancer le participant lorsque c'est nécessaire. Vous devez relancer votre participant s'il dévie du scénario que vous lui avez proposé.

Lors d'un test utilisateur, les participants sont amenés à buter sur certaines tâches, à ne pas trouver ce qu'ils cherchent ou à échouer à accomplir ce qu'ils souhaitent. Il est alors tout à fait normal et humain d'avoir envie de les aider, mais abstenez-vous en ! Cela fausserait toute une partie du test. Bien sûr, lorsque vous sentez que vos participants baissent les bras et sont sur le point d'abandonner (voire s'ils vous disent qu'ils abandonnent), guidez-les de manière progressive. Voici un exemple des différents types de relance que vous pouvez mettre en place.

Le contexte est le suivant : nos internautes sont sur le site d'OSEO et nous voulons tester s'ils trouvent facilement l'outil de recherche d'aides et soutiens publics correspondant précisément à leur projet. Cet outil se trouve dans le sous-menu *Services en ligne* d'un projet d'entrepreneur (par exemple, *Créer son entreprise* ou *Reprendre et Transmettre*).

Figure 11–21
Sur l'ancienne version du site d'OSEO, l'accès à l'outil de recherche des aides et soutiens publics se trouve dans le sous-menu Services en ligne. Les entrées du sous-menu ne sont affichées que lorsque l'internaute se trouve dans la rubrique *Services en ligne*.
Source : www.oseo.fr

Scénario de base : on dit au participant « Imaginons que vous voulez savoir s'il existe des aides de l'État ou des régions pour vous aider à financer votre société. Pouvez-vous regarder quelles sont précisément les aides qui conviennent pour votre entreprise ? ».

- Premier niveau de relance : on répète le scénario en le reformulant et on mentionne le mot « aides publiques ».

- Second niveau de relance : on affirme que sur le site, quelque part, il existe un endroit qui permet de trouver ce genre d'information.

- Troisième niveau de relance (à ce stade, il est parfois déjà trop tard en termes ergonomiques : on a éventuellement constaté que le participant a échoué parce qu'il dit qu'il ne trouve pas, que ça n'existe pas, qu'il ne voit vraiment pas où ça peut être). On indique au participant que ce que l'on cherche est vraiment considéré comme un outil en ligne (au besoin, on peut aussi parler d'outil interactif, notamment lorsque les participants s'arrêtent sur des listes d'aides très génériques).

- Le dernier niveau de relance est progressif et consiste à le guider petit à petit vers le menu de navigation gauche dans la rubrique concernée (*Services en ligne*), selon l'endroit où il se trouve. Il est important que, même à ce niveau, le participant ait l'impression de trouver par lui-même (ou trouve effectivement par lui même), même s'il est évidemment conscient que vous l'avez aidé. C'est important pour lui, mais aussi pour vous, car vous pourrez ainsi mieux analyser sa réaction lors de la confrontation avec l'élément maudit.

Il existe en outre d'autres types de relance, qui sont formulées en temps réel en fonction d'erreurs de vos participants. Notamment, s'ils pensent avoir trouvé la page en question (« Ça y est, c'est ça hein, oui, je crois ? ») et vous demandent donc d'acquiescer, vous devez à la fois leur dire que ce n'est pas exactement ce que l'on cherchait et leur répéter le scénario. Comme on l'a vu précédemment, redire les choses (parfois même les répéter exactement de la même manière) suffit pour que vos participants comprennent qu'ils faisaient fausse route et se remettent dans le droit chemin.

Post-questionnaire et debriefing

Après le test en lui-même, ne laissez pas votre participant partir tout de suite. Ce moment est en effet idéal pour recueillir son avis sur le déroulement du test. Un post-questionnaire à chaud permet ainsi de recueillir des données globales sur le déroulement des tests et notamment le ressenti subjectif. Il fournit aussi l'occasion d'expliquer certaines phases du test, par exemple des choses que vous avez dû tenir secrètes ou que vous n'avez pas pu lui expliquer pendant le test parce que cela aurait influencé sa manière de réaliser les scénarios.

La dernière étape consiste à remercier chaleureusement votre participant et à le rémunérer (si vous ne l'avez pas déjà fait au tout début du test !).

Si c'est la première fois que vous le voyez, demandez-lui si cela l'intéresse de participer à d'autres études de ce type ; indiquez-lui que ce ne sera probablement pas avant quelques mois, mais que cela vous aiderait beaucoup d'avoir son aide de temps en temps. Pensez à notre conseil du début, selon lequel vous devez éviter de faire participer la même personne trop souvent. Dans la pratique d'ailleurs, on voit extrêmement rarement les mêmes participants, du fait de l'extrême diversité des projets web et donc des cibles. Il peut cependant être intéressant, si vous travaillez toujours sur le même site, de ré-inviter les mêmes personnes une seconde fois, en prenant en compte ce paramètre dans votre analyse.

MÉTHODOLOGIE
Digressions autorisées sous contrôle

Si vous avez le temps, vous pouvez laisser le participant divaguer et se balader dans le site, même s'il a dévié du scénario. Cela peut vous permettre de nouvelles observations. Profitez donc de sa venue, même si cela sort du cadre plus contrôlé. Et, dans l'absolu, c'est exactement ce qui se passe dans la réalité du Web. Pourquoi pas, donc, mais attention : seulement si vous avez du temps. En effet, cette navigation en dehors du plan de test ne doit pas se faire au détriment de la réalisation des autres scénarios.

Post-test

Non, ce n'est pas fini ! Vous avez encore un peu de travail après le test. De toutes façons, pensez à garder un temps de battement entre deux participants, ne serait-ce que pour reprendre votre souffle, aérer la salle de test, tout remettre en ordre, etc.

À ce moment-là, votre tâche essentielle consiste à remettre l'ordinateur à neuf, comme si le participant précédent n'était jamais venu. Videz le cache du navigateur, l'historique, les logins et/ou mots de passe enregistrés par le système, remettez votre matériel d'enregistrement dans un état prêt à commencer une nouvelle session, etc.

Cet intermède vous permettra aussi de gérer les éventuels retards et avances des participants, sans impacter les suivants.

MÉTHODOLOGIE **Les tests à distance**

Vous pouvez réaliser des tests à distance en proposant à vos participants de l'effectuer de chez eux, grâce à un navigateur prévu pour enregistrer l'interaction. Cependant, il est difficile d'atteindre la même qualité qu'avec un test utilisateur classique.

En effet, un test utilisateur a pour objectif d'obtenir des données basées sur le comportement, et pas seulement de relever le comportement. Le problème d'un test à distance est que l'on perd la moitié des données puisqu'il nous manque tout le contexte d'utilisation (par exemple : qu'est-ce qui explique qu'à ce moment précis, le participant s'est trompé ?). Même si la personne est filmée à distance, vous n'obtiendrez pas la même qualité de données qu'en face à face. Cependant, pour l'instant, aucune recherche n'a pu démontrer de différence notable entre le test utilisateur classique et le test à distance en termes de quantité de problèmes détectés.

La simple restitution des clics et d'un questionnaire informatique ne suffit absolument pas pour comprendre un raisonnement ou recueillir des appréciations. En allant plus loin, on ne collecte pas des appréciations de la même manière en face à face, avec une interface sous les yeux, qu'en glissant un questionnaire dans une boîte aux lettres.

Effectuer des tests utilisateurs à distance, c'est se couper de la dimension sociale du test utilisateur. À distance, on fait davantage du test d'usage, de l'analyse statistique, quantitative, que lors d'un test utilisateur à proprement parler. C'est intéressant, comme le sont les statistiques de visite d'un site, mais incomparable avec un test utilisateur classique.

Le test à distance est donc problématique en termes de qualité des données recueillies. Ainsi, ce type de test est à privilégier si vous avez besoin de données quantitatives et de faire passer un large panel de participants. Cela ne peut cependant suffire pour optimiser de manière fine l'ergonomie d'un site.

Le matériel d'enregistrement

Selon le type de test que vous mettez en œuvre, le matériel d'enregistrement peut être très varié. Deux grandes familles de méthodes pour enregistrer le déroulement d'un test se dégagent :

- Les tests où le matériel d'enregistrement se résume à un **carnet de notes** permettant de coucher sur le papier, en temps réel, ce qui se passe lors du test.
- Les tests où l'enregistrement est supporté par un ou des **logiciels**. Ces derniers permettent d'enregistrer, soit uniquement l'écran, soit l'ensemble de la situation de test (c'est-à-dire écran, son, vue utilisateur, voire parcours de l'œil). Voici une liste des quelques logiciels les plus utilisés pour l'enregistrement de l'écran lors de tests utilisateurs :

Tableau 11–6 Les logiciels d'enregistrement de vidéos écrans

Logiciel	Prix	Système	Caractéristiques
Hypercam (Hyperionics) http://fr.hyperionics.com/hc/ (à coupler avec un micro si vous souhaitez enregistrer la voix)	30 $	PC	- enregistre l'écran et le son ; - mise en valeur des clics souris ; - la sortie vidéo est automatique (en .avi) ; - version d'essai avec watermark.
Camtasia (Techsmith) http://www.techsmith.fr/produits/camtasia (à coupler avec un micro si vous souhaitez enregistrer la voix)	300 $	PC	- enregistre l'écran et le son ; - mise en valeur des clics souris ; - options avancées d'édition et de montage vidéo (ajout de titres, commentaires, horodatage, dessin sur les vidéos, etc.) ; - la sortie vidéo est automatique, et peut être effectuée dans plusieurs formats vidéo ; - version d'essai 30 jours.
IshowU (Shinywhitebox) http://www.shinywhitebox.com (à coupler avec un micro si vous souhaitez enregistrer la voix)	20 $	Mac	- enregistre l'écran et le son ; - la sortie vidéo est automatique (en Quicktime) ;
Morae (Techsmith) http://www.techsmith.fr/produits/morae (à coupler avec une webcam et un micro si vous souhaitez enregistrer vos participants et leur voix)	1400 $	PC	- enregistre l'écran, le son et l'utilisateur ; - mise en valeur des clics souris ; - annotation et découpage des tâches en temps réel ; - système de gestion et d'analyse des tâches a posteriori ; - fonctionnalité pour réaliser des post-questionnaires avec le SUS (System Usability Scale, Brooke, 1986) ; - fonctions de calcul et de restitution avancées sous forme de graphes ; - options avancées de création, d'édition et de montage vidéo ; - la sortie vidéo doit être générée à partir des fichiers de Morae (elle n'est pas automatique), mais peut être effectuée dans plusieurs formats vidéo.

La collecte d'informations lors d'un test n'est pas forcément limitée à enregistrer la performance de l'utilisateur. On peut apprendre beaucoup en observant l'utilisateur pendant l'interaction. Vous verrez ainsi de la confusion, de la frustration, de la satisfaction, de la surprise... La communication non verbale est parfois beaucoup plus parlante que les mots.

À SAVOIR **Vous faut-il de l'eye-tracking ?**

Vous avez de l'argent ? Alors, vous pouvez y réfléchir. Votre budget est limité ? Ne le gaspillez pas dans la mise en place d'eye-tracking et préférez mettre sur pied des tests plus fréquents, avec plus de participants et plus contrôlés.

L'eye-tracking est une méthode d'analyse du regard qui permet de décomposer l'exploration visuelle d'une page web en saccades (les parcours de l'œil) et fixations (là où l'œil se pose). En enregistrant ces mouvements oculaires, on espère analyser le comportement utilisateur entre les clics.

Ainsi, l'on peut superposer ce qui est montré à l'écran et comment l'œil de l'internaute s'y intéresse, dessinant des zones que l'on va appeler chaudes (les plus visitées) et d'autres plus froides (les moins visitées) :

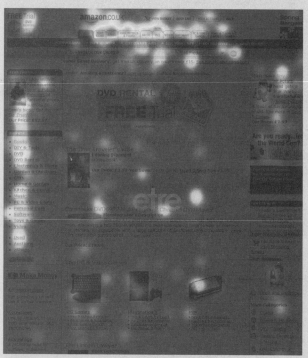

Figure 11–22 Heatmap issue d'une étude d'eye-tracking réalisée par la société londonienne Etre, sur le site d'Amazon.
Sources : www.etre.com / www.amazon.co.uk

Pour lire l'étude en entier et en couleurs :
▶ http://www.etre.com/blog/2006/05/five_days_amazoncouk

Sur notre illustration en noir et blanc, il est difficile de distinguer les zones les plus fixées mais, en couleurs, on présente les choses sous la forme d'une hiérarchie de teintes allant du rouge (zones les plus fixées) au vert (zones moins fixées) puis au noir (zones non fixées).

Ce type de résultat est assez spectaculaire, il donne l'impression au lecteur d'entrer dans la tête des internautes et de disposer ainsi d'un formidable outil d'évaluation de la pertinence utilisateur d'une page web. Or cette vision primaire de l'eye-tracking est dangereuse et une mauvaise utilisation peut entraîner des dommages sur le plan ergonomique. Avant tout, il faut bien comprendre que l'eye-tracking n'est en aucun cas un remède miracle. En aucun cas, il ne permet de répondre à des ambitions telles que « Nous allons observer où nos internautes regardent afin de comprendre ce qui ne fonctionne pas dans notre site ». En effet, l'analyse exclusive du parcours de l'œil sur une page web peut générer des conclusions très erronées.

Ceci est dû au travail d'interprétation conséquent que requiert l'analyse des mouvements oculaires, et au fait que toute interprétation peut être erronnée. Par exemple, il ne suffit pas de se dire : « Tiens, la rubrique « xxxx » a été beaucoup fixée ». Comment savoir si c'est parce qu'elle est très intéressante ou parce que son titre est difficile à comprendre et que les internautes, hésitant à cliquer dessus, l'ont donc longuement regardée pour comprendre ce qui se cachait derrière ? Sans appliquer un protocole de test utilisateur classique, il vous sera difficile de valider votre interprétation.

L'eye-tracking doit donc plutôt être vu comme une technologie accompagnant la réalisation d'un test utilisateur que comme un outil bénéfique en soi. Une session d'eye-tracking doit notamment suivre une démarche méthodologique stricte et avoir des objectifs : il ne s'agit pas seulement d'observer quelles zones d'interface les internautes ont tendance à fixer, mais plutôt de valider certaines de vos présomptions : vous voulez vous assurer de la bonne visibilité de votre bouton « *Ajouter au panier* », de votre barre de navigation secondaire… dans le cadre de la réalisation de tâches bien précises.

Ce qui est vraiment intéressant lorsque l'on rencontre des internautes, c'est d'essayer d'entrer dans la « boîte noire » de leur cerveau, de comprendre comment ils raisonnent et recherchent des informations, etc. L'eye-tracking ne peut donc que venir en renfort d'un protocole de test classique et en appui d'observations en temps réel.

Le plus intéressant dans les études d'eye-tracking sur le Web est de pouvoir effectuer des analyses successives après avoir modifié un seul élément de votre page. Vous disposez ainsi d'un panel de mouvements oculaires de référence, auquel confronter vos nouvelles observations. Pour aller plus loin, vous pouvez lire cette étude comparative de deux versions du site de Virgin, toujours par Etre :

▶ http://www.etre.com/blog/2006/04/virgin_on_successful

Un des plus grands risques de l'eye-tracking réside dans la généralisation des résultats. Ce n'est pas parce que vous avez observé un certain parcours de l'œil sur un site que ce dernier sera valable sur d'autres sites. Rappelez-vous notre discussion du chapitre 2 concernant l'idée reçue relative au sens de lecture des pages web par les internautes. Nous sommes ici face aux mêmes problématiques.

À propos, en français, on dit oculométrie.

Analyse des résultats et suite des événements

Après avoir rencontré tous vos participants, vous devez avoir fait le plein d'informations passionnantes à analyser. Il va falloir tirer de l'ensemble de vos observations des conclusions, ainsi que des recommandations sur les modifications dictées par ces conclusions. Le travail d'analyse se scinde donc en deux étapes successives :

- Repérer et sélectionner les problèmes rencontrés par les utilisateurs.
- Tenter d'y trouver des solutions afin d'optimiser la qualité d'utilisation de votre site.

Notez que, depuis le début de ce chapitre, on ne parle que de défauts ; mais un test utilisateur permet aussi d'observer des choses positives, qui fonctionnent bien et ne doivent donc pas être remises en question. Bien que ces points positifs fassent partie de l'analyse et de la restitution, nous nous concentrons ici sur la manière d'analyser les points négatifs observés en vue de les résoudre, parce que c'est là le cœur du sujet et le plus délicat à traiter.

Tri et hiérarchisation des observations

Parmi l'ensemble des observations que vous avez accumulées, une partie des données ne sert objectivement à rien. Ces informations que vous laisserez de côté font tout de même partie du contexte du test et influencent votre vision subjective de l'aisance du participant pendant la réalisation des tâches. La première partie de votre travail consiste donc à faire le tri, c'est-à-dire à sélectionner les données qui vous paraissent pertinentes afin de déterminer ce que vous allez prendre en compte, puis à les hiérarchiser.

Quelles sont les observations que vous allez prendre en compte ?

Tout n'est donc pas bon à prendre dans un test utilisateur. Vous devez comprendre quel type d'observations retenir. Tout d'abord, soulignons que l'objectif du test est de repérer le maximum de défauts d'interface. L'interprétation de leur gravité est ensuite du ressort de l'expert. Leur résolution dépendra aussi des possibilités techniques, graphiques, ou encore des choix stratégiques. À ce stade, votre objectif est donc d'établir une liste exhaustive des données intéressantes. Le classement ne se fera que dans un second temps. De deux choses l'une :

- Si vous avez du temps, vous enregistrez et ré-analysez toute la session de test a posteriori. Ce que vous notez pendant la session de test sera retraité par la suite.

- Si vous n'avez que peu de temps, l'analyse se fait en temps réel. Sur le vif, vous faites le tri et ne notez que les choses essentielles, qui devront donner lieu à une réflexion ultérieure. Vous devez alors impérativement faire votre restitution juste après la session de test, sous peine d'oublier certaines observations ou de leur accorder moins d'importance, alors qu'elles vous ont paru remarquables sur le moment. Plus vous traînez, plus vous serez indulgent envers l'interface.

Parmi vos notes et enregistrements, vous disposez de plusieurs types de données à analyser. Ainsi, les indices que fournit l'internaute peuvent être implicites (il hésite longtemps entre plusieurs liens, il parcourt toute la page avant de revenir sur un élément qu'il avait déjà observé, etc.) ou explicites (il vous explique qu'il n'est pas sûr de ce qu'il fait, qu'il aimerait avoir plus d'informations, etc.). Essayez de relever les données suivantes pour chacun des scénarios que vous avez testés :

- **Erreurs** (nombre et nature). À partir de l'analyse de la source des erreurs, vous pourrez modifier votre interface pour éviter qu'elles ne se reproduisent.

- **Durée de réalisation des tâches.** Elle vous aidera à juger de la qualité ergonomique de votre interface, puisque mettre trop de temps relève du défaut ergonomique : ce n'est pas une erreur en soi, mais cela diminue l'efficience de votre internaute. Dans certaines applications, ce peut être critique. Attention : en ce qui concerne la durée, les moyennes sont intéressantes, mais les minima et maxima sont souvent les plus révélateurs.

- **Verbalisations explicites.** Ce type de données est à la fois primordial et à traiter avec la plus grande vigilance. En particulier, faites bien la différence entre le déclaratif et la réalité. Ce que dit une personne et ce qu'elle fait n'ont parfois rien à voir et vous devez coupler ces deux dimensions afin d'obtenir une vision juste de ce qui s'est passé et de ce qu'en pense l'internaute.

Anecdote **Comportement et opinion**

J'ai le souvenir d'un test utilisateur très difficile, pendant lequel la participante avait soufflé, pesté, me disant qu'elle ne continuait pas, ne voyait pas, qu'elle devait vraiment être stupide, etc. Pendant cette session, elle met 12 minutes 30 pour trouver l'endroit susceptible de lui permettre de réaliser l'objectif que je lui avais soumis. Au vu du type de site et de tâche (une tâche qui aurait dû être très simple, sur un site très grand public), ces 12 minutes 30 sont une véritable catastrophe ergonomique. Lors du debriefing, je lui demande si elle s'est sentie à l'aise sur le site. Elle répond alors très détendue : « Oui, oui, plutôt. Bon, parfois on a un peu l'impression de perdre du temps sur des trucs qui paraissent simples, mais non non, ça a été ». Cherchez l'erreur.

• **Comportements non verbaux**

Notez qu'une erreur d'un point de vue ergonomique peut n'être même pas perçue consciemment par l'internaute. D'où l'importance de bien faire la différence entre dire et faire, et d'observer plutôt que de demander d'émettre un jugement.

Nous sommes très résistants, très perméables à l'erreur. On accepte beaucoup de choses de la part d'un ordinateur sous prétexte, soit qu'il nous rend service, soit que l'on ne peut pas faire autrement, soit que l'on n'imagine même pas qu'il puisse en être autrement.

Il faut vraiment que l'erreur soit grossière pour qu'elle soit explicitement relevée par les internautes. On a davantage tendance à se remettre en cause en tant que personne, plutôt que de rejeter la faute sur l'interface mal conçue. D'où l'importance de bien souligner cet aspect à vos participants : si on n'y arrive pas, c'est que le site est mal fait.

À ces données réelles, vous pouvez ajouter vos propres commentaires, vos impressions. Ainsi, il peut être intéressant de noter des remarques de type « il semble », même si ces remarques ne sont que des hypothèses, des déductions faites à partir d'un ensemble d'indices épars et de données non mesurables. Par exemple, suite à un test utilisateur sur le site d'OSEO, on peut faire le constat suivant :

IL SEMBLE QUE LES PARTICIPANTS CONSIDÈRENT LA NAVIGATION SECONDAIRE EN COLONNE DE GAUCHE COMME ÉTANT LE MENU PRINCIPAL DU SITE.

Figure 11–23
Formulation d'une piste d'explication au vu du croisement de diverses observations lors de tests utilisateurs sur le site d'OSEO.
Source : www.oseo.fr

> **OUTIL Gérer les tâches grâce à Morae**
>
> Pour vous aider dans l'analyse des données, le logiciel Morae de Techsmith fournit des fonctionnalités de gestion des scénarios qui vous permettent de ponctuer vos enregistrements vidéo d'indicateurs de début et de fin de tâche, de moment critique, etc. Ainsi, vous arrivez très facilement à mesurer les durées d'exécution des scénarios, le nombre d'erreurs, etc.
>
> Par la suite, vous pouvez produire des rapports de chacun de ces paramètres sous forme de graphes et de tableaux de données. Morae se positionne ainsi comme le logiciel le plus puissant pour gérer l'ensemble d'un test utilisateur, incluant son déroulement (enregistrement des sessions, fourniture de post-questionnaires informatisés), son analyse et sa restitution.

Pondération des observations

L'étape de pondération consiste à prendre la liste de tous les problèmes et à les classer par priorité et fréquence. Vous répondrez donc à des questions de type : combien d'utilisateurs ont été confrontés au problème, quelles conséquences a-t-il, est-il critique dans la réalisation de la tâche, etc. Si vous aviez construit des objectifs d'utilisabilité, c'est le moment des les mettre en regard des données observées.

La nécessité de faire une modification paraît souvent évidente aux personnes qui ont assisté aux tests, mais elle doit être argumentée afin de convaincre l'ensemble de l'équipe projet et/ou votre client.

L'analyse des observations permet de dégager des tendances, des profils. On cherche des indices pour comprendre la réussite ou l'échec à une tâche. Les meilleurs indices sont dans les patterns de comportements, dans les répétitions de remarques, de difficultés, d'observations, mais pas seulement. En effet, il existe deux types de données qui vous amèneront à prendre en considération une observation particulière :

- Un constat sur un seul participant, mais qui vous semble si important que vous décidez de le prendre en compte.
- Des patterns de comportement, c'est-à-dire des constats qui doivent s'appliquer à un nombre suffisamment significatif de participants pour donner lieu à une modification.

Encore une fois, on n'est pas dans le « statistiquement significatif » : le jugement se fait au cas par cas, en fonction de la nature du défaut constaté et de l'importance que vous lui accordez en tant qu'expert.

Comme nous l'avons déjà évoqué dans le chapitre 6 sur l'audit ergonomique, vous devez hiérarchiser vos observations selon leur importance. Certaines observations ne seront pas critiques d'un point de vue ergonomique mais, répétées, elles peuvent amener votre internaute à préférer un autre site.

Enfin, ne vous limitez pas uniquement à ce que vous pouvez modifier à court terme ! Un test utilisateur sert à dégager les défauts d'une interface, mais la résolution de ces défauts peut être lourde à mettre en place. La pondération de type « Voilà ce que nous allons faire » n'est que la dernière étape de votre analyse.

Interprétation et pistes de résolution

Interprétation des observations

Une fois que vous avez fait des constats (par exemple : « 70 % des internautes ont fait au moins une erreur de parcours avant de trouver le produit »), vous devez en trouver la cause. Pour cela, vous devez interpréter ce que vous avez vu et entendu, afin de trouver la raison pour laquelle les utilisateurs ont échoué, mis trop de temps, ou n'ont pas aimé l'interface. Ce n'est qu'après avoir compris ces raisons que vous trouverez les meilleures solutions pour résoudre les problèmes.

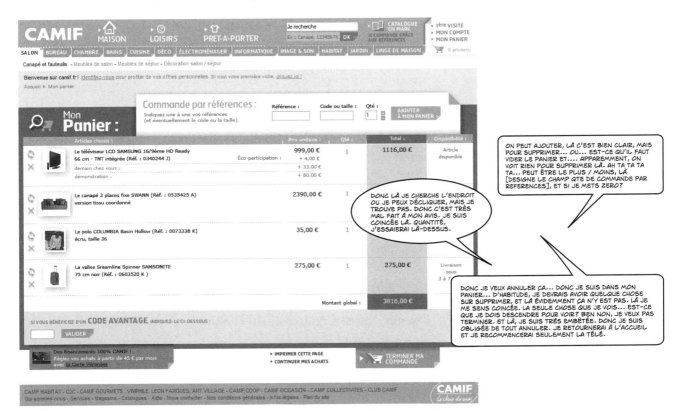

Figure 11–24 Extrait de test utilisateur sur un prototype semi-fonctionnel du site de la Camif. Verbalisations de trois participants souhaitant supprimer un article du panier. www.camif.fr

Par exemple, un test utilisateur sur un prototype semi-fonctionnel du site de la Camif permet de remarquer qu'un nombre important de participants ne trouvent pas comment supprimer un article dans le panier. On observe en outre qu'après avoir longuement cherché, certains adoptent des stratégies de contournement, notamment en essayant d'utiliser le champ Qté de la Commande par références (figure 11–24).

L'interprétation de ces constats peut conduire à supposer que la fonction de suppression manque de visibilité et que les internautes, faute de mieux, se reportent sur la Commande par référence, la confondant avec le panier. Dans ce cas, avoir mené le test utilisateur sur un prototype semi-fonctionnel et non sur le site final permet de mettre en évidence ses défauts et, ainsi, de les corriger avant de mettre en ligne la version finale du site. Les modifications sont donc plus faciles à mettre en œuvre que lorsque le site est entièrement développé et l'on ne propose pas aux internautes un site défaillant d'un point de vue ergonomique.

Trouver des solutions

L'objectif final de cette analyse est de développer des suggestions pour contourner le problème, améliorer l'interface là où elle est mal conçue. À partir des indices fournis par les observations, vous déduisez qu'il faut modifier un élément dans tel ou tel sens.

Si l'on reprend l'exemple précédent sur le site de la Camif, les résultats observés et leur interprétation permettent de formuler des recommandations pour augmenter la visibilité (grâce à un contraste de couleurs plus affirmé) ainsi que le caractère explicite de la fonction de suppression de chaque article (notamment par l'utilisation du mot supprimer plutôt que d'une icône, ce qui s'impose du fait de la spécificité d'âge de la cible utilisateur). On recommandera aussi de réduire l'ambiguïté liée à la présence de la commande par référence à proximité immédiate du panier.

Dans l'idéal, il est préférable de concevoir des solutions visuelles pour concrétiser ces suggestions. Ces solutions peuvent être formalisées sous forme de maquettes conceptuelles, à destination de l'équipe de développement ou pour supporter une nouvelle session de test. Prenons l'exemple du test utilisateur sur la bourse de transmission d'entreprises du site d'OSEO (figure 11–25).

Lors du test, on a constaté que beaucoup de participants semblent vouloir renseigner trois activités. On recommande donc de commencer par demander de choisir entre Commerce, Services et Production, puis de présenter la liste des types d'activités seulement en deuxième lecture, afin de mieux assister les internautes dans le renseignement de leur activité. Cette recommandation est concrétisée par une maquette conceptuelle.

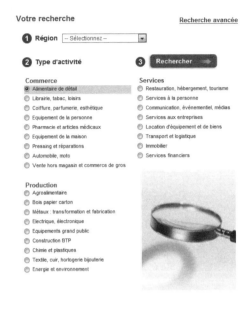

Figure 11–25
Page de recherche de la Bourse de Transmission
sur l'ancienne version du site d'OSEO.
Source : www.oseo.fr

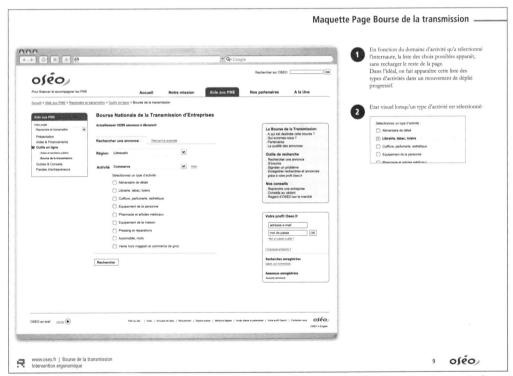

Figure 11–26 La maquette conceptuelle permet de concrétiser la recommandation énoncée suite aux résultats
du test utilisateur.
Source : Spécifications ergonomiques Bourse de la Transmission www.oseo.fr

Le rapport de test

Votre travail touche à sa fin. Si vous devez écrire un rapport de test pour communiquer vos résultats et justifier les modifications à entreprendre, vous devez raconter l'ensemble des étapes que nous venons de détailler, de manière plus ou moins approfondie selon le temps qui vous est imparti et les nécessités en termes de justification.

N'hésitez pas à citer les participants pour avoir plus d'impact et pour que vos lecteurs comprennent réellement les problèmes rencontrés par les internautes, ainsi que leur impact sur le ressenti subjectif. Voyez comme la restitution suivante avec les commentaires des utilisateurs permet de vraiment comprendre leur situation et, par conséquent, de tout faire pour améliorer l'interface afin de leur faciliter la tâche (figures 11–27 et 11–28).

Figure 11–27
Sur le prototype semi-fonctionnel utilisé lors du test utilisateur sur le site de la Camif, le panneau flottant de confirmation d'ajout au panier apparaît pendant 5 secondes, puis se retire.
Source : www.camif.fr

MÉTHODOLOGIE **Gardez les noms des participants confidentiels !**

Pour des raisons de confidentialité, lorsque vous rédigez un rapport de test, ne citez jamais le nom des participants. Dès le début de l'étude, constituez-vous une grille de correspondance entre le nom de la personne et un code que vous lui attribuerez. Il est intéressant de composer ce code à partir d'un numéro représentant l'ordre de passage et d'une lettre représentant le type de participant.

Par exemple, Etienne Langereau deviendra 3C, parce qu'il est le 3ème participant à avoir passé le test et qu'il est déjà client du site (d'où la lettre « C »). L'attribution de ce type de codes déshumanise le participant et c'est exactement l'effet recherché. Une fiche récapitulative des caractéristiques du participant (sexe, âge, CSP, métier, niveau d'expertise Internet, etc.) permettra à vos lecteurs de faire le rapport entre un code et un profil.

Vous pouvez d'ailleurs indiquer à votre participant que son nom restera confidentiel et que vous serez le seul à en avoir connaissance.

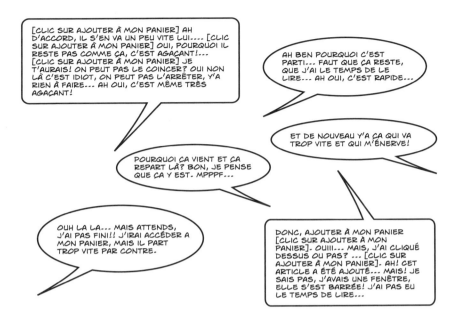

Figure 11–28
Ces remarques entendues lors de l'ajout d'un article au panier permettent de réellement comprendre le désarroi des participants. Elles ont donc joué un rôle important dans la prise en compte de ce défaut, et sa résolution sur le site final de la Camif.

Un test utilisateur à votre mesure

Nous n'avons cessé de répéter, tout au long de ce chapitre, que les règles présentées étaient adaptables en fonction de votre projet et de vos ressources. Il y a bien sûr un idéal du test utilisateur, mais il est évident qu'il n'est pas applicable à tous les projets, ou à n'importe quel moment dans un projet. L'important, c'est de faire des tests utilisateurs. Si vous manquez de temps, d'argent, de participants, de support de test, etc., votre test vaut quand même la peine d'être mené. Le tableau suivant récapitule ainsi les points-clés de la méthodologie classique et ses adaptations si vous ne pouvez vous permettre d'aller aussi loin.

Tableau 11–7 Caractéristiques des tests classique et rapide

	Test utilisateur classique	**Test utilisateur rapide**
Durée	Environ 1h.	À partir de 10 minutes.
Nombre de participants	À partir de 8 participants pour espérer mettre en lumière 80 % des problèmes d'utilisabilité. À partir de 20 participants pour espérer mettre en lumière 95 % des problèmes d'utilisabilité.	À partir de 1 participant.
Représentativité des participants	Les participants ont les mêmes caractéristiques que la cible.	Les participants peuvent être moins proches de la cible.
Rigueur du plan de test	Plan de test rigoureux.	Plan de test moins rigoureux.

Tableau 11–7 Caractéristiques des tests classique et rapide (suite)

	Test utilisateur classique	Test utilisateur rapide
Méthode d'enregistrement des observations	Vous enregistrez au moins l'écran et prenez des notes. Au mieux, vous enregistrez une vue du participant et sa voix, ainsi que le parcours de l'œil.	Vous prenez des notes.
Suite des événements	Vous analysez les résultats en détail, en tirez des conclusions et des pistes de correction.	Vous décidez sur le vif de ce qui doit être modifié.

Bien sûr, les caractéristiques du test rapide ne sont que des planchers et vous devez essayer au maximum d'augmenter la qualité de chacun des paramètres. Si vous devez en choisir un, ce doit être la représentativité de vos participants.

Si les caractéristiques d'un test utilisateur rapide vous permettent d'en mener plus tôt dans le processus de développement de votre site, n'hésitez pas une seconde. En effet, réaliser des tests le plus tôt possible est un critère surpassant tous les autres. Effectuer les tests utilisateurs en amont est tout sauf anodin, puisque cela signifie que les modifications consécutives au test seront plus faciles à mettre en œuvre. Si vous êtes encore en phase de conception, cela sera facile ; en phase de design, un peu moins facile et en phase de développement encore moins facile. Et il y a encore des degrés de facilité au sein de chacune de ces phases.

Pour résumer, faire un test utilisateur juste avant le lancement d'un site, c'est accepter de ne pouvoir apporter que des modifications de surface (et encore, quand elles seront possibles...). Elles ne permettront donc pas forcément d'optimiser véritablement ce qui fait l'ergonomie d'un site web.

Aller plus loin que le test utilisateur : l'usage réel

Les tests utilisateurs, couplés ou non avec de l'eye-tracking, sont la méthode la plus pertinente qui existe pour obtenir un retour utilisateur en face à face. Cependant, ce n'est pas une panacée. On peut aller encore plus loin dans la récolte de données liées à l'usage.

Ce qui manque notamment aux tests utilisateurs, c'est la composante de réalité. Lors des sessions de test, les situations de navigation que l'on propose aux participants doivent être les plus réalistes possibles. Cependant, cela ne remplace pas une information exacte sur ce que font réellement les internautes sur votre site web.

Même si les données recueillies sont extrêmement riches d'enseignements, il reste que le test utilisateur est une situation d'étude. En tant que telle, elle est soumise à tous les biais que l'on connaît de ces situations. À moins d'être expert en espionnage, il n'existe donc pas d'autre moyen que d'enregistrer les interactions en temps réel.

Bien sûr, ce que l'on peut enregistrer est limité aux actions de l'internaute ; on n'accède pas à ses pensées et interrogations. Toutefois, ses actions témoignent du fait que l'on ait atteint ou non notre objectif. Les actions d'un internaute deviennent encore plus intéressantes lorsque leur occurrence a des conséquences sur le taux de transformation d'un site.

C'est là qu'interviennent les tests de comportement, basés sur la récolte de données d'interaction sur des trafics utilisateurs volontairement répartis en différents groupes. Autrement dit, ce type de tests consiste à proposer plusieurs versions de votre site de façon aléatoire à vos visiteurs. De manière simplifiée, si Marc vient sur le site, il verra la version A, alors que si Caroline vient sur le site, elle verra la version B.

L'intérêt principal des tests comparatifs de ce type, c'est de pouvoir comparer des choses comparables. Si vous testez différentes versions de votre site les unes après les autres en essayant de mesurer laquelle s'avère être la plus efficace, vous risquez de faire des interprétations erronées. En effet, vous ne tiendrez pas compte des éléments autres que l'ergonomie venant modifier le site : période calendaire (vacances scolaires, fêtes de fin d'année, etc.), bannières d'auto-promotion, offres en cours, disponibilité des produits ou même météo extérieure... Cela revient presque à vouloir comparer des pommes et des poires.

Deux grands types de tests existent :

- les tests A/B consistent à comparer deux versions d'une même page en mesurant l'efficacité de chacune d'elles sur votre taux de transformation ;
- les tests multivariés, quant à eux, reposent sur le découpage de votre page en plusieurs éléments (exemple : la photo de votre produit, le libellé du bouton d'action et la longueur du descriptif produit). C'est ensuite pour chacun des ces éléments que vous allez créer plusieurs versions. Les systèmes de tests se chargent alors de créer toutes les combinaisons possibles en croisant les modalités de chaque variable.

Quelle que soit la méthode employée, l'idée consiste toujours à observer, au vu des usages réels de vos internautes, quelle version de page est la plus efficace et vous permet de rencontrer au mieux vos objectifs stratégiques. Vous pouvez ainsi mesurer la conséquence des versions testées sur de nombreux critères : nombre d'ajouts au panier, nombre de commandes finalisées, nombre de produits par panier, chiffres d'affaires, montant moyen du panier, nombre d'inscriptions à votre newsletter, nombre de téléchargements de votre livre blanc, etc.

DÉFINITION **Qu'est-ce que le taux de transformation ?**

Le taux de transformation est un indicateur de référence pour traduire la performance de votre site en fonction de ce que vous souhaitez que vos internautes fassent. Sur un site d'e-commerce par exemple, où l'objectif est très souvent que les visiteurs achètent des articles, le taux de transformation représente le nombre d'internautes ayant acheté quelque chose sur le nombre total de visiteurs du site. Ainsi, un taux de transformation de 4 % signifie que sur 100 visiteurs, 4 ont procédé à un achat.

Les tests A/B ou multivariés sont plus difficiles à mettre en œuvre qu'un test utilisateur, puisqu'ils reposent sur l'implémentation d'outils spécifiques (Google Website Optimizer, Test&Target d'Omniture, Avenseo, Optimost d'Interwoven, Amadesa, etc.). Cet effort est souvent largement récompensé par le niveau de précision et de validité des résultats obtenus. En effet, le grand avantage de ce type de tests est de pouvoir disposer d'un panel si large que les résultats observés peuvent être statistiquement fiables. Enfin, les effets directs obtenus sur les taux de transformation sont évidemment très intéressants pour les sites professionnels.

Pour terminer, soulignons tout de même que le piège de ces outils, qui peuvent sembler « magiques », est de remplacer toute démarche centrée utilisateur par ce type de solutions. En effet, elles ne remplacent en aucun cas une connaissance qualitative des internautes, et ne peuvent donc être considérées que comme un outil complémentaire pour optimiser l'ergonomie de votre site web.

Conclusion

Nous concluons donc cet ouvrage sur la méthode du test utilisateur, terminant ainsi sur une pratique idéale pour toute démarche d'optimisation ergonomique d'un site web. Cette méthode du test est en effet celle qui représente le mieux ce qui caractérise véritablement l'ergonomie, à savoir essayer de se situer au plus près des utilisateurs réels. En ce sens, c'est une méthode d'évaluation privilégiée, permettant d'obtenir une finesse de résultats inégalable.

On résume ainsi l'essentiel de ce que vous devez avoir appris à la lecture de ce livre. C'est précisément cela que nous avons essayé de vous transmettre au fil de ces 11 chapitres : une prise en compte véritable de vos internautes, en amont, et une adaptation de la conception à leurs besoins. Cette prise de position, qui paraît logique quand on pense à la finalité même du Web (à savoir, créer des sites pour des utilisateurs), fait cruellement défaut dans les projets actuels. Puisque vous avez maintenant toutes les cartes en main, à vous de jouer pour décider de l'orientation que prendra votre site. Si vous prenez sérieusement en compte toutes les règles et méthodes présentées dans ce livre, vous êtes à même d'améliorer l'ergonomie de votre site et donc de faire la différence !

Et après ?

Il n'y a pas d'après. Le travail sur l'ergonomie d'un site n'est pas seulement une activité ponctuelle. C'est essentiellement une activité quotidienne, qui doit imprégner chacune des décisions que vous prenez. Nous parions qu'après avoir refermé ce livre, vous verrez déjà les choses autrement et que votre vision de la conception web aura changé. Vous détecterez très vite quelles améliorations peuvent être apportées à votre site et vous serez de plus en plus fort à mesure que vous avancerez dans ce sens.

Ainsi, si vous croyez en avoir terminé avec l'ergonomie de votre site, nous n'avons qu'un seul conseil à vous donner : recommencez du début. Une des caractéristiques essentielles de la démarche ergonomique réside en effet dans sa nature cyclique : chaque chose que l'on fait se base sur les enseignements précédents et peut toujours être affinée, en procédant à des itérations successives. En fonction des spécificités de votre projet, vous saurez si la qualité ergonomique que vous avez réussi à atteindre est acceptable ou nécessite de travailler de manière plus approfondie.

Enfin, pour aller plus loin, vous devez exploiter tout ce qui passe, vous confronter au maximum d'interfaces, de sites, de projets, d'internautes, et beaucoup lire. Plus vous le nourrirez de vos expériences, plus votre bagage ergonomique vous aidera à faire d'un site web un endroit où il fait bon vivre.

Suggestions de lecture

Livres

Voici une courte liste de livres dont nous vous suggérons la lecture. Ce n'est là que le résultat d'une sélection parmi le grand nombre d'ouvrages existant sur le sujet, mais elle vous propose les références les plus intéressantes. Nous avons opéré une distinction entre les livres privilégiés pour les débutants et ceux destinés à nos lecteurs les plus avancés. Lorsqu'un livre a été traduit en langue française, nous indiquons les deux références. Nous vous conseillons toutefois de toujours lire la version originale, ce qui s'avère primordial pour parfaitement saisir les finesses du discours. En outre, l'anglais utilisé dans ces livres étant plutôt d'ordre « technique », vous n'aurez pas de mal à comprendre ce qui se dit.

Pour commencer

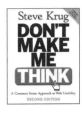

Krug Steve, *Don't Make Me Think : A Common Sense Approach to Web Usability*, New Riders Press, 2005 (2ᵉ édition) (en français, *Zéro prise de tête : Quelques règles simples et un zeste de bon sens pour concevoir des sites web intuitifs et efficaces*, Dunod, 2001). Le livre le plus accessible de tous, qui vous permettra de comprendre l'importance de l'ergonomie et comment la pratiquer au plus bas niveau. Court, plein d'humour, parfait pour débuter.

Wodtke Christina, *Information architecture - Blueprints For The Web*, New Riders, 2002. Attention, ne vous y trompez pas : ce livre ne parle pas exclusivement d'architecture de l'information. Cette discipline étant étroitement liée aux problématiques d'ergonomie, vous trouverez dans l'ouvrage de Christina Wodtke aussi bien des principes et méthodes d'architecture et de navigation que des conseils en utilisabilité web. C'est un petit livre qui se parcourt facilement et présente des idées simples mais bien argumentées.

Nielsen Jakob, *Designing Web Usability : The Practice of Simplicity*, New Riders Publishing, 1998 (en français, *Conception de sites web : L'Art de la simplicité*, CampusPress, 2000). Une vue assez complète du domaine par le spécialiste le plus connu au niveau mondial. Ce livre commence à être un peu ancien au niveau des exemples utilisés, mais Jakob Nielsen n'a écrit depuis que des ouvrages plus spécifiques (voir notamment *Homepage Usability* et *Prioritizing Web Usability*). En outre, une grande part des principes abordés sont toujours d'actualité. Toujours une référence, donc.

Garrett Jesse James, *The Elements of User Experience : User-Centered Design for the Web*, New Riders Press, 2002. Un petit livre qui se propose d'aborder le processus de conception centrée utilisateur grâce à un modèle théorique juste et passionnant. Jesse James Garrett dissèque l'expérience utilisateur pour la présenter brillamment selon 5 niveaux. Pour vous convaincre et comprendre les principes et les subtilités de la discipline.

Nielsen Jakob & Tahir Marie, *Homepage Usability : 50 Websites Deconstructed*, New Riders Press, 2001 (en français, *L'art de la page d'accueil : 50 sites web passés au crible*, Eyrolles, 2002). Un ouvrage qui vous permettra de comprendre comment mettre en application les principes de l'ergonomie web sur un sujet en particulier : la page d'accueil. 50 cas pratiques sont précédés de références statistiques et de 113 bonnes pratiques pour la conception des pages d'accueil.

Nielsen Jakob & Loranger Hoa, *Prioritizing Web Usability*, New Riders Press, 2006 (en français, *Site Web : priorité à la simplicité*, Pearsons Education, 2007). Le dernier livre en date de Jakob Nielsen (on attend impatiemment pour cet hiver son opus sur l'eye-tracking), très intéressant et abondamment illustré par des mises en pratique des idées qu'il défend. Les auteurs y présentent comment pondérer les observations que l'on fait sur l'utilisabilité d'un site web.

Cooper Alan, *The Inmates Are Running the Asylum : Why High Tech Products Drive Us Crazy and How to Restore the Sanity*, Sams - Pearson Education, 2004. Cet ouvrage parle de notre rapport à la technologie et du design d'interaction comme voie salvatrice. Pour vous faire une idée un peu plus large sur ce qui conditionne nos expériences avec les machines et sur la manière dont on peut les optimiser. C'est dans ce livre que Cooper présente pour la première fois, de manière formelle, la notion de personas.

Koyani Sanjay J., Bailey Robert W. & Nall Janice R., *Research-Based Web Design & Usability Guidelines*, Computer Psychology, 2004. Un ouvrage très pratique, édité par www.usability.gov, qui dresse une liste très approfondie des bonnes pratiques de l'ergonomie web. À chaque recommandation sont associés un commentaire, la liste des sources bibliographiques et un exemple visuel. Les auteurs donnent aussi un critère d'importance et un critère de validité basé sur les résultats scientifiques obtenus à ce jour. Disponible gratuitement en version pdf à l'adresse suivante : http://www.usability.gov/pdfs/guidelines.html.

Pour aller plus loin

Rosenfeld Louis & Morville Peter, *Information Architecture for the World Wide Web*, O'Reilly Media, 2006 (3ᵉ édition). La bible de l'architecte de l'information et de tous ceux qui veulent approfondir leurs connaissances dans ce domaine. Les auteurs commencent par présenter le concept d'architecture de l'information, puis la manière de procéder pour optimiser tout ce qui permet de trouver de l'information sur le Web : systèmes de navigation, de recherche, terminologies, etc.

Brinck Tom, Gergle Darren & Wood Scott D., *Usability for the Web : Designing Web Sites that Work*, Morgan Kaufmann, 2001. C'est le livre le plus complet sur l'ergonomie web, qui aborde chacune de ses dimensions et vous offre une vue transversale de ce qui fait la qualité d'utilisation d'un site Internet. Les auteurs y détaillent avec précision et clarté les 7 grandes étapes d'un projet de développement web, ainsi que le rôle et les méthodes de l'ergonomie à chacune de ces étapes.

Kuniavsky Mike, *Observing the User Experience : A Practitioner's Guide to User Research*, Morgan Kaufmann, 2003. Un livre dédié aux différentes méthodes de recherche impliquant la participation d'utilisateurs : analyse de la tâche, tests utilisateurs, entretiens, focus groups, tri de cartes, etc.

Rubin Jeffrey, *Handbook of Usability Testing : How to Plan, Design, and Conduct Effective Tests*, Wiley, 1994. Une référence dédiée à la méthode des tests utilisateurs, pour vous aider à en comprendre les principes de manière approfondie et à les mettre en oeuvre efficacement.

Van Duyne Douglas K., Landay James A. & Hong Jason I., *The Design of Sites : Patterns for Creating Winning Web Sites*, Prentice Hall PTR, 2006 (2ᵉ édition). Un livre original et très bien documenté, qui se propose de vous aider à optimiser l'utilisabilité de votre site web grâce au recensement de modèles de présentation et d'interaction existant sur le Web. À lire de manière non linéaire, en fonction du thème qui vous préoccupe.

Cooper Alan, Reimann Robert & Cronin David, *About Face 3 : The Essentials of Interaction Design*, Wiley, 2007 (3ᵉ édition). Une référence de poids dans le domaine de l'interaction homme-ordinateur, récemment remise à jour. Vous y trouverez de nombreuses problématiques abordées de manière très sérieuse, entre autres : personas et objectifs utilisateurs, scénarios d'utilisation, principes et modèles de conception, design d'interface et design d'interaction, ergonomie de divers modes d'interaction (manipulation directe, fenêtrage, menus, messages systèmes, barres d'outils), etc.

Bias Randolph G. & Mayhew Deborah J. (Eds), *Cost-Justifying Usability*, Morgan Kaufmann, 2003. Un ouvrage collectif entièrement consacré à la problématique du retour sur investissement lié à la mise en place d'une démarche d'optimisation relative à la qualité d'utilisation d'une interface. Études de cas, statistiques et conseils pour mieux vendre la démarche ergonomique.

Sur le Web

Sites Internet

Voici quelques références parmi nos préférées sur le Web, mais n'hésitez pas à aller fouiller : les sites consacrés à l'ergonomie web ou évoquant une de ses dimensions sont nombreux dans le monde anglophone.

- **Boxes And Arrows.** Un journal en ligne initialement consacré à l'architecture de l'information, qui s'est depuis étendu aux problématiques de design d'interface et d'interaction. Des articles complets et écrits par des spécialistes (Christina Wodtke, Erin Malone, George Olsen, Jeff Lash, Luke Wroblewski, Jesse James Garrett...). Mention spéciale.
  http://www.boxesandarrows.com

- **Digital Web.** Un magazine incontournable, consacré au Web. Frais et agréable à lire. À surveiller particulièrement, les thèmes *Keep it Simple, Information Design, Information Architecture, Interaction Design, Human-Computer Interaction, Navigation, Usability, User Experience, User-Centered Design.*
  http://www.digital-web.com

- **Useit.com.** On ne présente plus le site de Jakob Nielsen, avec sa section Alertbox et la possibilité de consulter les archives depuis 1995.
  http://www.useit.com

- **Guuui.com,** *The interaction designer coffee break* : des articles et pensées d'Henrik Olsen sur l'architecture de l'information, le design d'interaction, l'utilisabilité et tout ce qui peut optimiser l'expérience utilisateur au sens large.
  http://www.guuui.com

- **Usability.gov.** Site gouvernemental proposant à la fois des ressources internes et un portail très complet pour la conception d'interfaces utiles, utilisables et accessibles. Classement par thématiques (*Usability Basics, Methods for Designing Usable Web Sites, Guidelines and Checklists, Server Log Analysis, Accessibility Resources...*).
  http://www.usability.gov

- **Ergologique**. Le site emmené par Emeric Thoa et Louise Fantini a pour objectif de sensibiliser les créateurs d'interfaces à ces notions d'ergonomie et d'utilisabilité.

  http://www.ergologique.com

- **L'ergonome** : les articles de l'ergonome ont pour but de « renseigner les lecteurs sur ce domaine [l'ergonomie] en émergence dans le domaine des NTIC ».

  http://www.lergonome.org/pages/articles.php

- **Ergolab**. Le petit frère de ce livre est un site de ressources en ergonomie web et logicielle, où je propose depuis 2003 des articles, chroniques, notes et liens pour optimiser la qualité d'utilisation des interfaces informatiques.

  http://www.ergolab.net

Forums et listes de discussion

Vous n'apprendrez jamais autant qu'en vous frottant à de réelles problématiques de conception. Les forums et listes de discussion sont à cet effet des sources précieuses pour vous documenter, poser des questions et vous tenir au courant de ce qui se fait et se dit dans le domaine. Les listes anglophones sont indéniablement le lieu le plus adéquat pour quelqu'un qui souhaite bénéficier de visions et de conseils pointus.

- **CHI-WEB**. Liste de discussion sur les facteurs humains, l'interaction homme-ordinateur et le World Wide Web.

  http://sigchi.org/web

- **Experience Design**. Groupe de discussion Yahoo! sur l'expérience utilisateur au sens large.

  http://finance.groups.yahoo.com/group/experiencedesign

- **Forums cre8asite**. Forums évoquant tous les aspects de la conception d'un site web. Salons fétiches : *Usability, Site Planning and Preparation, Website Design, Writing Copy and Content for the Web, Internet Law and Ethics, Virtual Learning and Web Training, Search Engines and Optimization* (SEO, Google, Yahoo...).

  http://www.cre8asiteforums.com/forums

- **ID Discuss**. Interaction Designers est une liste de diffusion modérée, sur les thèmes du design de l'information, du design d'interaction, de l'utilisabilité et de la conception centrée utilisateur.

  http://www.ixda.org/en

- **Sigia-L**. Liste de discussion sur le sujet central de l'architecture de l'information, mais s'étendant beaucoup plus largement à toutes les problématiques de l'ergonomie.
http://mail.asis.org/mailman/listinfo/sigia-l
- **ErgoIHM**. La première liste de diffusion française sur l'ergonomie des interfaces homme-machine.
http://listes.cru.fr/sympa/info/ergoihm

Index

A

AccessColor 256
accessibilité 218
    physique 218
    plage braille 258
    synthèse vocale 67
    technologique 218
    visuelle 66, 254
achromatisme 257
actions inutiles 196
Adobe Acrobat 398
affordances 58, 166, 179
    d'interaction 59, 168
    de cliquabilité 58, 166
    Donald Norman 58
    erronées, contre-affordances 63, 169
    James J. Gibson 58
aide 174
air de famille 368
ajax 236
Alain Wisner 4
Alan Cooper 4, 448
Alan Cooper, Robert Reimann & David Cronin 449
alerte Javascript 125
analyse concurrentielle 287
    détaillée 294
    générale 290
    panel concurrentiel 289
animations 103, 209
    simultanées 104
apprentissage externe 116
apprentissage interne 113
architecture de l'information 91, 300
    largeur 323
    profondeur 323
audit ergonomique 226
    captures d'écran 251
    effet de l'évaluateur 246
    formel 228
    Hertzum & Jacobsen 246

    informel 227
    normes et critères 230
    outils de l'audit 250
    support et périmètre de l'audit 228
Axure RP Pro 354, 398

B

baseline, tagline 129
benchmark ergonomique 287
Benchmarkr 297
Boxes and Arrows 322, 450
Browsercam 254
bruit visuel 96

C

catégorisation, groupement 92, 313
Catledge & Pitkow 304
champs obligatoires 176
charge informationnelle 96
charte ergonomique 347
CHI-WEB 451
Christina Wodtke 447
ClickDensity 53
ClickTale 32, 339
clics logiques 164
cohérence 113
ColorBlindnessCheck 256
ColorZilla 256
comportement
    passif 208
    lié à l'achat 277
    test de 443
conception orientée utilisateur 9
concision 158, 326
contournement du système 207
contre-affordances 63, 169
contrôles utilisateur 204
conventions 116, 295, 318, 326
Crawford Kilian 97
critère d'organisation 314
curseur 127
cut-off design 33

D

Dawn Shaikh 338
design semi-élastique, semi-fluide ou semi-liquide 338
Digital Web 450
Douglas K. Van Duyne, James A. Landay & Jason I. Hong 449
drag & drop 242
dyschromatopsie 256

E

efficacité 9
efficience 9, 201
éléments de formulaire 178
Élie Sloïm VII
énumération des contenus 283
ergo layout 344
ErgoIHM 452
Ergolab 451
Ergologique 451
ergonomie 4
    dans un projet web 14
    de l'accès technique 410
    domaines d'intervention de l' 5, 6
    et design 21
Erin Malone 324
erreurs 175
Experience Design 451
expert 201, 232
eye-tracking 97, 432

F

feedback 134, 144
fiabilité technique 223
Flash 398
flexibilité 206
flux d'interaction 329
focus group 26
fold 339, 340
forums cre8asite 451

G

gestalt 40, 110
  bonne forme 41
  loi de proximité 41
  loi de similarité 46
  similarité par la couleur 47
  similarité par la forme 46
  similarité par la taille 46
gestion des erreurs 175
  compréhension des erreurs 186
  correction des erreurs 189
  protection contre l'erreur 176
  repérage des erreurs 185
  validation à la volée 182
groupement, catégorisation 92, 313
Guuui.com 450

H

heatmap 77, 432
Henrik Olsen 450
Hypersnap 252
hypertexte 321

I

icônes 159
ID Discuss 451
Illustrator 354
InDesign 354
interface multi-cliquable 192
introductions 212
intrusion 210
ISO 9241 8

J

Jakob Nielsen 12, 288, 448, 450
Jean-Claude Sperandio 5
Jeffrey Rubin 449
Jesse James Garrett 324, 448
John Maeda 258

K

Keith Instone 419
Kyle B. Murray et Gerald Häubl 117

L

L'ergonome 451
latence simulée 239
les 5 lieux sacrés d'un écran 56

libellés et légendes de champs 177
lien transversal, navigation
            transversale 95, 304
liens
  contextuels 320
  rapides 308
lisibilité 68
  différence de brillance 69
  différence de couleurs 68
  majuscules 69
  Web Accessibility Initiative 68
localisations 113, 118
logiciels de maquettage 353
loi de Fitts 48, 190
  fittsizing 48
  partie distance 55
  partie taille 49
  proximité immédiate 57
loi de Hick-Hyman 66
longueur d'une ligne de texte 338
lorem Ipsum 347

M

maquette
  conceptuelle 344
  ergonomique 344
  fonctionnelle 344
mémoire de travail 65
menus de navigation 94, 318
métadonnées 320
métaphores 157
méthodes
  expertes 13
  participatives 13
Mike Kuniavsky 449
modèle d'interaction 171
modification partielle de page 236
Morae 436

N

navigation 327
  ciblée 302
  globale 303
  libre 304
  locale 303
  transversale, lien transversal 304
Netlimiter 254

nombre magique de Miller 65
novice 75

O

oculométrie 433
open ended browsing 304

P

paiement en ligne 174
parcours client 329
personas 78, 232
  ad-hoc 82
  ante-personas 81
  communiquer sur les 83
  John Pruitt & Tamara Adlin 79
  objectifs et missions du 82
  primaire 80
  secondaires 80
  tertiaires 80
Peter Morville & Louis Rosenfeld 304,
            314, 449
Photoshop 354
pixels 355
plan de site 322
plier/déplier 240
pointeur 126
polyhiérarchie 316
pondération des règles
            d'ergonomie 232
pop-up 213
potentialisateurs d'action 281
Powerpoint 354, 398
Poynter Institute 97
publicité 110, 218

Q

quantité d'information perçue 102

R

Randolph G. Bias & Deborah J.
            Mayhew 450
recherche par mot-clé 302
règle des 3 clics 18
représentations mentales 310
résolution
  cible 338
  d'écran 337

retour sur investissement 10
 Nielsen et Gilutz 12
rollover 106, 107, 205

S

Sanjay J. Koyani, Robert W. Bailey &
 Janice R. Nall 448
satisfaction 10, 220
scan visuel 97
Screengrab! 251
scroll 30
 seuil de 30
seniors 233
sens de lecture des pages web 27
Sigia-L 452
simulation de latence 239
site compagnon XIV, 53, 67
SnagIt 252
sous-estimation des internautes 20, 75
splash pages 212
standard 117
statistiques de visite 76
 ClickDensity 77
 ClickTale 78
 heatmap 77
Steve Krug 447
storyboard 344
structuration 93, 317
 structure floue 321
 structure secondaire 320
sur-estimation des internautes 20
synthèse vocale 258
système intrusif 210

T

tâche 75, 173
tagline, baseline 129
taille des champs 178
taxonomie 313

test utilisateur 26, 382, 390, 431
 à distance 430
 animateur 418
 Camtasia 431
 confidentialité 440
 contrebalancements 410
 de comportement 443
 démarche itérative 392
 déroulement d'un test 422
 durée d'un test 421
 effets d'ordre 410
 externalisation des tests 416
 IshowU 431
 logiciels d'enregistrement de vidéos écrans 431
 méta-scénarios 405
 Morae 431
 nombre de participants 389
 objectifs d'utilisabilité 414
 observateurs 420
 participants d'un test
  utilisateur 383
 plan de test 401
 prendre des notes 426
 protocoles écrit et oral 426
 prototype papier 396, 397
 prototype semi-fonctionnel 398
 recrutement 394
 relances 427
 rémunération des participants 396
 scénarios 404
 support de test 396
 tests comparatifs 403
Tom Brinck, Darren Gergle & Scott
 D. Wood 449
Tractinsky, Katz et Ikar 25
transactionnel 330

tri de cartes, tri par cartes 310, 362, 373
 analyse de clusters 377
 Cardsort 373
 dendrogrammes 377
 fermé 370
 informatisé 372
 logiciels de 373
 OptimalSort 373
 ouvert 370
 physique 371
 SynCaps 373
 UzCardSort 373
 WebSort 373
 XSort 373

U

usability 8
Usability.gov 450
Useit.com 450
utilisabilité 7, 8
utilisateur élastique, générique 79
utilité 7, 8, 220
 globale 267
 micro-utilités 8, 270
uzReview 251

V

Visio 354
vocabulaire 115, 121, 148, 295, 324

W

Web Developer 253
what is beautiful is good 25
wireframe 344
Wittgenstein 368

Z

zoning 337

Dépôt légal : mars 2009
N° d'éditeur : 7960
IMPRIMÉ EN FRANCE

Achevé d'imprimer le 2 mars 2009
sur les presses de l'imprimerie « La Source d'Or »
63039 Clermont-Ferrand
Imprimeur n° 12408

Dans le cadre de sa politique de développement durable, La Source d'Or a été référencée IMPRIM'VERT® par son organisme consulaire de tutelle.
Cet ouvrage est imprimé - pour l'intérieur - sur papier offset "Amber Graphic" 90 g
des papeteries Arctic Paper, dont les usines ont obtenu les certifications environnementales ISO 14001 et OHSAS 18001
et opèrent conformément aux normes E.C.F. et E.M.A.S.
Le papier "Amber Graphic" est certifié FSC et ISO 9706 "papier permanent".